SISTEMA PENITENCIÁRIO FEDERAL

DANIEL PHEULA CESTARI

DANIEL CORREA LOVATTO

SISTEMA PENITENCIÁRIO FEDERAL

2021

EDITORA *Jus*PODIVM

www.editorajuspodivm.com.br

EDITORA
*Jus*PODIVM
www.editorajuspodivm.com.br

Rua Canuto Saraiva, 131 – Mooca – CEP: 03113-010 – São Paulo – São Paulo
Tel: (11) 3582.5757
• Contato: https://www.editorajuspodivm.com.br/sac

Copyright: Edições *Jus*PODIVM

Capa e Diagramação: Maitê Coelho e Cendi Coelho *(cendicoelho@gmail.com)*

Imagem: Freepik.com

C422s CESTARI, Daniel Pheula. e LOVATTO, Daniel Correa.
Sistema Penitenciário Federal / Daniel Pheula Cestari, Daniel Correa Lovatto – São Paulo: Editora JusPodivm, 2021
368 p.

Bibliografia
ISBN 978-65-5680-427-9

1. Sistema Penitenciário. 2. Direito Penal. I. Cestari, Daniel Pheula. II. Lovatto, Daniel Correa. III. Título.

CDD 341.582

APRESENTAÇÃO

Caro leitor,

O livro que ora lhe apresentamos reproduz nossas experiências vivenciadas ao longo dos anos - quer seja na pesquisa científica, quer seja no enfrentamento profissional -, que se alia à notória lacuna bibliográfica que caracteriza este hermético campo de controle social. Portanto, não por outra razão fomos instigados a trazer à reflexão a temática do Sistema Penitenciário Federal.

Bem por isso optamos por uma abordagem que não dispensa um olhar crítico a conteúdo tão sensível aos direitos humanos e à segurança pública. Lado outro, propusemos ao leitor um livro que atendesse às mais variadas pretensões acadêmicas e profissionais, pautado em pesquisa doutrinária e jurisprudencial, lançada no contexto de comentários às normas jurídicas que regem o sistema.

Algumas importantes constatações - em ordem a revelar a complexidade na dinâmica (social e disciplinar) que atende ao modelo penitenciário federal - serão trazidas ao leitor no transcorrer de todo o livro: a legislação federal, ao arquitetar o Sistema Penitenciário Federal, trouxe inegável avanço sob o ponto de vista da assistência material às pessoas privadas de liberdade, especialmente no tocante ao fornecimento de alimentação, vestuário e instalações higiênicas e, fundamentalmente, ao eliminar o uso de celas coletivas em todas as suas unidades prisionais, bem como a superlotação carcerária, cujos resultados reproduzem sinais, tanto no contexto dos processos de criminalização, quanto nos fatores de redução de danos no curso da individualização da pena. Para além disso, merece importante destaque o avanço legislativo pertinente àqueles servidores que atuam à frente do universo prisional federal: a polícia penal federal e as carreiras auxiliares.

Entretanto, a visão crítica que conduz o livro não dispensa que parâmetros interpretativos - de natureza constitucional e convencional - elevem a natureza do debate para a análise de temas sensíveis que circundam o cumprimento da pena em Penitenciárias Federais: a saúde mental dos internos e dos policiais penais, a permanência (in)definida no sistema, a conflituosidade na tomada de decisões acerca do ingresso e permanência do interno, o perfil de preso para o SPF, a questionável política disciplinar extrema (procedimentos, regime disciplinar diferenciado (RDD) inclusão e sancionatório, regime fechado de segurança máxima (RFSM etc.), a quebra da privacidade nas conversas entre internos e seus familiares e com seus advogados, a visitação e suas conflituosidades, dentre outros relevantes temas.

A par disso, o Sistema Penitenciário Federal tem se revelado – ínsito a sua complexidade – um importante protagonista na indução de políticas públicas no campo criminal, da segurança pública e penitenciária, pelo que cumpre um papel de controle de determinadas práticas criminais, bem como se constitui em espelho aos Estados da Federação, acentuando-se tais constatações com o advento da novel Lei n.º 13.964/19.

Dadas estas coordenadas intelectivas, dividimos a obra conforme o seguinte roteiro:

No primeiro capítulo, introduzimos o leitor na compreensão do Sistema Penitenciário Federal desde sua narrativa história, passando por todos os precedentes legislativos que o constituem: Decreto-Lei n.º 2.848/1940, Lei Federal n.º 5.010/66, Lei de Execução Penal n.º 7.210/84, Lei dos Crimes Hediondos n.º 8.072/90, Lei Federal n.º 10.792/03, Lei Federal n.º 10.693/03, Lei Federal n.º 11.671/08, Decretos n.º 6.049/07 e 6.877/09 e Lei Federal n.º 13.964/19.

No segundo capítulo, tratamos dos fundamentos hermenêuticos para o Sistema Penitenciário Federal, cuja interpretação pautou-se em premissas jurídico-constitucionais, de modo a estabelecer os valores fundantes a guiar o leitor no enfrentamento de tão árido tema. Como resultado, coube-nos levar a efeito o processo interpretativo desde uma análise de sua alocação constitucional, de seus limites restritivos frente ao núcleo essencial da individualização da pena e da glosa que envolve a aparente colisão entre segurança pública e direitos e garantias individuais. Para além disso, não olvidamos do enfrentamento da natureza jurídica e finalidades do Sistema Penitenciário Federal, bem assim, abordamos o seu aparente confronto com a Lei de Execução Penal. Ao término do capítulo, entendemos pertinente apresentar ao leitor o contexto político-criminal no qual se insere a temática: em especial com alterações trazidas pela Lei n.º 13.964/19, bem como os influxos no campo do direito internacional e comparado.

Partindo para o terceiro capítulo, ingressamos na estrutura sistêmica do universo prisional federal em detalhes. É dizer, apresentamos ao leitor as normativas que compõem o que convencionamos denominar de microssistema normativo do Sistema Penitenciário Federal. Para além disso, não olvidamos dos órgãos da Execução Penal e, com aprofundamento que o tema requer, perscrutamos os pilares organizacionais dos Estabelecimentos Penais Federais de Segurança Máxima. Justo por isso, optamos, predominantemente – e com as críticas necessárias –, pela ordenação sistêmica trazida pelo Regulamento Penitenciário Federal (Anexo I do Decreto n.º 6.049/07), incluindo organização, finalidade, características e estrutura dos estabelecimentos penais federais, polícia penal federal, procedimentos de classificação, assistências, regimes e procedimentos disciplinares, meios de coerção, visitas e contato externo, entre outros, sem prejuízo de introduzir ao leitor temas latentes que circundam o sistema prisional brasileiro, tais quais a atenção às mulheres, identidade de gênero, saúde mental, identificação do perfil genético e as medidas para enfrentamento do Covid-19.

Por último, no capítulo quatro, comentamos de forma detida e individualmente os artigos previstos na Lei n.º 11.671/08, estatuto jurídico que rege o processo de transferência e inclusão de presos nos estabelecimentos penais federais de segurança máxima, com especial atenção para a recente e substancial alteração promovida pelo chamado pacote anticrime (Lei n.º 13.964/19).

Sem deixar de reconhecer que o presente campo científico não se esgota na análise dogmático-jurídica proposta, justo por sua disciplina carregar importantes traços transdisciplinares, entendemos que as expectativas lançadas em torno da pauta prisional exigem do leitor um olhar simbiótico, de modo a enlaçar os campos do direito penal e da criminologia.

Deste diálogo incessante entre as ciências afins, espera-se elevar o tema ao centro do debate político e jurídico do país, cujas evidencias, há pelo menos três décadas, dominam (quase que exclusivamente) as narrativas de controle social centralizadas na pena de prisão.

É neste preciso contexto que o estudo do Sistema Penitenciário Federal se insere e pede atenção.

Desde Florianópolis e Joinville, dezembro de 2020.

Os Autores

PREFÁCIO

A política penitenciária federal – como bem lembrado pelos autores – estabelece como condicionantes ao regular cumprimento da pena nos Presídios Federais a "restrição, suspensão ou mesmo a eliminação de direitos básicos como visita (social, íntima e virtual), acesso a advogados, banho de sol, acesso ao estudo, trabalho, recebimento de correspondência, acesso a determinadas obras literárias, procedimentos comportamentais de ordem disciplinar, isolamento como forma de sanção e forma de ingresso no sistema, vigilância das comunicações privadas, entre outras".

A partir do caso *Turner v. Safley* (1987), a Suprema Corte dos EUA passou a definir os indicadores de razoabilidade de uma regra (regulamento) prisional. É o chamado "*Turner Test*", utilizado como parâmetro jurisprudencial norte-americano desde então. Segundo o teste, para se aferir a razoabilidade de uma regra prisional que afeta direitos constitucionais, é necessário verificar: a) se a regra prisional apresenta ou não uma conexão válida e racional com um interesse governamental neutro (imparcial) e legítimo, evocado para justificá-la; b) se há ou não meios alternativos para o exercício do direito constitucional da pessoa presa; c) se a acomodação do direito causa ou não desproporcionais dificuldades para o pessoal penitenciário, outros internos e para a alocação geral dos recursos prisionais (os chamados "*ripple effects*"); d) se a pessoa presa reclamante consegue ou não apontar uma alternativa capaz de acomodar o direito a um custo mínimo para os interesses da Administração. Como exemplo, temos o caso *Willians v. Bitner* (3rd Cir., 2006) em que se entendeu que remover um preso do trabalho na cozinha para outro tipo de trabalho, quando por razões religiosas este se recusa a preparar carne de porco, é uma alternativa óbvia à punição disciplinar. Nesse exemplo, a punição não se mostrou razoável, porque não houve conexão válida e racional entre a punição e o interesse governamental de disciplina, havia meio alternativo para o exercício do direito constitucional da pessoa presa (outro tipo de trabalho estava disponível), a acomodação do direito não causava desproporcionais dificuldades para a prisão e o interno conseguiu apontar uma alternativa (remoção para outro trabalho) capaz de acomodar seu direito ao trabalho, a um custo mínimo para os interesses da Administração.

Pela análise da rigorosa lógica proibitiva do sistema penitenciário federal brasileiro, indaga-se: suas regras restritivas de direitos fundamentais passariam no "*Turner Test*"? Se cada um possui sua verdade, também possui sua resposta para esta inquirição.

A partir de um olhar crítico, pensar a lógica de funcionamento do nosso sistema penitenciário federal significa imediatamente lembrar a célebre mensagem da Suprema Corte dos EUA, em *Wolff v. McDonnell* (1974) de que não pode existir uma cortina de ferro entre a Constituição e as prisões. Isso porque a política de esmagamento de direitos fundamentais criada para o funcionamento do sistema penitenciário federal e capitaneada pelo isolamento prolongado se esforça diariamente para manter incólume essa cortina.

O sistema federal assumiu a finalidade de prevenção especial negativa (neutralização) e, encontrando-se pelo caminho com o já previsto fim da execução de promover a harmônica integração social (art. 1º, da Lei de Execução Penal), provocou em um primeiro instante o fenômeno da bipolaridade teleológica da execução, além de certo incômodo pela necessidade de conciliação (ou ao menos justificação) frente ao pretenso fim da harmônica integração social.

Naquele momento, o corpulento fim de neutralização precisava caber no apertado e desgastado vestido da harmônica integração social. Mas não tardou em se perceber que tais fins são materialmente inconciliáveis. Afinal, como conciliar ou justificar a harmônica integração social em locais desintegradores da sanidade, em que estar em sua cela sob isolamento prolongado é estar ao mesmo tempo em seu banheiro e sua cama?

Não é à toa que Craig Haney e Mona Lynch (1997) identificam pelo menos 18 efeitos do regime rigoroso de isolamento: insônia, ansiedade, pânico, reclusão, hipersensibilidade, disfunções cognitivas, alucinações, perda de controle, agressividade, raiva, paranoia, desesperança, letargia, depressão, colapsos emocionais, automutilação, deterioração física e mental, sendo que muitos desses efeitos são exatamente similares às reações de vítimas de traumas.

Com a percepção da incompatibilidade material entre neutralização e harmônica integração social e com o catalisador do populismo penal, o incômodo inicial vem sendo substituído pela ausência de rubores na adoção de uma política excludente, pelo abandono do constrangimento de se rasgar toda e qualquer indumentária incompatível com o fim maior da incapacitação seletiva.

Só não percebe quem não quer: o sistema penitenciário federal é a quintessência do presente penal de "*Cárcere e guerra*" (como já alertara Pavarini), marcado pela passagem do modelo de bem-estar ("*wel-fare*") para o modelo de "*prison-fare*", pela substituição do "*Cárcere e Fábrica*" (como tradução de um arquétipo de controle social de tipo inclusivo, pautado pela crença na inserção social) pelo "*Cárcere sem Fábrica*" (em que se afirma a passos largos o controle social meramente excludente), pela superação do discurso "otimista" (pseudo-humanista) da harmônica integração social pela política ("pessimista" ou "realista") de neutralização seletiva.

O sistema federal age como oráculo dos sistemas estaduais. Sempre que demandado, procura acalentar a fé no cárcere, no isolamento prolongado e na incapacitação seletiva como promessas - cumpridas? - de segurança pública e paz social. Afinal, atribuíram ao Sistema Penitenciário Federal a missão de "*combater o crime organizado, isolando suas lideranças e presos de alta periculosidade, por meio de um rigoroso e eficaz regime de execução penal, salvaguardando a legalidade e contribuindo para a ordem e a segurança da sociedade*" (Portaria DEPEN n.º 103/2019) e missão dada é missão cumprida, reza o jargão popular.

A política neutralizante coloca os profissionais das seções de "reabilitação" ou "reintegração" na ingrata posição de buscar alguma racionalidade em um modelo concebido para ser irascível. E coloca a doutrina e a jurisprudência na posição de equilibristas de direitos fundamentais.

Cada reforma penal que impacta o sistema penitenciário federal (e a da Lei 13.964/2019 não foi diferente) aprofunda a crença de que maior punitividade anula o dano do crime, provocando, ao invés, a multiplicação da danosidade social oriunda do evento delitivo, assim como o aumento do abismo frente as normativas constitucional e convencional.

A cautelaridade, provisoriedade e excepcionalidade anunciadas para o sistema penitenciário federal se transformaram em definitividade e regra. Desalentador que o Direito das Penas tenha cedido irrecuperável espaço ao

Direito das Medidas. E paradoxal que o "*Direito Penal da Exceção*" seja o "*novo normal*".

A exceção (encarnada pelo regime sistema penitenciário federal) contaminou a regra (dos sistemas penitenciários estaduais), potencializando um dos mais perigosos ingredientes: a normalização do ferimento de direitos fundamentais. E aqui não vai uma crítica aos profissionais do sistema penitenciário federal. Pelo contrário: também são vítimas de uma engrenagem produtora de estresse, ansiedade, embrutecimento, depressão e loucura. Autênticos sobreviventes (por vezes infelizmente não) das doses homeopáticas de desumanização ministradas pelo sistema.

Numa era de opacidade penitenciária, torna-se imprescindível conhecer o mecanismo de funcionamento do sistema penitenciário federal. Os autores não só o compreendem, como o conhecem de perto – por sorte do outro lado das grades – e conseguem na presente obra mostrar suas incongruências, controvérsias, mazelas e desafios. Obras como a presente são essenciais à análise do macrocosmo de nosso sistema penal.

A execução penal do sistema penitenciário federal é uma dimensão paralela, alérgica ao sistema progressivo e lar da prevenção especial negativa seletiva. E assim continuará sendo. Amparados no realismo crítico, cumpre-nos apenas tentar reduzir seus danos.

Rio de Janeiro, setembro de 2020.

Rodrigo Duque Estrada Roig

SUMÁRIO

LISTA DE ABREVIATURAS E SIGLAS

ADI – Ação Direta de Inconstitucionalidade
ADPF – Ação de Descumprimento de Preceito Fundamental
CF – Constituição da República Federativa do Brasil de 1988
CIDH – Comissão Interamericana de Direitos Humanos
CJF – Conselho da Justiça Federal
CNCD/LGBT – Conselho Nacional de Combate à Discriminação e Promoção dos Direitos de Lésbicas, Gays, Bissexuais, Travestis e Transexuais
CNJ – Conselho Nacional de Justiça
CNMP – Conselho Nacional do Ministério Público
CNPCP – Conselho Nacional de Política Criminal e Penitenciária
CORDEPEN – Corregedoria-Geral do Departamento Penitenciário Nacional
CP – Código Penal
CPC – Código de Processo Civil
CPP – Código de Processo Penal
CTC – Comissão Técnica de Classificação
CV – Comando Vermelho
DEPEN – Departamento Penitenciário Nacional
DF – Distrito Federal
DIPREF – Diretoria do Estabelecimento Penal Federal
DIREB – Diretoria de Reabilitação dos Estabelecimentos Penais Federais
DISED – Divisão de Segurança e Disciplina dos Estabelecimentos Penais Federais
DISPF – Diretoria do Sistema Penitenciário Federal
DPU – Defensoria Pública da União
EPFSM – Estabelecimento Penal Federal de Segurança Máxima
ESPEN – Escola Nacional de Serviços Penais
EUA – Estados Unidos da América
FTIP – Força Tarefa de Intervenção Penitenciária
HC – *Habeas Corpus*
IBGE – Instituto Brasileiro de Geografia e Estatística

INFOPEN – Sistema de informações estatísticas do sistema penitenciário brasileiro responsável pelo levantamento nacional de informações penitenciárias.

LC – Lei Complementar

LEP – Lei de Execução Penal (Lei 7.210/1984)

MASPF – Manual de Assistências do Sistema Penitenciário Federal

MJ – Ministério da Justiça

MJC – Ministério da Justiça e Cidadania

MJSP – Ministério da Justiça e Segurança Pública

MPF – Ministério Público Federal

MS – Ministério da Saúde

MSP – Ministério da Segurança Pública

MT – Estado do Mato Grosso

OAB – Ordem dos Advogados do Brasil

ONU – Organização das Nações Unidas

PDIs – Procedimentos Disciplinares Internos

PFDF – Penitenciária Federal de Brasília

PFCAT – Penitenciária Federal de Catanduvas

PFCG – Penitenciária Federal de Campo Grande

PFMOS – Penitenciária Federal de Mossoró

PFPV – Penitenciária Federal de Porto Velho

PL – Projeto de Lei

PR – Estado do Paraná

RAIPDPU – Relatório Anual de Inspeção Prisional da Defensoria Pública da União

RDD – Regime Disciplinar Diferenciado

RFSM – Regime Fechado de Segurança Máxima

RN – Estado do Rio Grande do Norte

RO – Estado de Rondônia

RPF – Regulamento Penitenciário Federal (Anexo I do Decreto n.° 6.049/07)

SEAD – Serviço de Administração dos Estabelecimentos Penais Federais

SESAU – Serviço de Saúde dos Estabelecimentos Penais Federais

SPF – Sistema Penitenciário Federal

STF – Supremo Tribunal Federal

STJ – Superior Tribunal de Justiça

SUS – Sistema Único de Saúde

TEDH – Tribunal Europeu de Direitos Humanos

TJ – Tribunal de Justiça

TRF – Tribunal Regional Federal

1

INTRODUÇÃO AO ESTUDO DO SISTEMA PENITENCIÁRIO FEDERAL: NARRATIVA HISTÓRICA E PRECEDENTES LEGISLATIVOS

O Sistema Penitenciário Federal, enquanto instrumento de política criminal[1], se dirige a determinadas finalidades que o diferenciam do cumprimento da pena privativa de liberdade executada pelos Sistemas Prisionais Estaduais. Bem por isso, sua concepção funcional se vincula a um objeto estritamente delineado: promover, por intermédio da União, a execução da pena de prisão de indivíduos privados de liberdade, cuja inclusão se justifique no interesse da segurança pública ou do próprio preso.

No plano histórico, a concepção de estabelecimentos penais federais teve sua primeira aparição normativa, sob a égide republicana, em 1940, com o advento do Código Penal (Decreto-Lei n.º 2.848), admoestando que as penas de reclusão e detenção impostas pela justiça de um Estado poderiam ser cumpridas em estabelecimento de outro Estado ou da União (art. 29, § 3°). Tal redação acabara revogada pela reforma da parte geral do Código Penal, em 1984.

No ano de 1966, com a criação da Justiça Federal, estabeleceu-se o entendimento de que a construção de estabelecimentos penais federais restaria adstrita ao cerne da divisão de competências jurisdicionais federativas, é dizer, garantir que o cumprimento da pena proferida pela Justiça Criminal Federal

---

1. Jorge de Figueiredo Dias ensina que "é à política criminal que pertence competência para definir, quer no plano do direito constituído, quer no direito a constituir, os limites da punibilidade; como, por outro lado, que a dogmática jurídico-penal não pode evoluir sem atenção ao trabalho 'prévio' de índole criminológica. Mas também este não pode evoluir sem uma *mediação político-criminal* que lance luz sobre as finalidades e os efeitos que se apontam à (e se esperam da) aplicação do direito penal." (DIAS, 2001, p. 31)

fosse executado em estabelecimento de mesma natureza, após sua construção[2].

Sem embargo, foi em 1984, com o advento da primeira lei de execução penal brasileira (Lei n.º 7.210), que se passou a sustentar a ideia de destinação de espaços prisionais construídos pela União Federal para a custódia de condenados de alta periculosidade, cujo critério de inclusão estabelecido compreendia penas superiores a 15 (quinze) anos, quando a medida se revelasse no interesse da segurança pública ou do próprio condenado[3].

Com o flagrante crescimento dos índices de criminalidade e de aprisionamento no país[4], notadamente face aos delitos de tráfico de drogas e de violência, seis anos mais tarde, se inseriu, uma vez mais, previsão de semelhante teor na então novel lei dos crimes hediondos (art. 3º da Lei n.º 8.072/90), admoestando a União para que mantivesse estabelecimentos penais de segurança máxima, no desiderato de servir à custódia penal de condenados de alta periculosidade, cuja permanência em presídios estaduais constituísse risco a ordem e a incolumidade pública.

A despeito do crescente movimento de macrocriminalidade, a concepção de criminalidade violenta ainda se jungia à ideia da figura do indivíduo perigoso e seu necessário afastamento para garantia da ordem e segurança prisional[5].

Sucede que, desde a virada do século XXI, precisamente no ano de 2001, a estrutura organizacional das facções criminosas, ante o alarmante descaso Estatal, toma proporções sem precedentes no país. Neste contexto que, em

2. Trata-se da Lei orgânica da Justiça Federal, lei n.º 5.010/66 que assim dispõe sobre o tema: "Art. 85. Enquanto a União não possuir estabelecimentos penais, a custódia de prêsos à disposição da Justiça Federal e o cumprimento de penas por ela impostas far-se-ão nos dos Estados, do Distrito Federal e dos Territórios".
3. É o teor da redação originária do Art. 86, § 1°, da LEP, a saber: "A União Federal poderá construir estabelecimento penal em local distante da condenação para recolher, mediante decisão judicial, os condenados à pena superior a 15 (quinze) anos, quando a medida se justifique no interesse da segurança pública ou do próprio condenado".
4. Dados do INFOPEN (2019) e do Atlas da Violência produzido pelo IPEA junto ao Fórum Brasileiro de Segurança Pública (2019) apontam para o expoente crescimento – nas últimas décadas – dos índices prisionais e dos delitos de violência.
5. Não se desconhece que o crime organizado e as facções criminais já existiam desde o final da década de 1970, notadamente no Rio de Janeiro, no presídio Cândido Mendes, na Ilha Grande, por intermédio do convívio de presos comuns e militantes de grupos armados que deram início ao Comando Vermelho. Lado outro, data de 1993, no anexo da casa de custódia de Taubaté/SC, o surgimento do Primeiro Comando da Capital (PCC).

18 de fevereiro de 2001, deflagrava-se uma nova etapa no interior das prisões brasileiras: as megarrebeliões. Orquestrada pelo principal grupo criminoso que despontava no país, o PCC (Primeiro Comando da Capital), durante 24 (vinte quatro) horas, liderou o motim de 27.300 detentos em 27 presídios e dois distritos policiais do Estado de São Paulo, terminando com 16 presos mortos e dezenas de feridos[6].

Não por outra razão, a Secretaria de Administração Penitenciária do Estado de São Paulo, em maio de 2001, editou a Resolução n.º 26, criando o denominado regime disciplinar diferenciado, que estabelecia a possibilidade de isolar o detento por até 360 dias, em especial para os líderes e integrantes de facções criminosas (MARCÃO, 2009, p. 38). Com efeito, iniciava-se um forte embate doutrinário e jurisprudencial sobre a legalidade do indigitado ato e a constitucionalidade do novo modelo sancionatório disciplinar, pelo que coube à Presidência da República propor a uniformização do instituto punitivo perante o Congresso Nacional.

Precisamente neste contexto temporal que, em agosto de 2001, o Presidente da República encaminha mensagem n.º 842 ao Congresso Nacional, autuando-se na Câmara dos Deputados o PL n.º 5.073/01 que, tramitando a passos lentos, ganha definitivamente força após a morte de dois juízes de execução penal, em março de 2003, desencadeando sua aprovação em 26 de março de 2003. Seguindo para o Senado, o projeto recebe uma nova e mais ampliada roupagem, no que retorna à Câmara para sua definitiva aprovação, transformando-se, após sanção presidencial, em 01 de dezembro de 2003, na Lei n.º 10.792/03.

É neste momento que, cuidadosamente, a legislação Federal passa a redefinir o significado do controle prisional nas penitenciárias brasileiras, projetando, em definitivo, o irreversível processo de federalização do cumprimento da pena de prisão.

1.1 A LEI 10.792/03 E NOVO MARCO CRIMINOLÓGICO: A CHEGADA DO RDD E O INÍCIO DO MODELO PRISIONAL FEDERAL

Consubstanciada em duas balizas criminológicas bem definidas – combate ao crime organizado desde as prisões e a neutralização do preso pelo

6. Leia mais: https://acervo.oglobo.globo.com/em-destaque/maior-rebeliao-da-historia-do-pais--expos-mazelas-do-sistema-penitenciario-. Acesso em: 06.05.2020.

controle disciplinar – a Lei n.º 10.792/03, sob o prisma da execução penal, altera a Lei n.º 7.210/84 para introduzir o regime disciplinar diferenciado no âmbito do poder disciplinar, bem assim assume o compromisso, definitivamente, com a construção de estabelecimentos penais pela União, para, em local distante da condenação, receber presos condenados (art. 86, § 1º); ou, ainda, que a União Federal, os Estados, o Distrito Federal e os Territórios possam construir penitenciárias com exclusivo propósito de receber presos condenados ou provisórios, para o cumprimento do então novel regime disciplinar diferenciado (art. 87, parágrafo único).

Portanto, desde a grande crise prisional do início do século XXI – fortalecida indiscutivelmente pelo novo patamar organizacional dos agrupamentos e facções criminosas no interior do sistema prisional brasileiro – que se constrói dois importantes pilares do recrudescimento do cumprimento da pena de prisão: a efetiva construção dos estabelecimentos prisionais federais e a instituição do regime disciplinar diferenciado em âmbito nacional (RDD). Com efeito, tanto sob a perspectiva histórica, como sob o ponto de vista criminológico, a Lei n.º 10.792/03, no campo científico da execução da pena, impõe-se como marco ressignificante da política penal brasileira[7].

Tão significativa mudança na estratégia de enfrentamento à questão prisional sugeriria que a presente política criminal de neutralização de indivíduos e organizações criminosas fosse alçada ao campo da excepcionalidade. Entretanto, a Lei n.º 10.792/03 seguiu em sentido diverso, ao estabelecer que a União priorizará, quando da construção de penitenciárias federais, os estabelecimentos que se destinem a abrigar presos provisórios ou condenados sujeitos a regime disciplinar diferenciado (art. 8º). Para além disso, o novo diploma legislativo aponta que a União definirá os padrões mínimos do presídio destinado ao cumprimento de regime disciplinar (art. 7º)[8].

---

7. Para Salo de Carvalho (2015, p. 307), sob o aspecto penológico, "a lei 8072/90 (Crimes Hediondos) e a Lei 10792/03 (Regime Disciplinar Diferenciado) rompem formalmente com a perspectiva de prevenção especial positive que orientou a construção da Lei de Execução Penal, aproximando a estrutura normativa penitenciária brasileira dos projetos punitivos neoconservadores que emergiram na década de 1990 (gerencialismo). As tendências inquisitivas de neutralização e de controle atuarial dos grupos de risco são gradualmente sobrepostas ao ideal ressocializador, situação que determina a reconfiguração das práticas do sistema de administração de Justiça criminal no Brasil".

8. Como é cediço, cabe ao CNPCP estabelecer regras sobre a arquitetura e construção de estabelecimentos penais e casas de albergados (art. 64, VI, da LEP).

1.2 A CONSTRUÇÃO DAS PENITENCIÁRIAS FEDERAIS E SEU MICROSSISTEMA NORMATIVO

Desde a concepção funcional idealizada aos estabelecimentos penais federais de segurança máxima pela Lei de Execução Penal, se passaram mais de vinte anos até a sua efetiva implementação. É dizer: a inauguração da Penitenciária Federal de Catanduvas, em junho de 2006, – a primeira dentre as cinco unidades construídas em território brasileiro[9] – dá início ao cumprimento da pena privativa de liberdade sob égide do sistema prisional federal.

Inicialmente, ante a ausência de regulamentação do poder executivo federal, o Conselho da Justiça Federal, em maio de 2006, editou a Resolução n.º 502, com vigência prevista de 1 (um) ano, com o fim de regulamentar os procedimentos de inclusão e de transferência de pessoas presas para unidades do Sistema Penitenciário Federal.

Em 27 de fevereiro de 2007 exsurge o primeiro regulamento penitenciário federal, por intermédio do anexo I do Decreto n.º 6.049, inaugurando o arcabouço normativo que convencionamos chamar de "microssistema" Penitenciário Federal.

Ato contínuo, o Congresso Nacional aprova a Lei Federal n.º 11.671, de 08 de maio de 2008, que vem a dispor sobre a transferência e inclusão de presos em estabelecimentos penais federais de segurança máxima, seguida de seu Decreto regulamentador n.º 6.877, de 18 de junho de 2009, bem como de importante reforma introduzida pela Lei n.º 13.964, de 24 de dezembro de 2019.

Portanto, ao lado da Lei n.º 10.693/03 (que dispõe sobre a carreira dos Policiais Penais Federais), a Lei n.º 11.671/08 e os Decretos n.º 6.049/07 e 6.877/09 qualificam-se como as principais normas jurídicas do microssistema penitenciário federal, no qual se inserem, ainda, os anais dos workshops, enunciados, recomendações, boas práticas, orientação sobre pedido de inclusão de preso no sistema penitenciário federal e outros.

9. No presente momento o Sistema Penitenciário Federal dispõe de cinco Penitenciárias Federais, a saber: Penitenciária Federal de Catanduvas – Paraná (inaugurada em 23 de junho 2006), Penitenciária Federal de Campo Grande – Mato Grosso do Sul (inaugurada em 21 de dezembro de 2006), Penitenciária Federal de Porto Velho – Rondônia (inaugurada em 19 de junho de 2009), Penitenciária Federal de Mossoró – Rio Grande do Norte (inaugurada dia 3 de julho de 2009) e Penitenciária Federal de Brasília – Distrito Federal (inaugurada em 2018).

Neste sentido:

Enunciados e recomendações dos Workshops sobre o SPF do CJF

Recomendação n.° 18 – Recomenda-se a abertura de link no sítio do Conselho da Justiça Federal, das seções judiciárias com vara com competência sobre presídio federal e do Departamento Penitenciário Nacional, com a finalidade de reunir todas as informações acerca do Sistema Penitenciário Federal, como legislação específica, anais dos workshops, enunciados, boas práticas, orientação sobre pedido de inclusão de preso no sistema penitenciário federal, etc. (Editado no III Workshop).

Ilustrando a estrutura normativa básica do Sistema Penitenciário Federal, veja quadro a seguir de seu **microssistema normativo.**

Lei n.° 5.010/66	"Art. 85. Enquanto a União não possuir estabelecimentos penais, a custódia de prêsos à disposição da Justiça Federal e o cumprimento de penas por ela impostas far-se-ão nos dos Estados, do Distrito Federal e dos Territórios."
Artigo 86, §1° da Lei n.° 7.210/84	"Art. 86, §1°. A União Federal poderá construir estabelecimento penal em local distante da condenação para recolher os condenados, quando a medida se justifique no interesse da segurança pública ou do próprio condenado." (Redação dada pela Lei n° 10.792, de 2003)
Lei n.° 8.072/90	"Art. 3° A União manterá estabelecimentos penais, de segurança máxima, destinados ao cumprimento de penas impostas a condenados de alta periculosidade, cuja permanência em presídios estaduais ponha em risco a ordem ou incolumidade pública."
Artigo 87, parágrafo único da LEP, alterado pela Lei n.° 10.792/03	Foi em 2003 incluído que "A **União Federal**, os Estados, o Distrito Federal e os Territórios **poderão construir Penitenciárias destinadas**, exclusivamente, aos presos provisórios e condenados que estejam em regime fechado, **sujeitos ao regime disciplinar diferenciado**, nos termos do art. 52 desta Lei."
Lei n.° 10.693/03	Cria a Carreira de Agente Penitenciário Federal no Quadro de Pessoal do Ministério da Justiça e dá outras providências.
Decreto n.° 6.049/07	Regulamento Penitenciário Federal
Lei n.° 11.671/08	Lei específica do processo de inclusão e transferência
Decreto n.° 6.877/09	Regulamento do processo de inclusão e transferência
Lei n.° 13.964/19	Altera significativamente a Lei n.° 7.210/84 e a Lei n.° 11.671/08.
Demais informes:	Anais dos workshops, enunciados, recomendações, boas práticas, orientação sobre pedido de inclusão de preso no sistema penitenciário federal e outros.

2

FUNDAMENTOS HERMENÊUTICOS PARA O SISTEMA PENITENCIÁRIO FEDERAL

2.1 PREMISSAS JURÍDICO-CONSTITUCIONAIS ACERCA DO SISTEMA PENITENCIÁRIO FEDERAL: INTERPRETAÇÃO CONFORME

A supremacia da Constituição e a força normativa do texto constitucional constituem-se – no cerne da hermenêutica constitucional – em indispensáveis vetores estruturantes do ordenamento jurídico. São eles que disparam o gatilho de compatibilidade das normas hierarquicamente inferiores com seu conteúdo material e formal.

Por meio da Constituição, bem lembram Daniel Sarmento e Cláudio Pereira de Souza Neto, "o poder constituinte, titularizado pelo povo, cria os poderes constituídos, os quais são incumbidos de produzir o direito ordinário: as leis, os atos administrativos e as decisões judiciais. A criatura não pode agir em desconformidade com os desígnios de seu criador; não pode ir além dos termos da delegação recebida. A relação de hierarquia entre poder constituinte e poderes constituídos é transferida para o interior do ordenamento jurídico, traduzindo-se como superioridade da Constituição sobre as leis e demais normas jurídicas" (SOUZA NETO, SARMENTO, 2017, p. 24).

Demais disso, os direitos fundamentais consolidam-se historicamente como fontes de limitação do poder de punir. O constituinte de 1988 foi claro: os fundamentos axiológicos do Estado Brasileiro colidem não só apenas com a pena de morte em tempos de paz (art. 5º, inc. XLVII, "a"); com a pena perpétua (art. 5º. inc. XLVII, "b"); cruel (art. 5º, inc. XLVII, "c"); com a tortura e com tratamento desumano ou degradante (art.5º. inc. III), bem como quando atentem contra a integridade física e moral do apenado (art. 5º, inc. XLIX).

Daí dizer que o rol de direitos e garantias fundamentais delimitam o campo de atuação da tutela penal, indo ao encontro da função integradora e hermenêutica do princípio constitucional da dignidade da pessoa humana, fundamento da República (art. 1º, inc. III) (SARLET, 2015, p. 156).

Portanto, no campo da tutela penal é defeso estabelecer um planejamento punitivo alheio à conformação constitucional, mesmo que sua motivação desponte - seja qual for o movimento político-criminal - como a solução inexorável aos apelos de uma maioria momentânea[1]. É com esta perspectiva que deve ser concebido e executado o Sistema Penitenciário Federal.

2.2 ALOCAÇÃO CONSTITUCIONAL DO SISTEMA PENITENCIÁRIO FEDERAL

Ao tempo em que o Direito Penitenciário se reveste de estatura constitucional - cabendo à União, aos Estados e ao Distrito Federal legislar concorrentemente sobre o tema[2] - a presente disciplina assume autonomia científica no ramo do direito. Com efeito, a execução da pena privativa de liberdade - enquanto etapa fundamental ao processo de individualização da pena[3], seja no plano Estadual, seja no plano Federal - se subsume aos mesmos princípios que norteiam a limitação do poder punitivo Estatal.

Interpretação diversa da presente, comprometida que fosse com a percepção de que o processo de individualização da pena (art. 5º, inc. XLVI) pudesse ser relativizado, cancelado ou suspenso em razão do local de cumprimento da pena, somente poderia ter sido estabelecida pelo poder constituinte, o que de fato não ocorreu[4].

1. "Novas leis e políticas são rapidamente instituídas sem consulta prévia aos profissionais do sistema penal e o controle da agenda política por tais profissionais foi consideravelmente reduzido por um estilo populista de fazer política". (GARLAND, 2017, p. 372)
2. CF, Art. 24. Compete à União, aos Estados e ao Distrito Federal legislar concorrentemente sobre: I – direito tributário, financeiro, penitenciário, econômico e urbanístico.
3. Guilherme Nucci ensina que "[...] a individualização da pena desenvolve-se em três etapas distintas. Primeiramente, cabe ao legislador fixar, no momento de elaboração do tipo penal incriminador, as penas mínimas e máximas, suficientes e necessárias para a reprovação e prevenção do crime. É a individualização legislativa. Dentro desta prática, quando se der a prática da infração penal e a sua apuração, atua o juiz, elegendo o montante concreto ao condenado, em todos os seus prismas e efeitos. É a individualização judiciária. Finalmente, cabe ao magistrado responsável pela execução penal determinar o cumprimento individualização da sanção aplicada. [...] é a individualização executória" (NUCCI, 2014. p. 24).
4. A reserva legal expressa no art.5, inc. XLVI, por certo, fica circunscrita a limites que vedam o recrudescimento da sanção penal para além de seu núcleo essencial, conforme decidido pelo

É preciso ser claro: o fato da pena ser cumprida em estabelecimentos distintos[5], de acordo com a natureza do delito, a idade e o sexo do apenado (art. 5º, inc. XLVIII) não desnatura a resposta estatal ao núcleo essencial deste processo individualizador: a higidez, seja quem e qual for o delito cometido, do sistema progressivo como fator propiciador de condições para reintegração social da pessoa privada de liberdade[6].

2.3 O SISTEMA PROGRESSIVO COMO FATOR ESSENCIAL DO PROCESSO DE INDIVIDUALIZAÇÃO DA PENA: ÂMBITO DE PROTEÇÃO E INCIDÊNCIA NO SISTEMA PENITENCIÁRIO FEDERAL

O sistema progressivo da pena - compreendido como componente nuclear do princípio constitucional da individualização da pena (art.5, inc. XLVI, CF)[7], desde uma visão humanitária[8] - projeta-se em duas frentes indissociáveis: **1) como fator de imposição ativa ao Estado a um amplo esteio de medidas tendentes a propiciar condições de reintegrar as pessoas privadas de liberdade na sociedade livre, ganhando status de obrigações positivas** (direito à progressão de regimes prisionais, saídas temporárias, autorização de saída, remição - pelo estudo, leitura e trabalho -, detração,

---

STF no HC 82.959/SP. Ainda, a reserva legal implícita inserta no inc. XLVI foi devidamente preenchida pelo legislador ordinário, quando estabeleceu a distinção entre a natureza dos estabelecimentos penais (Título IV da lei n.° 7.210/84) e a natureza dos delitos a eles submetidos (art. 82, 83 e 84 da lei n.° 7.210/84).

5. Art. 83 da LEP: "O estabelecimento penal, conforme a sua natureza, deverá contar em suas dependências com áreas e serviços destinados a dar assistência, educação, trabalho, recreação e prática esportiva".

6. Assim já nos manifestamos: "desde o emblemático julgamento do HC 82.959/SP, restou ampliado o âmbito de proteção do direito à individualização estampado no art. 5°, inciso XLVI da Constituição. Com efeito, o conceito de individualização da pena não mais fica restrito apenas ao campo de atuação do legislador, em abstrato, e ao juiz, em concreto, a mera dosimetria da sanção penal. De fato, seguindo amplo entendimento doutrinário, a individualização constitucional da pena alarga seu suporte fático para, também, cumprir o papel fundamental de individualizar a execução da pena". (CESTARI, 2018, p. 163).

7. Recorre-se novamente às razões de decidir do HC n° 82.959-7, cujo paradigma jurisprudencial balizou a nova interpretação do princípio da individualização da pena, quando da análise da possibilidade de progressão de regime aos crimes hediondos, pelo que se reconheceu no sistema progressivo da pena, o limite intransponível (núcleo essencial) à restrição desta garantia fundamental. (Voto-vista Min. Gilmar Mendes no HC n° 82.959-7, São Paulo, em 02.12.04, p. 591. Relator para o Acórdão, Ministro Marco Aurélio de Mello. 23.02.2006.

8. Rodrigo Estrada Roig ensina que "o princípio da humanidade decorre do fundamento constitucional da dignidade da pessoa humana (art. 1°, III, da CF) e do princípio da prevalência dos direitos humanos (art. 4°, II, da CF), amparando o Estado Republicano e Democrático de Direito" (ROIG, 2005, p. 34).

indulto, graça e anistia, prescrição executória da pena, revisão criminal, livramento condicional, reabilitação, saída e progressão antecipada, prisão domiciliar); **2) como fator de imposição passiva ao Estado, consubstanciada em uma política redutora de danos, cuja obrigação se adstringe em não subtrair direitos essenciais do preso não atingidos pela perda da liberdade, realçando, por sua vez, seu caráter de obrigações negativas** (alimentação suficiente e vestuário; atribuição de trabalho e sua remuneração; previdência social; constituição de pecúlio; proporcionalidade na distribuição do tempo para o trabalho, o descanso e a recreação; exercício das atividades profissionais, intelectuais, artísticas e desportivas anteriores, desde que compatíveis com a execução da pena; assistência material, à saúde, jurídica, educacional, social e religiosa; proteção contra qualquer forma de sensacionalismo; entrevista pessoal e reservada com o advogado; visita do cônjuge, da companheira, de parentes e amigos em dias determinados; contato com o mundo exterior por meio de correspondência escrita, da leitura e de outros meios de informação que não comprometam a moral e os bons costumes, dentre outros previstos expressamente no art. 41 da LEP e nos tratados e convenções internacionais).

Temos então **que o sistema progressivo não se limita a estabelecer um percurso de ascensão aos regimes prisionais menos rigorosos** (fechado para semiaberto e semiaberto para o aberto). Trata-se de **verdadeiro vetor axiológico[9] para o cumprimento da pena de prisão**, cuja ampliação de seu âmbito de proteção, quer seja em âmbito Estadual, quer seja Federal, densifica a força normativa do processo de individualização da pena e põe em xeque os limites a eventuais restrições a esta garantia.

Neste diapasão, o ingresso no Sistema Penitenciário Federal, ainda que tenha caráter excepcional e temporário, no interesse da segurança pública, não se constitui – e não deve ser interpretado – em barreira ao regular curso do sistema progressivo de cumprimento da pena de prisão[10].

9. Sem prejuízo desta constatação, a liberdade do intérprete não pode se confundir em um poder discricionário ao maniqueísmo judicial, pelo que adverte Lênio Streck que "os princípios não se constituem em álibis teóricos para suplantar problemas metodológicos oriundo da insuficiência das regras" (STRECK, 2014, p. 97).

10. Para Alberto Silva Franco, o sistema progressivo é consectário da lógica jurídico-normativa que compõe o sistema. Trata-se de decorrência natural do resultado prático de alguns princípios constitucionais insertos na Constituição Federal. "É o ponto de interseção em que se conectam os princípios da legalidade, da individualização e da humanidade da pena" (FRANCO, 2000. p. 237).

Em última análise, "a imposição de um regime único e inflexível para o cumprimento da pena privativa de liberdade, expurgando o sistema progressivo de cumprimento da pena, afronta o próprio núcleo essencial do princípio da individualização da pena, retirando-lhe, assim, indevidamente sua eficácia, e, por consequência, [...] diminuindo a razão de ser da norma constitucional que, assentada no inciso XLVI do art. 5º da Carta de 1988, o preconiza e garante" (KARAM, 2003, p. 314).

Como explicar, portanto – justamente com eficácia argumentativa inversa ao conteúdo protetivo que emana da garantia fundamental à individualização da pena – que as penitenciárias federais possam – em determinadas situações – transigir com a ideia de manter ativo um programa mínimo de condições essenciais de acesso ao sistema progressivo?

2.4 FALSA DICOTOMIA ENTRE SEGURANÇA PÚBLICA E DIREITOS E GARANTIAS FUNDAMENTAIS INDIVIDUAIS

Tanto o conteúdo material dos direitos individuais inerentes (direta ou reflexamente) ao cumprimento da sanção criminal (art. 5º, inc. I, II, III, IV, V, VII, VIII, IX, X, XVII, XXXIV, "a" e "b", XLVI, XLVII, XLVIII, XLIX, XLVIII, XLIX e L, LIII, LIV, LV, LVI, LVII, LXIII, LXIV, LXV, LXVIII, LXIX, LXXII, LXXIV, LXXV, LXXVIII e § 2º, da CF), quanto a segurança pública (art. 6º, CF), situam-se, consagradamente, no campo dos direitos fundamentais assentados pelo constituinte de 1988.

Os anseios (legítimos) de mudança nos rumos da política de segurança pública brasileira não podem ser ignorados, bem por isso não são excludentes do ideal de combater a impunidade pela prevenção de crimes com a devida aplicação da lei penal, de maneira a restabelecer a ordem jurídica, nos limites da culpabilidade do fato praticado[11].

Este compromisso – que assume feição de direito fundamental –, entretanto, não pode conspurcar direitos e garantias fundamentais individuais, "pois qualquer limitação (restrição) aos direitos fundamentais tem que respeitar o núcleo essencial destes, ou seja, o núcleo essencial que envolve diretamente os direitos fundamentais e por derivação a noção de

11. Lembra Santiago Mir Puig, em alusão a Claus Roxin, que a prevenção geral compensadora ou integradora, que se contenta com a manutenção da ordem jurídica e da afirmação da fidelidade no direto, se envida respeitando os limites da culpabilidade (MIR PUIG, 1995. p. 55).

dignidade da pessoa humana, que não pode ser abalada" (CANOTILHO, 2003, p. 454).

Percebe-se, portanto, que qualquer discurso de justificação que aponte para finalidades penais diversas das quais sustentam-se os direitos e garantias fundamentais - restringindo seu âmbito de proteção a limites desproporcionais - implica em manifesto contraste com estes valores. É dizer, **eventual abordagem que imponha ao modelo penitenciário federal funções estritamente neutralizantes e inocuizantes dos indivíduos privados de liberdade[12] reveste-se de acintosa inconstitucionalidade.**

A narrativa construída pelos operadores do Sistema Penitenciário Federal - que acaba por instrumentalizar o *modus operandi* vigente - sinaliza para o inequívoco propósito de combater o crime organizado, isolando suas lideranças e presos de alta periculosidade, por meio de um rigoroso e eficaz regime de execução penal, salvaguardando a legalidade e contribuindo para a ordem e a segurança da sociedade[13].

Se de um lado espera-se do Sistema Penitenciário Federal um espaço destinado ao isolamento e neutralização de perigosas lideranças vinculadas ao crime organizado; por outro, compatibilizar tais medidas com o núcleo essencial do processo de individualização da pena irrompe como um dever, sob pena de submissão do preso à restrições de cunho exclusivamente inocuizantes, configurando verdadeira hipótese de nulificação do dispositivo constitucional[14].

---

12. Isso pois, conforme já alertado, "o cárcere, em si, traduz essa separação espacial da sociedade, em que indivíduos são isolados do convívio social para dele não só não estarem, como para não fazerem mais parte como indivíduo de direitos e deveres" (LOVATTO, 2020, p. 80).
13. Portaria n° 103, de 18 de fevereiro de 2019 do Departamento Penitenciário Nacional (DEPEN) estabelece a missão do Sistema Penitenciário Federal: "Combater o crime organizado, isolando suas lideranças e presos de alta periculosidade, por meio de um rigoroso e eficaz regime de execução penal, salvaguardando a legalidade e contribuindo para a ordem e a segurança da sociedade".
14. Por ocasião do Voto-vista no HC 82959-7 (Crimes Hediondos e progressão de regime), coube ao Min. Gilmar Mendes identificar o âmbito de proteção do direito fundamental à individualização da pena: "o âmbito de proteção utilizado pelo constituinte resguarda um direito fundamental à individualização da pena. A reserva à lei explícita compreende, apenas, que esse direito está submetido a uma restrição legal expressa, bem assim '[...] que o legislador poderá fazer as distinções e qualificações, tendo em vista as múltiplas peculiaridades que dimanam da situação a reclamar regulação'. É inequívoco, por outro lado, que a restrição legal submete-se a limites. Caso contrário, '[...] ter-se-ia a possibilidade de nulificação do direito fundamental submetido à reserva legal por simples decisão legislativa'".

E é justamente esta conciliação de valores que tendem a sofrer atrito quando se constrói o discurso – popular[15], diga-se – de justificação da Segurança Pública como fator de imposição da lei e da ordem no âmago deste modelo prisional federal.

Diversas são as hipóteses fáticas – em obséquio à segurança e disciplina da unidade – a serem ilustradas ao leitor e que perpassam a política penitenciária federal como condicionantes ao regular cumprimento da pena nas Penitenciárias Federais: restrição, suspensão ou mesmo a eliminação de direitos básicos como visita (social, íntima e virtual), acesso a advogados, banho de sol, acesso ao estudo, trabalho, recebimento de correspondência, acesso a determinadas obras literárias, procedimentos comportamentais de ordem disciplinar, isolamento como forma de sanção e forma de ingresso no sistema, vigilância das comunicações privadas, entre outras.

Lado outro, por detrás do alcance material do direito social à segurança pública, não se pode invocá-lo como estrutura deontológica que submeta o campo autônomo das ciências penitenciárias e da execução penal à condição de mero apêndice, de forma a preponderar seus pilares valorativos em detrimento das demais ciências que estruturam o funcionamento hermenêutico do Sistema Penitenciário Federal.

Portanto, há aqui uma falsa dicotomia entre a segurança pública e direitos e garantias fundamentais individuais: toda colisão de valores constitucionais, quer seja entre direitos fundamentais, quer seja entre estes e interesses sociais, deve observar o seu âmbito de proteção e, sobretudo, seu núcleo essencial indisponível.

JURISPRUDÊNCIA

SUPREMO TRIBUNAL FEDERAL

Decisão sobre atividade legislativa de direito penitenciário:

Decisão do Supremo Tribunal Federal, na ADI 3.916 de relatoria do Ministro Eros Grau (julgada em 03 de fevereiro de 2010), decidiu que lei distrital poderia tratar de técnicos penitenciários, pois "**a competência para legislar sobre direito penitenciário é concorrente entre todos os entes da Federação**, nos termos do disposto no artigo 24, inciso I, da CB/88", uma vez que não eram atividades ligadas especificamente à polícia civil e à

15. Em Garland, observa-se que "a questão chave da segregação punitiva se refere ao seu apoio social e cultural. Afinal de contas, esta é uma política altamente visível, que desperta discussões acaloradas e jamais poderia operar sem ampla adesão social" [...] O resultado é a emergência de modelos expressivos e intensivos de policiamento e punição que objetivam canalizar o sentimento público e a força total da autoridade do Estado (GARLAND, 2008, p. 313).

segurança pública, mas sim de direito penitenciário. (STF, Plenário, ADI 3.916, rel. Ministro Eros Grau, julgada em 03 de fevereiro de 2010)

2.5 NATUREZA JURÍDICA DO SISTEMA PENITENCIÁRIO FEDERAL

Como visto alhures, a base principiológica que sustenta a execução da pena – marcadamente de matriz constitucional – em nada desgarra sua aplicabilidade perante o Sistema Penitenciário Federal. Não há, portanto, motivo para afastá-lo do controle jurisdicional.

A inafastabilidade de apreciação de lesão pelo poder judiciário (art. 5º, inc. XXXV, CF) e do devido processo legal (art. 5ª, inc. LIV, CF) – aqui observado como devido processo de execução penal (trata-se da individualização da pena em sua terceira fase) – implicam em posicionar a execução do cumprimento da pena no sistema prisional federal em atividade de natureza jurisdicional[16].

Sucede que o espaço de atuação jurisdicional não pode, muito menos deve, se confundir com uma atividade estritamente homologatório da administração prisional. É dizer, "a existência de atividades de cunho administrativo no curso da execução penal não desnatura sua natureza jurisdicional, assim como atividades de cunho administrativo não afastam a natureza jurisdicional do processo de conhecimento" (ROIG, 2017, p. 117). Em síntese, "a jurisdição da execução penal deve deixar de ser um simulacro de jurisdição para erigir-se em um autêntico poder do Estado na execução penal" (RIVERA BEIRAS, 2019, p. 94).

Se tal postura é duramente criticada no controle dos atos administrativos da execução penal realizada pelos Estados[17], com mais razão serve o alerta: o principal fator de controle jurisdicional para o Sistema Penitenciário Federal

---

16. Predomina na doutrina o entendimento de que a execução penal possui natureza mista, conforme reconhecida posição de Ada Pellegrini Grinover: "não se nega que a execução penal é atividade complexa, que se desenvolve, entrosadamente, nos planos jurisdicional e administrativo. Nem se desconhece que dessa atividade participam dois Poderes estaduais: o Judiciário e o Executivo, por intermédio, respectivamente, dos órgãos jurisdicionais e dos estabelecimentos penais" (GRINOVER, 1987, p. 7).

17. Salo de Carvalho adverte para "a impossibilidade da existência de um sistema jurídico misto, seja ele processual penal, material penal ou penalógico. A característica dos sistemas, como a dos paradigmas e dos tipos ideais, é sua identificação a partir de alguns rígidos princípios unificadores. Deles apenas se aproximam tendências opostas, sendo impossível fusão sistemática ou paradigmática. O modelo jurídico é garantista ou antigarantista. O Sistema processual é acusatório ou inquisitivo. O Sistema executivo é jurisdicional ou administrativo" (CARVALHO, 2001, p.185).

é justamente o ingresso, a renovação de permanência e a devolução de indivíduos privados de liberdade aos Estados de origens, cuja verificação dos requisitos, invariavelmente, encontra-se vinculada à análise técnica dos relatórios dos sistemas de inteligências das Secretarias de Segurança Estaduais e pelo aporte técnico-científico do Departamento Penitenciário Nacional. Daí dizer que o ato decisório jurisdicional projeta seus efeitos subsidiado em atividade interdisciplinar.

Mas não é só.

A Lei n.º 11.671/08 foi categórica em assentar a natureza jurisdicional do Sistema Penitenciário Federal:

> Art. 2º. A atividade jurisdicional de execução penal nos estabelecimentos penais federais será desenvolvida pelo juízo federal da seção ou subseção judiciária em que estiver localizado o estabelecimento penal federal de segurança máxima ao qual for recolhido o preso.

Para além disso, a Lei n.º 13.964/19 acrescenta o parágrafo único ao art. 2º da Lei n.º 11.671/08, pelo que não deixa dúvidas sobre a competência jurisdicional do Juiz Corregedor Federal para o amplo controle sobre a gestão das atividades prisionais que redundem em ações de natureza penal, quer relacionadas a fatos ou incidentes à execução da pena, quer relacionadas a infrações penais ocorridas dentro do estabelecimento penal federal[18].

Por fim, tal entendimento é reforçado pelo art. 4º, § 1º, da Lei n.º 11.671/08, quando assinala que a execução penal da pena privativa de liberdade, no período em que durar a transferência, ficará a cargo do juízo federal competente.

2.6 FINALIDADES DO SISTEMA PENITENCIÁRIO FEDERAL

A teor do Regulamento Penitenciário Federal (Decreto n.º 6.049/07), os estabelecimentos penais federais têm por finalidade promover a execução administrativa das medidas restritivas de liberdade dos presos, provisórios ou condenados, cuja inclusão se justifique no interesse da segurança pública ou do próprio preso (art. 3º).

---

18. Para o tema, convidamos o leitor à análise do cap. 4.2.1.

Não é demais lembrar – sem maiores incursões sobre as teorias da pena[19] – que posicionar o Sistema Penitenciário Federal como instrumento de controle social de indivíduos, por meio de uma política exclusivamente neutralizadora e de efeitos inocuizantes[20], a evidenciar uma proposta de prevenção especial negativa[21], reveste-se de condição anômala aos propósitos declarados pelo poder constituinte de 1988[22], pelos tratados, convenções e recomendações internacionais[23] e pela lei geral de regência (Lei n.º 7.210/84)[24].

Com efeito, uma interpretação constitucional e convencional implica em afirmar que a execução administrativa das medidas restritivas das

---

19. Paulo Queiroz registra que "há várias teorias da pena, umas legitimadoras, outras deslegitimadoras, outras a um tempo legitimadoras e deslegitimadoras do poder de punir. Ver-se-á também que, apesar de assim classificáveis, não raro divergem quanto aos fundamentos do direito de punir. Exatamente por isso, não existe, a rigor, uma teoria preventiva especial, mas diversas, cujos argumentos e postulados nem sempre coincidem entre seus partidários. Com efeito, ora falam de ressocialização, ora de não dessocialização, ora propõem a ressocialização como uma finalidade a ser perseguida contra a vontade do condenado inclusive, ora como um direito seu, que não pode lhe ser imposto sob nenhum pretexto. Semelhantemente, a prevenção geral negativa proposta por Ferrajoli não é a mesma que propõe Roxin, que não é a mesma que propunha Feurbach" (QUEIROZ, 2012. p. 388-389).
20. Tratando dos cenários carcerários, Massimo Pavarini já afirmava que "cada vez mais a jurisprudência reutiliza com má vontade a argumentação do fim reeducativo ou socializador da pena, preferindo para o caso fundamentar as sentenças em função de "defesa social", de "incapacidade" etc." (PAVARINI, 1995, p. 85, tradução nossa)
21. Em verdade, adverte Jorge de Figueiredo Dias, a prevenção especial negativa circunscreve-se em duas perspectivas funcionais: intimidação individual ou neutralização do delinquente. Enquanto na primeira a pena atua para amedrontar o infrator, de modo que não volte a repetir a prática criminal, a segunda propõe a prevenção de crimes para alcançar a defesa social por meio da segregação do apenado, neutralizando seu potencial de periculosidade (DIAS, 2012, p. 54).
22. Para o tema ver "A função constitucional da pena de prisão: do vértice punitivo ao hermenêutico" de Daniel Pheula Cestari (2018).
23. "No âmbito externo, as normas convencionais – formalmente recebidas pelo ordenamento jurídico brasileiro – situam-se como normas supralegais, revestindo-se de existência e validade. Como se observou, os tratados, pactos e convenções aderidas pelo Brasil comprometem-se em sua esmagadora maioria com a função de prevenção especial positiva. Alguns estatutos jurídicos internacionais, entretanto, em situações excepcionais, promovem finalidade prioritária de proteção de bens jurídicos, sem, contudo, inviabilizar eventual programa de reintegração social dos apenados. Em tom de clareza: desde as reformas penais da década de 80 optou-se, de maneira geral nos países latino-americanos e em boa parte da Europa pela normatização da reintegração social do indivíduo recluso como função prioritária da pena". (CESTARI, 2018, p. 236)
24. "No âmbito interno, aderiu-se, seguramente, à Lei de Execução Penal (art. 1°) e ao Código Penal (art. 59), recepcionados pela CF/88 com força de lei ordinária e de cuja interpretação conforme a Constituição se extrai que a pena de prisão deve prioritariamente prevenir crimes, proporcionando condições de reintegração social dos indivíduos sem descurar da subsidiária da proteção dos bens jurídicos, tendo na culpabilidade seu pressuposto e limite sancionatório". (CESTARI, 2018, p. 235)

liberdades dos presos, ainda que justificadas no interesse da segurança pública e do próprio preso, deve ser teleologicamente pautada por um programa mínimo[25] de condições penais que propiciem a proteção de bens jurídicos e à reintegração social da pessoa privada de liberdade, sob a égide do controle jurisdicional[26].

Dentro dessa perspectiva, afigura-se inaceitável manter em atividade programas penitenciários instrumentalizados na ideologia correcional e do tratamento, que se imiscuem pela modificação da conduta e no alijamento da livre escolha de valores, erigidos no dogma do poder disciplinar (CESTARI, 2018, p. 98).

Bem por isso Anabela Rodrigues, sem abandonar uma concepção que prime pela adequada reinserção social, afasta uma antiga, mas não absolutamente abandonada, concepção de prevenção especial positiva pela ideologia do tratamento ou da correção, cujo resultado é reduzir o ser humano à condição material inferior, o coisificando. Daí porque qualquer forma de (re)adaptação coativa revela-se incompatível com o texto constitucional (RODRIGUES, 1999).

Tal entendimento é corroborado por simples interpretação sistemática do Regulamento Penitenciário Federal - RPF, quando qualifica a divisão de reabilitação como um de seus órgãos estruturantes (art. 8º, inc. III, Anexo I do Decreto n.º 6.049/07), competindo-lhe, dentre outras atribuições, proporcionar o desenvolvimento social e humano das pessoas privadas de liberdade, visando à reinserção na sociedade (art. 59, inc. III, da Portaria n.º 199/18 - Regimento Interno do Departamento Penitenciário Nacional).

Nem se diga que os estabelecimentos penais federais, ao abrigarem presos, condenados ou provisórios, sujeitos ao regime disciplinar diferenciado,

25 Cezar Roberto Bitencourt (2010) ensina que, modernamente, só se concebe o esforço ressocializador como uma faculdade que se oferece ao delinqüente para que, de forma espontânea, ajude a si próprio a, no futuro, levar uma vida sem praticar crimes. Esse entendimento configura aquilo que se convencionou chamar "tratamento ressocializador mínimo". Afasta-se definitivamente o denominado objetivo ressocializador máximo, que constitui uma invasão indevida na liberdade do indivíduo, o qual tem o direito de escolher seus próprios conceitos, suas ideologias, sua escala de valores (BITENCOURT, 2010, p. 143).

26. Desde a exposição de motivos da LEP apura-se precisamente o compromisso de proteção dos bens jurídicos e reincorporação do autor à comunidade, na mesma linha da teoria dialética de Claus Roxin. Para o tema, "*La determinacion de la pena a la luz de la teoria de los fines de la pena*" de Claus Roxin (1981).

seriam incompatíveis com finalidades que visem a reintegração social, a realçar a prevenção especial positiva[27]. Exemplo manifesto pode ser observado do tratamento dado à assistência educacional, que deverá estender o ensino aos presos em regime disciplinar diferenciado, preservando sua condição carcerária e de isolamento em relação aos demais presos, por intermédio de programa específico de ensino voltado para presos nesse regime (art. 25, § 3º, RPF).

Portanto, a aplicação da lei penal - em ordem a confirmar a vigência da norma jurídica por meio da sanção penal, por mais rígido que seja o modelo carcerário de privação de liberdade - não pode ser entendida como um obstáculo a reduzir ou mesmo eliminar direitos que propiciem condições à reintegração social do indivíduo encarcerado.

2.7 LEI GERAL DE EXECUÇÃO PENAL E LEI ESPECIAL DE EXECUÇÃO PENAL (LEP X SPF)

A Lei n.º 7.210/84, que institui a Lei de Execução Penal – LEP, recepcionada que foi pela Constituição Federal de 1988, qualifica-se como norma geral de aplicação a todos os Estados Federativos no contexto prisional brasileiro.

A par da competência da União para legislar sobre normas gerais não excluir a competência legislativa suplementar dos Estados no campo penitenciário (art. 24, § 2º, CF), questão que merece atenção diz respeito ao conflito aparente de normas que venha a veicular matérias específicas dispostas na LEP. Este parece ser o caso das normativas que compõem o Sistema Penitenciário Federal.

27 Mais uma vez aqui, valendo-se de uma classificação para prevenção especial positiva de crimes compatível com a CF, socorre-se em Bergalli do conceito de ressocialização como programa mínimo para tutela penal estatal, em que a atividade de caráter preventivo especial que se destina a operar por instituições penais, por meio de tratamento durante permanência do recluso na prisão, tem por objetivo corrigir, melhorar ou aliviar as deficiências ou defeitos de personalidade que os especialistas da prisão descobriram no preso e que seriam as causas provocadoras de sua conduta criminosa. Sucede que a contradição paradigmática exsurge no papel simbólico que o constitucionalismo social destacou à pena de prisão: entre a finalidade preventiva especial de natureza correcionalista e a finalidade de ressocialização no sentido da reintegração no ambiente social, essa última deve ser o autêntico caminho de cumprimento da função penal: "[...] *através de actuar como preparación del recluso para la vida futura en libertad*" (BERGALLI, 2003, p. 56).

Neste particular, é preciso diferenciar os decretos regulamentadores – cuja natureza é de norma secundária – das leis Federais que delimitem campo específico de ingerência sobre o Sistema Penitenciário Federal.

Logo, o Decreto n.º 6.049/07, no âmbito do poder regulamentar federal (art. 84, inc. IV, da CF) nada mais faz do que atender ao comando da norma geral federal no tocante às leis n.º 7.210/84 (Lei de Execução Penal) e 10.693/03 (Lei de criação da carreira de agentes federais de execução penal). É dizer, o Anexo I do Decreto n.º 6.049/07 (RPF) regulamenta tema que nasce da própria lei de regência: notadamente a partir da previsão inserta no art. 86, § 1º, e art. 87, *caput,* da LEP. De efeito, o conteúdo desta atividade normativa secundária fica subordinado aos comandos da lei regulamentada, pois o ato regulamentar não poderá desviar-se do plano normativo traçado pelo legislador (BERNARDES; FERREIRA, 2012, p. 398).

Para além disso, a Lei Federal n.º 11.671/08, regulamentada pelo Decreto n.º 6.877/09, reveste-se de mesma hierarquia nomológica que a Lei Federal n.º 7.210/84 (LEP), predispondo-se a tratar do sistema de transferência e inclusão de presos em estabelecimentos penais federais de segurança máxima. Constata-se, portanto, seu caráter especial em face da lei geral (LEP), justo porque trata de seara prisional específica. Com isso dizemos que a Lei 11.671/08, exclusivamente em relação ao seu objeto, prevalece sobre a LEP naquilo que possa com ela contrastar, sem prejuízo de que, tudo o mais que a complemente, encontre na LEP, explícita ou implicitamente, seus subsídios normativos necessários[28].

Demais disso, todas as demais normativas que componham o Sistema Penitenciário Federal, tais quais os anais dos *workshops*, enunciados, compêndios, regimentos internos, boas práticas, manuais de procedimentos, orientação sobre pedido de inclusão de preso no sistema penitenciário federal, devem – em obséquio ao critério hierárquico normativo – sujeitarem seu conteúdo material à norma geral ordinária (LEP) e à norma especial ordinária (Lei n.º 11.671/08), bem como (e sobretudo) à Constituição Federal e aos Tratados Internacionais, aptos a aferir o controle de legalidade, constitucionalidade e convencionalidade destes atos infralegais.

28. É a hipótese explícita no art. 8° da Lei 11.671/08: "As visitas feitas pelo juiz responsável ou por membro do Ministério Público, às quais se referem os arts. 66 e 68 da Lei n° 7.210, de 11 de julho de 1984, serão registradas em livro próprio, mantido no respectivo estabelecimento".

2.8 POLÍTICA CRIMINAL E ALTERAÇÕES LEGISLATIVAS – LEI 13.964/19 (PACOTE ANTICRIME)

Segundo dados oficiais do Ministério da Justiça, em números informados pelo relatório do painel interativo do Levantamento Nacional de Informações Penitenciárias - INFOPEN (BRASIL, 2020) do Departamento Penitenciário Nacional, atualizados em 25 de junho de 2020, extrai-se que o Brasil tem uma das maiores populações carcerárias do mundo, com 748.009 (setecentos e quarenta e oito mil e nove) pessoas privadas de liberdade.

Em relação ao Sistema Penitenciário Federal, segundo relatório acima, das 1.040 vagas estavam ocupadas 673[29], dos quais 574 (85,29%) eram presos definitivos e 99 (14,71%) eram presos provisórios. Veja que no levantamento de 2017 do INFOPEN (BRASIL, 2017b, p. 9) sobre o SPF, constava que 93,6% dos internos eram presos em cumprimento de pena definitiva e apenas 6,4% eram provisórios.

Conforme dados informados em 2017, no relatório do INFOPEN (BRASIL, 2017b, p. 21), a população carcerária no Brasil em 1990 era de 90.000, nos anos 2000 saltou para 232.800 mil e em 2010 estava em 496.300 internos. Atualmente, esse número subiu para 748.009 mil (BRASIL, 2020). Já a população brasileira, conforme dados do IBGE de 1991[30] e 2020[31], cresceu de pouco mais de 146 milhões para mais de 211 milhões. Assim, enquanto a população brasileira teve um porcentual de crescimento em 30 anos de algo em torno de 44,5%, no mesmo período, a população carcerária saltou de 90.000 para mais de 748 mil, o que corresponde a um porcentual de crescimento em torno de 730%.

Sem embargo do alarmante estágio de superencarceramento nacional, em 24 de dezembro de 2019, **no intuito de estabelecer medidas contra a corrupção, crime organizado e crimes praticados com grave violência à pessoa,** é sancionada a **Lei n.º 13.964/19**, acenando para o tempo de endurecimento no combate ao crime no Brasil.

29. Desse total de 673 presos, 359 (30,04%) respondiam por crimes contra o patrimônio, 290 (24,27%) estavam envolvidos com crimes da lei de drogas, 197 (16,49%) respondiam por crimes contra a pessoa, 125 (10,46%) por crimes contra a paz pública, 83 (6,95%) por crimes contra a fé pública, 24 (2,01%) por crime contra a Administração Pública, 3 (0,25%) por crimes contra a dignidade sexual e outros 114 (9,54%) por outros crimes de legislação específica.

30. Disponível em: https://brasil500anos.ibge.gov.br/estatisticas-do-povoamento/evolucao-da-populacao-brasileira.html. Acesso em: 22 jun. 2020.

31. Disponível em: https://www.ibge.gov.br/apps/populacao/projecao/. Acesso em: 22 jun. 2020.

Resultado da tramitação conjunta do Projeto de Lei n.º 10.372/18 – de iniciativa parlamentar e elaborada por comissão de juristas liderada pelo Ministro Alexandre de Moraes do STF – e do Projeto de Lei n.º 882/19, de iniciativa do Poder Executivo Federal e idealizada pelo então Ministro da Justiça Sergio Moro, nasce a Lei n.º 13.964/19, pelo que se denominou chamar, simbolicamente, de lei dos "Pacote Anticrime".

Das medidas anticrime, seguindo um rastro criminológico bastante conhecido, prontamente identificam-se seus discursos de justificação de controle social, notadamente experimentados nos países latino-americanos[32]: i) **primeiro,** pelo combate ao crime pela retribuição da pena projetada no castigo; **ii) segundo,** pela tentativa de prevenção de crimes pela intimidação da exasperação penal; **iii) terceiro,** pela neutralização amorfa de indivíduos no sistema prisional (DEFENSORIA PÚBLICA DA UNIÃO, 2019a.).

Neste particular, percebe-se que a diretriz adotada – sob o ponto de vista político-criminal – em nada inova no ordenamento jurídico; ao contrário: vai ao encontro de diversos movimentos legislativos de enfrentamento ao crime e aos processos de criminalização que se expandem gradual e permanentemente no país desde a segunda metade do século XX[33].

Embevecida no caldo cultural das diversas matrizes criminológicas colocadas em práticas, a amostragem legislativa das últimas três décadas não apenas revela o descompasso e fragmentação das ciências penais, como evidencia a incongruência legislativa no campo da política criminal brasileira, implicando em manifesto confronto com a opção do constituinte originário de 1988 no campo da funcionalidade penal[34] e em exponencial crescimento da população carcerária do país.

---

32. Salo de Carvalho adverte que "na contemporaneidade latino-americana, absorvida pela violência institucionalizada pelas agências do Estado, o hiperencarceramento dos jovens urbanos pobres deve ser combatido por uma criminologia crítica e atuante. Entretanto, a violência extravasa as agências formais do sistema de justiça, afigurando-se relevante fenômeno cultural a ser observado. A cultura do punitivismo, da prisão, da violência estatal; o sensacionalismo das imagens, dos símbolos e as representações da violência; a circulação, o consumo e o impacto dessas experiências no cotidiano das pessoas projetam novas experiências a serem perquiridas pela crítica realista na cultura marginal" (CARVALHO, 2015a, p. 101).
33. Para exemplificar, os seguintes diplomas legislativos não nos deixam enganar: lei n° 7209 e 7210/84, lei n° 8.072, de 25 de julho de 1990, a Lei n° 8.429, de 2 de junho de1992, a Lei n° 9.296, de 24 de julho de 1996,a lei n° 9714/98, a Lei n° 9.613, de 3 de março de 1998, a lei n° 10792/03, a Lei n° 10.826, de 23 de dezembro de 2003, a Lei n° 11.343, de 23 de agosto de 2006, a Lei n 11.671, de 8 de maio de 2008, a Lei n° 12.037, de 1° de outubro de 2009, a lei n°12403 de 2011, a lei n° 12433 de 2011 a Lei n° 12.850, de 2 de agosto de 2013.
34. "Em matéria repressiva, a efetividade das normas constitucionais não apenas foi plena, como o legislador, aproveitando os quadros de generalização dos medos decorrentes da crise do

É nesta mesma escalada do processo de expansão da política criminal – com ênfase na política penal, centralizada na pena de prisão – que a Lei n.º 13.964/19 mostra sua roupagem. Tanto o Sistema Penitenciário Federal, quanto a Lei de Execução Penal sofreram substanciais alterações pelo novel diploma, **em clara perspectiva de ampliar o tempo de cumprimento da sanção criminal em regime fechado:** a uma, pela via de um sistema de progressão prisional mais rígido; a duas, pelo recrudescimento do controle disciplinar, menos pela perspectiva correcional e mais pela imposição da questionável neutralização do indivíduo pelo uso do confinamento prolongado.

Neste sentido, coube ao PL 882/19 (Moro), emplacar, praticamente na íntegra, as alterações promovidas na Lei n.º 11.671/08; bem assim, ao PL 10.372/18 (Moraes), aprovar significativa mudança na Lei n.º 7.210/84, notadamente para o tratamento dado ao regime disciplinar diferenciado (RDD) e às frações (objetivas) para implemento da progressão de regime.

Para melhor elucidar o impacto legislativo das referidas proposições, segue abaixo quadro expositivo com as principais alterações para o curso da execução penal:

LEI N.º 7.210/84 **alterada pela Lei n.º 13.964/19**	**LEI N.º 11.671/08** **alterada pela Lei n.º 13.964/19**
Origem: PL 10.372/18 (Moraes)	**Origem: PL 882/19 (Moro)**
Art. 52. A prática de fato previsto como crime doloso constitui falta grave e, quando ocasionar subversão da ordem ou disciplina internas, sujeitará o preso provisório, ou condenado, nacional ou estrangeiro, sem prejuízo da sanção penal, ao **regime disciplinar diferenciado**, com as seguintes características:	**Art. 2°.** Parágrafo único. O juízo federal de execução penal será competente para as ações de natureza penal que tenham por objeto fatos ou incidentes relacionados à execução da pena ou infrações penais ocorridas no estabelecimento penal federal. (Parágrafo incluído)

sistema de segurança pública, excedeu os parâmetros estabelecidos pelo constituinte originário. Assim, com a proliferação do discurso punitivista nas esferas do jurídico e da política, tem-se, de forma trágica, a ineficácia da Constituição Penal de garantias em detrimento da plena efetividade da Constituição Penal criminalizadora e punitiva" (CARVALHO, 2015a, p. 188).

LEI N.º 7.210/84 alterada pela Lei n.º 13.964/19	LEI N.º 11.671/08 alterada pela Lei n.º 13.964/19
Origem: PL 10.372/18 (Moraes)	**Origem: PL 882/19 (Moro)**
I – duração máxima de até 2 (dois) anos, sem prejuízo de repetição da sanção por nova falta grave de mesma espécie; II – recolhimento em cela individual; III – visitas quinzenais, de 2 (duas) pessoas por vez, a serem realizadas em instalações equipadas para impedir o contato físico e a passagem de objetos, por pessoa da família ou, no caso de terceiro, autorizado judicialmente, com duração de 2 (duas) horas; IV – direito do preso à saída da cela por 2 (duas) horas diárias para banho de sol, em grupos de até 4 (quatro) presos, desde que não haja contato com presos do mesmo grupo criminoso; V – entrevistas sempre monitoradas, exceto aquelas com seu defensor, em instalações equipadas para impedir o contato físico e a passagem de objetos, salvo expressa autorização judicial em contrário; VI – fiscalização do conteúdo da correspondência; VII – participação em audiências judiciais preferencialmente por videoconferência, garantindo-se a participação do defensor no mesmo ambiente do preso. § 1° O regime disciplinar diferenciado também será aplicado aos presos provisórios ou condenados, nacionais ou estrangeiros: I – que apresentem alto risco para a ordem e a segurança do estabelecimento penal ou da sociedade; II – sob os quais recaiam fundadas suspeitas de envolvimento ou participação, a qualquer título, em organização criminosa, associação criminosa ou milícia privada, independentemente da prática de falta grave. § 2° (Revogado). § 3° Existindo indícios de que o preso exerce liderança em organização criminosa, associação criminosa ou milícia privada, ou que tenha atuação criminosa em 2 (dois) ou mais Estados da Federação, o regime disciplinar diferenciado será obrigatoriamente cumprido em estabelecimento prisional federal.	**Art. 3°** Serão incluídos em estabelecimentos penais federais de segurança máxima aqueles para quem a medida se justifique no interesse da segurança pública ou do próprio preso, condenado ou provisório. (nova redação) § 1° A inclusão em estabelecimento penal federal de segurança máxima, no atendimento do interesse da segurança pública, será em regime fechado de segurança máxima, com as seguintes características: I – recolhimento em cela individual; II – visita do cônjuge, do companheiro, de parentes e de amigos somente em dias determinados, por meio virtual ou no parlatório, com o máximo de 2 (duas) pessoas por vez, além de eventuais crianças, separados por vidro e comunicação por meio de interfone, com filmagem e gravações; III – banho de sol de até 2 (duas) horas diárias; e IV – monitoramento de todos os meios de comunicação, inclusive de correspondência escrita. § 2° Os estabelecimentos penais federais de segurança máxima deverão dispor de monitoramento de áudio e vídeo no parlatório e nas áreas comuns, para fins de preservação da ordem interna e da segurança pública, vedado seu uso nas celas e no atendimento advocatício, salvo expressa autorização judicial em contrário. § 3° As gravações das visitas não poderão ser utilizadas como meio de prova de infrações penais pretéritas ao ingresso do preso no estabelecimento. § 4° Os diretores dos estabelecimentos penais federais de segurança máxima ou o Diretor do Sistema Penitenciário Federal poderão suspender e restringir o direito de visitas previsto no inciso II do § 1° deste artigo por meio de ato fundamentado.

<table>
<tr><th>LEI N.º 7.210/84
alterada pela Lei n.º 13.964/19</th><th>LEI N.º 11.671/08
alterada pela Lei n.º 13.964/19</th></tr>
<tr><th>Origem: PL 10.372/18 (Moraes)</th><th>Origem: PL 882/19 (Moro)</th></tr>
<tr><td rowspan="3">§ 4° Na hipótese dos parágrafos anteriores, o regime disciplinar diferenciado poderá ser prorrogado sucessivamente, por períodos de 1 (um) ano, existindo indícios de que o preso:
I – continua apresentando alto risco para a ordem e a segurança do estabelecimento penal de origem ou da sociedade;
II – mantém os vínculos com organização criminosa, associação criminosa ou milícia privada, considerados também o perfil criminal e a função desempenhada por ele no grupo criminoso, a operação duradoura do grupo, a superveniência de novos processos criminais e os resultados do tratamento penitenciário.
§ 5° Na hipótese prevista no § 3° deste artigo, o regime disciplinar diferenciado deverá contar com alta segurança interna e externa, principalmente no que diz respeito à necessidade de se evitar contato do preso com membros de sua organização criminosa, associação criminosa ou milícia privada, ou de grupos rivais.
§ 6° A visita de que trata o inciso III do caput deste artigo será gravada em sistema de áudio ou de áudio e vídeo e, com autorização judicial, fiscalizada por agente penitenciário.
§ 7° Após os primeiros 6 (seis) meses de regime disciplinar diferenciado, o preso que não receber a visita de que trata o inciso III do caput deste artigo poderá, após prévio agendamento, ter contato telefônico, que será gravado, com uma pessoa da família, 2 (duas) vezes por mês e por 10 (dez) minutos. (NR)</td><td>§ 5° Configura o crime do art. 325 do Decreto-Lei n° 2.848, de 7 de dezembro de 1940 (Código Penal), a violação ao disposto no § 2° deste artigo.
(parágrafos incluídos)</td></tr>
<tr><td>Art. 10.
§ 1° O período de permanência será de até 3 (três) anos, renovável por iguais períodos, quando solicitado motivadamente pelo juízo de origem, observados os requisitos da transferência, e se persistirem os motivos que a determinaram. (NR)</td></tr>
<tr><td>Art. 11-A. As decisões relativas à transferência ou à prorrogação da permanência o preso em estabelecimento penal federal de segurança máxima, à concessão ou à denegação de benefícios prisionais ou à imposição de sanções ao preso federal poderão ser tomadas por órgão colegiado de juízes, na forma das normas de organização interna dos tribunais.
(artigo incluído)</td></tr>
<tr><td>Art. 112. A pena privativa de liberdade será executada em forma progressiva com a transferência para regime menos rigoroso, a ser determinada pelo juiz, quando o preso tiver cumprido ao menos:
I – 16% (dezesseis por cento) da pena, se o apenado for primário e o crime tiver sido cometido sem violência à pessoa ou grave ameaça;</td><td>Art. 11-B. Os Estados e o Distrito Federal poderão construir estabelecimentos penais de segurança máxima, ou adaptar os já existentes, aos quais será aplicável, no que couber, o disposto nesta Lei.
(artigo incluído)</td></tr>
</table>

LEI N.º 7.210/84 alterada pela Lei n.º 13.964/19	LEI N.º 11.671/08 alterada pela Lei n.º 13.964/19
Origem: PL 10.372/18 (Moraes)	**Origem: PL 882/19 (Moro)**
II – 20% (vinte por cento) da pena, se o apenado for reincidente em crime cometido sem violência à pessoa ou grave ameaça; III – 25% (vinte e cinco por cento) da pena, se o apenado for primário e o crime tiver sido cometido com violência à pessoa ou grave ameaça; IV – 30% (trinta por cento) da pena, se o apenado for reincidente em crime cometido com violência à pessoa ou grave ameaça; V – 40% (quarenta por cento) da pena, se o apenado for condenado pela prática de crime hediondo ou equiparado, se for primário; VI – 50% (cinquenta por cento) da pena, se o apenado for: a) condenado pela prática de crime hediondo ou equiparado, com resultado morte, se for primário, vedado o livramento condicional; b) condenado por exercer o comando, individual ou coletivo, de organização criminosa estruturada para a prática de crime hediondo ou equiparado; ou c) condenado pela prática do crime de constituição de milícia privada; VII – 60% (sessenta por cento) da pena, se o apenado for reincidente na prática de crime hediondo ou equiparado; VIII – 70% (setenta por cento) da pena, se o apenado for reincidente em crime hediondo ou equiparado com resultado morte, vedado o livramento condicional. § 1° Em todos os casos, o apenado só terá direito à progressão de regime se ostentar boa conduta carcerária, comprovada pelo diretor do estabelecimento, respeitadas as normas que vedam a progressão. § 2° A decisão do juiz que determinar a progressão de regime será sempre motivada e precedida de manifestação do Ministério Público e do defensor, procedimento que também será adotado na concessão de livramento condicional, indulto e comutação de penas, respeitados os prazos previstos nas normas vigentes. [...]	

LEI N.º 7.210/84 alterada pela Lei n.º 13.964/19	LEI N.º 11.671/08 alterada pela Lei n.º 13.964/19
Origem: PL 10.372/18 (Moraes)	**Origem: PL 882/19 (Moro)**
§ 5° Não se considera hediondo ou equiparado, para os fins deste artigo, o crime de tráfico de drogas previsto no § 4° do art. 33 da Lei n° 11.343, de 23 de agosto de 2006. § 6° O cometimento de falta grave durante a execução da pena privativa de liberdade interrompe o prazo para a obtenção da progressão no regime de cumprimento da pena, caso em que o reinício da contagem do requisito objetivo terá como base a pena remanescente. § 7° O bom comportamento é readquirido após 1 (um) ano da ocorrência do fato, ou antes, após o cumprimento do requisito temporal exigível para a obtenção do direito.' (NR)	
Art. 122. [...] § 2° Não terá direito à **saída temporária** a que se refere o caput deste artigo o condenado que cumpre pena por praticar crime hediondo com resultado morte. (NR)	

A par disso, abordaremos o tema no capítulo 4, quando dos comentários aos artigos da Lei n.º 11.671/08.

2.9 NORMAS GLOBAIS E REGIONAIS DE PROTEÇÃO INTERNACIONAL DOS DIREITOS HUMANOS PARA O SISTEMA PRISIONAL

Quanto aos diplomas internacionais que tratam da questão prisional, e que por certo aplicam-se ao Sistema Penitenciário Federal, quer sejam de caráter convencional, quer sejam de caráter não convencional, os distinguimos por sua incidência no plano global e regional de proteção do Direito Internacional dos Direitos Humanos[35].

35. Sendo Flávia Piovesan (2007, p. 338), "ao lado do sistema normativo global, surgem os sistemas regionais de proteção, que buscam internacionalizar os direitos humanos nos planos regionais, particularmente na Europa, América e África. Consolida-se, assim, a convivência do sistema Global – integrado pelos instrumentos das Nações Unidas, como a declaração universal de direitos humanos o pacto internacional dos direitos civis e políticos, o pacto internacional dos direitos econômicos sociais e culturais e as demais Convenções internacionais – como instrumento do sistema Regional, integrado, por sua vez, pelo sistema interamericano europeu e africano de proteção dos direitos humanos. Os sistemas global e regional não são dicotômicos, mas complementares".

Destarte, no plano global de proteção do Direito Internacional dos Direitos Humanos, destacamos:

- **Declaração Universal dos Direitos Humanos**: proclamada pela Assembleia Geral das Nações Unidas em Paris, em 10 de dezembro de 1948, por meio da Resolução 217 A (III)[36].
- **Pacto Internacional sobre os Direitos Civis e Políticos.** Incorporado no Brasil pelo Decreto n.º 592, de 6 de julho de 1992, dispõe de natureza supralegal[37].
- **Regras de Mandela**: Regras Mínimas das Nações Unidas para o Tratamento de Presos, denominadas como "Regras de Mandela".

Trata-se de documento, aprovado pela Assembleia Geral da ONU em 17 de dezembro de 2015, através da Resolução n.º 17/175, resultado de ampla revisão das Regras Mínimas para o Tratamento de Reclusos, adotadas pelo Primeiro Congresso das Nações Unidas para a Prevenção do Crime e o Tratamento dos Delinquentes, realizado em Genebra, em 1955.

Tem em seu propósito promover condições humanitárias de encarceramento, conscientizar para o fato de que a pessoa privada de liberdade é ser integrante permanente da sociedade, enfatizar e consolidar os principais diplomas internacionais que discorrem sobre as condições prisionais em seus mais variados aspectos[38].

A despeito de destacar expressamente o caráter não vinculante de suas regras, revestindo da condição de *soft law*[39], o indigitado diploma conclama

---

36. "Art. V. [...] ninguém será submetido a tortura, nem a tratamento ou castigo cruel, desumano ou degradante".

37. Conforme o Pacto Internacional sobre os Direitos Civis e Políticos, em seu art.10, inc. 3°, "[...] o regime penitenciário consistirá num tratamento cujo objetivo principal seja a reforma e a reabilitação normal dos prisioneiros".

38. Dentre as considerações iniciais, as Regras de Mandela ainda destacam que "[...] as pessoas privadas de liberdade devem manter seus direitos humanos irrevogáveis e todos os demais direitos humanos e liberdades fundamentais; e recordando que a reabilitação social e a reintegração das pessoas privadas de liberdade devem ser objetivos principais do sistema de justiça criminal, assegurando, na medida do possível, que os infratores sejam capazes de levar uma vida autossuficiente, com respeito às leis, ao retornarem à sociedade".

39. Valério Mazzuoli sustenta que, "[...] apesar de não se ter ainda, na doutrina internacionalista, uma conceituação adequada do que seja soft law – que, em português, pode ser traduzida por direito plástico, direito flexível ou direito maleável –, pode-se afirmar que na sua moderna acepção ela compreende rodas aquelas regras cujo valor normativo é menos constringente que o das normas jurídicas tradicionais, seja porque os instrumentos que as abrigam não detêm o status de 'normas jurídicas', seja porque os seus dispositivos, ainda que insertos no quadro de

para que os Estados-partes as tenham como norte em seus sistemas de justiça criminal, a exemplo de seu reconhecimento pelo Conselho Nacional de Justiça (CNJ) como importante vetor para a tomada de decisões judiciais e políticas públicas no Brasil[40].

- **Regras de Bangkok.** Regras das Nações Unidas para o tratamento de mulheres presas e medidas não privativas de liberdade para mulheres infratoras. Resolução 2010/16 de 22 de julho de 2010, o Conselho Econômico e Social recomendou à Assembleia Geral que deliberou na Sexagésima quinta Assembleia – Terceira Comissão- Item 105 do programa.
- **Regras de Tóquio.** As Regras formuladas pelo Instituto da Ásia e do Extremo Oriente para a Prevenção do Delito e Tratamento do Delinquente (em 1986), cujo projeto foi aprovado em 14 de dezembro de 1990, pela Assembleia Geral das Nações Unidas (8º Congresso), integrando a Resolução n.º 45/110, oficialmente denominadas Regras Mínimas das Nações Unidas para a Elaboração de Medidas não Privativas de Liberdade, com o objetivo de incentivar a adoção, pelos Estados-membros, de meios mais eficazes que o cárcere para prevenir a criminalidade e melhorar o tratamento dos encarcerados.
- **Protocolo de Istambul.** Manual para investigação e documentação eficazes da tortura e outras penas ou tratamentos cruéis, desumanos ou degradantes. Alto Comissariado das Nações Unidas para os Direitos Humanos- Genebra, série de formação profissional n.º 8. Ano 2001.
- **Princípios de Yogyakarta.** Princípios sobre a aplicação da legislação internacional de direitos humanos em relação à Orientação Sexual e Identidade De Gênero. Trata-se de documento resultado de uma reunião de especialistas realizada na cidade de Yogyakarta na Indonésia, entre 6 e 9 de novembro de 2006, que definiu 29 princípios e 16 recomendações, tendo como signatários representantes de diversos países, inclusive do Brasil.

---

instrumentos vinculantes, não criam obrigações de direito positivo aos Estados, ou não criam senão obrigações pouco constringentes". (MAZZUOLI, 2015. p. 185)

40. Em sua 232ª sessão ordinária, realizada em 31.05.2016, o Conselho Nacional de Justiça (CNJ) lançou a tradução oficial das chamadas Regras de Mandela, documento que apresenta os preceitos mínimos da Organização das Nações Unidas (ONU) para o tratamento de presos.

Por sua vez, em nível regional de proteção do Direito Internacional dos Direitos Humanos, destacam-se:

- **A Convenção Americana sobre Direitos Humanos (Pacto São José da Costa Rica),** de 22 de novembro de 1969. Trata-se de importante documento elaborado pela Organização do Estados Americanos (OEA), e incorporado pelo Brasil pelo Decreto Lei n.º 678/92, dispõe, outrossim, de natureza supralegal[41].
- **Convenção Interamericana para Prevenir e Punir a Tortura**, de 09 de dezembro de 1985 (1985). Adotada e aberta à assinatura no XV Período Ordinário de Sessões da Assembleia Geral da Organização dos Estados Americanos, em Cartagena das Índias (Colômbia), – ratificada pelo Brasil em 20.07.1989 e promulgada com o Decreto n.º 98.386, de 9 de dezembro de 1989.
- **As Regras Penitenciárias Europeias, através da Recomendação REC(2006)2** do Comitê de Ministros dos Estados Membros. Tal instrumento, entre outras determinações, enfatiza que a execução das penas privativas de liberdade e a guarda de reclusos impõem que sejam satisfeitas exigências gerais e especiais de segurança, devendo simultaneamente garantir condições de reclusão que não lesem a dignidade humana, oferecer ocupações construtivas e programas de tratamento destinados a preparar a reinserção do social dos reclusos na sociedade.
- **A Declaração de Kampala sobre as condições prisionais na África,** ocorrida em setembro de 1996 e formalizada pelo Anexo da Resolução 1997/36 do Conselho Econômico Social da ONU[42].
- **Princípios e boas práticas para proteção das pessoas privadas de liberdade das Américas,** Resolução 01, de março de 2008, da Comissão Interamericana de Direitos Humanos (CIDH)[43].

---

41. O Pacto de São José da Costa Rica estabelece seu art. 5°, item 6, que "[...] as penas privativas de liberdade devem ter por finalidade essencial a reforma e a readaptação social dos condenados".
42. A Declaração de Kampala sobre as condições prisionais na África adverte que "[...] os prisioneiros tenham acesso à educação e treinamento de suas habilidades para facilitar sua reintegração na sociedade após sua soltura".)
43. Os Princípios e boas práticas para proteção das pessoas privadas de liberdade das Américas reafirmam que "[...] as penas privativas de liberdade terão como finalidade essencial a regeneração, a readaptação social e a reabilitação pessoal dos condenados; a ressocialização e a reintegração familiar; e a proteção das vítimas e da sociedade".

- **Relatório sobre os direitos humanos das pessoas privadas de liberdade nas Américas,** da Comissão Interamericana de Direitos Humanos (CIDH), produzido e divulgado em 2011[44].

É de ser ver, em acurada análise destas normativas, que há um certo consenso – quer seja no plano interno, quer seja no plano externo – sobre a priorização de finalidades humanitárias no contexto do cumprimento da pena de prisão, com especial enfoque nos direitos e garantias fundamentais, bem como na prevenção de crimes, a ser viabilizada por políticas que propiciem alternativas à pena de prisão e condições de retorno da pessoa privada de liberdade à sociedade livre.

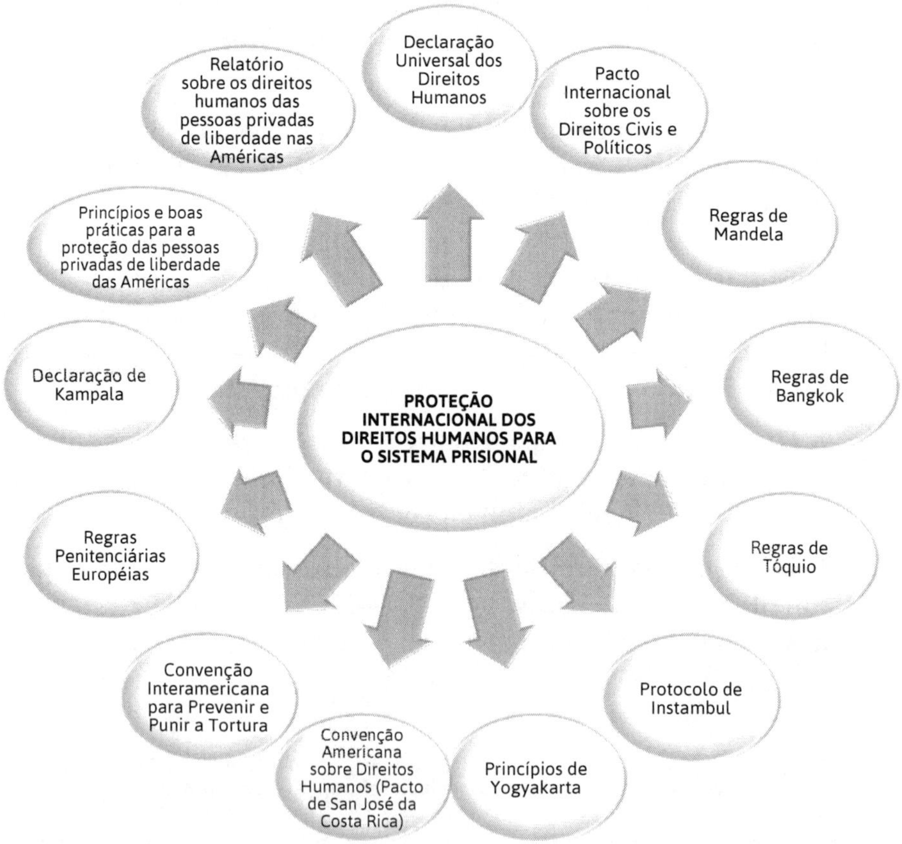

44. Flávia Piovesan (2007, p. 210-219 e 230-236) é categórica em afirmar que a proteção internacional dos direitos humanos não se limita aos mecanismos convencionais, de sorte que os relatórios publicados pela Comissão Interamericana de Direitos Humanos (CIDH) qualificam-se como

2.10 PRECEDENTES INTERNACIONAIS: REGIMES PRISIONAIS ESPECIAIS DE CUMPRIMENTO DA PENA E O PARADIGMA DO SUPERMAX AMERICANO

A nota característica dos modelos prisionais de segurança extrema, perpassa inegavelmente pela estrutura arquitetônica de seus estabelecimentos penais, apta a proporcionar um rigoroso modelo disciplinar de confinamento individualizado, prolongada e vigilante[45].

Bem por isso, tão rígido método de privação de liberdade é colocado em questionamento, sob ponto de vista de sua adequação ao ordenamento jurídico posto[46].

Sem embargo, a institucionalização do combate à criminalidade organizada, como política de segurança pública, ganha especial atenção no contexto internacional: a resposta oficial de diversos países para o isolamento de presidiários – que representem perigo pela potencial ascensão moral sobre seus liderados e para a sociedade – passa pela indutiva capacidade de solucionar o problema pela via da tutela penal dita de exceção, em que estabelecimentos penais (em regra federais) são vocacionados à neutralização explícita destes indivíduos.

Esses fatores de tomada de decisão se apoiam em políticas públicas voltadas para uma espécie de gerencialismo contemporâneo[47] da criminalidade,

---

legítimos instrumentos de pressão para que os Estados-partes adotem medidas tendentes a alterar o quadro de desrespeito aos direitos humanos.

45. A vigilância de institutos prisionais parte do modelo Panóptico de Jeremy Bentham, a qual centralizava uma guarita de observação com acesso visual a todas as celas do complexo penitenciário. A observação hoje, contudo, se dá menos por guarita de observação e mais por circuito eletrônico de vigilância – Panóptico Moderno –, que, segundo Kiko Goifman (1998, p. 134 e seguintes), aceleram o tempo e espaço de vigilância. Mas, não é só. Ainda se fala de Panóptico Digital, em que ocorre autoexposição voluntária fruto do uso intensivo da liberdade, e o Sinóptico, em que a vigilância transcende os muros da Penitenciária, ocorrendo o fenômeno de vigilância externa em que muitos, seduzidos pelo ato de vigiar e pela fama do vigiado, passam a vigiá-lo. (LOVATTO, 2020, p. 189-190)
46. Trataremos da constitucionalidade do RDD no cap.3.3.9.2.12.
47. Nesta perspectiva, explica Mauricio Dieter que "a nova penologia não tinha qualquer interesse em punir, intimidar ou reabilitar os indivíduos: seu propósito era apenas o de utilizar a pena criminal de modo sistemático para o controle mais geral de determinados grupos de risco mediante neutralização de seus membros salientes, isto é, a gestão de uma permanente população perigosa, pelo menor preço possível [...] Agora, adaptada ao novo padrão atuarial de risco, a pena projeta-se em oposição à ideia de incapacitação geral ("general incapacitation"), apropriando-se e promovendo "a ideia de uma incapacitação seletiva ("selective incapacitation"), que prometia prender bem e não muito, mediante rigoroso controle sobre os filtros do sistema de justiça criminal, que reduziria a quantidade de crimes sem aumento dos custos e, mais, com

tanto pela redefinição do espaço prisional, quanto pela aplicação de sanções disciplinares diferenciadas.

Faz sentido, portanto, apresentarmos ao leitor alguns precedentes internacionais que põem em debate diversas práticas prisionais construídas com ênfase no confinamento extremo.

2.10.1 Caso Bámaca Velásquez X Guatemala: isolamento prolongado e incomunicabilidade coativa

A Corte Interamericana de Direitos Humanos ao julgar o caso Bámaca Velásquez X Guatemala, em 25 de novembro de 2000, asseverou que o "isolamento prolongado e a incomunicabilidade coativa que se vê submetida a vítima, representa por si mesmos formas de tratamento cruel e desumano, lesivas da integridade psíquica e moral da pessoa e do direito de todo detido ao respeito devido à dignidade inerente ao ser humano. Essa incomunicabilidade produz no preso sofrimentos morais e perturbações psíquicas, colocando-o numa situação de particular e vulnerabilidade e aumenta o risco de agressão e arbitrariedade nos centros prisionais"[48].

2.10.2 Caso Guantánamo: múltiplas violações de Direitos Humanos

Para além disso, a prisão de Guantánamo, situada em um estabelecimento militar (base naval) americano, na baía de Guantánamo, em Cuba, tem sido objeto de inúmeros alertas de organismos internacionais para as múltiplas violações de direitos humanos no cumprimento de prisões provisórias e definitivas. Neste particular, a Comissão Interamericana de Direitos Humanos outorgou diversas medidas cautelares[49] contra os EUA, dentre elas, postulando pelo imediato fechamento da referida prisão[50].

---

a menor lesão possível aos princípios constitucionais que disciplinam o uso da violência no Estado de Direito" (DIETER, 2012, p.88 e 93).

48. Para o tema ver Caio Paiva e Thimotie Aragon Heemann (2017, p. 115).

49. Importa citar as medidas cautelares: MC 259/02 – Personas detenidas por los Estados Unidos en la Bahía de Guantánamo; MC 8/06 – Omar Khadr, Estados Unidos; MC 211/08 – Djamel Ameziane, Estados Unidos; MC 422/14 – Mustafa Adam Al-Hawsawi, Estados Unidos de América; Ampliación de la MC 259/02 – 2005 e Ampliación de la MC 259/02 – 2013.

50. Pairam sobre Guantánamo diversificadas denúncias, com especial persistência de situações de detenção prolongada e indefinida e alegações de abuso e maus-tratos generalizados, incluindo a realização de buscas desnecessárias e humilhantes, a alimentação forçada de detidos que optaram por participar de greve de fome e o aumento da segregação e isolamento de detidos.

A despeito destas inúmeras advertências e medidas cautelares a constranger o Estado Americano acerca das aviltantes práticas prisionais constatadas em Guantánamo, lembram Caio Paiva e Thimotie Heemann (2017, p. 690), que jamais chegaram ao julgo da Corte Interamericana de Direitos Humanos, porquanto os EUA não reconhecem sua jurisdição.

2.10.3 Caso Grego (Greek Case): Corte Europeia de Direitos Humanos e o conceito de tortura, tratamento desumano ou degradante

Indo para o continente europeu, merece destaque o Caso Grego (*Greek Case*), de 1978, em que a Comissão Europeia de Direitos Humanos protagonizou a primeira análise internacional do conceito de tortura, diferenciando-o do conceito de maus-tratos, tratamentos cruéis, desumanos e degradantes[51]. De acordo com a jurisprudência do Tribunal, para se enquadrar no artigo 3º da Convenção, os maus-tratos devem atingir um nível mínimo de seriedade. A avaliação deste mínimo é relativa; no geral, depende dos elementos da causa, em particular da duração do tratamento e de seus efeitos físicos ou psicológicos, bem como, às vezes, do sexo, idade e estado de saúde da vítima[52].

Demais disso, o TEDH tem delimitado, em diversos precedentes, o conceito de tratamento desumano ou degradante, a saber: para que uma penalidade e o tratamento que ela acompanha sejam classificados como "desumanos" ou "degradantes", o sofrimento ou a humilhação causada devem, em qualquer caso, ir além do que inevitavelmente implica uma certa forma de tratamento ou sentenças legítimas[53].

Por sua vez, ao conceituar tortura, a Corte Europeia entendeu se tratar de "uma espécie agravada de tratamento desumano, infligido a alguém com intuito específico" (PAIVA; HEEMANN, 2017, p. 819), bem assim já decidiu

Para o tema ver: Resolução n. 2/11 Sobre a Situação dos Reclusos na Bahía de Guantánamo, Estados Unidos. Medidas Cautelares 259-02, da CIDH.

51. Para o tema ver "A Tortura em Foco" de Flávia Cristina Piovesan e Carmem Letícia da Maia Pereira (2016).

52. Precedentes: Reino Unido, de 18 de janeiro de 1978, série A, nº 25, § 162; Van der Ven v. Países Baixos, n.50901 / 99 /, CEDH 2003-II, § 47, 4 de fevereiro de 2003; Lorsé v. Países Baixos, 52750/99, § 59, 4 de fevereiro de 2003; Frérot v. França, n. 70204/01, § 35, 12 de junho de 2007; Cavallo v. Itália, n. 9786/03, 4 de março de 2008, § 24; Idalov c) Rússia [GC], n. 5826/03, § 95, 22 de maio de 2012.

53. Precedentes: Jalloh v. Alemanha [GC], n. 54810/00, § 68, CEDH 2006-IX; Aeneas v. Itália [GC], n. 74912/01, 17 de setembro de 2009, § 56; Piechowicz v. Polônia, 20071/07, 17 de abril de 2012, § 159; Horych v. Polônia, No. 13621/08, 17 de abril de 2012, § 86.

que se deve ignorar a natureza do crime atribuído ao requerente, porque a proibição de tortura ou tratamento ou punição desumana ou degradante é absoluta, independentemente do comportamento da vítima[54].

2.10.4 Caso Argenti V. Itália: critérios de identificação do confinamento prolongado

De maneira geral, a Corte Europeia reconhece que a aplicação prolongada de certas restrições pode colocar o prisioneiro em uma situação que possa constituir tratamento desumano ou degradante, subsumindo-se ao artigo 3º da Convenção. No entanto, não pode indicar uma duração precisa a partir da qual esse nível mínimo de isolamento é alcançado. Pelo contrário, desde a apreciação do caso Argenti v. Itália, n. 56317/00, § 21, em 10 de novembro de 2005, a Corte assentou o entendimento de se verificar, no caso concreto, se a renovação e extensão das restrições eram justificadas ou se, pelo contrário, constituíam a repetição de limitações que não eram mais justificadas.

2.10.5 Caso Orazio Paoello X Itália: regime especial de detenção

A par de tais considerações, merece destaque o caso Orazio Paoello v. Itália, em que o Tribunal Europeu dos Direitos Humanos (quarta seção), reunido em 01 de setembro de 2015, julgou o recurso n. 37.648/02, pelo que se suscitava a inconvencionalidade do regime especial de detenção, previsto no artigo 41bis, parágrafo 2º, da Lei Penitenciária Italiana, denominado de "cárcere duro". Na oportunidade, coube ao Tribunal analisar se o método prisional de confinamento prolongado instituído pelo referido regime especial caracterizaria tratamento desumano ou degradante, a confrontar o art. 3º da Convenção Europeia de Direitos Humanos[55].

Sem embargo, o Tribunal afastou o reconhecimento de sofrimento ou humilhação que o recorrente pudesse ter experimentado, ao argumento de que não foi além do que inevitavelmente implica este regime de sanção, proveniente de lei específica. Ademais, para justificar a extensão das limitações

54. Precedentes: Labita v. Itália [GC], 26772/95, § 119, CEDH 2000 IV; Gallico v. Itália, n. 53723/00, 28 de Junho de 2005.
55. O rigoroso regime especial de detenção impunha ao recorrente restrições de visitas e distanciamento familiar, incomunicabilidade com demais internos, regimes de busca pessoal, verificação de correspondências e videovigilância da cela, dentre outras sanções, a teor da Lei n. 354, de 1975, modificado pela lei n.º 356, de 7 de 1992, em que se permitia a suspensão total ou parcial do regime prisional comum, caso ocorressem sérias razões de ordem e segurança públicas.

de formas sucessivas por longos anos, o Tribunal acolheu a manifestação do Ministro da Justiça, pelo que apontou para a persistência das condições que motivaram a primeira solicitação, bem como de que os tribunais de vigilância verificaram a validade dessas constatações.

Este precedente, aplicado a indivíduo tido como líder de organização criminosa (Máfia Siciliana), revela-se paradigmático ao regime prisional preconizado pelo Sistema Penitenciário Federal, cujo reforço interpretativo pode ser observado desde a exposição de motivos da reforma proposta pelo Ministério da Justiça (PL 882/19) para a Lei 11.671/08, aprovada pela Lei n.º 13.964/19.

2.10.6 Supermax Prison: modelo paradigmático para o SPF

Não poderíamos deixar de lembrar[56] do modelo prisional americano de super máxima segurança, denominado *Supermaximum Security Prisons* ou, tão somente, *Supermax*.

Em termos de cronologia, Jeffrey Ian Ross lembra que há quatro períodos principais que identificam o surgimento dos *supermax* e instalação prisionais do gênero nos EUA:1) no período inicial, (e.g. *Walnut street jail, Eastern Correctional Facility*); 2) na virada do século XX (*Alcatraz prision*); 3) de 1950 a 1980 (*Conversion of Marion Prisons*); 4) nas últimas duas décadas (o fracasso de USP Marion e a construção de ADX Florence, Colorado) (ROSS, 2013, p. 11).

O marco definitivo de nascimento do modelo *Supermax*, entretanto, ocorreu em outubro de 1983, após o brutal esfaqueamento até a morte de dois agentes penitenciários por membros de uma gangue conhecida como Irmandade Ariana, no presídio federal de segurança máxima em Marion, Illinois, em que se implementou um regime de 23 horas de isolamento (ROSS, 2013, p. 13). Com efeito, lembra Gabriel Cesar dos Santos (2016, p. 312), que todos os condenados foram submetidos a um isolamento de vinte e três horas por dia, bem assim a referida penitenciária foi gradualmente substituindo as suas políticas e práticas, adaptando-se para se tornar o que é hoje considerada uma *supermax*.

56. Cabe referir a sua importância, inclusive, pelos longos debates e questionamentos sobre o modelo *supermax* ocorridos no X Workshop sobre o sistema Penitenciário Federal do Conselho de Justiça Federal realizado em novembro de 2019, inclusive sendo tema de debate do grupo III.

Desde então, o *Supermax Prision* é tido como uma prática invenção penal americana: tratam-se de instalações prisionais tipicamente reservadas para presos considerados uma séria ameaça para a segurança das instituições correcionais, em particular para segurança de outros condenados e dos agentes prisionais. Daí porque destinam-se frequentemente a custodiar líderes de gangues e condenados por crimes políticos, como terrorismo e espionagem (ROSS, 2013, p. 17).

Nas últimas três décadas, lembram Daniel P. Mears e Jamie Watson, proliferaram prisões *Supermax* nos EUA, abrigando os presos indefinidamente em celas individuais por 23 horas diárias, com permissão para mínimos contatos com outras pessoas e pouco ou nenhum serviço educacional e de trabalho[57].

O modelo prisional de super máxima segurança, agora presente em aproximadamente quarenta Estados americanos, sugere que os Estados o considerem como uma estratégia eficaz para melhorar seus sistemas correcionais, menos pelo propósito reabilitador e mais como um instrumento de administração de riscos[58].

No entanto, a escassez de pesquisa que circunda a temática - enfatizada por muitos estudiosos - tem comprometido a análise de muitas questões que pairam sobre este modelo prisional extremo, com especial destaque ao enfrentamento de questões sensíveis a sua operabilidade: a uma, pelas preocupações humanitárias, associando-o, para muitos, ao conceito de punição cruel, desumana e degradante, pelo que violaria aos padrões mínimos de decência; a duas, pelo alto custo de suas instalações, sem dados de realidade baseados em evidências científicas que apontem para o seu custo-benefício; a três, pelo exponencial crescimento da população carcerária, contribuindo para uma gama de desafios gerenciais, incluindo aumento da violência, superlotação, rotatividade de pessoal e gangues, além da maior demanda por tratamento medicamentoso, saúde física e mental, serviços, treinamento educacional e vocacional (MEARS; WATSON, 2006, p. 234-235).

Um particular desafio advém da relação entre o confinamento prolongado e a saúde mental dos internos, justo por expor algumas das funções latentes

57. Lembram Daniel P. Mears e Jamie Watson (2006) que vinte anos atrás havia uma instalação federal em Marion, Illinois (Kurki & Morris, 2001, p. 385). Hoje, o país tem pelo menos 57 *supermax* prisões que abrigam aproximadamente 20.000 internos.

58. É inevitável associar o Supermax aos dispositivos da reabilitação redefinida e da prisão reinventada trazidos na obra de David Garland. Para o tema: GARLAND, 2014, p. 377-382.

deste rígido sistema penal: existe um conjunto substancial de evidências, que remontam ao século XIX, demonstrando que o confinamento solitário tem um profundo impacto sobre saúde e bem-estar, principalmente quando usados de forma punitiva, sem clareza de prazos, por períodos superiores a 4 semanas e para pessoas com problemas prévios de saúde mental e baixo ajuste social. A extensão do dano psicológico varia e depende de fatores individuais (por exemplo, antecedentes pessoais e problemas de saúde pré-existentes), fatores ambientais (por exemplo, condições e provisões físicas), regime (por exemplo, tempo fora da célula, grau de contato humano), o contexto de isolamento (por exemplo, punição, voluntária/não voluntária, política/criminal) e sua duração (SHALEV, 2008, p. 10-23).

2.10.7 Caso Coleman e outros e Plata e outros X Governo da Califórnia: sinalização para o rompimento da política de tolerância zero americana

Em 23 de maio de 2011, a Suprema Corte Americana manteve decisão do Tribunal inferior que ordenara o Estado da Califórnia para que resolvesse sua crise de superlotação nas prisões e apresentasse um plano para atingir um limite máximo de 137,5% da capacidade ocupacional em até dois anos[59]. Para tanto, a Suprema Corte definiu que os Estados poderiam invocar remédios eficazes quando a superlotação das prisões se tornasse tão extrema a ponto de não fornecerem mais cuidados médicos e de saúde mental minimamente humanos, causando riscos à segurança dos prisioneiros e dos funcionários[60].

O precedente da Suprema Corte Norte-Americana revela um marcante movimento de enfraquecimento nas políticas criminais de *tolerância zero* e da *lei e da ordem*, comprometidas com o até então inquebrantável processo de superencarceramento para o controle da criminalidade norte-americana[61].

---

59. Resolução n.º 05/2016 do CNPCP, dispondo sobre indicadores para fixação de lotação máxima nos estabelecimentos penais (*numerus clausus*) teve como paradigma, em seu art. 4º, o limite máximo de superlotação de 137,5% da capacidade da unidade prisional, com base neste precedente da Suprema Corte Americana.

60. Disponível em: https://rbgg.com/news/coleman-plata-supreme-court. Acesso em 29.05.2020.

61. Segundo dados coligidos em consulta ao Bureau of Justice Statistics, Historical Statistics on Prisoners in State and Federal Institutions, Yearend 1925-06, constata-se visível curva de descida no aprisionamento Americano, especialmente a partir do ano de 2010, notadamente para as prisões em estabelecimentos Estaduais e Federais. (https://www.bjs.gov/content/pub/pdf/hspsfiy25-86.pdf#page=17 – https://www.prisonpolicy.org/data. Acesso em: 29.05.2020).

3

ESTRUTURA DO SISTEMA PENITENCIÁRIO FEDERAL

3.1 MICROSSISTEMA NORMATIVO DO SISTEMA PENITENCIÁRIO FEDERAL

O Sistema Penitenciário Federal estrutura-se a partir de um microssistema normativo, formado por leis, decretos e portarias que tratam sobre a peculiar dinâmica da execução penal nos estabelecimentos penais federais.

Como dito anteriormente, a Lei n.º 11.671/08 e os Decretos n.º 6.049/07 e 6.877/09 qualificam-se como as principais normas jurídicas do microssistema penitenciário federal, no qual se insere, ainda, a Lei n.º 10.693/03 (que dispõe sobre a carreira dos Policiais Penais Federais), complementadas pelas recomendações e enunciados dos workshops organizados pelo Conselho Nacional de Justiça, dentre outros.

I. Lei Federal n.º 11.671 de 08 de maio de 2008

A Lei Federal n.º 11.671/08 ganha especial protagonismo por se tratar da norma de regência para a transferência e inclusão de presos em estabelecimentos penais federais de segurança máxima, delimitando temas sensíveis ao curso do cumprimento da pena, tais quais: 1) a competência e conflito dos juízos federais e dos juízos de origem; 2) a natureza do regime fechado de segurança máxima; 3) os métodos de monitoramento e controle penitenciário; 4) o juízo de admissibilidade, permanência e transferência nas penitenciárias federais e seus legitimados; 5) assistência jurídica; 6) temporalidade; 7) fiscalização; 8) lotação prisional; 9) a possibilidade de decisões por órgão colegiado de juízes.

Certo de sua proeminência normativa para o microssistema federal, convidamos o leitor para sua detida análise no capítulo 4.

II. Decreto n.º 6.049, de 27 de fevereiro de 2007

O Decreto n.º 6.049/07 aprova o Regulamento Penitenciário Federal (Anexo I), constituindo-se em norma que disciplina de forma ampla e específica as mais diversas atividades relacionadas à organização administrativa do Sistema Penitenciário Federal.

Neste diapasão, destaca-se importante crítica sobre a possível ilegalidade do referido decreto, porquanto estaria ele desbordando do seu intento regulamentar, ante a inexistência de lei que autorizasse sua regulamentação *(praeter legem)*. Tal premissa advém do fato do Decreto n.º 6.049/07 preceder a Lei n.º 11.671/08, que dispõe, em particular, acerca da transferência e inclusão de presos em estabelecimentos penais federais de segurança máxima, bem assim de que a referido Decreto não se qualificaria como típico (e controverso[1]) regulamento autônomo, a juízo do art. 84, inc. IV, da CF[2].

Entendemos, entretanto, não assistir razão a este raciocínio, justo porque a Lei Federal de Execução Penal Brasileira, Lei n.º 7.210/84, é una, sendo aplicada a todos os entes federativos que dispõem do poder de legislar sobre o sistema penitenciário, na qualidade de norma geral (art. 24, § 2º, CF)[3]. Com efeito, a Lei Geral traz clara previsão sobre a possibilidade da União Federal, nos artigos 86, §1º, e 87, parágrafo único (ambos com redação dada pela Lei n.º 10.792/03), construir estabelecimentos penais próprios aos regimes penais de cumprimento da pena em âmbito federal, permitindo, por consequência, sua regulamentação para o fiel cumprimento da lei vigente[4].

---

1. Para o tema, recomendamos a leitura de José do Santos Carvalho Filho (2007, p. 52-54).
2. Esta é a respeitável posição de Filippe Augusto dos Santos Nascimento (2018, p.186).
3. Bruno de Almeida Rotta assim esclarece: "a opção foi por uma espécie de norma geral do ente federativo, ou seja, aquele documento normativo que qualifica a compostura executiva da pena, seja de forma exclusiva – quando se trata de regimento único, padrão ou básico aplicado a todos os estabelecimentos – ou orientadora – quando se trata de regimento padrão ou básico que, no caso de não se aplicar a todos os estabelecimentos, eis que vinculados a regras específicas, busca guiá-los em eventuais ausências e inconsistências" (ALMEIDA, 2016, p.13).
4. Exemplo manifesto são os Estatutos Penitenciários de diversos Estados da Federação, que exercem seu poder regulamentar, em regra, via decretos e portarias estaduais (Paraná, Rio de Janeiro, Rio Grande do Sul, Bahia, Espírito Santo, Rondônia, Mato Grosso, Mato Grosso do Sul e outros).

A par de identificarmos as balizas legais permissivas ao poder regulamentar do indigitado Decreto – com o que dispensamos a análise de sua pretensa autonomia regulamentar (art. 84, IV, da CF) – não menos relevante é a crítica[5] estabelecida acerca dos seus limites frente ao conteúdo material da norma regulamentada. É dizer, estaria este instrumental normativo ultrapassando os limites regulamentares ao dispor sobre deveres, obrigações e restrições à esfera de liberdade não alcançada pela natural condição de privação de liberdade do interno (*supra legem* ou *extra legem*)? Neste sentido, exemplo que merece atenção aponta para as faltas e sanções disciplinares, cuja previsão na Lei Geral (Lei n.º 7.210/84) indica que a legislação local especificará as leves e médias, bem assim as respectivas sanções (art. 49).

Sucede que, no ponto, não há lei federal que disponha sobre o conteúdo destas infrações e suas respectivas sanções, pelo que coube, indevidamente, ao Decreto n.º 6.049/07 dizer o que seriam estas faltas médias e leves, além de reproduzir as faltas graves insertas na lei de regência (art. 42).

É, portanto, à lei e não ao regulamento a competência de indicar as condições de aquisição ou restrição de direitos. Por isso, lembra Celso Antônio Bandeira de Mello (2004, p. 324), a lei que se limitar a (pretender) transferir ao executivo o poder de ditar, por si, as condições ou meios que permitem restringir um direito configura delegação disfarçada, inconstitucional.

Diversamente encontra-se a previsão da norma geral em delegar o tratamento a ser dado às recompensas aos internos. Neste particular, a LEP trouxe expressa previsão sobre a possibilidade dos regulamentos estabelecerem a natureza e a forma de concessão de recompensas (art. 56, parágrafo único), no que o Decreto n.º 6.049/07, em nada inova ou extrapola em informar as modalidades previstas na LEP (elogio e concessão de regalias), malgrado suscite dúvidas ao especificar suas hipóteses de incidência[6].

Do exposto, para um harmônio processo interpretativo, entendemos que toda e qualquer inovação proveniente do Decreto n.º 6.049/07 será proibida

5. Sustentando a inconstitucionalidade do Decreto nº 6.049/07, Filippe A.S. Nascimento (2018, p. 186), adverte que "a mera leitura do Decreto nº. 6049 revela o colossal descompasso entre o que ele estatui e o que pode ser objeto de decreto autônomo. Esta espécie normativa deveria ter se restringido a regular a organização e o funcionamento administrativo dos presídios, já o decreto sob estudo tratou de questões inerentes ao status libertatis dos internos, impondo direitos, deveres, faltas e sanções. Desse modo, resta demonstrado que, ipso facto, o Executivo, por meio do Decreto nº. 6049, legislou de forma autoritária e unilateral, travestindo tal conduta na figura do decreto autônomo".

6. Para o tema, convidamos o leitor ao cap. 3.3.9.1.1.

quando se dispor a regular específico direito, dever, obrigação, limitação ou restrição incidentes sobre o *status libertatis* que já não estejam estatuídos e identificados nas leis que regem o Sistema Penitenciário Federal, quer seja de natureza geral (Lei n.º 7.210/84), quer seja de natureza específica (Lei n.º 11.671/08)[7].

FUNÇÕES DO REGULAMENTO PENITENCIÁRIO FEDERAL (ANEXO I DO DECRETO N.º 6.049/07)
a. estabelecer a organização, finalidade, característica e estruturas dos estabelecimentos penais federais,
b. regular os agentes, órgãos auxiliares e fiscalização destes estabelecimentos
c. regular a assistência dos presos,
d. regular o regime disciplinar ordinário e do regime disciplinar diferenciado
e. regular o procedimento de apuração das faltas, a classificação de conduta e a reabilitação.
f. regular os meios de coerção
g. regular as visitas e entrevistas com advogado
h. regular as revistas
i. regular o trabalho e contato externo

III) Decreto n.º 6.877, de 18 de junho de 2009

O Decreto n.º 6.877/09, entre outras providências, regulamenta o processo de inclusão e transferência de presos para estabelecimentos penais federais de segurança máxima, nos termos da Lei n.º 11.671, de 8 de maio de 2008.

Devido às especificidades do Decreto, a análise de suas funções será pontual – no que for necessária – durante a abordagem do capítulo 4, conforme comentários aos artigos da Lei n.º 11.671/08.

3.2 ÓRGÃOS DA EXECUÇÃO PENAL

Conforme a Lei de Execução Penal (Lei n.º 7.210/84), são órgãos da execução penal e, portanto, com atuação perante o Sistema Penitenciário Federal (art. 61):

7. Para a compreensão aos limites do poder regulamentar: MELLO, 2004, p. 322-327.

I. **Conselho Nacional de Política Criminal e Penitenciária** - CNPCP: encarregado de propor as diretrizes de Política Criminal, entre outras funções, sendo o primeiro órgão de Execução Penal (arts. 62 e 64 da LEP);

II. **Juízo da Execução**: responsável pelo processo de execução penal, entre outras funções (arts. 65 e 66 da LEP);

III. **Ministério Público:** responsável pela fiscalização da execução da pena e da medida de segurança, oficiando no processo executivo e nos incidentes da execução. (arts. 67 e 68 da LEP);

IV. **Conselho Penitenciário**: órgão consultivo e fiscalizador da execução da pena (arts. 69 e 70 da LEP);

V. **Departamentos Penitenciários**: órgão executivo da Política Penitenciária Nacional e de apoio administrativo e financeiro do CNPCP (arts. 71 a 77 da LEP);

VI. **Patronato**: órgão de assistência ao egresso e albergados (arts. 78 e 79 da LEP);

VII. **Conselho da Comunidade**: Fiscaliza os estabelecimentos penais (arts. 80 e 81 da LEP);

VIII. **Defensoria Pública**: velará pela regular execução da pena e da medida de segurança, oficiando, no processo executivo e nos incidentes da execução, para a defesa dos necessitados em todos os graus e instâncias, de forma individual e coletiva. (arts. 81-A e 81-B da LEP).

3.3 ESTABELECIMENTOS PENAIS FEDERAIS DE SEGURANÇA MÁXIMA

Organizados até o momento em quatro regiões brasileiras (Sul - Catanduvas/PR; Centro-Oeste – Brasília/DF e Campo Grande/MS; Nordeste – Mossoró/RN; Norte - Porto Velho/RO), o sistema penitenciário federal dispõe, na atualidade, de cinco estabelecimentos penais federais em território nacional, classificados como penitenciárias federais de segurança máxima.

Os estabelecimentos penais federais são locais para cumprimento de pena privativa de liberdade, definitiva ou provisória, cujas hipóteses de inclusão estão previamente estabelecidas na Lei n.º 11.671/08 para o cumprimento da pena em regime fechado de segurança máxima.

Portanto, a inclusão ou não de indivíduos no sistema penitenciário federal não tem vinculação com a divisão de competências para processo e julgamento de crimes entre a Justiça Estadual e a Justiça Federal. É dizer: no sistema penitenciário federal poderão ser incluídos tanto pessoas com mandado de prisão ou guias de recolhimento advindos da justiça federal quanto da justiça estadual, no interesse na segurança pública ou do próprio preso.

Importante informar que a natureza dos estabelecimentos penais é disciplinada pela lei geral de execução penal (LEP), no que apresenta clássica distinção entre a concepção de cada unidade prisional.

Neste sentido, a penitenciária destina-se ao condenado à pena de reclusão, em regime fechado (art. 87), rechaçando, em teoria, a presença de presos provisórios, uma vez que a regra é de que estes sejam recolhidos em cadeias públicas, a teor do art. 102 da LEP.

Sem embargo, exceção é feita no plano federal, pelo que a União poderá construir Penitenciárias destinadas, exclusivamente, aos presos provisórios e condenados que estejam em regime fechado, sujeitos ao regime disciplinar diferenciado, nos termos do art. 52 desta Lei (parágrafo único, art. 87).

Com efeito, a considerar que presos provisórios são custodiados no sistema penitenciário federal – notadamente em penitenciárias de alta segurança – questiona-se se todo e qualquer preso que ingresse em uma destas (atuais) cinco unidades prisionais estaria a cumprir pena em regime disciplinar diferenciado? A resposta é desenganadamente negativa.

Como dito alhures, a Lei n.º 11.671/08, para aquilo que se propõe a normatizar, qualifica-se como norma especial em relação à lei geral de execução penal. Portanto, tanto em sua redação original, quanto na atual (Lei n.º 13.964/19), o art. 3º é categórico em assentar sua política penal de cumprimento da pena em regime fechado de segurança máxima para presos condenados ou provisórios, sem qualquer referência à exclusividade de sua custódia para presos sujeitos ao regime disciplinar diferenciado.

A par do debate crítico e da realidade prática acerca da constitucionalidade da separação destes indivíduos encarcerados[8], o fato é que presos provisó-

8. Aponta Érica Hartmann, que, "sobretudo nessas situações de presos provisórios, verifica-se o uso extremo de argumentos questionáveis de defesa da sociedade ou da segurança pública, de necessidade de neutralização de pessoas de alta periculosidade. Violam-se garantias individuais em nome de uma suposta proteção do coletivo, ligadas a discursos de lei e ordem, de cultura do medo e de luta contra o inimigo" (HARTMANN, 2019, p. 116).

rios, de forma excepcional, podem ser levados a Penitenciárias Federais sem que necessariamente estejam em regime disciplinar diferenciado[9].

Daí dizer que nem sempre o regime disciplinar diferenciado é exclusividade das penitenciárias federais (art. 87, parágrafo único, LEP), bem como nem todos os presos, condenados ou provisórios, lá custodiados, estarão a cumprir o rigoroso regime disciplinar diferenciado, conforme se depreende do art. 4º do Decreto n.º 6.049/07.

Mas há outras dúvidas que circundam o modelo prisional federal.

Tratando-se de um "sistema" prisional federal e, portanto, de cujo conteúdo sistêmico espera-se soluções político-penais mais amplas do que aquelas adstritas à privação de liberdade instituídas na atual quadra de custódia federal, questiona-se se poderia a União projetar outros estabelecimentos penais diversos do modelo penitenciário de regime fechado de segurança máxima?

Em um primeiro olhar, compulsando as legislações de regência, observa-se clara preponderância de uma Política Penal isolacionista, endereçada ao cumprimento da pena de prisão em estabelecimentos federais: (1) a uma, pela Lei n.º 10.792/03, que alude para que a União priorize, quando da construção de penitenciárias federais, estabelecimentos que se destinem a abrigar presos provisórios ou condenados sujeitos a regime disciplinar diferenciado; (2) a duas, de que o Decreto n.º 6.049/07, dizendo mais do que lhe cabia, indica que o regime fechado caracteriza os estabelecimentos penais federais (art. 6, inc. I); (3) a três, pela categórica inserção, na Lei n.º 11.671/08 (com redação dada pela Lei n.º 13.964/19), de que a inclusão em estabelecimento penal de segurança máxima demanda o cumprimento da pena em regime fechado.

Por outro lado, cabe ponderar que a União, de forma concorrente, pode legislar sobre direito penitenciário (art. 24, inc. I, CF), bem assim, nada impede que a pena seja cumprida em estabelecimentos distintos de acordo com a natureza do delito, a idade e o sexo do apenado (art. 5º, inc. XLVIII, da CF), ainda que executada em âmbito federal.

Tal premissa é consentânea com a redação (em vigor) prevista no art. 86, § 1º, da LEP, assim descrita:

9. Segundo levantamento do painel iterativo do INFOPEN, atualizado em 25 de junho de 2020, existem noventa e nove (99) presos provisórios recolhidos nas unidades prisionais federais.

> "A União Federal poderá construir estabelecimento penal em local distante da condenação para recolher os condenados, quando a medida se justifique no interesse da segurança pública ou do próprio condenado".

Com efeito, uma interpretação ampliativa deste dispositivo, põe em perspectiva a possibilidade: (1) de construção de estabelecimentos penais, ainda que afastados do local da condenação, que não sejam de segurança máxima[10], (2) que abarque, inclusive, outros regimes prisionais diversos do fechado e, (3) em especial, para o interesse dos próprios condenados.

Esta leitura indica, em outras palavras, que – a despeito da provisoriedade inerente ao cumprimento da pena em estabelecimento penal federal, em especial pela relativização de direitos e garantias fundamentais advindos do afastamento do seu seio familiar – a União tem suficiente amparo normativo para projetar modelos prisionais federais que vão além de espaços neutralizantes e insuficientes aos propósitos constitucionais estabelecidos à pena privativa de liberdade[11].

3.3.1 Organização

Conforme o Regulamento Penitenciário Federal (art. 2º), o Sistema Penitenciário Federal é constituído pelos **Estabelecimentos Penais Federais**, subordinados ao Departamento Penitenciário Nacional – DEPEN, órgão de execução penal pertencente ao Ministério da Justiça e da Segurança Pública, cuja incumbência é coordenar e supervisionar os estabelecimentos penais e de internamento federais (art. 72, § 1º, LEP).

Para além de coordenar e supervisionar os estabelecimentos penais federais, atribui-se ao DEPEN a própria administração destas unidades prisionais federais, pelo que cabe à Diretoria do Sistema Penitenciário Federal realizar a execução penal em âmbito federal, a teor do art. 35 do Decreto n.º 9.662/19.

Merece destaque, ainda, que a LC 79/94, ao criar o Fundo Penitenciário Nacional (FUNPEN), delegou ao DEPEN a importantíssima gestão destas fontes de recursos, com a finalidade de proporcionar recursos e meios para

10. Conforme o Conselho Nacional de Política Criminal e Penitenciária, as Penitenciárias podem ser de segurança máxima ou media, bem assim dispõe sobre as colônias penais, cadeias públicas e centro de observações criminológicas (Resolução n.º 5/2016, CNPCP).
11. Etapa esta que se convencionou chamar entre os operadores do sistema penitenciário federal como a "segunda fase" do sistema.

financiar e apoiar as atividades e os programas de modernização e aprimoramento do sistema penitenciário nacional (art. 1º).

Neste particular, a LC 79/94 indica que a União deverá aplicar preferencialmente os recursos na construção, reforma, ampliação e aprimoramento de estabelecimentos penais, em um percentual mínimo de 30% de sua captação, priorizando-se o direcionamento aos estabelecimentos penais federais de âmbito regional, conforme a inteligência do art. 3º, inc. I, §§ 5º e 7º, sendo vedado seu contingenciamento (§ 6º)[12].

Vale referir, em termos de organização do Sistema Penitenciário Federal que a segurança prisional e a inteligência penitenciária não podem ser terceirizadas, nem por meio de parcerias público-privadas, obviamente, por razões de segurança, conforme, inclusive, disposto no enunciado 18 do XI Workshop sobre o Sistema Penitenciário Federal do CJF.

Enunciados e recomendações dos Workshops sobre o SPF do CJF

Enunciado n. 18 do XI Workshop – A segurança prisional e a inteligência penitenciária no sistema penitenciário federal, tendo em conta razões de segurança, não devem ser objeto de terceirização por meio de parcerias público-privadas (Editado no XI Workshop)

3.3.2 Finalidade

Os estabelecimentos penais federais têm por finalidade promover a execução administrativa das medidas restritivas de liberdade dos presos, provisórios ou condenados, cuja inclusão se justifique no interesse da segurança pública ou do próprio preso (artigo 3º, Decreto n.º 6.049/07 e art. 3º da Lei n.º 11.671/08).

Conforme tratado no ponto 3.3, tais unidades prisionais também abrigarão presos, provisórios ou condenados, sujeitos ao regime disciplinar diferenciado (RDD), de acordo com a inteligência dos art. 87, parágrafo único da LEP e art. 5º do Decreto n.º 6.049/07.

Para além disso, replicando o teor do art. 84 da LEP e a Regra 11 das Regras Mínimas das Nações Unidas para o Tratamento de Reclusos (Regras

12. Ao concluir o julgamento de medida cautelar na ADPF 347, em que discutida a configuração do chamado "estado de coisas inconstitucional" relativamente ao sistema penitenciário brasileiro, o plenário deferiu, dentre outros pedidos, que a União liberasse as verbas do Fundo Penitenciário Nacional – Funpen, abstendo-se de realizar novos contingenciamentos (ADPF 347 MC/DF, rel. Min. Marco Aurélio, 9.9.2015).

de Mandela), o Regulamento Penitenciário Federal indica que presos condenados não manterão contato com os presos provisórios e serão alojados em alas separadas (art. 5º).

A par do exposto, chamamos a atenção do leitor para a indispensável interpretação das finalidades do SPF conforme à Constituição, os Tratados Interacionais e à legislação geral de regência acerca das funcionalidades penais inerentes ao sistema progressivo da pena, no que o reportamos ao capítulo 2.6.

APLICAÇÃO EM CONCURSO

QUESTÕES

1. (CESPE, 2015, DEPEN, Prova de Agente Penitenciário Federal – Área 3) Um dos maiores desafios do Estado e da sociedade é prestar assistência ao homem que enfrenta os problemas advindos do encarceramento, quer durante o cumprimento da pena de prisão, quer após, quando ele é devolvido à liberdade. De nada adiantará todo o esforço para melhorar o sistema prisional, se, ao retornar ao convívio social, esse homem for rejeitado e incitado a voltar à criminalidade por absoluta falta de opção.

Tendo como referência inicial essas informações e considerando a temática da inclusão de presos em estabelecimentos penais federais de segurança máxima ou sua transferência, julgue o item a seguir.

( ) De acordo com o Regulamento Penitenciário Federal, os presos condenados podem manter contato com os presos provisórios, preservadas a ordem e a disciplina do estabelecimento penal federal.

GABARITO

1. A assertiva foi considerada errada. Trata-se de vedação expressa do artigo 5° do Regulamento Penitenciário Federal previsto no Anexo ao Decreto n.° 6.049/07.

3.3.3 Características

O artigo 6º do Regulamento Penitenciário Federal (Decreto n.º 6.049/07), aponta as características comuns aos estabelecimentos penais federais, a saber:

> I – destinação a presos provisórios e condenados em regime fechado;
>
> II – capacidade para até duzentos e oito presos;
>
> III – segurança externa e guaritas de responsabilidade dos Agentes Penitenciários Federais;
>
> IV – segurança interna que preserve os direitos do preso, a ordem e a disciplina;
>
> V – acomodação do preso em cela individual; e

> VI – existência de locais de trabalho, de atividades sócio-educativas e culturais, de esporte, de prática religiosa e de visitas, dentro das possibilidades do estabelecimento penal.

Mas não é só isso.

Importante referir a necessidade de que o estabelecimento penal federal de segurança máxima tenha instalações seguras e adequadas ao cumprimento de pena, com respeito à integridade física e mental e que não atinjam a dignidade do preso como pessoa humana, sentido pela qual veda-se, por exemplo, a utilização de contêineres[13] (celas de metal adaptadas de contentor para transporte de cargas) como estrutura de custódia nos estabelecimentos penais.

JURISPRUDÊNCIA

SUPERIOR TRIBUNAL DE JUSTIÇA

Vedação de prisão em Contêineres:

Prisão (preventiva). Cumprimento (em contêiner). Ilegalidade (manifesta). Princípios e normas (constitucionais e infraconstitucionais). 1. Se se usa contêiner como cela, trata-se de uso inadequado, inadequado e ilegítimo, inadequado e ilegal. Caso de manifesta ilegalidade. 2. Não se admitem, entre outras penas, penas cruéis – a prisão cautelar mais não é do que a execução antecipada de pena (Cód. Penal, art. 42). 3. Entre as normas e os princípios do ordenamento jurídico brasileiro, estão: dignidade da pessoa humana, prisão somente com previsão legal, respeito à integridade física e moral dos presos, presunção de inocência, relaxamento de prisão ilegal, execução visando à harmônica integração social do condenado e do internado. 4. Caso, pois, de prisão inadequada e desonrante; desumana também. 5. Não se combate a violência do crime com a violência da prisão. 6. Habeas corpus deferido, substituindo-se a prisão em contêiner por prisão domiciliar, com extensão a tantos quantos – homens e mulheres – estejam presos nas mesmas condições. (STJ, Sexta Turma, Habeas Corpus 142.513/ES, rel. Min. Nilson Naves, julgado em 23.03.10, DJe 10.05.2010)

13. Houve proposta elaborada pelo DEPEN, órgão do Ministério da Justiça, quanto à utilização de contêineres, e enviada no final de abril de 2020 ao Conselho Nacional de Política Criminal e Penitenciária, mas foi barrada por votação unânime em 15 de maio de 2020, possibilidade que já havia sido alertada como ilegal pelo CNJ e pelo STJ no Habeas Corpus n° 142.513/ES de 23 de março de 2010. Ademais, a Resolução n.° 05, de 2020, e seu artigo 4°, inciso I, vedou expressamente na disponibilização e utilização das estruturas temporárias – para enfrentamento da disseminação do novo Coronavírus (2019-nCoV) – o uso de contêineres ou outras estruturas similares.

3.3.4 Estrutura básica

Assim como ocorre em relação ao DEPEN – que possui uma estrutura organizacional alicerçada na Lei de Execuções Penais (Lei n.º 7.210/84), na estrutura orgânica do Ministério da Justiça e Segurança Pública (Anexo I do Decreto n.º 9.962/18) e em seu Regimento Interno (Portaria n.º 199/18 do MSP)[14] –, os Estabelecimentos Penais Federais, da mesma forma, possuem uma divisão estrutural própria prevista em seu Regulamento Penitenciário Federal.

É neste contexto que o artigo 8º do Decreto n.º 6.049/07 prevê a estrutura orgânica básica dos Estabelecimentos Penais Federais, a saber[15]:

I - Diretoria do Estabelecimento Penal - DIPREF

O Sistema Penitenciário Federal é composto por uma diretoria geral na capital Federal, cujas atribuições atendem aos interesses macroestruturais do sistema prisional federal (art. 35 do Decreto n.º 9.662/19), bem como por diretorias locais, cada qual apta a gerenciar os seus respectivos estabelecimentos penais.

As atribuições da Diretoria de Presídio Federal estão previstas no artigo 57 do Regimento Interno do DEPEN (Anexo I da Portaria n.º 199/2018/MSP):

> I – custodiar presos, condenados ou provisórios, zelando pela correta e efetiva aplicação das disposições exaradas nas respectivas decisões judiciais;
>
> II – adotar as medidas administrativas necessárias ao bom funcionamento das penitenciárias federais;
>
> III – supervisionar, no âmbito de suas atribuições, a aplicação das disposições da Lei de Execução Penal e do Regulamento Penitenciário Federal;
>
> IV – prover a Diretoria do Sistema Penitenciário Federal com informações sobre situações que ameacem a disciplina e a segurança das penitenciárias federais;
>
> V – dirigir, coordenar e executar atos relativos à gestão de pessoas que afetem exclusivamente a organização do pessoal e do funcionamento das penitenciárias federais;

14. O DEPEN segue a seguinte estruturação orgânica: Gabinete, Ouvidoria Nacional os Serviços Penais, Corregedoria-Geral do Departamento Penitenciário Nacional, Coordenação-Geral da Escola Nacional de Serviços Penais e Diretorias próprias (Executiva, de Políticas Penitenciárias, do Sistema Penitenciário Federal e de Inteligência Penitenciária).

15. Vale ressaltar que as divisões e serviços são propriamente componentes da Diretoria de Presídio Federal, conforme o Regimento Interno do DEPEN previsto na Portaria 199/2018 do Ministério da Segurança Pública.

> VI – dirigir, avaliar e prestar apoio administrativo e operacional às áreas de inteligência, núcleos jurídicos e comissões de procedimentos disciplinares de interno em atuação nas penitenciárias federais bem como apoio administrativo e operacional às comissões de sindicâncias e de processos administrativos disciplinares em curso;
>
> VII – articular parcerias com órgãos civis e militares, objetivando atender as necessidades operacionais e de emergência das penitenciárias federais;
>
> VIII – presidir a comissão técnica de classificação; e
>
> IX – coordenar gestão de processos vinculados à área administrativa.

Vale ressaltar que aos Diretores de Presídio Federal são previstas as atribuições do art. 68 do Regimento Interno do DEPEN previsto na Portaria n.º 199/2018/MSP, cabendo-lhes:

> I – planejar, orientar, coordenar, supervisionar e controlar as atividades técnicas e administrativas inerentes às competências de sua unidade;
>
> II – instaurar, de ofício, procedimento administrativo destinado a apurar falta disciplinar praticada por preso submetido ao regime penitenciário federal;
>
> III – prestar informações sobres assuntos de sua competência ao Diretor do Sistema Penitenciário Federal;
>
> IV – coordenar as relações da unidade que lhe for subordinada com as demais unidades que compõem o Sistema Penitenciário Federal;
>
> V – propor ao Diretor do Sistema Penitenciário Federal medidas que visem à otimização dos serviços e a redução de custos; e
>
> VI – ordenar despesas.

As Divisões (de Segurança e Disciplina e de Reabilitação) e os Serviços (de Saúde e de Administração) são componentes da Diretoria de Presídio Federal com atuações internas nos estabelecimentos penais federais, seguindo adiante suas atribuições.

II – Divisão de Segurança e Disciplina – DISED

As atribuições da Divisão de Segurança e Disciplina estão previstas no artigo 58 do Regimento Interno do DEPEN anexo à Portaria n.º 199/2018/MSP:

> I – orientar e fiscalizar a aplicação dos dispositivos da Lei de Execução Penal e do Regulamento Penitenciário Federal quanto à disciplina e à segurança das penitenciárias;
>
> II – coordenar as atividades dos plantões de segurança;

> III – planejar, coordenar e fiscalizar o cumprimento das atribuições, ações e atividades das chefias de plantões e chefias de vivências das penitenciárias;
>
> IV – realizar os procedimentos necessários para a inclusão de presos nas penitenciárias federais;
>
> V – planejar e executar no âmbito local, as escoltas terrestres e aéreas de presos;
>
> VI – orientar e fiscalizar a rotina de trabalho e o procedimento de segurança geral, na área interna e externa da Unidade, em cumprimento às normatizações do Departamento;
>
> VII – submeter à Direção da respectiva unidade penal as rotinas carcerárias, planos de segurança interno e externo, bem como as informações concernentes à atuação dos agentes penitenciários federais;
>
> VIII – executar, no âmbito local, os planos de capacitação e aperfeiçoamento dos servidores ligados à segurança;
>
> IX – atuar, de forma conjunta, com a divisão de reabilitação, serviço de saúde e serviço administrativo das penitenciárias federais, para o cumprimento da Lei de Execução Penal e normativos do Departamento e do Sistema Penitenciário Federal; e
>
> X – apoiar as Coordenações-Gerais da Diretoria do Sistema Penitenciário Federal no desempenho de suas atribuições.

Cabe ressaltar, dentre sus atribuições, que cabe à DISED realizar os procedimentos necessários para a inclusão de presos nas penitenciárias federais.

III – Divisão de Reabilitação – DIREB

A atuação da Divisão de Reabilitação no Estabelecimento Penal federal atende à classificação da conduta e à reabilitação da pessoa recolhida, nos termos dos artigos 76 a 83 do Decreto n.º 6.049/07.

As atribuições da Divisão de Reabilitação de Presídio Federal estão previstas no artigo 59 do Regimento Interno do DEPEN anexo à Portaria n.º 199/2018/MSP:

> I – orientar, acompanhar e documentar a aplicação das medidas de reabilitação e classificação da conduta das pessoas privadas de liberdade;
>
> II – organizar e executar as ações e projetos, conjuntamente, com a Coordenação-Geral de Assistências nas Penitenciárias, voltados à assistência material, educacional, social, cultural, esportiva, religiosa e laboral das pessoas privadas de liberdade do Sistema Penitenciário Federal;

III – proporcionar o desenvolvimento social e humano das pessoas privadas de liberdade, visando à reinserção na sociedade;

IV – efetuar a avaliação psicossocial dos presos nas áreas de desenvolvimento geral, intelectual e emocional;

V – organizar, regularmente, cursos profissionalizantes e técnicos voltados às pessoas privadas de liberdade, com o apoio das instituições de ensino locais;

VI – proceder à avaliação inicial dos presos quanto ao grau de alfabetização;

VII – colaborar na seleção de livros e filmes destinados aos presos, zelando pela diversidade de temas e integralidade da formação intelectual e acesso à cultura;

VIII – atuar de forma conjunta e cooperativa com a divisão de segurança e disciplina, serviço de saúde e serviço administrativo das penitenciárias federais, para o cumprimento da Lei de Execução Penal e normativos do Departamento e do Sistema Penitenciário Federal;

IX – garantir a fiel execução dos manuais e demais normativos expedidos pela Diretoria do Sistema Penitenciário Federal;

X – orientar, acompanhar e documentar a aplicação das medidas de reabilitação e classificação da conduta das pessoas privadas de liberdade;

XI – organizar, acompanhar e supervisionar a execução das atividades relacionadas ao setor de biblioteca, e do setor de marcação de visitas, bem como a prestação das assistências religiosa, social, pedagógica, cultural, esportiva e laboral;

XII – organizar e atualizar, diariamente, os sistemas de administração prisional;

XIII – integrar a comissão técnica de classificação;

XIV – planejar com apoio da Coordenação-Geral de Assistências nas Penitenciárias as atividades de acesso a cinemateca, atividades desportivas e jogos, segundo orientações da direção, zelando pela garantia dos direitos aos presos e para a ampliação do acesso às atividades culturais;

XV – apresentar, ordinariamente, à Coordenação-Geral de Assistências nas Penitenciárias relatórios consolidados das atividades prestadas;

XVI – organizar, executar e submeter a coleta de dados para a produção de relatório do perfil dos presos federais, conforme as orientações da Coordenação-Geral de Assistências nas Penitenciárias;

XVII – elaborar e desenvolver projetos com o apoio da Coordenação-Geral de Assistências nas penitenciárias;

XVIII – realizar assistência educacional por meio de parcerias com outras esferas governamentais, institutos federais de educação, ciência e tecnologia, bem como com organizações da sociedade civil; e

XIX – elaborar e cooperar com estudos e pesquisas sobre os aspectos biopsicossociais da educação nas prisões com fins de alcançar alternativas viáveis de trabalho, objetivando a excelência da prática educativa nesse contexto

IV – Serviço de Saúde – SESAU

As atribuições do Serviço de Saúde do Presídio Federal estão previstas no artigo 60 do Regimento Interno do DEPEN anexo à Portaria n.º 199/2018/MSP:

I – prestar às pessoas privadas de liberdade nas penitenciárias federais com o apoio da Coordenação Geral de Assistências nas Penitenciárias os serviços de atendimento médico, odontológico, psicológico, farmacêutico e de enfermagem, incluindo os primeiros atendimentos de urgência e emergência, além de ações preventivas, em conformidade com os programas e normativos aprovados pelo Ministério da Saúde, Departamento Penitenciário Nacional e Sistema Penitenciário Federal;

II – organizar e atualizar, diariamente, os dados de saúde das pessoas privadas de liberdade das penitenciárias federais;

III – realizar a avaliação de saúde das pessoas privadas de liberdade que ingressarem nas penitenciárias federais;

IV – referenciar para a rede pública de saúde os atendimentos especializados – exames e consultas – que não são realizados dentro das unidades de saúde das penitenciárias federais;

V – apoiar a Coordenação-Geral de Assistência nas Penitenciárias nas inspeções ordinárias e extraordinárias nas penitenciárias federais;

VI – promover e executar as ações e programas propostos pela Coordenação-Geral de Assistência nas Penitenciárias, em cumprimento aos normativos e regulamentos no âmbito do Sistema Penitenciário Federal;

VII – atuar em conjunto com as divisões de segurança e disciplina e com as divisões de reabilitação e serviço administrativo das penitenciárias federais, para o cumprimento da Lei de Execução Penal, de diretrizes e normas do Departamento e do Sistema Penitenciário Federal, e de suas atribuições;

VIII – executar com apoio da Coordenação-Geral de Assistências nas Penitenciárias Federais as campanhas promovidas pelo Ministério da Saúde e por órgãos e Secretarias Estaduais e Municipais de Saúde pertinentes à Unidade;

IX – atualizar, diariamente, os sistemas de administração prisional;

X – apresentar, ordinariamente, à Coordenação-Geral de Assistências nas Penitenciárias Federais relatórios consolidados das atividades prestadas;

XI – organizar, executar e submeter a coleta de dados para a produção de relatório do perfil dos presos federais, conforme as orientações da Coordenação-Geral de Assistências nas Penitenciárias Federais; e

XII – realizar a coleta de material genético de pessoas presas nas penitenciárias federais, conforme determinação judicial.

V – Serviço de Administração – SEAD

As atribuições do Serviço de Administração de Presídio Federal estão previstas no artigo 61 do Regimento Interno do DEPEN (Anexo I da Portaria n.º 199/2018/MSP), competindo-lhe:

I – receber, arquivar e manter o controle dos expedientes, preservando a ordem necessária para o fluxo dos documentos;

II – apoiar técnica e administrativamente a Diretoria e unidades subordinadas;

III – planejar, orientar, coordenar, fiscalizar e avaliar, com apoio das unidades técnicas da Diretoria Executiva, as ações e execuções das atribuições dos setores de Secretaria, Protocolo e Arquivo Geral; Gestão de Pessoas; Orçamento e Finanças; Contratos, Licitações e Conformidades; Patrimônio e Almoxarifado; Transporte e Serviços Gerais; e Tecnologia da Informação nas penitenciárias federais;

IV – atuar de forma conjunta e cooperativa com a divisão de segurança e disciplina, divisão de reabilitação e serviço de saúde dos presídios federais, para o cumprimento da Lei de Execução Penal e normativos do Departamento e do Sistema Penitenciário Federal, no cumprimento de suas atribuições e outras que lhe forem determinadas;

V – apoiar as Coordenações-Gerais do DEPEN e da Diretoria do Sistema Penitenciário Federal no desempenho de suas atribuições; e

VI – trabalhar em rede e executar as diretrizes repassadas pela Diretoria Executiva.

VI – Divisão de Inteligência Penitenciária Regional

A divisão de inteligência não faz parte propriamente da estrutura básica do estabelecimento penal, tendo ficado de fora do disposto no artigo 8º do Regulamento Penitenciário Federal. Nada obstante, cada unidade prisional federal dispõe da atuação de um setor de inteligência.

Esses setores de inteligência possuem certa vinculação direta com o DEPEN e não com os estabelecimentos penais, apesar de neles inseridos e atuantes. Como parte da estrutura da Coordenação-Geral de Inteligência

Penitenciária da Diretoria de Inteligência Penitenciária do DEPEN está a Divisão de Inteligência e Contrainteligência - DINC, a qual se vinculam cinco Divisões de Inteligência Penitenciárias Regionais, com chefes próprios, uma para cada região do Brasil (Norte, Nordeste, Centro-Oeste, Sudeste e Sul), sendo que para as regiões Sudeste e Nordeste ainda se encontram a elas ligados os Serviços de Inteligência Penitenciária.

As atribuições da Coordenação-Geral de Inteligência do Sistema Penitenciário Federal têm suas funções previstas no artigo 53 e as do Coordenador-Geral no art. 69, ambos do Regimento Interno do DEPEN previsto no Anexo I da Portaria 199/2018/MSP, o qual estão expostas no capítulo 3.3.6.

Já em relação à Divisão de Inteligência e Contrainteligência, suas atribuições estão previstas no artigo 54 do Regimento Interno do DEPEN:

> I – obter, organizar, reunir, processar, difundir e armazenar dados e informações de inteligência e contra inteligência penitenciária;
>
> II – prestar apoio administrativo e técnico ao Coordenador da Coordenação-Geral de Inteligência Penitenciária;
>
> III – conhecer e consolidar as **análises regionais**, submetendo-as à apreciação do Coordenador Geral da Coordenação-Geral de Inteligência Penitenciária;
>
> IV – acompanhar as ações de inteligência **realizadas nas penitenciárias federais**;
>
> V – elaborar resenhas sobre fatos e situações de interesse da atividade de inteligência e encaminhá-las ao Coordenador-Geral da Coordenação-Geral de Inteligência Penitenciária;
>
> VI – subsidiar a manifestação da Coordenação-Geral de Inteligência Penitenciária sobre o processo de inclusão no Sistema Penitenciário Federal;
>
> VII – subsidiar manifestação sobre a permanência da pessoa privada de liberdade no Sistema Penitenciário Federal;
>
> VIII – obter e analisar dados e informações sobre organizações criminosas; e
>
> IX – manter contatos com instituições congêneres, objetivando promover o intercâmbio de informações sobre a respectiva área de atuação.

APLICAÇÃO EM CONCURSO

QUESTÕES

1. (CESPE, 2021, DEPEN, prova de Especialista Federal em Assistência à Execução Penal e Agente Federal de Execução Penal) A respeito das carreiras da área penitenciária federal e da segurança pública, nos termos das leis que regem a matéria, julgue os itens que se seguem.

De acordo com a lei que criou o atual cargo de agente federal de execução penal, compete à Diretoria-Geral do Departamento Penitenciário Nacional promover programa de capacitação para os servidores que ocupem o referido cargo.

[...]

GABARITO

1. Esta alternativa está errada. Segundo art. 141 da Lei 11.907/09, cabe ao DEPEN, mais especificamente à Divisão de Segurança e Disciplina do DEPEN, conforme art. 58 da Portaria n.º 199/2018/MSP - Regimento Interno do DEPEN.

3.3.5 Polícia Penal Federal e as carreiras de assistência e apoio à execução penal

Em 25 de junho de 2003, fora sancionada Lei n.º 10.693, criando a Carreira de Agente Penitenciário Federal no Quadro de Pessoal do Ministério da Justiça, competindo aos ocupantes do cargo, inicialmente, o exercício das atividades de atendimento, vigilância, custódia, guarda, assistência e orientação de pessoas recolhidas aos estabelecimentos penais federais e às dependências do Departamento de Polícia Federal (art. 2º).

Para além disso, o Regulamento o Penitenciário Federal (Decreto n.º 6.049/07) estabelece que os direitos e deveres dos agentes penitenciários federais são definidos no Regime Jurídico dos Servidores Públicos Civis da União, Lei nº 8.112, de 11 de dezembro de 1990, sem prejuízo da observância de outras disposições legais e regulamentares aplicáveis (art. 10). Diz ainda que cabe ao Departamento Penitenciário Nacional editar as normas complementares para os procedimentos e rotinas carcerários, da forma de atuação, das obrigações e dos encargos dos Agentes Penitenciários nos estabelecimentos penais federais (art. 11), cabendo à diretoria do Sistema Penitenciário Federal adotar providências para elaboração de manual de procedimentos operacionais das rotinas carcerárias, de forma a uniformizá-los (art. 11, parágrafo único).

Sem embargo, em 2009 sobrevém a Lei n.º 11.907, que reestrutura a Carreira de Agente Penitenciário Federal e cria as Carreiras de Especialista em Assistência Penitenciária e de Técnico de Apoio à Assistência Penitenciária, **qualificando-as como as carreiras da área penitenciária federal.**

Com efeito, o ingresso nos cargos de Agente Penitenciário Federal, Especialista em Assistência Penitenciária e de Técnico de Apoio à Assistência Penitenciária deve ser mediante **em concurso público prévia aprovação de**

provas ou de provas e títulos[16]**, no primeiro padrão da classe inicial (art. 137)**[17].

Em 2016, por sua vez, a Lei n.º 13.327 concebera nova definição ao plano de carreira e cargos de Agente Penitenciário Federal, Especialista em Assistência Penitenciária e de Técnico de Apoio à Assistência Penitenciária, passando a denominá-las, respectivamente:

> 1) de Agente Federal de Execução Penal, integrante da carreira de Agente Federal de Execução Penal; 2) de Especialista Federal em Assistência à Execução Penal, integrante da carreira de Especialista Federal em Assistência à Execução Penal; 3) e de Técnico Federal de Apoio à Execução Penal, integrante da carreira de Técnico Federal de Apoio à Execução Penal.

Ademais, a referida lei traz nova redação ao art. 2º da Lei n.º 10.693/03, no que acrescenta, dentre as atribuições do Agente Federal de Execução Penal, as atividades de natureza técnica, administrativa e de apoio relacionadas ao atendimento, vigilância, custódia, guarda, assistência e orientação de pessoas recolhidas aos estabelecimentos penais federais, **retirando-se-lhe, de outro lado, o exercício destas atribuições perante as dependências do Departamento da Polícia Federal.**

Sucede que, com a promulgação da Emenda Constitucional n.º 104, em 04 de dezembro de 2019, a carreira de Agente Federal de Execução Penal ganha nova roupagem jurídica e status constitucional.

Senão vejamos o texto constitucional:

> Art. 144. A segurança pública, dever do Estado, direito e responsabilidade de todos, é exercida para a preservação da ordem pública e da incolumidade das pessoas e do patrimônio, através dos seguintes órgãos: [...]
>
> VI – polícias penais federal, estaduais e distrital. (Redação dada pela Emenda Constitucional nº 104, de 2019)

---

16. Lei n.º 11.907/09, art. 137, "§ 1º Para ingresso nos cargos a que se refere o caput deste artigo será exigido: I – para o cargo de Especialista em Assistência Penitenciária, curso superior em nível de graduação concluído e, quando for o caso, habilitação legal específica, conforme definido no edital do concurso; e II – para os cargos de Técnico de Apoio à Assistência Penitenciária e de Agente Penitenciário Federal, certificado de conclusão de ensino médio ou equivalente e, quando for o caso, habilitação legal específica, conforme definido no edital do concurso".
17. As três carreiras que compõem a área penitenciária federal organizam-se em classes e padrões, conforme determina a Lei n.º 13.327/16, em seus anexos.

> § 5°-A. Às polícias penais, vinculadas ao órgão administrador do sistema penal da unidade federativa a que pertencem, cabe a segurança dos estabelecimentos penais. (Redação dada pela Emenda Constitucional n° 104, de 2019)

Com efeito, **criam-se as Polícias Penais Federal,** Estadual e Distrital, **transformando** os cargos isolados, os cargos de carreira dos atuais agentes penitenciários e os **cargos públicos equivalentes na carreira de Policiais Penais**, cuja atribuição – doravante com status constitucional de órgão de segurança pública – **lhes impõe a segurança dos estabelecimentos penais**[18].

Em síntese, cargo de Agente Federal de Execução Penal pertencente à carreira de Agente Federal de Execução Penal, passa a ser denominado de cargo de Policial Penal Federal da carreira da Polícia Penal Federal.

ANTIGAS DENOMINAÇÕES	CARGO ATUAL	CARREIRA ATUAL
Agente Penitenciário; Agente Federal de Execução Penal	Policial Penal Federal	Polícia Penal Federal
Especialista em Assistência Penitenciária	Especialista Federal em Assistência à Execução Penal	Especialista Federal em Assistência à Execução Penal
Técnico de Apoio à Assistência Penitenciária	Técnico Federal de Apoio à Execução Penal	Técnico Federal de Apoio à Execução Penal

Enunciados e recomendações dos Workshops sobre o SPF do CJF

Enunciado n. 19 do XI Workshop – A **segurança dos estabelecimentos prisionais federais** deve também ser entendida, na oportunidade da regulamentação da Polícia Penal Federal, como a fiscalização das penas e medidas alternativas aplicadas no âmbito da Justiça Federal, inclusive na fase de conhecimento. (Editado no XI Workshop)

Enunciado n. 20 do XI Workshop – As assistências prestadas aos presos no Sistema Penitenciário Federal pelos Especialistas Federais em Assistência à Execução Penal e Técnico Federal de Apoio à Execução Penal são parte integrante do **sistema de segurança dos estabelecimentos prisionais federais** e, portanto, indissociáveis da Polícia Penal Federal no momento de sua regulamentação (Editado no XI Workshop)

18. Quanto ao ingresso e formação da carreira, previu a Emenda Constitucional 104/2019, em seu art. 4°, que "o preenchimento do quadro de servidores das polícias penais será feito, exclusivamente, por meio de concurso público e por meio da transformação dos cargos isolados, dos cargos de carreira dos atuais agentes penitenciários e dos cargos públicos equivalentes".

APLICAÇÃO EM CONCURSO

QUESTÕES

1. (CESPE, 2021, DEPEN, prova de Especialista Federal em Assistência à Execução Penal e Agente Federal de Execução Penal) Julgue os seguintes itens, que abordam temas concernentes ao DEPEN.

Compete ao agente federal de execução penal vigiar e orientar pessoa recolhida em estabelecimento penal federal

[...]

2. (CESPE, 2021, DEPEN, prova de Especialista Federal em Assistência à Execução Penal e Agente Federal de Execução Penal) Julgue os seguintes itens, que abordam temas concernentes ao DEPEN.

Para progredir funcionalmente, o agente federal de execução penal deve cumprir o interstício mínimo de doze meses entre duas progressões consecutivas, sendo suspensa a contagem deste prazo quando o agente se afastar do exercício funcional, com ou sem remuneração.

[...]

GABARITO

1. Esta alternativa está correta.
2. Esta alternativa está errada. O prazo de 12 meses está correto, mas a suspensão só ocorre se o agente se afastar sem remuneração, conforme art. 140, inc. I e §1°, inc. II, da Lei n.° 11.907/2009, norma esta específica para algumas carreiras, devendo ser lida para concursos específicos.

3.3.6 Órgãos auxiliares

Conforme art. 12 do Regulamento Penitenciário Federal, previsto no Anexo I do Decreto n.º 6.049/07, existem os seguintes órgãos auxiliares e de fiscalização dos Estabelecimentos Penais Federais:

A. Coordenação-Geral de Inclusão, Classificação e Remoção (inciso I); Coordenação-Geral de Informação e Inteligência Penitenciária (inciso II); e Coordenação-Geral de Tratamento Penitenciário e Saúde (inciso V)

Segundo o parágrafo único deste artigo 12, **cabe ao Regimento Interno do DEPEN, previsto no Anexo I da Portaria n.º 199/2018/MSP,** a definição das atribuições de cada uma dessas Coordenações-Gerais.

Contudo, importante referir que a **Portaria n.º 199/2018/MSP e o Decreto n.º 9.662/19,** com as alterações trazidas pelo Decreto n.º 10.379/20 – normas estas mais recentes que o Decreto n.º 6.049/07 – reformularam as **coordenações e cargos da Diretoria do Sistema Penitenciário Federal,** redefinindo a composição das Diretorias das Penitenciárias Federias e suas coordenações, a saber:

a. **Coordenação-Geral de Segurança e Operações Penitenciárias;**
b. **Coordenação-Geral de Classificação e Movimentação de Presos;**
c. **Coordenação-Geral de Inteligência do Sistema Penitenciário Federal; e**
d. **Coordenação-Geral de Assistências nas Penitenciárias.**

Passemos a verificar as atribuições de cada uma delas.

Como atribuições das **Coordenações-Gerais de Classificação e Movimentação de Presos e Segurança e Operações Penitenciárias**, o artigo 51, da Portaria n.º 199/2018/MSP, que tratava da Coordenação-Geral de Classificação, Movimentação e Segurança Penitenciária, até então unindo as duas, prevê:

> I – implementar os procedimentos administrativos concernentes às ações de inclusão, classificação, remoção de presos nas penitenciárias federais e segurança nas penitenciárias federais;
>
> II – supervisionar as diligências para os sistemas penitenciários estaduais e distrital, no Poder Judiciário, Ministério Público e nos organismos policiais para obtenção de documentos relativos aos presos recebidos pelo Sistema Penitenciário Federal;
>
> III – coordenar escoltas e remoções de pessoas privadas de liberdade do Sistema Penitenciário Federal;
>
> IV – propor as diretrizes para a classificação das pessoas privadas de liberdade no momento de sua inclusão no Sistema Penitenciário Federal;
>
> V – elaborar e encaminhar à Diretoria do Sistema Penitenciário Federal e ao Diretor-Geral relatório mensal indicando os pedidos de inclusões e remoções, dentro do Sistema Penitenciário Federal e para o Estado de origem, o quantitativo de pessoas privadas de liberdade em cada penitenciária federal e os pareceres elaborados;
>
> VI – manter controle, por meio de sistema de gerenciamento, banco de dados informatizado, concernente à população carcerária do Sistema Penitenciário Federal;
>
> VII – compatibilizar a garantia de ambientes seguros e a prestação de serviços penais com o efetivo disponível de agentes penitenciários federais, técnicos de apoio à assistência penitenciária e especialistas em assistência penitenciária, elaborando propostas de atualização e adequação dos manuais de procedimentos;

> VIII – propor diretrizes para a organização da segurança nas penitenciárias e fornecer apoio nas movimentações de presos do Sistema Penitenciário Federal;
>
> IX – elaborar relatório anual referente às suas atividades, o qual deverá ser submetido à apreciação e validação da Diretoria do Sistema Penitenciário Federal, sob o fito de subsidiar o Relatório Anual das Atividades do DEPEN;
>
> X – organizar o planejamento de procedimentos e rotinas de segurança das penitenciárias federais, analisando as solicitações propostas pelas divisões de segurança das unidades federais; e
>
> XI – elaborar e propor ao Diretor-Geral os planos de segurança orgânica.

Já as atribuições da **Coordenação-Geral de Inteligência** do Sistema Penitenciário Federal estão previstas no artigo 53 do Regimento Interno do DEPEN:

> I – coordenar e articular a integração do Sistema Penitenciário Federal com os demais órgãos e entidades componentes do Sistema Brasileiro de Inteligência – SISBIN e a atividade com os órgãos de Inteligência, promovendo intercâmbio de informações e ações integradas;
>
> II – planejar, coordenar e executar ações específicas de contra inteligência;
>
> III – acompanhar e avaliar o desempenho da atividade de inteligência penitenciária, no âmbito do Sistema Penitenciário Federal, propondo medidas para aprimorá-las;
>
> IV – processar os dados, as informações e os conhecimentos decorrentes das atividades de contra inteligência e inteligência penitenciária no âmbito do Sistema Penitenciário Federal;
>
> V – elaborar e submeter à apreciação da Diretoria do Sistema Penitenciário Federal e do Diretor-Geral os planos de inteligência penitenciária para o Sistema Penitenciário Federal;
>
> VI – acompanhar as atividades de inteligência penitenciária realizadas pelas áreas de inteligência das Penitenciárias Federais;
>
> VII -solicitar dados e informações de interesse do Sistema Penitenciário Federal de atividade de inteligência penitenciária;
>
> VIII – manifestar-se no processo de inclusão no Sistema Penitenciário Federal, opinando sobre a penitenciária federal adequada a cada caso;
>
> IX – assessorar a Direção-Geral do DEPEN e a Diretoria do Sistema Penitenciário Federal em assuntos relativos ao gerenciamento de crises;
>
> X – encaminhar ao Diretor-Geral relatório mensal sobre eventos da atividade de inteligência;

> XI – manifestar-se sobre a permanência da pessoa privada de liberdade no Sistema Penitenciário Federal;
>
> XII – elaborar relatório anual referente às suas atividades, o qual deverá ser submetido à apreciação e validação da Diretoria do Sistema Penitenciário Federal, sob o fito de subsidiar o Relatório Anual das Atividades do DEPEN;
>
> XIII – assessorar a Diretoria do Sistema Penitenciário Federal em assuntos de planejamento, gestão e inteligência estratégica, análise de riscos e construção de cenários prospecticvos;
>
> XIV -sugerir à Diretoria do Sistema Penitenciário Federal movimentações internas de pessoas privadas de liberdade entre as Penitenciárias Federais; e
>
> XV – identificar, acompanhar e avaliar ameaças reais ou potenciais à segurança do DEPEN.

Por sua vez, as atribuições da **Coordenação-Geral de Assistências nas Penitenciárias** estão previstas no artigo 55 do Regimento Interno do DEPEN:

> I – planejar, coordenar e orientar a execução de ações voltadas às assistências material, jurídica, educacional, social, religiosa, laboral, cultural, esportiva e à saúde das pessoas privadas de liberdade do Sistema Penitenciário Federal;
>
> II – elaborar propostas e atos administrativos de natureza regulamentar sobre:
>
> a) ações e projetos institucionais sobre assuntos relacionados à sua área de atuação;
>
> b) ações e projetos voltados à qualificação da gestão prisional no âmbito do Sistema Penitenciário Federal;
>
> c) diretrizes de atuação nas políticas transversais;
>
> d) planos individuais de desenvolvimento, as metodologias de acompanhamento e individualização da pena e as metodologias de articulação intersetorial;
>
> e) relatório anual referente às suas atividades, o qual deverá ser submetido à apreciação e validação da Diretoria do Sistema Penitenciário Federal, sob o fito de subsidiar o Relatório Anual das Atividades do DEPEN;
>
> f) manuais, protocolos e fluxogramas de alinhamento das atividades de assistência penitenciária, com apoio das demais Coordenações do Sistema Penitenciário Federal;
>
> g) termos de cooperações técnica, acordos, convênios ou outros instrumentos de parceria com órgão da administração pública e entidades privadas;
>
> h) ações de cunho pedagógico voltadas à formação continuada dos servidores investidos nas carreiras de Especialistas Federais em

> Assistência à Execução Penal e de Técnicos Federais de Apoio à Execução Penal, visando ao fortalecimento do tratamento penitenciário e avanço interdisciplinar das áreas; e
>
> i) normativos, protocolos, fluxogramas e coletas de dados sobre o perfil, para melhoramento dos serviços de atenção à pessoa privada de liberdade.
>
> III – realizar inspeções ordinárias e extraordinárias em assuntos de sua competência nas penitenciárias federais;
>
> IV – assessorar a Diretoria do Sistema Penitenciário Federal na elaboração do plano anual relacionado às assistências penitenciárias nos estabelecimentos penais federais;
>
> V- organizar e compilar os relatórios mensais sobre as atividades realizadas pelos Especialistas Federais em Assistência à Execução Penal e de Técnicos Federais de Apoio à Execução Penal nas Penitenciárias Federais; e
>
> VI – manter intercâmbio com:
>
> a) a Coordenação-Geral de Promoção da Cidadania, visando a estimular atividades de educação, qualificação profissional, esporte, cultura, assistência social, respeito às diversidades, trabalho e renda das pessoas privadas de liberdade nas penitenciárias federais;
>
> b) as Coordenações do Sistema Penitenciário Federal e Diretores dos Presídios, visando ao alinhamento e aprimoramento de atividades; e
>
> c) os órgãos da administração pública e entidades privadas, visando ao acompanhamento de termos de cooperações técnica, acordos, convênios ou outros instrumentos de parceria.

Cabe referir que aos **Coordenadores-Gerais** de cada uma dessas quatro Coordenações-Gerais couberam as atribuições do art. 69 do Regimento Interno do DEPEN previsto no Anexo I da Portaria 199/2018/MSP, sendo elas:

> I – assistir os respectivos diretores nos assuntos de sua competência;
>
> II – supervisionar as atividades relacionadas às suas unidades;
>
> III – propor a expedição de portarias, ordens de serviço e manuais de procedimentos, bem como de planos, programas e projetos gerais e específicos nas matérias das áreas sob sua responsabilidade;
>
> IV – propor a realização de operações conjuntas com outras unidades do Departamento ou outros órgãos governamentais; e
>
> V – apresentar relatórios de avaliação e desempenho para subsidiar decisões das Diretorias.

Ainda, importante referir que ligadas às Coordenações-Gerais e às Diretorias, existem as Coordenações internas, as Divisões e os Serviços. Cada uma dessas Coordenações é chefiada por um Coordenador, os quais foram incumbidos das atribuições previstas no art. 70 do Regimento Interno do DEPEN. Já as Divisões e Serviços possuem, respectivamente, os Chefes de Divisão e de Serviço dentro das Penitenciárias Federais, cujas funções estão determinadas no artigo 71 do mesmo Regimento.

B. Corregedoria-Geral do Sistema Penitenciário Federal (inc. III)

A Corregedoria-Geral observa o art. 13, do Decreto n.º 6.049/07:

> "Art. 13. A Corregedoria-Geral é unidade de fiscalização e correição do Sistema Penitenciário Federal, com a incumbência de preservar os padrões de legalidade e moralidade dos atos de gestão dos administradores das unidades subordinadas ao Departamento Penitenciário Nacional, com vistas à proteção e defesa dos interesses da sociedade, valendo-se de inspeções e investigações em decorrência de representação de agentes públicos, entidades representativas da comunidade ou de particulares, ou de ofício, sempre que tomar conhecimento de irregularidades."

Trata-se de órgão hoje chamado de **Corregedoria-Geral do Departamento Penitenciário Nacional - CORDEPEN,** conforme o Decreto n.º 9.662/2019, com redação dada pelo Decreto n.º 10.379/2020.

As atribuições do Corregedor-Geral do Departamento Penitenciário Nacional estão previstas no artigo 65 da Portaria 199/2018/MSP.

> I – assistir o Diretor-Geral nos assuntos de competência da Corregedoria-Geral;
>
> II – organizar e dirigir todas as ações correcionais no âmbito do DEPEN;
>
> III – determinar a instauração de procedimentos, sindicâncias e processos administrativos disciplinares para a apuração de irregularidades;
>
> IV – expedir normas no âmbito de sua competência para organização dos serviços;
>
> V – apoiar e incentivar a implantação e o funcionamento de corregedorias nos sistemas penitenciários nas unidades da federação;
>
> VI – informar ao Diretor-Geral das reclamações acerca das deficiências ou irregularidades no âmbito do Sistema Penitenciário Federal, sugerindo soluções;
>
> VII – promover a execução das atividades, ações e operações correlatas à área sob sua responsabilidade; e
>
> VIII – fornecer dados ao Diretor-Geral para que este preste as informações solicitadas pelo Poder Judiciário e órgãos de controle interno e externo.

C. Ouvidoria (inc. IV)

A ouvidoria do Sistema Penitenciário Federal possui as suas funções gerais previstas no artigo 14 do Regulamento Penitenciário Federal:

> Art. 14. A Ouvidoria do Sistema Penitenciário Nacional é órgão com o encargo de receber, avaliar, sugerir e encaminhar propostas, reclamações e denúncias recebidas no Departamento Penitenciário Nacional, buscando a compreensão e o respeito a necessidades, direitos e valores inerentes à pessoa humana, no âmbito dos estabelecimentos penais federais.

Hoje, com a normatização do Decreto n.º 9.662/2019, com redação dada pelo Decreto n.º 10.379/2020, a ouvidoria passa a se chamar **Ouvidoria Nacional de Serviços Penais - ONSP**. Também se trata de órgão vinculado ao Sistema Penitenciário Federal, como órgão da estrutura organizacional do DEPEN, que possui as atribuições previstas no artigo 4º do Regimento Interno do DEPEN, anexo à Portaria n.º 199/18/MSP:

> I – atuar como instância de controle e participação social responsável pelo tratamento das solicitações, reclamações, denúncias, sugestões e elogios relativos às políticas e aos serviços públicos prestados por servidores e órgãos de administração da execução penal, sob qualquer forma ou regime;
>
> II – protocolar, dar tratamento e responder sugestões, solicitações, reclamações e denúncias formuladas por pessoa privada de liberdade, servidor penitenciário ou por qualquer interessado, referentes a servidores, órgãos e serviços da administração da execução penal;
>
> III – fomentar e apoiar formas de participação social no planejamento, elaboração, fiscalização e controle de propostas, políticas públicas e ações institucionais no âmbito da execução penal;
>
> IV – fomentar e apoiar a implantação e o funcionamento de ouvidorias externas e independentes de administração da execução penal nas unidades da federação;
>
> V – publicar relatório anual de atividades, com recomendações voltadas à plena garantia dos direitos das pessoas privadas de liberdade e ao aprimoramento da gestão penitenciária;
>
> VI – propor aos órgãos competentes a instauração de procedimentos destinados à apuração de responsabilidade administrativa, civil ou criminal, quando for o caso;
>
> VII – inspecionar estabelecimentos penais e produzir relatórios para subsídio da gestão penitenciária, submetendo-os aos interessados; e

> VIII – preservar o sigilo de identidade do demandante, desde que solicitado.
>
> § 1° A Ouvidoria expedirá normativa para disciplinar a organização, as formas de acesso e atendimento ao público, os fluxos e as rotinas diárias, bem como o tratamento de solicitações, reclamações, denúncias, sugestões e elogios.
>
> § 2° A Ouvidoria contará com um Conselho Consultivo, composto por representantes da rede de participação social e controle na execução penal, com a finalidade de acompanhar, formular críticas e sugestões para o aprimoramento de seu trabalho, na forma disciplinada em ato do Diretor-Geral, por proposta da Ouvidoria.

Ao **Ouvidor Nacional dos Serviços Penais** incumbe, conforme art. 64 do Regimento Interno do DEPEN, anexo à Portaria 199/2018/MSP:

> I – atuar com independência na defesa dos direitos e garantias fundamentais no âmbito dos Serviços Penais;
>
> II – emitir parecer, nota técnica e informação sobre os assuntos relacionados à sua área de atuação;
>
> III – participar de reuniões colegiadas no âmbito do Departamento Penitenciário Nacional;
>
> IV – preservar o sigilo de identidade do manifestante, sempre que solicitado ou necessário; e
>
> V – desenvolver e garantir o cumprimento das competências previstas no artigo 9° deste Regimento.

APLICAÇÃO EM CONCURSO

QUESTÕES

1. (CESPE, 2021, DEPEN, prova de Especialista Federal em Assistência à Execução Penal e Agente Federal de Execução Penal) Considerando o Regulamento Penitenciário Federal, julgue os itens a seguir.

Considere que uma mãe queira reclamar das condições a que seu filho esteja sendo submetido em um presídio federal. Nessa situação hipotética, a reclamação deverá ser encaminhada para a Corregedoria-Geral do Sistema Penitenciário, uma vez que cabem a essa unidade as atribuições de fiscalização e correção.

[...]

GABARITO

1. Esta alternativa está errada. Cabe, segundo art. 14 do RPF, encaminhar a reclamação à Ouvidoria do Sistema Penitenciário Nacional, hoje chamada de Ouvidoria Nacional de Serviços Penais – ONSP, nome dado pelo Decreto n.° 9.662/19.

3.3.7 Das fases evolutivas internas, da classificação e da individualização da pena

O regulamento penitenciário federal estabelece critérios internos para o ingresso de indivíduos em suas dependências prisionais, aptos a dar início à fase executiva da individualização da pena. Tal procedimento, como veremos, não se confunde com as características pessoais (perfil) que o preso deva ter para ser incluído ou transferido para o SPF, a teor da Lei n.º 11.671/08 e de seu regulamento (art. 3º do Decreto n.º 6.877/09), bem como com o regime prisional, ao qual todos os presos são submetidos no SPF (art.3º, §1º da Lei n.º 11.671/08).

Nesta perspectiva, diz o art. 15 do Regulamento Penitenciário Federal, anexo ao Decreto n.º 6.049/07, que a execução administrativa da pena, respeitados os requisitos legais, obedecerá às seguintes fases:

I. procedimentos de inclusão (triagem);

Desde a leitura do Portaria MJ n.º 2.065 de 12/12/2007, que define os procedimentos da Comissão Técnica de Classificação e da outras providências, pode-se verificar que os condenados ou presos provisórios incluídos no SPF serão, inicialmente (art.3º): **1)** submetidos a exames médicos e; **2)** permanecerão separados dos demais em área específica para a triagem; **3)** por período de até vinte dias, a contar de seu ingresso no estabelecimento penal federal.

Retira-se daqui algumas questões relevantes e controvertidas:

1) A **primeira** diz respeito **à submissão obrigatória do condenado** por crime doloso praticado com violência grave contra a pessoa, bem como por crime contra a vida, contra a liberdade sexual ou por crime sexual contra vulnerável[19], à **identificação de seu perfil genético.** A par da controvérsia doutrinária e jurisprudencial sobre a constitucionalidade deste procedimento[20] – a qual remetemos o leitor ao

19. Trata-se da nova redação dada pela lei n.º 13.964/19 ao *caput* do art. 9º-A da Lei n.º 7210/84, que, em 19.04.2021, teve seu veto derrubado (veto n.º 56/19), a estabelecer as hipóteses legais em que cabível a submissão do apenado à obrigatoriedade do perfil genético.

20. Lembra Aury Lopes Júnior, diferenciando duas situações, que, enquanto indiciado, a coleta de material genético serve para constituir prova em um caso concreto, que já existe. Já na condição de apenado, a extração de material genético serve para a alimentar o banco de perfis genéticos a fim de serem utilizados para apuração de crimes futuros, cuja a autoria seja desconhecida. (LOPES JÚNIOR, 2016, p. 362). Vale ressaltar que o autor se posiciona atualmente contrário à extração compulsória do material genético, posição a qual referimos juntamente com posicionamentos contrários – e recomendamos a leitura – no capítulo 3.3.9.1.5.

capítulo 3.3.9.1.5, face a previsão de falta grave a recusa ao procedimento –, questiona-se se é possível que a coleta deste material biológico do condenado possa ocorrer quando de sua submissão aos exames iniciais, pós inclusão ou transferência do preso para o SPF, eis que esta coleta permanece vigente e aplicada enquanto pendente o julgamento do Recurso Extraordinário n.º 973.837 (tese com Repercussão Geral[21]).

Nessa toada, desde o VII Workshop do Sistema Penitenciário Federal, realizado em 2017, inaugurou-se o debate sobre a legitimidade deste procedimento no âmbito do SPF. As discussões travadas levaram à seguinte **proposta final para alterar a Lei n.º 11.671/08 do VII Workshop do Sistema Penitenciário Federal:**

> Art. 18. O preso, ao ser incluído no Sistema Penitenciário Federal, será submetido a procedimento de identificação criminal com a coleta de material biológico para obtenção de perfil genético.

É justamente nesta esteira que o PL 882/19 (Pacote Anticrime) propôs a alteração do referido procedimento de identificação criminal que, ao fim e ao cabo, fora parcialmente[22] aprovado pela Lei n.º 13.964/19, de modo a fazer constar, na LEP, que "o condenado pelos crimes previstos no caput deste artigo **que não tiver sido submetido à identificação do perfil genético por ocasião do ingresso no estabelecimento prisional** deverá ser submetido ao procedimento **durante o cumprimento da pena**" (art. 9-A, § 4º). Com efeito, o indigitado conteúdo normativo **bem se subsume a forma mais operante de ingresso no SPF**, notadamente **por meio da transferência de presos** oriundos, em regra, das unidades prisionais dos Estados, **que não tenham lá realizado a coleta de material biológico** pela extração do DNA para a identificação do perfil genético.

Sem prejuízo destas considerações, a novel redação da Lei n.º 13.964/19, no ponto, **não deu tratamento específico ao SPF.** Sucede que, à luz da norma geral de execução penal (LEP), quer nos parecer que a própria redação do art. 9-A, *caput*, da LEP[23], já conferia ao SPF a possibilidade – **quando da**

21. Tema 905 – Constitucionalidade da inclusão e manutenção de perfil genético de condenados por crimes violentos ou por crimes hediondos em banco de dados estatal.
22. A redação originária do PL 882/19 pretendia estender a coleta do material biológico para identificação do perfil genético aos presos condenados, **mesmo antes do trânsito em julgado.**
23. Para conhecimento do Art. 9-A da LEP: "Os condenados por crime praticado, dolosamente, com violência de natureza grave contra pessoa, ou por qualquer dos crimes previstos no art. 1° da

inclusão de presos condenados (com trânsito em julgado) em uma de suas unidades prisionais – da coleta deste material biológico para os fins indicados em lei[24]. Nada obstante, a coleta da amostra biológica e a elaboração do respectivo laudo devem ser realizadas por perito oficial, cujo procedimento, finalidade e requisitos estão previstos no art. 9º-A, *caput* e parágrafos, da Lei n.º 13.964/19.[25]

2) A **segunda** questão trata do **local de separação dos internos** em **período de triagem (adaptação).**

Após a submissão aos exames médicos os condenados ou presos provisórios incluídos no SPF permanecerão separados dos demais em área específica para a triagem, competindo à **Comissão Técnica de Classificação** realizar tal procedimento (art.11, inc. I Portaria MJ n.º 2.065/2007). Sucede que o **SPF não dispõe de uma central de triagem própria**, pelo que o ingresso no sistema se dá **no setor de isolamento,** local este destinado ao cumprimento de sanções disciplinares (isolamento ou regime disciplinar diferenciado – RDD)[26].

Neste particular, à exceção de transferência de interno pelo juízo da origem, já em cumprimento do RDD, entendemos que presente sistemática de inclusão revela-se acintosa ao princípio da legalidade e da proporcionalidade, visto que este período inaugural de ambientação compulsória consiste em inadequado cumprimento transverso de sanção disciplinar[27], em sua forma mais rigorosa (isolamento nas dependências para o cumprimento de RDD sem saída para banho de sol, dentre outros direitos), sem prévia previsão legal para tanto[28].

Lei nº 8.072, de 25 de julho de 1990, serão submetidos, obrigatoriamente, à identificação do perfil genético, mediante extração de DNA – ácido desoxirribonucleico, por técnica adequada e indolor (Incluído pela Lei nº 12.654, de 2012)".

24. Em 2019, a então Diretora do Sistema Penitenciário Federal, Cintia Rangel, por ventura do VIII Workshop do SPF, informou que a penitenciária de Catanduvas/PR já realizava a coleta obrigatória de material genético. (VIII Workshop do SPF – setembro de 2019).

25. Redação original da Lei n.º 13.964/19, promulgada após rejeição do veto presidencial n.º 56/19, em 19.04.2021, pelo Congresso Nacional.

26. **Portaria MJ n.º 1.191/08, regulamentando o art. 17, § 2º, do RPF, apenas indica, em seu art. 2º, inc. IX,** que compete ao Chefe da Divisão de Segurança e Disciplina, e, na sua ausência e de seu substituto legal, ao Chefe da Equipe de Plantão, coordenar a realização de diversos procedimentos, durante a inclusão de presos, dentre eles: recolher o preso à cela destinada à triagem.

27. O relatório de 2019 de inspeção anual da Defensoria Pública da União, na Penitenciária Federal de Porto Velho assim concluíra a questão: "**o local reservado à triagem é o mesmo do isolamento/castigo, o que faz com que "a experiência de inclusão se afigure como uma espécie de 'punição antecipada'"**. (DEFENSORIA PÚBLICA DA UNIÃO, 2019d).

28. Desde o relatório de 2015 da inspeção anual da Defensoria Pública da União, na Penitenciária Federal de Porto Velho, recomendou-se que "a redução do período de triagem e a **desvinculação deste espaço com o RDD".** (DEFENSORIA PÚBLICA DA UNIÃO. 2015c).

3) A **terceira** questão a ser enfrentada refere-se ao período de adaptação propriamente dito.

Estabelece a Portaria MJ n.º 2.065/2007 que o período de separação dos internos recém-chegados no SPF para o **processo de triagem será de até 20 dias**, a contar de seu ingresso no estabelecimento penal federal (art. 3º).

A considerar que o período de adaptação consiste na separação involuntária dos internos em **confinamento solitário no setor de isolamento**, cuja permanência **é de 24hs diárias, em um interregno de até 20 dias**, tal prática (a ser melhor abordada no decorrer do cap. 3.3.9.2) se aproxima claramente do conceito internacional de tortura, punições ou outras formas de tratamentos cruéis, desumanos ou degradantes[29].

Neste diapasão, colhe-se das Regras de Mandela o entendimento de que o **confinamento solitário** consiste **na reclusão do indivíduo por no mínimo 22 horas diárias**, sem contato humano significativo, bem assim compreende-se como **confinamento solitário prolongado o período de mais de 15 dias consecutivos** (Regra 44).

Para além disso, depreende-se das Regras de Mandela que qualquer forma de separação involuntária da população prisional geral, como o confinamento solitário, o isolamento, a segregação, nas unidades de cuidado especial ou alojamentos restritos, seja por **razão de sanção disciplinar ou para a manutenção da ordem e segurança**, inclusive políticas de promulgação e procedimentos que regulamentem o uso e a revisão da imposição e da liberação de qualquer forma de separação involuntária, **deve se dar por lei ou por regulamentação emanada pela autoridade administrativa** (art. 37, "d").

Portanto, coloca-se em xeque a regulamentação, por meio de Portaria, de tão extremada medida restritiva de liberdade[30].

---

29. Regra 43 das Regras de Mandela: 1. Em nenhuma circunstância devem as restrições ou sanções disciplinares implicar tortura, punições ou outra forma de tratamentos cruéis, desumanos ou degradantes. As seguintes práticas, em particular, devem ser proibidas: (a) Confinamento solitário indefinido; (**b) Confinamento solitário prolongado;** (c) Detenção em cela escura ou constantemente iluminada; (d) Castigos corporais ou redução da alimentação ou água potável do recluso;(e) Castigos coletivos.

30. *Mutatis mutandis*, lembra Rodrigo Estrada Roig que "é bastante criticável a atribuição do diretor do estabelecimento no sentido de aplicar a sanção de isolamento aos faltosos. Isso porque, na essência, o isolamento é privação de liberdade ('privação dentro da privação') e exatamente por isso deveria ser imposto somente por ordem judicial, em decisão fundamentada e apenas após

A par de tudo quanto exposto, o art. 45 das Regras de Mandela é categórico em orientar a **utilização do confinamento solitário** somente em **casos excecionais, como último recurso** e **durante o menor tempo possível,** sendo vedado sua imposição em consequência da sentença do recluso.

Não é crível, portanto, que o confinamento prolongado seja utilizado como a primeira opção de ingresso no SPF, dado seu inerente caráter de excepcionalidade.

Sem prejuízo desta rotina central de inclusão, o Regulamento Penitenciário Federal (art. 17, § 3º) determina, ainda: **I) comunicação à família do preso** ou pessoa por ele indicada, efetuada pelo setor de assistência social do estabelecimento penal federal, **acerca da localização onde se encontra; II) prestação de informações escritas ao preso, e verbais aos analfabetos ou com dificuldades de comunicação**, sobre as normas que orientarão o seu tratamento, **as imposições de caráter disciplinar**, bem como sobre os seus direitos e deveres; e **III) certificação das condições físicas e mentais do preso** pelo estabelecimento penal federal.

Durante o período de triagem, serão assegurados os direitos dos presos, entre outros, **a visita,** o **envio e o recebimento de correspondência escrita** (art. 4º).

Sendo o preso oriundo dos sistemas penitenciários dos Estados ou do Distrito Federal, deverão acompanhá-lo no ato da inclusão no Sistema Penitenciário Federal a cópia do prontuário penitenciário, os seus pertences e informações acerca do pecúlio disponível (art. 18).

Quando no ato de inclusão forem detectados indícios de **violação da integridade física ou moral do preso,** ou verificado **quadro de debilidade do seu estado de saúde**, tal fato deverá ser imediatamente comunicado ao diretor do estabelecimento penal federal, que deverá tomar as providências cabíveis, sob pena de responsabilidade. (art. 19).

---

provocação da autoridade administrativa, jamais de ofício, posto que inadmissível as cautelares pessoais de ofício em prejuízo das pessoas presas" (ROIG, 2017, p. 272).

II. avaliação pela Comissão Técnica de Classificação para o desenvolvimento do processo da execução da pena;

Como é cediço, para bem orientar a individualização da execução penal, os condenados serão classificados segundo os seus antecedentes e personalidade, a teor do art. 2º da Portaria MJ n.º 2.065/2007 e do art. 16 do Regulamento, ambos, por sua vez, que subscrevem o art. 5º da LEP.

Tal classificação, entretanto, não deve (ou não deveria) olvidar do esteio normativo que lhe subordina, a saber, a CF (a natureza do delito, a idade e o sexo do apenado), bem como a lei geral de regência (LEP) que, segundo seu art. 84, corroborado pelo art. 5º do Regulamento Penitenciário Federal, admoesta para a separação entre presos provisórios e presos condenados, de modo a não manterem contato entre si[31].

Sem embargo, tanto os presos provisórios como condenados deverão ser separados de acordo com os critérios estabelecidos na LEP, em especial relativos à gravidade do crime, primariedade, reincidência e condição pessoal do infrator[32].

De fato, **esta é uma imposição distante da realidade do sistema prisional brasileiro, incluindo o SPF.**

31. Não é diferente a recomendação advinda das Regras de Mandela. A saber: Regra 11 – As diferentes categorias de reclusos devem ser mantidas em estabelecimentos prisionais separados ou em diferentes zonas de um mesmo estabelecimento prisional, tendo em consideração o respetivo sexo e idade, antecedentes criminais, razões da detenção e medidas necessárias a aplicar. Assim:(a) Homens e mulheres devem ficar detidos em estabelecimentos separados; nos estabelecimentos que recebam homens e mulheres, todos os locais destinados às mulheres devem ser completamente separados;(b) Presos preventivos devem ser mantidos separados dos condenados;(c) Pessoas detidas por dívidas ou outros reclusos do foro civil devem ser mantidos separados dos reclusos do foro criminal;(d) Os jovens reclusos devem ser mantidos separados dos adultos.

32. ***Critério classificatório da LEP para os presos provisórios:** I) acusados pela prática de crimes hediondos ou equiparados; II) acusados pela prática de crimes cometidos com violência ou grave ameaça à pessoa; III) acusados pela prática de outros crimes ou contravenções diversos dos apontados nos incisos I e II.

***Critério classificatório da LEP para os presos condenados**: I – condenados pela prática de crimes hediondos ou equiparados; II – reincidentes condenados pela prática de crimes cometidos com violência ou grave ameaça à pessoa; III – primários condenados pela prática de crimes cometidos com violência ou grave ameaça à pessoa; IV – demais condenados pela prática de outros crimes ou contravenções em situação diversa das previstas nos incisos I, II e III.

***Critério de condição pessoal do infrator:** o preso que, ao tempo do fato, era funcionário da Administração da Justiça Criminal ficará em dependência separada (§ 2º, art. 84).

Na prática, embora se tenha em consideração que durante a triagem será iniciada a observação dos condenados e presos provisórios com base em seus antecedentes e nos resultados das entrevistas e atendimentos realizados pelos técnicos das áreas de Saúde, Psicologia, Serviço Social, Jurídica, Divisão de Reabilitação e Divisão de Segurança e Disciplina (art. 5º, Portaria 2.065/07/MJ), **é inegável que o fator preponderante de classificação se dá pela condição de pertencimento do indivíduo a determinado grupo ou organização criminosa**[33].

Sem prejuízo desta constatação, outro fator relevante que precipita a análise interna de ingresso no SPF, encontra-se no campo da inteligência da unidade prisional. É dizer, trata-se de um importante momento para avaliações sobre os integrantes familiares, os visitantes a serem cadastrados e contatos de suas localidades, de modo a garantir um cenário de controle total sobre o indivíduo, bem como para lhe dar a adequada destinação a uma das unidades prisionais federais[34].

Portanto, este relevante conjunto de informações iniciais transdisciplinares será remetido à Comissão Técnica de Classificação, sintetizando o resultado das observações e dos atendimentos realizados, para fim de triagem (art. 6º).

Ato contínuo, a **Comissão Técnica de Classificação**, de posse das sínteses mencionadas no artigo anterior, **designará a vivência**[35] em que o condenado ou preso provisório será inicialmente inserido (art. 7º).

---

33. Segundo dados informados através da lei de informação pelo DEPEN, dentro do Sistema Penitenciário Federal, dos 642 presos à época do levantamento, existiam 216 presos ligados ao Primeiro Comando da Capital, 136 ao Comando Vermelho, 58 à Família do Norte, 22 aos Guardiães do Estado, 14 à Nova Okaida e outros 74 presos divididos em mais 23 organizações criminosas, complementados por 7 ex-servidores da Segurança Pública, 1 acusado de ato terrorista, 34 sem facção e 80 não informados. Disponível em: https://brasil.elpais.com/brasil/2020-07-19/no-brasil-do-pcc-mais-de-30-faccoes-articulam-o-crime-organizado-no-sistema-penitenciario-federal.html. Acesso em: 01 ago. 2020.
34. Karolina Alves Pereira de Castro, em detida análise do tema, esclarece o entendimento do ex-Diretor do Depen, Dr. Eduardo Rossini: na prática, a inclusão implica em "um momento único para saber e trabalhar essa questão da inteligência", com possibilidade de verificar "quem o visita, quem são os seus parentes, quem são os seus contatos, de onde vem" e, assim, "fazer uma análise do material de inteligência (...) para você colocar e situar esse preso em uma outra unidade prisional" (CASTRO, 2019, p.88).
35. A estrutura de cada estabelecimento penal federal de segurança máxima se divide em 4 vivências ou alas conhecidas como A (Alpha), B (Beta ou Bravo), C (Charlie) e D (Delta), com 52 celas individuais cada, pátio para banho de sol e parlatório. Cada Penitenciária Federal também possui 12 celas destinadas ao cumprimento do RDD, em setor de isolamento.

Após a fase de triagem, a Comissão Técnica de Classificação complementará os seus trabalhos, para a efetiva classificação e elaboração do seu programa de individualização da execução da pena adequado ao condenado ou preso provisório (art. 8º), **denominado de programa de tratamento penitenciário**[36].

Tal programa baseia-se na percepção de que à pena de prisão não é dado invocar finalidades corretivas, reeducativas ou terapêuticas, dirigindo-se, ao revés, para um discurso criminológico que atenda a um programa mínimo[37] de condições para propiciar a reintegração social do indivíduo. Tal posicionamento, também refletivo nas Regras de Mandela[38], depreende-se do caráter voluntário do programa, a teor do art. 14 da Portaria:

> Art. 14. **A elaboração e a execução do programa de tratamento penitenciário serão fundadas na participação voluntária do condenado ou preso provisório.**
>
> Parágrafo único. A Comissão Técnica de Classificação procurará motivar o preso a participar da elaboração e execução de seu programa de tratamento penitenciário.

3.3.7.1 Atenção às mulheres e à identidade de gênero e orientação sexual

Questão que merece atenção diz respeito à inclusão de mulheres e à identidade de gênero e orientação sexual no Sistema Penitenciário Federal.

A Lei de Execução Penal (Lei n.º 7.210/84), recepcionada que foi pela carta magna de 1988, tratou de distinguir a natureza dos estabelecimentos penais, a fim de dar concretude ao comando constitucional da individualização da pena (art. 5º, inc. XLVI, CF). Neste sentido, coube **à LEP - ao seu tempo histórico - normatizar o tratamento dispensado a homens e mulheres** (separação por gênero) dentro do sistema penitenciário brasileiro, em

36. Art. 15º da Portaria MJ nº 2.065/2007: O programa de tratamento penitenciário estará orientado a suprir as necessidades do preso, terá em vista sua capacidade e inclinação, e indicará, no mínimo: I – a vivência na qual será inserido; II – os tipos de trabalho, cursos de formação ou aperfeiçoamento profissionais e atividades educacionais de que participará; III – a ocupação do tempo livre; IV – as medidas especiais de assistência ou tratamento.
37. Para o tema, convidamos o leitor ao cap.2.6.
38. Regra 94: Assim que possível após a admissão e depois de um estudo da personalidade de cada recluso condenado a uma pena ou a uma medida de uma certa duração deve ser preparado um programa de tratamento que lhe seja destinado, à luz dos dados de que se dispõe sobre as suas necessidades individuais, as suas capacidades e **o seu estado de espírito.**

obséquio ao critério sexual das pessoas privadas de liberdade (art. 5º, inc. XLVIII, CF[39]).

Conforme seu artigo 82, § 1º, a mulher será recolhida em estabelecimento próprio e adequado à sua condição pessoal. O § 4º do art. 84 previu que "o preso que tiver sua integridade física, moral ou psicológica ameaçada pela convivência com os demais presos ficará segregado em local próprio". Ainda, conforme seu artigo 90, "a penitenciária de homens será construída, em local afastado do centro urbano, à distância que não restrinja a visitação".

Com efeito, essa separação compromete-se com uma narrativa de necessidade e adequação. Vale dizer, necessidade por razões de segurança pública e dos próprios interno(a)s, de modo a respeitar sua integridade física e moral (art. 5º, inc. XLIX, CF); Adequação, por pavimentar estruturas prisionais peculiares às condições de cada um (art. 5º, inc. XLVIII, CF).

Bem por isso, às mulheres é reservado um tratamento que lhe outorgue segurança interna nestas unidades prisionais, a ser realizada por agentes exclusivamente do sexo feminino (art. 83, § 3º, LEP)[40], bem como infraestruturas apropriadas aos cuidados com filhos em período de amamentação (art.5º, inc. L, CF), respeitando a ecologia do desenvolvimento humano, em padrões saudáveis ao desenvolvimento infantil[41].

No tocante à inclusão de mulheres no Sistema Penitenciário Federal, não há, nos últimos anos, notícias de que mulheres tenham sido incluídas nas Penitenciárias Federais. Sua análise, contudo, merece atenção, uma vez que essa situação ocorrida anteriormente – ante a ausência de vedação normativa expressa – pode vir a ser enfrentada novamente.

Pelos últimos relatórios do DEPEN[42], 100% dos internos do sistema penitenciário federal são homens, embora se saiba que 1º de julho de 2007 foi

39. XLVIII – a pena será cumprida em estabelecimentos distintos, de acordo com a natureza do delito, a idade e o sexo do apenado.
40. No mesmo sentido, encontra-se a recomendação das Regras de Mandela (Regra 81).
41. Lembra Rodrigo Duque Estrada (2017, p. 313) que, para além do período mínimo de amamentação em berçário destinado aos cuidados dos seus filhos (período de 6 meses, vide art. 83, §2° da LEP), o CNPCP, por meio da Res. 04/09, dispôs sobre a permanência de filhas e filhos de mulheres encarceradas no mínimo até um ano e seis meses junto às suas mães, dada a imprescindibilidade da presença da mãe neste período, considerada fundamental para o desenvolvimento da criança.
42. Atualmente, a população prisional do SPF é composta exclusivamente por homens, conforme DEPEN (2020).

marcado como a data em que a primeira mulher foi inserida em estabelecimento penal federal[43].

A legislação federal, malgrado se refira a presos (no masculino), não traz vedação expressa em sua norma de regência (Lei n.º 11.671/08) sobre o tema. Ademais, considerando os critérios que caracterizam a inclusão no sistema de custódia federal (art. 3º do Decreto n.º 6.877/09), não se identificam fatores para o ingresso que não possam ser atribuídos a uma possível identidade, gênero ou perfil feminino, transexual, travesti etc.

Por outro lado, um dos pilares teleológicos para a não inserção das mulheres no SPF é a previsão no artigo 37 do Código Penal, que prevê que as **"mulheres cumprem pena em estabelecimento próprio, observando-se os deveres e direitos inerentes à sua condição pessoal".** Nesse sentido, havendo homens reclusos nos cinco estabelecimentos penais federais, sem que a presente estrutura arquitetônica disponha conjuntamente de unidades prisionais femininas, presume-se inadequada a custódia de mulheres no SPF. Esta, precisamente, é a orientação advinda das Regras de Mandela. Vale lembrar:

> Homens e mulheres devem ficar detidos em estabelecimentos separados; nos estabelecimentos que recebam homens e mulheres, todos os locais destinados às mulheres devem ser completamente separados (Regra 11, "a").

Soma-se a isso as Regras das Nações Unidas para o tratamento de mulheres presas e medidas não privativas de liberdade para mulheres infratoras **(Regras de Bangkok)**, a qual previu a imperiosidade de se considerar as distintas necessidades das mulheres presas.

---

43. Até 2010, seis mulheres teriam sida incluídas no Sistema Penitenciário Federal: "a primeira mulher a ficar presa no Sistema Penitenciário Federal de Segurança Máxima foi Vilma dos Santos Machado. Ela foi recolhida em 1° de julho de 2007, na unidade de Campo Grande, por suposto envolvimento em tráfico de seres humanos. Ela foi liberada em 7 de julho do mesmo ano. Junto com ela foi presa Luciana dos Santos Machado, que foi investigada pelos mesmos crimes. Ela também foi liberada no mesmo dia. A terceira mulher a ficar detida no sistema foi Carmem Gloria Quinancio Guimarães, que foi levada para a Penitenciária de Catanduvas, no Paraná, em 29 de agosto de 2008. Ela foi liberada em 10 de outubro do mesmo ano. Maria Lili Azogue Dourado de Souza ingressou na unidade de Porto Velho, em Rondônia, em 25 de junho de 2009, sendo libertada em 2 de setembro do mesmo ano. A quinta a ficar presa no sistema foi Fabiana Barbosa Cabral. Ela entrou na unidade de Campo Grande em 10 de novembro deste ano e foi solta em 26 do mesmo mês." Além delas, a sexta seria Sandra Helena Ferreira Gabriel, conhecida como Sandra Sapatão, presa em 28.11.2010, que havia sido transferida da penitenciária de Bangu para Campo Grande. Ver em: https://www.progresso.com.br/policia/sandra-sapatao-e-unica-mulher-em-penitenciaria-federal/4011/. Acesso em: 10 ago. 2020.

É nesta linha intelectiva que, através do II Workshop do Sistema Penitenciário Federal, foi editada a **Recomendação n.º 11,** assentando que o **Sistema Penitenciário Federal não foi idealizado para receber população carcerária feminina**, pelo que **recomendam** que mulheres não sejam incluídas no SPF.

Mas não só.

Existem complexas questões que envolvem identidade de gênero e orientação sexual, cuja análise interpretativa deve guiar a adequada inserção e classificação de qualquer pessoa em determinado estabelecimento penal. Somado a isso, devem sempre ser um norte em qualquer diálogo os direitos à segurança contra qualquer violência, preconceito e discriminação, em comunicação com os direitos à personalidade.

Desde este ponto de vista, acende-se o debate sobre a possibilidade de uma **pessoa com identidade de gênero diversa do masculino** ser **incluída ou transferida** para estabelecimento prisional federal.

Nesse sentido, as questões de sexo, gênero, identidade de gênero e orientação sexual ganham relevância, ao tempo que as definir, simplistamente, seria limitar um assunto de latente debate social[44].

Sendo essas as premissas, temos que **as questões[45] de gênero, identidade de gênero e orientação sexual ultrapassam conceitos engessados,** trazendo à tona a abertura do debate sobre situações que envolvem **a inclusão ou transferência de pessoas com identidade de gênero ou orientação sexual** (das mais diversas) para estabelecimentos penais federais de segurança máxima.

44. Em que pese nosso posicionamento, ainda aberto à novas definições sociais em construções voltadas às garantias e direitos humanos, merece referência as considerações de Cristina Wolff e Rafael Saldanha (2016, p. 20-22; 24-25; 33). Segundo os autores, sexo, antes ligado à uma caraterística natural e biológica, definido como masculino e feminino, hoje é substituído por outras definições (sexo biológico, sexo cultural, ato sexual), embora ainda haja uma forte correlação simplista da definição do sexo biológico ligado às diferenças dos cromossomos XX e XY. Continuam informando que gênero está associado às relações sociais, poder e hierarquia, uma construção social, relacionada à cultura, à história e à forma social, que, consequentemente, nasceu do esforço de desenvolver uma epistemologia feminina. Nessa linha, mesmo que alertando a simplista definição, esclarecem que transexuais buscam mudança de sexo e gênero, enquanto travestis ultrapassam o limite da identidade de gênero. Assim, ao se definir a sexualidade, estamos, na verdade, ingressando nos aspectos de "desejo e prazer, afeto e prática, agenciamento interno e externo" (WOLFF; SALDANHA, 2016, p. 38), na orientação sexual da pessoa. Nesse caminhar, resta referir que a identidade de gênero é a identificação própria ao seu gênero, indicação da pessoa, tal qual prevista como possível e adequada na nota técnica 17/2020 do DEPEN/MJSP ao tratar da pessoa presa.

45. Quanto à identidade de gênero, ver Recurso Extraordinário n. 670.422/RS, rel. Min. Dias Tóffoli, julgado pelo Pleno do Supremo Tribunal Federal em 15.08.2018, publicado em 10.03.2020.

É nesta perspectiva que, em 2006, foram aprovados os Princípios sobre a Aplicação da Legislação Internacional de Direitos Humanos em Relação à Orientação Sexual e Identidade De Gênero, conhecidos como os **Princípios de Yogyakarta**. Trata-se de documento resultado de uma reunião de especialistas realizada na cidade de Yogyakarta na Indonésia, entre 6 e 9 de novembro de 2006, que definiu 29 princípios e 16 recomendações, tendo como signatários representantes de diversos países, inclusive do Brasil, que visa um "futuro diferente, onde todas as pessoas, nascidas livres e iguais em dignidade e prerrogativas, possam usufruir de seus direitos, que são natos e preciosos". Entre seus princípios, merecem destaque no que tange ao Sistema Penitenciário Federal os seguintes:

> 1. Direito ao gozo universal dos direitos humanos; 2. Direito à igualdade e não-discriminação; 3. Direito ao reconhecimento perante a lei; 4. Direito à vida; 5. Direito à segurança pessoal; 7. Direito de não sofrer privação arbitrária da liberdade; 8. Direito a julgamento justo; 9. **Direito a tratamento humano durante a detenção**; 10. Direito de não sofrer tortura e tratamento ou castigo cruel, desumano ou degradante; 28. Direito a recursos jurídicos e medidas corretivas eficazes.

A partir do movimento de proteção à igualdade de gênero, que permeia há décadas o cenário social, dos Princípios de Yogyakarta e de diversos debates políticos e sociais, algumas normativas passaram a ser editadas nesse sentido[46].

Em 2014, o Conselho Nacional de Política Criminal e Penitenciária - CNPCP, órgão da execução penal, juntamente com o Conselho Nacional de Combate à Discriminação e Promoção dos Direitos de Lésbicas, Gays, Bissexuais, Travestis e Transexuais - CNCD/LGBT, editaram a **Resolução Conjunta n.º 1, de 15 de abril de 2014**, para estabelecer os parâmetros de acolhimento de LGBT em privação de liberdade no Brasil[47].

---

46. Vale ressaltar o princípio 9 dos Princípios de Yogyakarta – *Direito a Tratamento Humano durante a Detenção* – expressa em sua linha protetiva diversos deveres aos Estados, pelo que o leitor pode conferir no princípio 9, "a" até "g".

47. Vejamos os parâmetros mínimos: (art. 1°), proteger o direito ao nome social (art. 2°), reservar espaços de vivências específicos (art. 3°), encaminhar transexuais à unidades prisionais femininas, com tratamento isonômico (art. 4°), garantir os direito de uso de roupa e cabelo conforme sua identidade de gênero (art. 5°), direito à visita íntima (art. 6°), garantir a atenção integral à saúde (art. 7°), evitar transferências compulsórias em razão da condição de pessoa LGBT (art. 8°) e garantir o acesso à educação, à profissionalização (arts. 9° e 10) e aos benefícios previdenciários (art. 11).

Ainda, importante referir a **Nota Técnica n.º 17 de 2020 do Departamento Penitenciário Nacional** que trata dos procedimentos quanto à custódia de mulheres no sistema prisional brasileiro, atendendo aos regramentos internacionais e nacionais[48]. Vale registrar que a nota recomenda o encaminhamento de **mulher transexual presa** à unidade feminina ou masculina, a depender de sua manifestação de vontade e de autorização expressa da Comissão Técnica de Classificação, observando a identidade de gênero por ela indicada, ou por decisão judicial. Em relação ao **homem transexual preso**, conforme a nota técnica, recomenda-se que o homem transexual (com ou sem cirurgia), mesmo havendo a retificação do nome e sexo constante de seu registro civil (para masculino), seja encaminhado para unidades prisionais femininas, para garantir sua segurança.

Vejamos, portanto, que, segundo a nota técnica 17/2020 do DEPEN/MJSP, a determinação do local de ingresso da **mulher transexual presa vai depender de sua vontade** e **da autorização da Comissão Técnica de Classificação**, situação inovadora, que está em consonância com os Princípios de Yogyakarta.

Por fim, merece destaque a **Nota Técnica n.º 60/2019 do DEPEN** que trata dos **procedimentos quanto à custódia de pessoas LGBTI** no sistema prisional brasileiro.

Enunciados e recomendações dos Workshops sobre o SPF do CJF

Recomendação n. 11 – Considerando que o Sistema Penitenciário Federal não foi idealizado para receber população carcerária feminina, recomenda-se que mulheres não sejam nele incluídas. (Editado no II Workshop)

48. Merece referência sobre a Nota técnica que: "[...] 15. d) às **mulheres transexuais presas** – é possível haver encaminhamento da mulher transexual (com ou sem cirurgia e independentemente da retificação de seus documentos) à unidade prisional feminina ou masculina, dependendo de manifestação de vontade da pessoa presa e mediante expressa autorização da Comissão Técnica de Classificação, observando a identidade de gênero indicada pela pessoa presa, ou para cumprimento de ordem judicial. e) aos **homens transexuais presos** – que o homem trans (com ou sem cirurgia), mesmo havendo a retificação do nome e sexo constante de seu registro civil (para masculino), seja encaminhado para unidades prisionais femininas, para garantir sua segurança. [...] 21. Com intuito de otimizar as assistências e garantir alocação adequada, **sugere-se o seguinte agrupamento de presas (os)**: I – mulheres idosas, grávidas e puérperas; II – doentes crônicas ou que tenham doenças respiratórias, obesas e deficientes físicos; III – mulheres que estejam acompanhadas de filhos/as; IV – mulheres trans (caso tenha na unidade prisional); e V – homens trans."

3.3.8 Assistência ao preso e ao egresso

As assistências realizadas no âmbito dos estabelecimentos penais federais destinam-se a atender as necessidades básicas do preso[49], elencadas em espécie no art. 20 do Decreto n.º 6.049/07, a saber: **assistência material, à saúde, jurídica, educacional, social, psicológica e religiosa.**

Destaque-se desta normativa, **em acréscimo ao rol de assistências da LEP (art.11)**, o amparo **psicológico**, revelando a especial atenção dada às ciências da saúde para o enfrentamento das doenças ocasionadas pelo rígido modelo de confinamento experimentado no SPF.

Neste mesmo propósito, a Lei n.º 11.907, de 02 de fevereiro de 2009 cria cargos especializados às atividades de classificação, assistência material, educacional, social e à saúde do preso, internado ou egresso.

Além das normas citadas, a **Portaria DISPF n.º 11, de 04 de dezembro de 2015**, aprova o **Manual de Assistências do Sistema Penitenciário Federal**, constituindo-se no principal instrumento de regulação das assistências no SPF, pormenorizando as ações estabelecidas nas normativas de regência (LEP e Decreto n.º 6.049/07).

APLICAÇÃO EM CONCURSO

QUESTÕES

1. (CESPE, 2015, DEPEN, Prova de Agente Penitenciário Federal) Um dos maiores desafios do Estado e da sociedade é prestar assistência ao homem que enfrenta os problemas advindos do encarceramento, quer durante o cumprimento da pena de prisão, quer após, quando ele é devolvido à liberdade. De nada adiantará todo o esforço para melhorar o

49. Segundo a Regra 4 das Regras de Mandela, "1. Os **objetivos de uma sentença de encarceramento** ou de medida similar restritiva de liberdade são, prioritariamente, de **proteger a sociedade contra a criminalidade e de reduzir a reincidência**. Tais propósitos só podem ser alcançados se o período de encarceramento for utilizado para assegurar, na medida do possível, a reintegração de tais indivíduos à sociedade após sua soltura, para que possam levar uma vida autossuficiente, com respeito às leis.". Ainda, segundo a Regra 42, "as condições gerais de vida expressas nestas Regras, incluindo aquelas relacionadas à iluminação, à ventilação, à temperatura, ao saneamento, à nutrição, à água potável, à acessibilidade a ambientes ao ar livre e ao exercício físico, à higiene pessoal, aos cuidados médicos e ao espaço pessoal adequado, devem ser aplicadas a todos os presos, sem exceção."
2. Para esse fim, as administrações prisionais e demais autoridades competentes devem oferecer **educação, formação profissional e trabalho**, bem como outras formas de **assistência apropriadas e disponíveis**, inclusive aquelas de natureza reparadora, moral, espiritual, social, esportiva e de saúde. Tais programas, atividades e serviços devem ser oferecidos em consonância com as necessidades individuais de tratamento dos presos."

sistema prisional, se, ao retornar ao convívio social, esse homem for rejeitado e incitado a voltar à criminalidade por absoluta falta de opção.

Tendo como referência inicial essas informações e considerando a temática da inclusão de presos em estabelecimentos penais federais de segurança máxima ou sua transferência, julgue o item a seguir.

A assistência ao egresso será obtida no Distrito Federal ou no estado onde, comprovadamente, residam seus familiares.

2. (CESPE, 2021, DEPEN, prova de Especialista Federal em Assistência à Execução Penal e Agente Federal de Execução Penal) Considerando o Regulamento Penitenciário Federal, julgue os itens a seguir.

Considere que Alberto seja liberado definitivo de um estabelecimento penal federal, e Bernardo, livrado condicional. Nesse caso, ambos fazem jus à assistência relativa à orientação e ao apoio para reintegração à vida em liberdade; sendo que, para Alberto, essa assistência durará por um ano, ao passo que, para Bernardo, ela durará enquanto ele estiver no período de prova.

[...]

GABARITO

1. A assertiva foi considerada correta.
2. Esta alternativa está correta. Estão previstos nos artigos 25 e 30 do RPF a assistência ao egresso do RPF e quem são os egressos contemplados com a assistência.

3.3.8.1 Assistência Material

Em termos comparativos, é inegável o avanço observado na prestação da assistência material aos apenados custodiados em Penitenciárias Federais face a dura e por vezes cruel realidade das unidades prisionais estaduais[50].

O Regulamento Penitenciário Federal indica que a assistência material será prestada pelo estabelecimento penal federal **por meio de programa de atendimento às necessidades básicas do preso** (art. 21).

Segundo artigo 2º da Portaria DISPF n.º 11/2015, a assistência material compreende a oferta de **alimentação, vestuário, roupas de cama, material de higiene pessoal e da cela,** e outras porventura necessárias.

50. Sem prejuízo destas constatações, queixas dos internos são frequentes acerca da qualidade da alimentação e variação da rotina nutricional (sendo vedada a entrega de comida por familiares), aquecimento da água para o banho, ausência de água potável e de alguns materiais higiênicos estão presentes em muitos relatórios de inspeções da Defensoria Pública da União (como os das Inspeções de Catanduvas de 2018 e 2019 e de Mossoró de 2018).

A alimentação será diária, devendo observar restrições alimentares, tanto por prescrição médica, quanto por questões religiosas ou culturais. A fiscalização será exercida por servidor nomeado fiscal de contrato.

O enxoval e o material de higiene pessoal serão entregues na chegada, sendo substituídos conforme normas da Portaria DISPF n.º 11/2015.

O artigo 8º da Portaria DISPF n.º 11/2015, ainda, **elenca os objetos** que serão **permitidos manter consigo** nos estabelecimentos penais federais, tais como medicamentos, óculos de grau, livros, material informativo de seus direitos, fotografias, entre outros, **de modo a obstruir ou diminuir a sensação de despersonalização e de perda de identidade**[51]**.**

Demais regramentos sobre a assistência material e retenção de pertences pessoais devem estar de acordo com as regras 18 a 22, 67, 115 e 117 das Regras de Mandela, que tratam da Higiene Pessoal e Alimentação de todos presos.

3.3.8.2 Assistência à Saúde

Com o **art. 196 da Constituição Federal de 1988**, criou-se o **Sistema Único de Saúde - SUS**, em atenção ao direito universal à saúde, cuja implementação qualifica-se como dever estatal. Nesse sentido, políticas sociais e econômicas devem visar a redução de riscos de doenças e outros agravos, **com acesso universal e igualitário às ações e serviços para sua promoção, proteção e recuperação.** Dito isso, a todos - brasileiros e estrangeiros em território nacional - é devida, igualitariamente[52], a atenção à saúde, **inclusive às pessoas sob custódia Estatal.** É nesta esteira que fora instituída a Política Nacional de Atenção Integral à Saúde das Pessoas Privadas de Liberdade no Sistema Prisional (PNAISP)[53] no âmbito do Sistema Único de Saúde (SUS),

---

51. A impossibilidade de manter objetos de cunho pessoal "contribui ainda mais para a sensação de despersonalização e de perda de identidade", segundo o Manual de Tratamento Penitenciário Integrado para o Sistema Penitenciário Federal (2011, p. 93).

52. As Regras de Mandela, buscando um tratamento igualitário a todos, disciplinou: "Regra 5. 1. O **regime prisional deve procurar minimizar as diferenças** entre a vida no cárcere e aquela em liberdade que tendem a reduzir a responsabilidade dos presos ou o respeito à sua dignidade como seres humanos. 2. As administrações prisionais devem fazer todos os ajustes possíveis para garantir que os presos portadores de **deficiências físicas, mentais ou outra incapacidade** tenham acesso completo e efetivo à vida prisional em base de igualdade.

53. Constata-se do Relatório de Inspeção Prisional da Defensoria Pública da União que: "A Penitenciária Federal de Mossoró aderiu à Política Nacional de Atenção Integral à Saúde das Pessoas Privadas de Liberdade no Sistema Prisional (PNAISP) e já está se beneficiando da referida

através da **Portaria Interministerial n.º 1/MS/MJ**, de 02 de janeiro de 2014, bem como o serviço de avaliação e acompanhamento às medidas terapêuticas aplicáveis à pessoa com transtorno mental em conflito com a Lei, no âmbito do Sistema Único de Saúde (SUS), através da **Portaria Interministerial MS/MJ n.º 94, de 14 de janeiro de 2014.**

Demais disso, o **Conselho Nacional de Política Criminal e Penitenciária** possui duas resoluções importantes: a **Resolução n.º 4/2014**, que trata da assistência à saúde[54] e a **Resolução n.º 1/2014**, que trata da atenção em saúde mental.

No âmbito do SPF, a assistência à saúde do preso consiste, segundo art. 22 do **Decreto n.º 6.049/07**, no desenvolvimento de ações visando garantir a correta aplicação de normas e diretrizes da área de saúde, em caráter preventivo e curativo e **compreenderá os atendimentos médico, farmacêutico, odontológico, ambulatorial e hospitalar, dentro do estabelecimento penal federal ou instituição do sistema de saúde pública,** nos termos de orientação do Departamento Penitenciário Nacional[55].

Neste diapasão, a **Lei n.º 11.907, de 02 de fevereiro de 2009**, deu especial atenção para a incorporação no SPF de cargos especializados na área da saúde, com forte atuação direcionada à proteção da saúde mental[56].

Enunciados e recomendações dos Workshops sobre o SPF do CJF

Enunciado n.º 6 do XI Workshop – A assistência à saúde, prevista no SUS, assegurada aos presos custodiados no sistema penitenciário federal, **deve ser custeada prioritariamente com recursos públicos**, devendo o Departamento Penitenciário Nacional garantir, diretamente ou mediante celebração de contratos ou convênios, a prestação de serviços

adesão, pois tem acesso a médico, inclusive psiquiatra do SUS. Também tem acesso a medicamentos disponibilizados pelo município (para suas unidades básicas de saúde) e facilidades no agendamento de exames para os presos". (DEFENSORIA PÚBLICA DA UNIÃO, 2015b). Demais disso, há notícias de que a Penitenciária Federal de Campo Grande, em 2020, passou a receber equipes do PNAISP, após adesão do Estado do Mato Grosso do Sul ao programa.

54. Sobre o regramento dos serviços de saúde, recomenda-se a leitura das regras 24 a 35 das Regras de Mandela.

55. Trata-se da **Portaria DISPF n.º 11/2015**, que dispõe sobre o **Manual de Assistências do SPF.** Merece referência o artigo 9º que prevê que "a assistência à saúde será prestada de forma individualizada e em estrito cumprimento aos preceitos legais e éticos, tem caráter integral e compreende ações de promoção, prevenção, cura e reabilitação, envolvendo atendimento de clínica médica e psiquiátrica, odontológico, farmacêutico, psicológico, social, de enfermagem e de terapia ocupacional".

56. Especialidades em Assistência Penitenciária com atuação na área de saúde: psicologia, psiquiatria, enfermagem, farmácia, terapia ocupacional e outros.

médicos, farmacêuticos e odontológicos previstos no art. 14 da Lei de Execuções Penais (Aprovado no XI Workshop).

Enunciado n.° 7 do XI Workshop – Em hipóteses excepcionais, quando demonstrada a urgência do tratamento de saúde mediante laudo oficial, bem como a impossibilidade de prestação do atendimento de saúde em prazo razoável, gerando risco concreto à integridade física do preso, **poderá o juiz autorizar o custeio do tratamento de saúde com recursos particulares**. (Aprovado no XI Workshop).

APLICAÇÃO EM CONCURSO

QUESTÕES

1. (CESPE, 2021, DEPEN, prova de Especialista Federal em Assistência à Execução Penal e Agente Federal de Execução Penal) Ainda com relação a temas concernentes ao DEPEN, julgue os itens a seguir.

Pessoa presa em estabelecimento penal federal que for vítima de surtos psicóticos, a depender da gravidade do caso, poderá ser internado em unidade de saúde fora do estabelecimento prisional.

[...]

2. (CESPE, 2021, DEPEN, prova de Especialista Federal em Assistência à Execução Penal e Agente Federal de Execução Penal) Com relação ao Manual de Assistências do Sistema Penitenciário Federal, nos termos da Portaria DISPF/DEPEN n.° 11/2015, julgue os itens subsequentes.

Ao preso que estiver em penitenciária federal é vedada a realização de cirurgias estéticas e de caráter eletivo, salvo se a eletiva for realizada pelo SUS.

[...]

3. (CESPE, 2021, DEPEN, prova de Especialista Federal em Assistência à Execução Penal e Agente Federal de Execução Penal) Com relação ao Manual de Assistências do Sistema Penitenciário Federal, nos termos da Portaria DISPF/DEPEN n.° 11/2015, julgue os itens subsequentes.

Em penitenciária federal, a realização de pesquisa científica com preso depende da autorização do diretor e da assistência educacional da penitenciária, além do consentimento formal do preso.

[...]

GABARITO

1. Esta alternativa está correta. Ver art. 38 da Portaria DISPF n.° 11/2015 - Manual de Assistências do SPF.
2. Esta alternativa está correta. Ver art. 15, § 4°, da Portaria DISPF n.° 11/2015 - Manual de Assistências do SPF.
3. Esta alternativa está correta. Segundo art. 49 da Portaria DISPF n.° 11/2015 - Manual de Assistências do SPF, a realização de pesquisa científica deve contribuir para a qualidade de vida dos presos ou aprimoramento à saúde no sistema prisional e dependerá de requerimento motivado ao diretor da penitenciária federal, contendo a autorização da Comissão de Ética que aprovou a pesquisa, consentimento formal do preso e autorização do diretor da unidade, que dará ciência ao diretor do SPF e ao juiz corregedor federal.

3.3.8.2.1 Saúde Mental

Questão que merece cuidado, no âmbito do SPF, diz respeito à saúde mental.

O quadro de agravamento das doenças correlacionadas à saúde mental – problematizado como uma realidade que abarca a sociedade de forma geral – ganha ainda maior relevância quando se fala de um específico grupo de vulneráveis sociais: a população carcerária. Sabe-se que o confinamento, a falta de atividade laboral, a tensão do ambiente, o afastamento familiar, entre outros fatores, influencia diretamente na saúde psíquica das pessoas privadas de liberdade[57].

É neste preciso contexto que a questão da saúde mental se insere no SPF.

Segundo o Anuário do Sistema Penitenciário Federal produzido pelo DEPEN (BRASIL, 2016), referente ao ano de 2016, último desse levantamento, foram apuradas 2.472 consultas médicas, onde 54,64% dos internos utilizam medicamento de uso contínuo, sendo que destes 64,35% informaram o início do uso após ingresso na penitenciária; 32,03% uso de medicamento controlado, com 51% iniciando seu uso após o ingresso na penitenciária; e 15,80% possuíam algum tipo de deficiência[58].

Mais grave ainda são os números sobre tentativas de suicídio, chegando a cifras de 9,21% dos internos que informaram já terem tentado cometer suicídio ao longo da vida[59]. Sobre os atendimentos na área de saúde mental, foram

57. Karolina P. de Castro (2019, p. 89), em importante pesquisa sobre o tema, cita passagem de Jefferson Cruz Reishoffer: "desta forma, os primeiros agravos do confinamento prolongado que me chamaram a atenção foram: 1) alguns presos novatos se mostravam visivelmente transtornados com o fato de permanecer 24 horas dentro de cela durante esses vinte dias iniciais (a não ser as saídas para atendimento), onde "o sentimento de inutilidade do tempo aumentava a sensação de uma permanência infinita naquele local." e 2) alta ansiedade e fissura por parte de alguns internos pela abstinência compulsória e abrupta de drogas. (REISHOFFER, Jefferson Cruz. A Psicologia no Presídio Federal – Dos pareceres técnicos às produções de "alta periculosidade". 2015. 193 f. Dissertação de mestrado (Programa de Pós-Graduação em Psicologia). Instituto de Psicologia: Universidade Federal do Rio de Janeiro, Rio de Janeiro. 2015 apud CASTRO, 2019, p. 89).

58. Extrai-se do Relatório da DPU – Porto Velho 2018, em entrevista com o farmacêutico da PFPV, "que cerca de 50 internos (de um total de 98, isto é, mais de 50% dos internos) fazem uso de medicamentos psiquiátricos de alguma natureza, sendo o mais frequente CLONAZEPAM. Informou se que os comprimidos são entregues duas vezes por semana, em quantidade suficiente para os próximos dias, e que há problemas de repasse de medicamentos entre os internos". (DEFENSORIA PÚBLICA DA UNIÃO. 2018).

59. Em entrevista com o psicólogo da penitenciária de Campo Grande foi destacada a necessidade de que seja elaborado um manual de **atendimento a situações em que se perceba risco de suicídio,** nos moldes da resolução n° 4/05 do CNPCP, que editou o manual de atendimento em

realizados em 2016 o total de 803 atendimentos psicológicos e 393 atendimentos psiquiátricos.

Tais cifras representam uma íntima (embora não conclusiva) ligação entre transtornos mentais e o confinamento extremo dos estabelecimentos penais federais de segurança máxima[60].

Tão grave é o problema que no **V Workshop sobre Sistema Penitenciário Federal** foi apresentado pelo Médico e Prof. Helian Nunes de Oliveira o trabalho desenvolvido na Universidade de Minas Gerais denominado de "Teleassistência psicológica aos presos e servidores das unidades prisionais", visando ampliar o atendimento à saúde mental, eis que referiu que, em pesquisa realizada nos estabelecimentos penais no Estado de São Paulo, 68,9% mulheres presas apresentavam transtornos mentais, sendo 38,4% em período de 12 meses, e 56,1% dos homens apresentavam transtornos mentais, dos quais 21,5% nos 12 meses anteriores ao levantamento.

De fato, **a lógica de confinamento solitário** experimentada pelo regime prisional ordinário **do SPF**, por si só, **se aproxima muito do regime disciplinar diferenciado aplicado nos estabelecimentos prisionais Estaduais de alta segurança**, pelo que a regra é a ausência ou a ínfima interação social por 22 horas diárias. Sem embargo, agrava-se o quadro para aqueles internos que estejam reclusos no setor de isolamento das Penitenciária Federias, cuja nota característica é o confinamento extremo nestas celas por 24 horas diárias.

Dada esta tormentosa previsão legal, o Regulamento Penitenciário Federal propõe-se a construir um caminho (paradoxal) para esta conflituosa

---

situações especiais greve de fome. Sobre o tema é destacar que houve um suicídio uma tentativa de suicídio na referida penitenciária nos últimos meses. (DEFENSORIA PÚBLICA DA UNIÃO. 2015c).

60 Para Shalev, existe um conjunto substancial de evidências que remontam ao século XIX, demonstrando que o confinamento solitário tem um profundo impacto sobre saúde e bem-estar, principalmente quando usados de forma punitiva, sem clareza prazos, por períodos superiores a 4 semanas e para pessoas com problemas prévios de saúde mental e baixo ajuste social. A extensão do dano psicológico varia e depende de fatores individuais (por exemplo, antecedentes pessoais e problemas de saúde pré-existentes), fatores ambientais (por exemplo, condições e provisões físicas), regime (por exemplo, tempo fora da célula, grau de contato humano), o contexto de isolamento (por exemplo, punição, voluntária / não voluntária, política / criminal) e sua duração. Não obstante as variações de tolerância individual e ambiental e fatores contextuais, há notável consistência nos resultados da pesquisa sobre os efeitos na saúde do confinamento solitário ao longo das décadas. Estes demonstraram principalmente efeitos negativos à saúde, com estudos relatando não efeitos negativos sendo poucos e distantes entre si e praticamente nenhum relato de estudo efeitos positivos (SHALEV, 2008, p. 10-23).

relação entre confinamento prisional extremo[61] e saúde mental, pelo que enfatiza a relevância da assistência psiquiátrica e psicológica a ser prestada por profissionais da área, por intermédio de programas envolvendo o preso e seus familiares e a instituição, no âmbito dos processos de ressocialização e reintegração social (art. 23)[62].

Neste particular, chama atenção o art.24 do Regulamento:

> Aos presos submetidos **ao regime disciplinar diferenciado** serão assegurados atendimento psiquiátrico e psicológico, com a finalidade de:
>
> [...] II – **acompanhar, durante o período da sanção, os eventuais efeitos psíquicos de uma reclusão severa, cientificando as autoridades superiores das eventuais ocorrências advindas do referido regime.**

Karolina P. de Castro bem observa que "a atenção tratada no inciso II do Art. 24 do Decreto nº 6.049/2008 deveria ser ampliada para todos os presos do SPF, como consequência do entendimento que todos os presos estão sujeitos a confinamento solitário no SPF" (CASTRO, 2019, p. 150).

Outra questão que ganha importância é o fato de que n**o SPF estão inseridas pessoas com transtornos mentais graves** e que, embora destinado para a custódia de presos provisórios ou definitivos, possui internos cumprindo, inclusive, medidas de segurança[63].

---

61. Necessário observar que segundo a **Regra 3 das Regras de Mandela**, "O **encarceramento e outras medidas que excluam uma pessoa do convívio com o mundo externo são aflitivas pelo próprio fato de ser retirado destas pessoas o direito à autodeterminação ao serem privadas de sua liberdade**. Portanto, o sistema prisional não deverá agravar o sofrimento inerente a tal situação, exceto em casos incidentais, em que a separação seja justificável, ou nos casos de manutenção da disciplina."
62. Mais do que o específico acompanhamento ao estado de saúde mental dos internos, as Regras de Mandela, admoestam **para que o médico comunique ao diretor sempre que julgue que a saúde física ou mental do recluso foi ou será desfavoravelmente afetada pelo prolongamento ou pela aplicação de qualquer modalidade do regime de detenção** (Regra 33).
63. Merece destaque o caso de Adélio Bispo, indivíduo que teve aplicada medida de segurança, determinada por razões de resguardo da ordem pública, do interesse da coletividade e da segurança nacional. Ocorre que, como o Estado de Minas Gerais possuía apenas um Hospital Psiquiátrico, com lista de espera de mais de 400 custodiados esperando para cumprir medida de segurança na modalidade internação, não houve como interná-lo, permanecendo como interno no PFCG. Vem, desde então, sendo tratado como "preso" e não como "pessoa com transtorno mental". No caso, o Juízo corregedor de Campo Grande rejeitou a renovação do pedido de permanência e devolveu os autos ao Juiz Federal de Juiz de Fora que instaurou o Conflito Negativo de Competência no STJ, em que decidiu-se pela permanência do custodiado na Penitenciária Federal "tendo em vista sua alta periculosidade bem como que, na falta de hospital de custódia e tratamento psiquiátrico, a medida de segurança a ele imposta tem sido cumprida em

Sucede que, uma vez detectada a necessidade de tratamento prolongado ou específico para o preso, **tais quais os casos de incidente de insanidade mental ou de doença incurável,** a solução mais adequada seria a sua devolução ao juízo de origem para o encaminhamento necessário, conforme **enunciado 24 do III Workshop** sobre Sistema Penitenciário Federal do Conselho de Justiça Federal, situação que caminha no mesmo sentido das Regras de Mandela[64]. Outra solução é a **prisão domiciliar humanitária**, já decidida pelo Supremo Tribunal Federal para casos em que o estabelecimento penal não possui condições de dar o tratamento adequado ao preso:

> EXECUÇÃO PENAL. AGRAVO REGIMENTAL. PRISÃO DOMICILIAR HUMANITÁRIA. 1. É admitida a concessão de **prisão domiciliar humanitária** ao condenado acometido de doença grave que necessite de tratamento médico que não possa ser oferecido no estabelecimento prisional ou em unidade hospitalar adequada. 2. No caso, realizadas sucessivas avaliações médicas oficiais, por profissionais distintos e renomados, todas atestaram a possibilidade de continuação do tratamento no regime semiaberto e a inexistência de doença grave. 3. Agravo regimental a que se nega provimento. (STF, Tribunal Pleno, EP 1 PrisDom-AgR/DF, rel. Ministro Luiz Roberto Barroso, julgado em 25.06.2014, DJe 30.10.2014)

Mas não só entre os internos que vem ocorrendo um acréscimo no número de transtornos psíquicos: **iguais problemas afetos à saúde mental estão atingindo os policiais penais e demais servidores ligados ao Sistema Penitenciário Federal.**

---

estabelecimento adequado, conforme estabelece o art. 96, I do CP" (STJ, CC nº 172812 / MG, 3ª Seção, rel. Min. Joel Ilan Paciornik, julgado em 12.08.2020).

64. **Regra 109** – 1. Os indivíduos considerados imputáveis, ou que posteriormente foram diagnosticados com deficiência mental e/ou problemas de saúde severos, para os quais o encarceramento significaria um agravamento de sua condição, não devem ser detidos em unidades prisionais e devem se adotar procedimentos para removê-los a instituição de doentes mentais, assim que possível.

2. Se necessário, os demais presos que sofrem de outros problemas de saúde ou deficiências mentais devem ser observados e tratados sob cuidados de profissionais de saúde qualificados em instituições especializadas.

3. O serviço de saúde das instituições penais deve proporcionar tratamento psiquiátrico a todos os outros prisioneiros que necessitarem.

Regra 110 – Caso necessário, medidas devem ser tomadas, juntamente com entidades apropriadas, para garantir a continuidade do tratamento psiquiátrico e para prestar acompanhamento após a liberação.

É inegável que a tensa rotina de trabalho desenvolvida nestes espaços de custódia afeta não apenas as pessoas privadas de liberdade, mas também os servidores públicos que ali desempenham seu mister[65]. Preocupado com a saúde mental dos servidores, o Plano Nacional de Política Criminal e Penitenciária 2020/2023 determinou que a capacitação e os cuidados com a saúde mental dos agentes penitenciários devem merecer atenção e o desenvolvimento de projetos por parte do Estado, cabendo ao DEPEN, com o auxílio dos Estados, estruturar escolas ou academias de formação multidisciplinar.

Destarte, a **recomendação n.º 14 do II Workshop** sobre Sistema Penitenciário Federal do Conselho de Justiça Federal estabelece que aos policiais penais e todos servidores atuantes nos estabelecimentos penais federais de segurança máxima recebam assistência psicológica para prevenção e cuidado de qualquer transtorno psíquico.

Portanto, diante de um quadro alarmante de identificação de problemas relacionados à saúde mental, afigura-se necessário – além de soluções de curto prazo, com atenção especial àqueles que estão com a saúde mental debilitada –, soluções de longo prazo, visando reduzir esse claudicante contingente de pessoas custodiadas em insignificante processo de interação social.

Enunciados e recomendações dos Workshops sobre o SPF do CJF

Enunciado n. 24 – O preso será devolvido ao juízo de origem nos casos de concessão de progressão de regime ou de livramento condicional, bem como nos casos de incidente de insanidade mental ou de doença incurável que dependa de tratamento prolongado ou específico, inviável de ser prestado no âmbito das penitenciárias federais. (Editado no II Workshop com alteração de texto no III Workshop)

Recomendação n. 14 – É recomendável, como boa prática, que os servidores que atuem nos estabelecimentos penais federais recebam assistência psicológica. (Editada no II Workshop)

65. Conforme Relatório de Inspeção da Penitenciária Federal de Porto Velho de 2018, informa a Psiquiatra que há uma grande preocupação com a condição de saúde mental dos Agentes Penitenciários, em especial porque passam por situações de grande estresse emocional, mas, no seu entender, não recebem preparo adequado para tanto; que, nesse sentido, o ideal seria a realização de treinamentos de "psicoeducação continuada" (DEFENSORIA PÚBLICA DA UNIÃO, 2018c).
Do relatório da inspeção em Catanduvas (2018), extrai-se que "a unidade conta com apenas um psicólogo, desde a morte da psicóloga que lá atuava. Uma questão que deve ser abordada de forma muito séria é o acompanhamento psicológico/psiquiátrico dos próprios agentes. É questão urgente. Nesta unidade a necessidade é ainda mais perceptível em razão da grande maioria ter sido colega da agente assassinada. Tem um grande número de licenças médicas, agravadas após o seu óbito" (DEFENSORIA PÚBLICA DA UNIÃO. 2018a).

JURISPRUDÊNCIA

SUPERIOR TRIBUNAL DE JUSTIÇA

Possibilidade de cumprimento de Medida de Segurança em Penitenciária Federal:

"Proclamação Final de Julgamento: A Terceira Seção, por unanimidade, conheceu do conflito e declarou competente o suscitado, Juízo Federal da 5ª Vara Criminal de Campo Grande SJ/MS para a custódia do sentenciado, o qual deve permanecer recolhido no Presídio Federal de Campo Grande/MS, tendo em vista sua alta periculosidade bem como que, na falta de hospital de custódia e tratamento psiquiátrico, a medida de segurança a ele imposta tem sido cumprida em estabelecimento adequado, conforme estabelece o art. 96, I do CP, nos termos do voto do Sr. Ministro Relator." (STJ, CC nº 172812 / MG, 3ª Seção, rel. Min. Joel Ilan Paciornik, julgado em 12.08.2020)

APLICAÇÃO EM CONCURSO

QUESTÕES

1. (CESPE, 2021, DEPEN, prova de Especialista Federal em Assistência à Execução Penal e Agente Federal de Execução Penal) Com base nas disposições do Plano Nacional de Política Criminal e Penitenciária 2020–2023, julgue os itens a seguir.

De acordo com o referido Plano, a capacitação e os cuidados com a saúde mental dos agentes penitenciários devem merecer atenção estatal, cabendo ao DEPEN, com o auxílio dos estados, estruturar escolas ou academias de formação multidisciplinar.

[...]

GABARITO

1. Esta alternativa é correta, pois se trata de texto expresso do Plano Nacional de Política Criminal e Penitenciária 2020/2023.

3.3.8.3 Assistência Social

No âmbito do SPF, o Manual de Assistências Penitenciárias informa que o serviço social se encontra vinculado ao serviço saúde e a divisão de reabilitação do estabelecimento penal federal, sob a responsabilidade de Especialista em Assistência Penitenciária – Assistente Social, ou colaborador eventual com a mesma formação profissional concluída (art. 68).

A sala destinada ao serviço social conterá os materiais necessários ao exercício da atividade e ao adequado atendimento ao preso, podendo ser sediada tanto no serviço de saúde quanto na divisão de reabilitação (art. 68, parágrafo único).

Conforme art. 17, § 3º, inc. I, do Decreto n.º 6.049/07, compete à assistência social, quando da inclusão do preso no estabelecimento penal federal, comunicar a sua família ou pessoa por ele indicada, acerca da localização onde se encontra.

Dentre principais atribuições da assistência social, destacam-se: 1) a comunicação com os familiares do preso, pessoalmente ou via telefone, inclusive para fins de organizar a visita social e virtual; 2) o auxílio na obtenção, regularização e/ou atualização de documentos, de benefícios sociais e outros que lhe forem de direito; 3) atender as solicitações feitas pelos presos nos requerimentos, através de atendimento pessoal ou retorno escrito; 4) orientar os familiares quanto às normas e procedimentos da penitenciária em relação ao preso.

3.3.8.4 Assistência Jurídica

Nos estabelecimentos penais federais de segurança máxima, conforme a inteligência do art. 5º, § 1º, da Lei n.º 11.671/08, a assistência jurídica ao preso cabe à Defensoria Pública União. Nada obstante, deve ser dado ao preso a oportunidade de constituir advogado de seu interesse, nos moldes do artigo 8º, item 2.e, do Pacto de San José da Costa Rica[66] e das diretrizes estampadas nas Regras de Mandela[67].

Cabe acrescentar que os estabelecimentos penais federais deverão possuir sala**, no interior de cada vivência, destinada ao atendimento do Defensor Público Federal,** caso não possua advogado constituído (art. 70 da Portaria DISPF n.º 11/2015). Tal dispositivo reproduz o dever preconizado na LEP de assegurar à Defensoria Pública – como órgão da execução penal – instalação permanente em todo e qualquer estabelecimento penal (art. 83, § 5º), de modo garantir a orientação jurídica, à promoção dos direitos humanos e à defesa dos necessitados.

---

66. Convenção Americana de Direitos Humanos: Artigo 8. Garantias judiciais. [..] 2. Toda pessoa acusada de delito tem direito a que se presuma sua inocência enquanto não se comprove legalmente sua culpa. Durante o processo, toda pessoa tem direito, em plena igualdade, às seguintes garantias mínimas: [...] e. direito irrenunciável de ser assistido por um defensor proporcionado pelo Estado, remunerado ou não, segundo a legislação interna, se o acusado não se defender ele próprio nem nomear defensor dentro do prazo estabelecido pela lei."

67. Regras de Mandela: **Regra 61**- 1. Os presos devem ter a oportunidade, tempo e meios adequados para receberem visitas e de se comunicaram com um advogado de sua própria escolha ou com um defensor público, sem demora, interceptação ou censura, em total confidencialidade, sobre qualquer assunto legal, em conformidade com a legislação local. Tais encontros podem estar sob as vistas de agentes prisionais, mas não passíveis de serem ouvidos por estes. [...] 3. Os presos devem ter acesso a assistência jurídica efetiva.

Neste contexto, a regra é de que a Defensoria atenda seus assistidos em sala própria no interior de cada vivência, ao passo que, para os advogados particulares, seja realizado o atendimento aos seus clientes em Parlatório[68].

A par disso, a transferência dos presos ao SPF revela um significativo comprometimento na assistência jurídica, sob o ponto de vista da ampla defesa. Este é o entendimento de Gabriel Cesar dos Santos:

> A transferência desses presos representa uma grande dificuldade do ponto de vista prático da assistência jurídica, pois a maioria deles foi ou é réu em processos da Justiça Estadual mas são assistidos, na execução penal, por Defensores Públicos Federais que, além de não terem competência para atuar nos processos de conhecimento, estão muito distantes deles. O processo na Justiça Estadual, portanto, será de atribuição da Defensoria do estado onde ocorreu o crime, o que dificulta o contato do Defensor Público estadual como assistido (SANTOS, 2016, p. 316).

Vale ressaltar, ainda, que a assistência jurídica, em quanto defesa técnica e efetiva[69], compreende não apenas a atuação perante o juízo da execução penal, como também, de forma indispensável, a defesa administrativa dos internos, com especial relevância nos incidentes disciplinares a serem apurados em Processo Administrativo Disciplinar Interno (PDI)[70].

Sobre a assistência jurídica, ver, ainda, artigo 5º da Lei n.º 11.671/08 e seus comentários no capítulo 4.5.1 do presente livro.

3.3.8.5 Assistência Educacional

O direito à assistência educacional é um desdobramento próprio do **direito constitucional à educação**, expressamente previsto no artigo 205 da CF, segundo o qual a educação é direito de todos e dever do Estado, devendo ser promovida e incentivada com a colaboração da sociedade, visando ao pleno desenvolvimento da pessoa, seu preparo para o exercício da cidadania e sua qualificação para o trabalho.

---

68 Sem embargo, extrai-se dos Relatórios de Inspeção Prisional da DPU que apenas na PFCG a DPU utiliza de sala própria, no interior das vivências, para a prestação da assistência jurídica aos presos. Nas demais unidades, a DPU atende, no parlatório, assim como os demais advogados particulares.

69. Este, a propósito, é o teor da Regra 6, "3", das Regras de Mandela: "Os presos devem ter acesso a assistência jurídica efetiva".

70. Para mais informações sobre o assunto, consultar o ponto 3.3.9.1.2.

Dito isso, conforme o **Decreto n.º 6.049/07**, a assistência educacional compreenderá a instrução escolar, ensino básico e fundamental, profissionalização e desenvolvimento sociocultural (art. 25), devendo o estabelecimento prisional manter biblioteca de livros de literatura nacional e estrangeira, técnicos, inclusive jurídicos, didáticos e recreativos (art. 25, § 4º).

É importante destacar que o processo educativo prisional, no âmbito do SPF, será **obrigatório**[71] **em relação ao ensino básico e fundamental**, integrando-se ao sistema escolar da unidade federativa, em consonância com o regime de trabalho do estabelecimento penal federal e às demais atividades socioeducativas e culturais (art. 25, § 1º).

A assistência à educação dentro do estabelecimento penal federal de segurança máxima deve observar a **Resolução n.º 3/2009 do Conselho Nacional de Política Criminal e Penitenciária**, que traça as Diretrizes Nacionais para a Oferta de Educação nos estabelecimentos penais. Sem prejuízo, **o plano educacional do sistema prisional federal** – com objetivo de ampliar e qualificar a oferta de educação nos estabelecimentos penais – adota o **Decreto n.º 7.626/2011, de 24 de novembro de 2011**, que institui o Plano Estratégico de Educação no âmbito do Sistema Prisional – PEESP.

Seguindo tal diretriz, as penitenciárias federais deverão prestar assistência educacional ao preso em atendimento à Lei de Execução Penal, **preferencialmente** na modalidade de **Educação de Jovens e Adultos (EJA).** Quando não for possível, permite-se a implantação do Projeto Pedagógico por meio da unidade prisional, levando-se em conta os Planos Estaduais de Educação em Prisões de cada localidade (art. 74 e 75 da Portaria DISPF n.º 11/15).

A par disso, tema relevante diz respeito ao espaço físico destinado ao ensino dentro do SPF.

Segundo o Manual de Assistências (Portaria DISPF n.º 11/2015), o estabelecimento penal federal será dotado de áreas destinadas à educação**,** sob **responsabilidade** de um Especialista em Assistência Penitenciária/Pedagoga(o), ou profissional da mesma área de atuação (art. 72). O local destinado às aulas presenciais será provido dos recursos audiovisuais e didático pedagógicos, de equipamentos tecnológicos e outros materiais adequados (art. 81).

---

71. Entendemos que, em uma perspectiva constitucional, a obrigatoriedade está em propiciar a oferta de ensino básico e fundamental pela rede de ensino prisional, sendo defeso a coerção ao estudo com fins correcionalistas.

Sucede que, dentro da realidade do universo prisional brasileiro, a oferta de ensino no SPF enfrenta igualmente problema em sua gestão; a uma, pela **implementação de um programa de ensino padrão**; a duas, pela **(in)operabilidade em disponibilizar a todos internos que dele queiram participar.**

Exemplo manifesto destes fatores que dificultam a assistência educacional podem ser colhidos do Relatório Anual de Inspeção Prisional da Defensoria Pública da União (2018a), em 2018, na Penitenciária Federal de Catanduvas:

> A unidade participa do projeto de educação do estado do Paraná para o sistema penitenciário em geral, não havendo adequação para as peculiaridades do sistema federal. É feito na unidade projeto piloto que combina ensino presencial com à distância. As aulas são feitas por disciplina e beneficiam apenas 34 alunos. Não existem aulas somente a distância, o que deixa vários alunos sem ter possibilidade de estudar. Cada vivência, com quatro alas, tem uma sala de aula. Levando-se em consideração que alas diferentes não podem ocupar o mesmo espaço, sempre haverá duas alas por vivência excluídas da escola. Os alunos fazem ENCCEJA/ENEM. Neste ano, 74 internos estão inscritos para o ENCCEJA. O SENAI proporciona módulos de cursos à distância. A grande maioria dos presos que conversamos já tinham feito todos os módulos. Como regalia existem os projetos "Colorindo o tempo", que consistem em fornecer livros de colorir e lápis de cor para os internos, e a Animateca, que são sessões de cinema. Existem Cursos profissionalizantes, que são feitos por apostilas.

Bem por esta razões, todo o xadrez organizacional das unidades prisionais – e aqui tido com um problema de ordem nacional – visa compatibilizar as estruturas arquitetônicas prisionais à realidade, em seu interior, da divisão de agrupamentos de indivíduos por sua identificação criminosa (facções), de sorte a manter ativo o processo de individualização da pena pelos programas assistenciais de educação[72].

É precisamente nesta perspectiva que os programas educacionais serão **priorizados nas rotinas da unidade** (art. 79), tendo como objetivo a emancipação social do preso, ofertando oportunidades que lhe permitam melhorar a sua capacidade de reinserção na comunidade, atentando-se para as questões de diversidade, acessibilidade, gênero, credo, idade e outras correlatas (art. 78).

---

72. Bem por isso, a DPU conclui seu relatório recomendando à Diretoria do SPF a ampliação da rede de ensino presencial, de modo a ser proporcionado aos internos acesso ao estudo no ensino médio. Para tanto, "**sugere-se que as eventuais novas unidades prisionais federais sejam projetadas para ampliar o espaço de ensino presencial para 2(duas) salas por vivência, de modo a universalizar o ensino sem prejuízo da rotina de segurança do estabelecimento**" (DEFENSORIA PÚBLICA DA UNIÃO, 2018a).

Não bastando a relevante missão a ser perseguida por intermédio **da assistência educacional** para **o sistema progressivo da pena**, dela ainda se colhe o **incentivo ao ensino como forma de antecipar o retorno do indivíduo** à sociedade livre, por meio da **remição pelo estudo,** conforme a inteligência do art. 126 da LEP[73].

Sobre o benefício da **remição da pena pelo estudo**, existe a Portaria Conjunta n.º 276, de 20 de junho de 2012, da Justiça Federal e do Departamento Penitenciário Nacional do Ministério da Justiça - DEPEN, que disciplina o "Projeto da Remição pela Leitura no Sistema Penitenciário Federal"[74].

Neste particular, o Manual de Assistências Penitenciárias indica que à(ao) pedagoga(o), em exercício na penitenciária federal, compete coordenar, junto com o chefe da divisão de reabilitação e equipe de tratamento penitenciário, a execução do projeto "Remição pela leitura" (art.73, inc. VIII). De outro lado, fica a cargo do diretor da penitenciária federal encaminhar, ao juiz corregedor, **relatório** constando os presos que participaram das atividades educacionais e laborais, mencionando carga horária e frequência em curso, para concessão de remição da pena e outras finalidades legais (art. 84).

Demais disso, cabe à(ao) pedagoga(o) coordenar o processo de inscrição, preparação de locais, execução de provas e outras medidas para a realização de exames nacionais e estaduais de certificação (art. 73, inc. XII), bem como acompanhar a evolução do desempenho dos presos na área educacional, alimentando, regularmente, o histórico educacional do preso no Siapen para acompanhamento da chefia da Divisão de Reabilitação (art. 73, inc. XIII).

Os cursos de formação educacional e profissional poderão ser ministrados **de forma presencial e à distância,** para tanto, a(o) pedagoga(o) e a(o) terapeuta ocupacional em exercício na penitenciária federal avaliarão e articularão com as entidades parceiras a forma mais adequada para a sua aplicação (art. 80)[75]. Os educadores receberão preparação específica e apoio necessário

---

73. "De fato, a educação deve ser estimulada com o objetivo de promover a aquisição, por parte dos internos, das ferramentas necessárias que lhes permitam diminuir seu nível de vulnerabilidade, evitando a constante prisionização" (LÓPEZ, Axel Gustavo; MACHADO, Ricardo Luis. *Análises del régimen de ejecución penal.* Buenos Aires: Fabián J. Di Plácido, 2004, p. 335, *apud* ROIG, 2017, p.168-169).

74. Conforme Recomendação n. 13 dos Workshops sobre o SPF do CJF, "o Depen/MJ acrescentará em portaria o 'Projeto Remição pela Leitura' de forma padrão em todas as penitenciárias federais. (Editado no II Workshop)".

75. Um dos problemas averiguados nos estabelecimentos penais, quanto à assistência educacional, era a questão da formação dos presos. Merece referência, como forma de articulação do ensino e da sua certificação, o método modular, sistema que permite que os internos façam o

ao exercício de suas atividades, incluindo segurança no interior da unidade (art. 82).

É preciso lembrar, ainda, que a inclusão de presos em **regime disciplinar diferenciado** - ou que por qualquer outro motivo esteja encarcerado no setor de isolamento - não pode ser um impedido ao sistema progressivo da pena, de modo a manter preservado um programa específico de ensino, tal qual, *v.g.*, a remição pela leitura em cela ou o ensino apostilado[76].

Este a propósito, é o teor do art. 25, § 3º do Regulamento Penitenciário Federal:

> § 3° O ensino deverá se estender aos presos em regime disciplinar diferenciado, preservando sua condição carcerária e de isolamento em relação aos demais presos, por intermédio de programa específico de ensino voltado para presos nesse regime.

A despeito de não haver impeditivo legal e, ao contrário, determinação normativa específica, o ensino no setor de isolamento tem sido relegado em todas unidades prisionais federais, comprometendo indevidamente o acesso ao aprendizado e a saúde mental dos presos lá custodiados[77].

Enunciados e recomendações dos Workshops sobre o SPF do CJF

Recomendação n. 12 – Recomenda-se implementar projetos que visem à reabilitação dos presos e alocação de recursos oriundos de transações em Juizados Especiais para o Conselho da Comunidade implantar seus projetos. (Editada no II Workshop)

Recomendação n. 13 – O DEPEN/MJ acrescentará em portaria o "**Projeto Remição pela Leitura**" de forma padrão em todas as penitenciárias federais. (Editada no II Workshop)

---

estudo por módulos, propiciando certificações parciais do ensino, para aproveitando posterior dos módulos concluídos, e continuidade do ensino à distância. Como exemplo, aplicado na Penitenciária Federal de Porto Velho, a Portaria 1.201/2011 da SEDUC de Rondônia, em seu artigo 4°, instituiu a operacionalização de um "Curso Modular", organizado de forma sistemática e desenvolvido a distância, com ensino não presencial, em módulos, respeitando as características do aluno, o ritmo de aprendizagem, seus interesses, suas condições de vida e de trabalho, tendo em vista a idade e a experiência de cada um.

76. Na PFPV o pedagogo explicou que as turmas são divididas em alfabetização, ensino fundamental e médio. Somente o ensino fundamental é presencial. As outras turmas são através de apostilas fornecidas pelo CETEB/UNB e com acompanhamento dos professores da Secretaria de Educação do estado de Rondônia.

77. Sem prejuízo destas opções de ensino, desde o relatório da DPU (2017b), infere-se, acertadamente, que a prioridade deva ser para atividades escolares em sala de aula (inclusive para os internos em RDD), com presença física do professor, "afigurando-se não apenas como instrumento mais efetivo à instrução dos estudantes, mas também colabora com a minoração dos efeitos do isolamento dos mesmos, à luz do já descrito no item 6 destas considerações".

3.3.8.6 Assistência Religiosa

O artigo 5º da Constituição Federal prevê que "é **inviolável a liberdade de consciência e de crença**, sendo assegurado o livre exercício dos cultos religiosos e garantida, na forma da lei, a proteção aos locais de culto e a suas liturgias" (inciso VI) e "é assegurada, nos termos da lei, a **prestação de assistência religiosa** nas entidades civis e militares de internação coletiva" (inciso VII).

No mesmo sentido, a **Convenção Americana de Direitos Humanos** (Pacto de San José da Costa Rica) garante em seu artigo 12 a liberdade de consciência e de religião, dispondo que:

> 1. Toda pessoa tem direito à liberdade de consciência e de religião. Esse direito implica a liberdade de conservar sua religião ou suas crenças, ou de mudar de religião ou de crenças, bem como a liberdade de professar e divulgar sua religião ou suas crenças, individual ou coletivamente, tanto em público como em privado.
>
> 2. Ninguém pode ser objeto de medidas restritivas que possam limitar sua liberdade de conservar sua religião ou suas crenças, ou de mudar de religião ou de crenças.
>
> 3. A liberdade de manifestar a própria religião e as próprias crenças está sujeita unicamente às limitações prescritas pela lei e que sejam necessárias para proteger a segurança, a ordem, a saúde ou a moral públicas ou os direitos ou liberdades das demais pessoas.
>
> 4. Os pais, e quando for o caso os tutores, têm direito a que seus filhos ou pupilos recebam a educação religiosa e moral que esteja acorde com suas próprias convicções.

Por sua vez, as **Regras de Mandela** determinam que:

> **Regra 66**
>
> Todo preso deve ter o **direito de atender às necessidades de sua vida religiosa**, participando de celebrações realizadas nas unidades prisionais e mantendo consigo livros de prática e de ensino de sua confissão.

É preciso lembrar, ainda, que a LEP resguarda o direito à assistência religiosa, indicando que os estabelecimentos penais devem se adequar para, **em local apropriado**, receber os cultos religiosos (art. 24, § 1º), sendo vedada a coerção do preso em sua participação (art. 24, § 2º)[78].

---

78. No SPF, os cultos e cerimônias religiosas ocorrem no pátio das vivências e, em regra, aos finais de semana, por duas horas (RAIPDPU – PFCG 2019, PFCT 2019, PFPV 2017).

Não diferente, no âmbito do SPF, o **art. 26 do Decreto n.º 6.049/07** estabelece que **ao preso é assegurada a liberdade de culto e de crença, garantindo a participação de todas as religiões interessadas**, atendidas as normas de segurança e os programas instituídos pelo Departamento Penitenciário Federal[79].

Especificamente quanto à assistência religiosa existe a **Portaria n.º 120, de 19 de setembro de 2007, do Departamento Penitenciário Nacional**, que defende o direito à liberdade de crença e de culto, permitindo-se a manifestação religiosa e o exercício do culto, bem como a participação nos serviços religiosos organizados no estabelecimento, sem prejuízo da ordem e da disciplina. Ainda, devem ser observadas as diretrizes da **Resolução n.º 8/2011 do Conselho Nacional de Política Criminal e Penitenciária - CNPCP.**

O Manual de Assistências da **Portaria DISPF n.º 11/2015** prescreve algumas normas para a assistência religiosa em seus artigos (85 a 92), com previsão da liberdade de crença e de culto dentro do estabelecimento prisional federal, **condicionada à aprovação de projeto específico para essa finalidade,** que deverá ser coordenado por um representante da entidade religiosa interessada[80].

Portanto, a assistência religiosa compreende: 1) direito a posse de livros religiosos; 2) visita de representantes religiosos; 3) e participação voluntária em celebrações religiosas diversas (inclusive para os internos em triagem), sendo vedado, para tal fim, o uso de objetos, produtos e substâncias proibidas.

3.3.8.7 Atividades Culturais e de Lazer

Precisamente por **se constituírem em direitos** não atingidos pela execução da pena de prisão (art. 3º da LEP) – e, portanto, harmônicos ao núcleo essencial da garantia fundamental à individualização da pena (ponto 2.3) –, que **as atividades culturais e de lazer devem ser interpretadas com especial destaque argumentativo** no tocante a sua incidência no SPF.

79. Lembra Rodrigo Estrada Roig que, "no cotidiano prisional, diversas são as lesões à assistência religiosa, em regra justificadas pelos velhos argumentos de necessidade de segurança do estabelecimento ou risco de que a reunião de presos para a profecia da religião esconda propósitos escusos, tais como fugas, rebeliões ou a difusão de ordens de determinada facção" (ROIG, 2017, p.171).

80. Oportuna é a lembrança do bem-sucedido projeto intitulado Rádio Gospel, executado na Penitenciária Federal de Porto Velho, em 2017, pelo que **consiste na realização de cultos e reflexões bíblicas por meio de equipamento sonoros instalados** e com a concordância prévia das pessoas privadas de liberdade. (BRASIL, 2017a)

Com efeito, depreende-se do Regulamento Penitenciário Federal – anexo do Decreto n.º 6.049/07, que **tais direitos estariam rebaixados à condição de privilégios recompensatórios,** em atenção ao regime disciplinar ordinário (Título IV, cap. I, seção I do RPF), na qualidade de regalias. A saber:

> Art. 34. Constituem regalias, concedidas aos presos pelo diretor do estabelecimento penal federal:
>
> I – assistir a sessões de cinema, teatro, shows e outras atividades socioculturais, em épocas especiais, fora do horário normal;
>
> II – assistir a sessões de jogos esportivos em épocas especiais, fora do horário normal;
>
> III – praticar esportes em áreas específicas; e
>
> IV – receber visitas extraordinárias, devidamente autorizadas.
>
> Parágrafo único. Poderão ser acrescidas, pelo diretor do estabelecimento penal federal, outras regalias de forma progressiva, acompanhando as diversas fases de cumprimento da pena.

Na mesma esteira vem o artigo 96, §1º, da **Portaria DISPF n.º 11/2015,** quando adverte que aos presos será possibilitada a prática de **atividades de lazer, condicionadas ao bom comportamento carcerário,** compreendendo **cinemateca, atividades desportivas e jogos.**

Tal interpretação, contudo, não deve prosperar, pelo que se deve dar às citadas normativas uma interpretação consentânea com a Constituição Federal e a com Lei Geral de Regência (Lei n.º 7.210/84).

Em verdade, a LEP desautoriza tal entendimento: as atividades de recreação, bem como as atividades culturais, **consubstanciam-se em autênticos direitos estampados no art. 41, inc. V e VI,** deste diploma legal. Daí dizer que - como visto do ponto 2.7 – as normas regulamentares devem estar em sintonia com as legislações regulamentadas e hierarquicamente prevalecentes, pelo que se revela ilegal a tentativa de transmudar direitos em meras recompensas de ordem correicionais/comportamentais, ao alvedrio do diretor da unidade prisional.

Portanto, além de conspurcar o princípio da legalidade (art. 5, inc. II, CF), **a ideia** de recreação, lazer e cultura **como instrumento de controle disciplinar premiativo,** atenta contra a funcionalidade constitucional da pena e fere a proporcionalidade, traduzindo-se em uma **forma velada de discriminação (castigo)** ao acesso de direitos inerentes ao bem de todos (art. 3º, inc. IV, CF).

Se alinhando com esta postura crítica, Rodrigo Estrada Roig adverte:

> A atribuição de regalias em âmbito carcerário faz parte de uma política de organização e gerenciamento típica das instituições totais, em que o binômio "privilégio-castigo" é diuturnamente acionado. O que chama atenção é que a conduta conforme as regras penitenciárias se dá por receio da perda de privilégios que, concretamente, não significam vantagens ou prerrogativas, mas simplesmente a ausência de privações, as quais a pessoas presas já não deveriam suportar (ROIG, 2017, p. 279).

Não bastasse tal entendimento, é consenso internacional que todas as unidades prisionais **devem oferecer atividades recreativas e culturais em benefício da saúde física e mental dos presos,** conforme se extrai da regra 105 das Regras de Mandela.

Para mais, convidamos o leitor para análise do tema no ponto 3.3.9.1.

JURISPRUDÊNCIA

SUPREMO TRIBUNAL FEDERAL

Sobre a leitura:

"[...] O preso tem direito a manter "contato com o mundo exterior", por meio "da leitura e de outros meios de informação" (art. 41, XV, da Lei 7.210/84).[...]" (STF, 2ª Turma, HC 149734/RJ, rel. Ministro Gilmar Mendes, DJe publicado em 17.05.2018)

SUPERIOR TRIBUNAL DE JUSTIÇA

Sobre a remição pelo estudo, segue decisão publicada no informativo 564 do STJ:

"DIREITO PENAL. REMIÇÃO DA PENA PELA LEITURA. A atividade de leitura pode ser considerada para fins de remição de parte do tempo de execução da pena. O art. 126 da LEP (redação dada pela Lei 12.433/2011) estabelece que o "condenado que cumpre a pena em regime fechado ou semiaberto poderá remir, por trabalho ou por estudo, parte do tempo de execução da pena". De fato, a norma não prevê expressamente a leitura como forma de remição. No entanto, antes mesmo da alteração do art. 126 da LEP, que incluiu o estudo como forma de remir a pena, o STJ, em diversos julgados, já previa a possibilidade. Em certa oportunidade, salientou que a norma do art. 126 da LEP, ao possibilitar a abreviação da pena, tem por objetivo a ressocialização do condenado, sendo possível o uso da analogia in bonam partem, que admita o benefício em comento, em razão de atividades que não estejam expressas no texto legal (REsp 744.032-SP, Quinta Turma, DJe 5/6/2006). O estudo está estreitamente ligado à leitura e à produção de textos, atividades que exigem dos indivíduos a participação efetiva enquanto sujeitos ativos desse processo, levando-os à construção do conhecimento. A leitura em si tem função de propiciar a cultura e possui caráter ressocializador, até mesmo por contribuir na restauração da autoestima. Além disso, a leitura diminui consideravelmente a ociosidade dos presos e reduz a reincidência criminal. Sendo um dos objetivos da LEP, ao instituir a remição, incentivar o bom comportamento do sentenciado e sua readaptação ao convívio social, impõe-se a interpretação extensiva do mencionado dispositivo, o que revela, inclusive, a crença do Poder Judiciário na leitura como método factível para o alcance da harmônica reintegração à vida em sociedade. Além do mais, em 20/6/2012, a Justiça Federal e o Departamento Penitenciário Nacional do Ministério da Justiça (Depen) já haviam assinado a Portaria Conjunta 276, a qual disciplina o Projeto da Remição pela Leitura no Sistema Penitenciário Federal. E, em 26/11/2013, o CNJ – considerando diversas disposições normativas, inclusive os arts. 126 a 129 da LEP, com a redação dada pela Lei 12.433/2011, a Súmula 341 do STJ e a referida portaria conjunta – editou a Recomendação 44, tratando das atividades educacionais complementares para fins de remição da pena pelo estudo e estabelecendo critérios para a admissão pela leitura. (STJ, HC 312.486-SP, Rel. Min. Sebastião Reis Júnior, julgado em 09 de junho de 2015, Dje de 22 de junho de 2015)

APLICAÇÃO EM CONCURSO

QUESTÕES

1. (CESPE, 2013, DEPEN, Prova de Técnico de Apoio à Assistência Penitenciária) Com relação aos estabelecimentos penais federais, julgue os itens seguintes.

As pessoas recolhidas aos estabelecimentos penais federais e os servidores públicos federais que trabalham nesses estabelecimentos sujeitam-se ao regime disciplinar da União.

GABARITO

1. Item "correto".

3.3.9 Regime disciplinar

Ponto nevrálgico de sustentação do *modus operandi* do sistema prisional brasileiro passa, inegavelmente, pelo poder disciplinar na execução da pena privativa de liberdade.

A perspectiva disciplinar correcionalista do indivíduo – denunciada de longa data pela criminologia crítica[81] –, erige-se, na prisão, como fator preponderante do controle social dos indivíduos, ditando (discricionariamente) o ritmo e o rumo do sistema progressivo da pena, em manifesto descompasso com o devido controle de constitucionalidade[82].

81. Com grande maestria o tema pode ser consultado nas obras de Zaffaroni, Pavarani Rosa del Olmo, Gabriel Ignácio, Anitua, David Garland, Foucault, George Rusche e Otto Kirchheimer, Inãki Rivera Beiras e tantos outros. No Brasil, Salo de Carvalho, Juarez Cirino do Santos, Vera Regina de Andrade, Christiane Russomano Freire, Ricardo Gloeckner e Augusto J. Amaral, Andrei Schmidt, Rodrigo Estrada Roig, entre outras importantes vozes.

82. Andrei Schmidt adverte que "toda ressocialização cogentemente imposta é inconstitucional.[...] Em respeito à liberdade interna do cidadão, pautada em princípios que se situam no campo de direitos e garantias fundamentais individuais, "a Lei de Execução Penal não pode determinar o dever de o preso ser um cidadão bom, disciplinado, obediente, urbano, respeitador, socializado, trabalhador, capaz de perceber seus erros, solidário, grato e, por fim, higiênico. [...] Portanto, não resta a menor dúvida de que esse direito penal simbólico, cujos fundamentos encontram-se estruturados na ideologia da defesa social, não pode ser sustentado perante o ordenamento

Desde esta visão, tem-se que a disciplina ganha ares de pena, colocando em debate: 1) **a natureza jurídica do modelo prisional brasileiro (e latino-americano); 2) as latentes funcionalidades penais praticadas no interior do cárcere brasileiro.**

Em outro giro, o estado de administrativização, que molda o controle da execução penal, tem no poder disciplinar o seu mais bem-acabado sintoma, apto a instrumentalizar o processo de prisionização, ao largo de um efetivo controle jurisdicional. *Pari passu*, a vigência das funções latentes da pena expressa-se em toda sua magnitude neste espaço de atuação e controle disciplinar dos corpos[83], em uma dança simbiótica entre o velho modelo utilitarista da pena - a fim de corrigir, emendar, sanear o indivíduo - e o novo modelo[84] atuarial e gerencialista, caracterizado em seu pragmatismo neutralizador de indivíduos perigosos[85].

Com efeito, os objetivos da ordem e da governança disciplinar do cárcere vem se erigindo nos pilares sobre os quais se articulam a maioria das atividades "terapêuticas" (RIVERA BEIRAS, 2009, p. 465-486). Neste cenário,

---

constitucional. Assim, somente se poderá falar em ressocialização como finalidade primordial da execução da pena caso atentemos para o fato de que tal meta não é um dever, mas sim um direito do apenado, não podendo este ser considerado indisciplinado sempre que não se conforme, apenas internamente, com os ditames disciplinares da execução". (SCHMIDT, 2002b, p. 253-262)

83. Na histórica abordagem das técnicas disciplinares, Foucault identifica, nos corpos dóceis, a formação de uma política de coerções que trabalham sobre o corpo, "em uma manipulação calculada de seus elementos, de seus gestos, de seus comportamentos. O corpo humano entra numa maquinaria de poder que o esquadrinha, o desarticula e o recompõe. Uma anatomia política que é também igualmente uma mecânica de poder [...] A disciplina fabrica assim corpos submissões exercitados, corpos dóceis" (FOUCAULT, 1997, p. 119).

84. Massimo Pavarini sugere este novo padrão disciplinar: "a obsessão correcional é então marginalizada dentro dos limites jurídicos-penais, desbordando copiosamente 'fora' do mesmo âmbito jurídico-penal. Em um cenário que quero dramatizar por razões de clareza explicativa, parece-me que o deslocamento da urgência correcional já 'emergiu' dos muros da prisão, penetrando marginalmente em alguns momentos do jurídico-penal e está fundamentalmente enraizando-se nas novas (ou nem tanto) práticas disciplinares sociais não penais. **Os circuitos ou segmentos 'estritamente' da prisão estão agora definitivamente 'livres' de quaisquer preocupações correcionais, e a mesma retórica preventivo especial foi abandonada pelas agências oficiais;** cada vez mais a jurisprudência – também constitucional – reutiliza com má vontade a argumentação do fim reeducacional ou socializante da pena, **preferindo para o caso se basear na retórica da 'defesa social', da 'incapacidade', etc."** (PAVARINI, 1995, p. 169).

85. Salo de Carvalho (2015. p. 142-143) adverte, que apesar da prisão ser cada vez mais identificada como um espaço de neutralização e contenção, é possível notar a manutenção de alguns procedimentos próprios das políticas correcionalistas. Não apenas para manter uma certa aparência de utilidade social ou um certo pudor humanitário como fundamento da pena criminal, mas, sobretudo, para que determinadas técnicas de controle sigam sendo utilizadas para a neutralização do sujeito perigosos.

"os laudos criminológicos e os procedimentos administrativos disciplinares (sanções disciplinares) são altamente funcionais para a vigilância do preso, retardando a sua saída da instituição ou controlando o seu retorno à liberdade" (CARVALHO, 2015b, p. 142-143).

Precisamente neste contexto que se insere o poder disciplinar no âmbito do SPF, com um simbólico agravante.

O Regulamento Penitenciário Federal - Decreto n.º 6.049/07, ao regulamentar o regime disciplinar ordinário, o faz taxonomicamente em título próprio (Título IV), pelo que, **dentro do seu primeiro capítulo,** propõe-se a cuidar **das recompensas e regalias** (seção I), **dos direitos** (seção II) **e dos deveres dos presos** (seção III).

Sucede que, a referida abordagem sistêmica carece de legitimidade: ao submeter os direitos individuais dos presos ao campo disciplinar - inclusive em uma lógica estrutural que os inferioriza frente às recompensas e regalias (vindo estas à frente daqueles) -, o Regulamento Penitenciário Federal desnatura o alcance destes direitos fundamentais, **posicionando-os como instrumentos subalternos** à lógica disciplinar que mapeia o sistema prisional federal.

Trata-se, em verdade, de medida carregada de simbologia[86]. É dizer, a mecânica de cumprimento da pena de prisão restabelece dogmas que permeavam os modelos disciplinares ancestrais. Daí porque o pensamento de Michel Foucault permanece vivo e atual ao referir que "[...] diante da disciplina com aspecto de lei, temos a ilegalidade que se impõe como um direito. A ruptura se dá mais pela indisciplina do que pela infração" (FOUCAULT, 1997, p. 242).

Em contrapartida, a LEP, acertadamente observando a densidade normativa destes dispositivos, os posiciona (Direitos, Deveres e Disciplina) em seções próprias, dentro do mesmo capítulo (cap. IV, seções I, II, III).

86. "Apesar da difusão das posições que passaram a enxergar o recluso como sujeito de direitos, jamais foi abandonada a ideia de que os presos devem experimentar um grau de sofrimento necessariamente superior às pessoas livres, seja por motivações retributivas (atreladas à ideia de 'merecimento' da pena) ou preventivas (pretensão de dissuasão da coletividade à prática de crimes e de reforço à fidelidade normativa). Esta ideia possui gênese no princípio da *less eligibility* (introduzido em 1834, na Inglaterra, pelo *Poor Law Amendment Act*), segundo o qual as condições de trabalho e disciplina nas Casas de Correção (*Workhouses*) não podiam ser tão atrativas quanto o pior emprego possível fora destes estabelecimentos" (ROIG, 2017, p. 51).

Posto isso, o Regulamento Penitenciário Federal, em uma tentativa de "exaltar os valores de ordem, disciplina e subordinação, demostrando os sentidos totalizante e verticalizante da execução"[87], extrapola a norma geral que delimita o tema, **pelo que deve ser arrostada toda e qualquer interpretação que subordine direitos da execução ao comando do poder disciplinar penitenciário.**

Na prática, o giro hermenêutico (penal) constitucional invoca três compromissos: 1) o **poder disciplinar** deveria ser observado **como a última razão punitiva**[88]; 2) **o processo de julgamento da sanções disciplinares** - cujo efeito sancionatório reflete consequências de natureza penal (material) - **deveria ser vindicado ao poder jurisdicional, elidindo-se a espúria prática administrativa de investigar, acusar e julgar,** em homenagem ao modelo acusatório vigente (art. 129, inciso I, CF/88)[89]; 3) **as sanções** advindas de processos administrativos disciplinares não deveriam produzir efeitos para além da esfera administrativa, **a refletir indevidamente e desproporcionalmente** no curso do sistema progressivo da pena[90].

Estabelecidas estas diretrizes críticas, convidamos o leitor à análise do programa disciplinar vigente para o SPF, subdivido em: **1) regime disciplinar**

---

87. Neste sentido, é a posição de Rodrigo Duque Estrada (2017, p. 195), atentando não apenas para a vedação de subordinação dos direitos, mas também dos deveres ao plano disciplinar.

88. Neste propósito, encontram **as Regras Penitenciárias Europeias:** "O processo disciplinar deve constituir meio de último recurso (56-1). Na medida do possível, as autoridades penitenciárias devem recorrer a via restaurativas e de mediação para resolver divergências com os reclusos e disputas entre estes (56-2). Só o comportamento suscetível de pôr em Perigo a ordem e a segurança podem ser considerado infração disciplinar (57-1)".

    E também as **Regras de Mandela:** "As administrações prisionais são encorajadas a fazer uso, sempre que possível, da prevenção de conflitos, da mediação ou de qualquer outro meio alternativo de resolução de litígios para prevenir infrações disciplinares e resolver conflitos (Regra 38.1).

89. Com precisão, anota Rodrigo Estrada Roig que, "de fato, não há como se dissociar o julgamento disciplinar do princípio da jurisdicionalização da execução penal. A jurisdicionalização é meio necessário à preservação do devido processo legal, contraditório e ampla defesa, somente plenos se o julgamento se der de fora do ambiente prisional, com intervenção judicial, ministerial e defensiva. É instrumento de isonomia, alçada com a formalização procedimental sob o crivo da mesma autoridade judicante. É garantia de que a função judicante típica prosseguirá indisponível, sempre que envolvidos potenciais atentados a direitos humanos das pessoas encarceradas, É alicerce da separação dos poderes e da imparcialidade, afastando da Administração Penitenciária – verdadeira parte nos conflitos carcerários, eis que diretamente interessada na manutenção da ordem e disciplina – o poder de julgamento das faltas disciplinares". (ROIG, 2017, p. 285)

90. Esta é a posição de Salo de Carvalho, acompanhada de Rodrigo Estrada Roig. Neste particular, entendemos que somente as faltas graves que consubstanciem crimes dolosos poderiam ensejar efeitos reflexos no curso do sistema progressivo da pena, pelo que convidamos o leitor sua análise no tópico 3.3.9.1.3.

ordinário; 2) regime disciplinar diferenciado; 3) Procedimento administrativo disciplinar.

3.3.9.1 Regime Disciplinar Ordinário

A teor do Título VI do Regulamento Penitenciário Federal, o Regime Disciplinar Ordinário compreende: 1) as recompensas e regalias; 2) os direitos; 3) os deveres; 4) a disciplina; 5) as faltas disciplinares; 6) as sanções disciplinares; 7) as medidas cautelares administrativas.

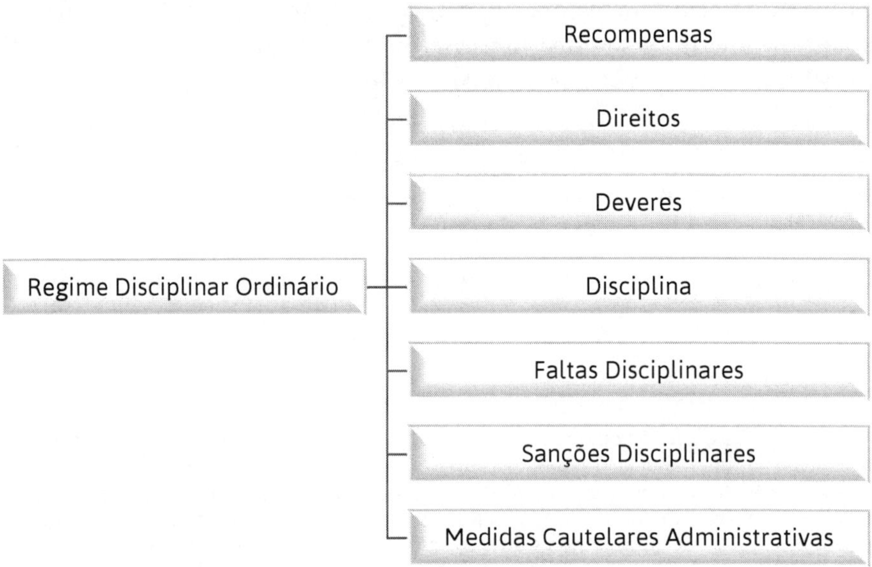

3.3.9.1.1 Recompensas e Regalias

Em verdade, conforme a inteligência da LEP, **as regalias, ao lado dos elogios, são espécies das quais as recompensas são o gênero,** pelo que a referida classificação feita pelo Decreto n.º 6.049/07 carece de boa técnica legislativa. A par disso, coube à norma geral (LEP) determinar que a legislação local e os regulamentos estabelecerão a natureza e a forma de concessão de regalias (art. 56, parágrafo único).

Reproduzindo a orientação normativa advinda da LEP, o Regulamento Penitenciário Federal assinala que **as recompensas têm como pressuposto o bom comportamento** reconhecido do condenado ou do preso provisório, de sua colaboração com a disciplina e de sua dedicação ao trabalho (art. 31, *caput*). Dentro de sua perspectiva disciplinar, **as recompensas objetivam**

motivar a boa conduta, desenvolver os sentidos de responsabilidade e promover o interesse e a cooperação do preso definitivo ou provisório (art. 31, parágrafo único)[91].

Segundo o art. 32 do RPF, são recompensas: **1) o elogio e; 2) a concessão de regalias.**

Para efeito de **elogio**, será considerada a **prática de ato de excepcional relevância humanitária ou do interesse do bem comum** (art. 33), a ser formalizado em portaria do diretor do estabelecimento penal federal (art. 33, parágrafo único).

De outra banda, a teor do art. 34 do RPF, **as regalias,** concedidas aos presos também por intermédio do diretor da unidade prisional federal, constituem-se em: 1) assistir a sessões de cinema, teatro, shows e outras atividades socioculturais, em épocas especiais, fora do horário normal; 2) assistir a sessões de jogos esportivos em épocas especiais, fora do horário normal; 3) praticar esportes em áreas específicas; e 4) receber visitas extraordinárias, devidamente autorizadas.

Importante dizer que o **rol acima elencado é apenas exemplificativo**, podendo o diretor do estabelecimento penal federal acrescer outras regalais de forma progressiva, acompanhando as diversas fases do cumprimento da pena (art. 34, parágrafo único).

Lado outro, **as regalias poderão ser suspensas ou restringidas, isolada ou cumulativamente,** por cometimento de conduta incompatível com o RPF, mediante ato motivado da diretoria do estabelecimento penal federal (art. 35).

Os critérios para controlar e garantir ao preso a concessão e o gozo da regalia de são estabelecidos pela administração do estabelecimento penal federal por meio da Portaria DISPF n.º 11/2015, que aprova o Manual de Assistências do SPF.

91. Neste mesmo sentido, caminha a orientação das Regras de Mandela: "Regra 95 – Toda unidade prisional deve estabelecer sistemas de privilégios adequados para as diferentes classes de presos e diferentes métodos de tratamento, a fim de incentivar uma boa conduta, desenvolver o senso de responsabilidade e assegurar o interesse e a cooperação dos presos no seu tratamento".

Neste particular, o art. 96 do referido manual considerada atividades de lazer: **I - Cinemateca**[92]; **II - Atividades desportivas**[93]; **III - Jogos**[94]. Tal posicionamento vai ao encontro do direito à recreação estabelecido no art. 41, inc. V, da Lei n.º 7.210/84 (LEP), pelo que tais atividades, de ordem cultural e de lazer, constituem-se em verdadeiros direitos a serem disponibilizados aos internos custodiados no SPF[95].

A suspensão ou a restrição de regalias deverá ter estrita observância na reabilitação da conduta faltosa do preso, sendo retomada ulteriormente à reabilitação a critério do diretor do estabelecimento penal federal (art. 35, § 2º)[96].

A par do exposto, **remetemos o leitor ao ponto 3.3.8.7,** cujo embasamento crítico qualifica-se em substrato hermenêutico para bem distinguir

---

92. Portaria DISPF n.º 11/2015 dispõe que a cinemateca consiste na exibição de filmes, previamente aprovados, com conteúdo que não comprometa a segurança da unidade e nem atentem contra a moral e os bons costumes. O local destinado à execução da atividade deverá ser a sala de aula de cada vivência, ou outro local determinado pelo Diretor da Unidade (art. 97 e § 1º). Neste sentido, há unidades prisionais que executam a sessão de cinemateca no pátio de banho de sol de cada vivência. Dentro das situações de normalidade da unidade, a execução da cinemateca ocorrerá aos finais de semana, de modo que atenda a cada interno, que apresente bom comportamento, pelo menos uma vez ao mês (art. 98).
93. A atividade desportiva a ser realizada nas dependências das penitenciárias federais é o futebol (art. 99). Semanalmente os presos da mesma ala poderão jogar futebol no pátio de banho de sol de cada vivência (§ 1º). Compete à divisão de segurança e disciplina a definição do(s) dia(s) em que os presos poderão jogar futebol (§ 2º).
94. Diariamente, no pátio de banho de sol, serão disponibilizados materiais que possibilitem a execução de jogos como dama, dominó e xadrez (art. 100). Os presos que utilizarem os referidos materiais serão responsáveis por sua conservação (§ 1º). A reposição dos materiais, realizada quando o estado de conservação demandar, será de competência da divisão de reabilitação (§ 2º).
95. "Parece bem claro que regalias são, na verdade, direitos legítimos que nunca foram ou simplesmente deixaram de ser reclamados, por habituação a um estado de permanente violação de direitos humanos. Vez ou outra, por absoluta conveniência da Administração Penitenciária, são reincorporados ao estatuto jurídico do preso sob outra roupagem, que se apresenta (falsamente) como humanista, mas se ocupa de ocultar, sobre o manto da benesse, sua real natureza de direito" (ROIG, 2017, p. 279).
96. A despeito de entendermos que as eventuais (e taxativas) restrições devam ser regulamentadas uniformemente pela Diretoria-Geral do DEPEN**, a Portaria nº 01/15 da Diretoria da Penitenciária de Campo Grande** estabeleceu os seguintes critérios: § 1º. Na fixação do prazo de suspensão da regalia deverá ser observada a natureza da conduta mencionada no caput: I – leve: até 30 (trinta) dias; II – média; até 60 (sessenta) dias; III – grave: até 90 (noventa) dias; § 2º. O prazo de suspensão poderá ser duplicado em caso de reincidência. § 3º. A decisão sobre a suspensão das regalias será fundamentada, podendo ser expedida de ofício ou mediante proposta da Divisão de Segurança e Disciplina, da Comissão Disciplinar Permanente ou do setor que encaminhar o comunicado de ocorrência.

autênticos direitos assistenciais inerentes à execução da pena de meras recompensas.

RECOMPENSAS	
ELOGIOS	**REGALIAS**
Trata-se de recompensa formalizada por portaria do Diretor da Penitenciária Federal em caso de prática de ato de excepcional relevância humanitária ou do interesse do bem comum.	• Atividades socioculturais, fora do horário normal; • Assistir sessões esportivas, fora do horário normal; • Prática de esportes em áreas específicas; • Receber visita extraordinária; ou • Outras regalias a critério do Diretor.

3.3.9.1.2 Direitos dos Presos: restrições e suspensões

Ao preso condenado ou provisório incluso no Sistema Penitenciário Federal serão assegurados todos os direitos não atingidos pela sentença ou pela lei, a teor do art. 36 do RPF, que bem reproduz o art. 3º da LEP e art. 38 do CP. Trata-se da incidência do **princípio da não marginalização ou não discriminação** na execução penal[97].

Portanto, **ao lado dos direitos e garantias fundamentais estabelecidos na CF,** constituem direitos básicos e comuns dos presos condenados ou provisórios: I – alimentação suficiente e vestuário; II – atribuição de trabalho e sua remuneração; III – Previdência Social; IV – constituição de pecúlio; V – proporcionalidade na distribuição do tempo para o trabalho, o descanso e a recreação; VI - exercício das atividades profissionais, intelectuais, artísticas e desportivas anteriores, desde que compatíveis com a execução da pena; VII - assistências material, à saúde, jurídica, educacional, social, psicológica e religiosa; VIII - proteção contra qualquer forma de sensacionalismo; IX - entrevista pessoal e reservada com o advogado; X - visita do cônjuge, da companheira, de parentes e amigos em dias determinados; XI - chamamento nominal; XII - igualdade de tratamento, salvo quanto às exigências da individualização da pena; XIII - audiência especial com o diretor do estabelecimento penal federal; XIV - representação e petição a qualquer autoridade, em defesa de direito; e XV - contato com o mundo exterior por meio de correspondência

97. Para o tema, ver Renato Marcão (2009, p. 9-10).

escrita, da leitura e de outros meios de informação que não comprometam a moral e os bons costumes.

Destarte, **os direitos dos presos possuem rol não exaustivo** e estão previstos **nos artigos 36 e 37 do RPF e artigos 40 a 43 da LEP.** A diferença do RPF se dá na previsão de **assistência psicológica** e no tratamento ao **acesso simplificado de comunicação** ao preso que tenha dificuldades de comunicação e compreensão (art. 37, parágrafo único), ausentes na LEP. Já o direito ao atestado de pena a cumprir (art. 41, inc. XVI), a liberdade para contratar médico de confiança pessoal do internado ou do submetido a tratamento ambulatorial, por seus familiares ou dependentes, a fim de orientar e acompanhar o tratamento (art. 43) e o direito do preso de não ser exposto a inconveniente notoriedade, durante o cumprimento da pena (art. 198), estão previstos na LEP, mas ausentes no RPF.

Sem embargo, situação que merece atenção diz respeito às **restrições (parcial) e suspensões (total) de direitos básicos dos presos.**

A despeito do RPF restar silente, as restrições e suspensões de direitos são assaz praticadas no universo prisional federal, pelo que se vinculam à questionável limitação de direitos albergada no parágrafo único do art. 41 da LEP. É dizer, o direito ao trabalho, descanso e recreação (V); o direito à visitação pelo cônjuge, companheira, parentes e amigos (X); o direito a ter contato com o mundo exterior por meio de correspondência escrita, da leitura e de outros meios de informação (XV), **poderão ser suspensos ou restringidos mediante ato motivado do diretor do estabelecimento.**

Neste particular, alguns questionamentos devem ser melhor observados: **1)** limitações a direitos básicos do apenado cingem-se ao exclusivo poder da autoridade administrativa, ao largo do controle jurisdicional? **2)** ainda que se possa restringir ou suspender tais direitos, as hipóteses são as taxativamente insertas no art. 41 da LEP? **3)** revelam-se legítimas as referidas limitações sem que sejam objeto de típica sanção disciplinar?

À primeira indagação, temos que a opção por um legítimo sistema jurisdicional para a execução da pena impõe que limitações desta relevância somente possam ser determinadas pelo juízo da execução[98].

98. Para o tema consultar a lição de Rodrigo Duque Estrada (2017, p.133-134).

Em segundo, ainda que assim não seja – o que não se impede em pensar em uma reforma legislativa ou em um devido controle de constitucionalidade – tais suspensões e restrições a direitos básicos dos presos não podem superar os estritos limites legais. Portanto, "os demais direitos (previstos ou não no art. 41) não podem sofrer suspensão ou restrição, seja por parte do juiz, seja pela autoridade penitenciária" (ROIG, 2017, p. 134)[99].

Sem prejuízo deste entendimento, entendemos revelar-se **inconstitucional** a **restrição e, pior, suspensão do direito ao descanso**, encartada no inc. V do art. 41, justo por que tal imposição se traduz em verdadeira opção punitiva pela forma de castigo, a comprometer o princípio da vedação à submissão à tortura, à tratamento desumano ou degradante (art.5º, inc. III, CF), à vedação ao trabalho forçado (art. 5º, inc. XLVII, "c", CF) e, em última análise, à dignidade da pessoa humana (art. 1º, inc. III)[100]. De outro lado, **também se afigura inconstitucional**, pelos mesmos fundamentos, **eventual suspensão do direito à recreação,** assim entendida como forma de privação ao acesso regular dos presos ao pátio de sol, bem como qualquer outra medida que, por vias reflexas, atente contra a saúde mental e a integridade física e moral do interno[101]. **Outra importante constatação é de que**, a par da norma geral trazer permissivo legal à restrição ou à suspensão do contato com mundo exterior por meio da correspondência escrita, **o RPF reclama situação diversa,** quando assinala **que a troca de correspondência não poderá ser restringida ou suspensa a título de sanção disciplinar** (art. 100, § 2º).

Por fim, **o terceiro ponto de reflexão** é de que a limitação de direitos - seja de forma temporária, por restrição ou suspensão - **somente poderia ser imposta em razão do cometimento de falta disciplinar,** garantida a defesa em processo administrativo interno, conforme **se depreende da inteligência do art. 53, inc. III da LEP[102].** Com efeito, não se mostra razoável o discricionário (ainda que motivado) ato do diretor do estabelecimento penal que

99. Esta, aliás, é a inteligência do art. 46, inc. III do RPF: "os atos de indisciplina serão passíveis das seguintes penalidades: III- suspensão ou restrição de direitos, **observadas as condições previstas no art. 41, parágrafo único, da Lei nº 7.210, de 1984".**

100. No mesmo sentido, Guilherme de Souza Nucci (2007, p. 434).

101. Exemplo de induvidosa ilegalidade encontra-se na **Portaria DIPREF- CG N°01 de 2015,** que, ao largo de previsão legal, estabelece hipóteses de suspensão de regalias e imposição de demais restrições como medidas pedagógicas, com nítido e indevido viés corretivo. Trata-se, em verdade, de flagrante tentativa de impor, inconstitucionalmente, funcionalidades correcionalistas à pena ou mesmo retributivas, pela via do castigo.

102. "Note-se, ainda, o disposto no art.53, inc. III, desta lei, demonstrando que tais ações da direção devem ter por base a aplicação de sanção disciplinar" (NUCCI, 2007, p.435).

imponha limitação a direitos de forma coletiva, sendo vedada sanções desta natureza (art. 44, § 3º da LEP)[103].

Sem embargo do que até aqui analisado, **a novel Lei n.º 13.964/19**, conforme trataremos no capítulo 4, **acrescentou específica hipótese de restrição e suspensão de direito a visitas na Lei n.º 11.671/08,** que rege o processo de inclusão e transferências de presos para o SPF.

Para além do exposto, lembramos ao leitor – dado o especial destaque no campo de incidência do SPF – da abordagem particularizada de alguns importantes direitos dos presos, postos em análise nos capítulos 3.3.8 (Assistência ao Preso e ao Egresso), 3.3.11 (Visitas), 3.3.12 (Contato Externo), 3.3.14 (Revistas), 3.3.15 (Política Nacional de Trabalho Prisional), 3.3.16 (Medidas COVID-19), 4.3.1 (Características do regime fechado de segurança máxima) 4.3.4 (suspensão e restrição aos direitos de visitas) e 4.5.1 (Assistência Jurídica e Defensoria Pública da União).

3.3.9.1.3 Deveres dos Presos

Os deveres dos presos estão previstos no **artigo 38 do Decreto n.º 6.049/07** e **artigos 38 e 39 da LEP**. O RPF não seguiu exatamente o texto e ordem dos deveres previstos na LEP, havendo algumas sutis disparidades. Recomenda-se, portanto, a leitura conjunta dos artigos citados.

DIREITOS DOS PRESOS	DEVERES DOS PRESOS
Art. 37 do RPF: I – alimentação suficiente e vestuário; II – atribuição de trabalho e sua remuneração; III – Previdência Social; IV – constituição de pecúlio; V – proporcionalidade na distribuição do tempo para o trabalho, o descanso e a recreação; VI – exercício das atividades profissionais, intelectuais, artísticas e desportivas anteriores, desde que compatíveis com a execução da pena;	**Art. 38 do RPF**: I – respeitar as autoridades constituídas, servidores públicos, funcionários e demais presos; II – cumprir as normas de funcionamento do estabelecimento penal federal; III – manter comportamento adequado em todo o decurso da execução da pena federal; IV – submeter-se à sanção disciplinar imposta; V – manter conduta oposta aos movimentos individuais ou coletivos de fuga ou de subversão à ordem ou à disciplina;

103 Tratamos como exemplo, a Portaria n.º 718/17 do MJ/SP que regulamentara a visita íntima no interior das Penitenciárias Federais, em curso antes da nova política de visitação imposta pela lei 13964/19.

DIREITOS DOS PRESOS	DEVERES DOS PRESOS
VII – assistências material, à saúde, jurídica, educacional, social, **psicológica*** e religiosa; VIII – proteção contra qualquer forma de sensacionalismo; IX – entrevista pessoal e reservada com o advogado; X – visita do cônjuge, da companheira, de parentes e amigos em dias determinados; XI – chamamento nominal; XII – igualdade de tratamento, salvo quanto às exigências da individualização da pena; XIII – audiência especial com o diretor do estabelecimento penal federal; XIV – representação e petição a qualquer autoridade, em defesa de direito; e XV – contato com o mundo exterior por meio de correspondência escrita, da leitura e de outros meios de informação que não comprometam a moral e os bons costumes. XVI** – atestado de pena a cumprir, emitido anualmente, sob pena da responsabilidade da autoridade judiciária competente. XVII** – liberdade de contratar médico de confiança pessoal do internado ou do submetido a tratamento ambulatorial, por seus familiares ou dependentes, a fim de orientar e acompanhar o tratamento. (art. 43, LEP) * previsto só no RPF ** previsto só na LEP	VI – não realizar **manifestações coletivas** que tenham o objetivo de reivindicação ou reclamação; VII* – indenizar ao Estado e a terceiros pelos danos materiais a que der causa, de forma culposa ou dolosa; VIII – zelar pela higiene pessoal e asseio da cela ou de qualquer outra parte do estabelecimento penal federal; IX – devolver ao setor competente, quando de sua soltura, os objetos fornecidos pelo estabelecimento penal federal e destinados ao uso próprio; X – submeter-se à requisição das autoridades judiciais, policiais e administrativas, bem como dos profissionais de qualquer área técnica para exames ou entrevistas; XI – trabalhar no decorrer de sua pena; e XII – não portar ou não utilizar aparelho de telefonia móvel celular ou qualquer outro aparelho de comunicação com o meio exterior, bem como seus componentes ou acessórios. **Art. 39 da LEP**: I – comportamento disciplinado e cumprimento fiel da sentença; II – obediência ao servidor e respeito a qualquer pessoa com quem deva relacionar-se; III – urbanidade e respeito no trato com os demais condenados; IV – conduta oposta aos movimentos individuais ou coletivos de fuga ou de subversão à ordem ou à disciplina; V – execução do trabalho, das tarefas e das ordens recebidas; VI – submissão à sanção disciplinar imposta; VII – indenização à vítima ou aos seus sucessores; VIII – indenização ao Estado, quando possível, das despesas realizadas com a sua manutenção, mediante desconto proporcional da remuneração do trabalho; IX – higiene pessoal e asseio da cela ou alojamento; X – conservação dos objetos de uso pessoal.

Para análise mais acurada dos deveres dos presos, convidamos o leitor à consulta ao ponto 3.3.9.1.5.

3.3.9.1.4 Disciplina

Conforme preceitua a LEP, a disciplina consiste na colaboração com a ordem, na obediência às determinações das autoridades e seus agentes e no desempenho do trabalho (art. 44). Estão sujeitos à disciplina o condenado à pena privativa de liberdade ou restritiva de direitos e o preso provisório (art. 44, parágrafo único).

Sem prejuízo das balizas interpretativas lançadas ao regime disciplinar neste livro, a realidade prisional põe em evidência a sujeição da pessoa privada de liberdade aos comandos disciplinares, pautados na ordem e no respeito às determinações legais, emanadas pelas autoridades competentes.

O primeiro aspecto a ser interpretado é que, **mesmo não tendo o RPF replicado a LEP no tocante aos sujeitos da disciplina prisional,** parece-nos claro, em homenagem ao princípio da legalidade, que não há que se falar em submissão às normas disciplinares - sobretudo as que acarretem sanções - de eventual pessoa privada de liberdade cumprindo medida de segurança em unidade prisional federal[104]. De fato, é logicamente incompatível a submissão de pessoas em cumprimento de medida de segurança aos ditames disciplinares, pelo que estes grupos de indivíduos não cometem faltas disciplinares[105]. Bem a propósito, este é entendimento advindo das Regras de Mandela: "os administradores prisionais não devem punir qualquer conduta do preso que seja considerada resultado direto de sua doença mental ou incapacidade intelectual" (Regra 39.3).

Segundo ponto é de que não haverá falta nem sanção disciplinar sem expressa e anterior previsão legal ou regulamentar, conforme preceitua o art. 45 da LEP e art. 41 do RPF, **a expressar o princípio da legalidade, tipicidade e anterioridade da sanção disciplinar.**

Neste particular, em homenagem à legalidade estrita, **não se pode confundir** a possibilidade da **legislação local** prever as faltas de natureza leve e média e suas respectivas sanções (art. 50 da LEP), **com a menção feita no**

104. Sobre o tema, remetemos o leitor ao cap. 3.3.8.2.1, que trata da saúde mental.
105. Para o tema ver, Rafael de Souza Miranda (2020, p. 65).

art. 45 da LEP e art. 41 do RPF à possibilidade de se estabelecer falta e sanção **regulamentar.** Com efeito, "não se pode instituir pelos regulamentos dos presídios qualquer outra falta disciplinar nem criar outras sanções disciplinares além daquelas previstas na Lei de Execução Penal e nas leis locais. Aliás, como no art. 3º da Lei de Execução Penal afirma-se que ao condenado e ao internado serão assegurados todos os direitos não atingidos pela sentença ou pela *lei*, e como faltas disciplinares levam a sanções limitativas dos direitos do condenado, devem estar ambas expressamente previstas nas leis e não nos regulamentos" (MIRABETE, 2004, p. 135). Daí porque, lembra Guilherme Nucci, a previsão de falta ou sanção disciplinar regulamentar, ainda que disponha de validade, posiciona-se como uma disposição geral, de natureza inequivocamente suplementar, de menor alcance, não se constituindo em faltas leves e médias[106].

Portanto, quando se extrai da leitura do art. 40 do RPF que "a ordem e a disciplina serão mantidas pelos servidores e funcionários do estabelecimento penal federal **por intermédio dos meios legais** e **regulamentares adequados"**, deve-se interpretar **a presente atividade regulamentar,** por certo válida, **como medida sem efeitos sancionatórios**, em respeito ao princípio da legalidade.

Forçoso reconhecer, portanto, como se verá no ponto 3.3.9.1.5, "das faltas disciplinares", que o **RPF, ao instituir as faltas de natureza leve e média**, bem como suas **respectivas sanções, atuou fora de seu limite regulamentar**, incorrendo em manifesta **ilegalidade.**

Quadro ainda mais complexo situa-se no **plano dos procedimentos operacionais das rotinas carcerárias no SPF, que - em nome da segurança e da disciplina** - venha a impor, **ao largo de previsão legal,** limitação de direitos que correspondam ao cumprimento de típicas sanções disciplinares **(Ex. 1** - o procedimento de inclusão (triagem) do interno ocorre no setor de isolamento da Penitenciária Federal, local de cumprimento das sanções disciplinares mais graves, como o isolamento e o RDD[107]; **Ex. 2** - Aplicação (antes do advento da Lei 13.964/19) da suspensão de visitas por prazo superior a 60 dias,

106. "Assim, determinado diretor pode baixar uma portaria fixando o horário de funcionamento da biblioteca, por exemplo. Quem infringir a norma, pode ficar privado de retirar livros por algum tempo. São situações não constitutivas de faltas leves ou medias, que possam influir na avaliação do bom comportamento do preso para efeitos de benefícios durante o cumprimento da pena" (NUCCI, 2007, p. 437).

107. RAIPDPU PF Mossoró, 2018.

sem qualquer amparo legal e de forma coletiva, a violar o art. 45, §3º, e 58 da LEP[108]; **Ex. 3** - Necessidade do interno abaixar a cabeça para as movimentações internas e externas, frente aos policias penais federais[109]; **Ex. 4** - A reunião de três ou mais internos no pátio de sol[110]).

3.3.9.1.5 Faltas Disciplinares

O preso condenado ou provisório, no início da execução da pena ou da prisão, **deverá ser cientificado das normas disciplinares,** conforme preceitua o art.46 da LEP e o art. 17, § 3º, inc. II, do RPF, **medida esta indispensável**, posto que seu **descumprimento importa** em presunção de desconhecimento das normas proibitivas, **a consubstanciar legítimo argumento do interno a não sofrer eventual sanção disciplinar** (erro de proibição).

O Decreto n.º 6.049/07, ao definir as faltas disciplinares, classificando-as em faltas **leves, médias e graves (art. 42), o faz ao arrepio da norma de regência (LEP),** que, em seu art. 49, revela-se categórico em afirmar que **cabe à legislação local** especificar as faltas de natureza leve e médias, bem assim suas respectivas sanções. Conforme analisado no ponto anterior, somente a legislação (de caráter material), **no caso federal**, **advinda de deliberação parlamentar**, poderia instituir **tipos normativos sancionadores,** a impor limitações ao curso do sistema progressivo da pena, bem assim que impliquem em cerceamento de direitos dos internos.

Reitera-se, portanto, que o **RPF, ao instituir as faltas de natureza leve e média**, bem como suas **respectivas sanções, atuou fora de seu limite regulamentar**, incorrendo em manifesta **ilegalidade.**

Sem prejuízo destas constatações, passa-se a apresentação das faltas leves, médias e graves, a teor do RPF e da LEP.

108. RAIPDPU PF Catanduvas, 2019.
109. RAIPDPU PF Catanduvas, 2015.
110. RAIPDPU PF Catanduvas, 2015.

FALTA	ATOS	CONSEQUÊNCIAS
Leve	I – comunicar-se com visitantes sem a devida autorização; II – manusear equipamento de trabalho sem autorização ou sem conhecimento do encarregado, mesmo a pretexto de reparos ou limpeza; III – utilizar-se de bens de propriedade do Estado, de forma diversa para a qual recebeu; IV – estar indevidamente trajado; V – usar material de serviço para finalidade diversa da qual foi prevista, se o fato não estiver previsto como falta grave; VI – remeter correspondência, sem registro regular pelo setor competente; VII – provocar perturbações com ruídos e vozerios ou vaias; e VIII – desrespeito às demais normas de funcionamento do estabelecimento penal federal, quando não configurar outra classe de falta.	Advertência verbal; Em caso de reincidência: Repreensão; Compete ao diretor
Média	I – atuar de maneira inconveniente, faltando com os deveres de urbanidade frente às autoridades, aos funcionários, a outros sentenciados ou aos particulares no âmbito do estabelecimento penal federal; II – fabricar, fornecer ou ter consigo objeto ou material cuja posse seja proibida em ato normativo do Departamento Penitenciário Nacional; III – desviar ou ocultar objetos cuja guarda lhe tenha sido confiada; IV – simular doença para eximir-se de dever legal ou regulamentar; V – divulgar notícia que possa perturbar a ordem ou a disciplina; VI – dificultar a vigilância em qualquer dependência do estabelecimento penal federal; VII – perturbar a jornada de trabalho, a realização de tarefas, o repouso noturno ou a recreação; VIII – inobservar os princípios de higiene pessoal, da cela e das demais dependências do estabelecimento penal federal; IX – portar ou ter, em qualquer lugar do estabelecimento penal federal, dinheiro ou título de crédito; X – praticar fato previsto como crime culposo ou contravenção, sem prejuízo da sanção penal;	Repreensão;

FALTA	ATOS	CONSEQUÊNCIAS
Média	XI – comunicar-se com presos em cela disciplinar ou regime disciplinar diferenciado ou entregar-lhes qualquer objeto, sem autorização; XII – opor-se à ordem de contagem da população carcerária, não respondendo ao sinal convencional da autoridade competente; XIII – recusar-se a deixar a cela, quando determinado, mantendo-se em atitude de rebeldia; XIV – praticar atos de comércio de qualquer natureza; XV – faltar com a verdade para obter qualquer vantagem; XVI – transitar ou permanecer em locais não autorizados; XVII – não se submeter às requisições administrativas, judiciais e policiais; XVIII – descumprir as datas e horários das rotinas estipuladas pela administração para quaisquer atividades no estabelecimento penal federal; e XIX – ofender os incisos I, III, IV e VI a X do art. 39 da Lei nº 7.210, de 1984.	Repreensão;
Grave	I – incitar ou participar de movimento para subverter a ordem ou a disciplina; II – fugir; III – possuir indevidamente instrumento capaz de ofender a integridade física de outrem; IV – provocar acidente de trabalho; V – deixar de prestar obediência ao servidor e respeito a qualquer pessoa com quem deva relacionar-se; VI – deixar de executar o trabalho, as tarefas e as ordens recebidas; e VII – praticar fato previsto como crime doloso.	Suspensão ou restrição de direitos, observadas as condições previstas no art. 41, parágrafo único, da Lei nº 7.210, de 1984;
	Art. 48. A prática de fato previsto como crime doloso e que ocasione subversão da ordem ou da disciplina internas sujeita o preso, sem prejuízo da sanção penal, ao regime disciplinar diferenciado.	Inclusão no regime disciplinar diferenciado.

A par do regulamento reproduzir as faltas graves previstas na LEP – já que a este diploma coube enunciar as hipóteses legais desta natureza – importante dizer que **o rol previsto no art. 50 da LEP é taxativo**, isto é, não cabe a criação, por meio de resolução, portaria ou decreto, de outras hipóteses de faltas graves, sob pena de ofensa à legalidade, até pelo efeito reflexo desta sanção no curso da individualização da pena (NUCCI, 2007, p. 440).

A contrário senso, lei Federal que venha a estabelecer **nova hipótese de falta grave**, para fins de acrescê-la ao art. 50, revestir-se-á de validade, desde que aferida sua proporcionalidade e constitucionalidade.

Neste sentido, a Lei n.º 11.466/2007, acrescentou ao rol de faltas graves do art. 50 da LEP o inciso VII, que qualifica como grave **a conduta de estar em posse, utilizar ou fornecer aparelho telefônico, de rádio ou similar, que permita a comunicação com outros presos ou com o ambiente externo.** Por certo, ainda que não esteja presente no rol das faltas graves estampadas no RPF, a presente hipótese sancionatória se aplica ao SPF.

- ***Falta Grave – Recusa à submissão ao procedimento de identificação do perfil genético – Lei 13.964/19 (Pacote Anticrime)***

Demais disso, a Lei n.º 13.964/2019, acrescentou ao rol do art. 50 da LEP nova conduta ensejadora de falta grave (inc. VIII), a saber: **recusar o interno a se submeter ao procedimento de identificação do perfil genético.**

Neste particular, a temática merece uma pequena pausa argumentativa.

Como é cediço, a Lei n.º 12.654/12 introduziu na lei de execução penal a **possibilidade de coleta de material biológico para a obtenção do perfil genético** por crimes violentos ou por crimes hediondos (art. 9-A). **A referida medida, contudo, suscita forte controvérsia doutrinária sobre sua constitucionalidade,** inclusive com fortes discussões envolvendo bioética e genética[111], dada a multidisciplinariedade que exige essa temática.

Neste diapasão, Aury Lopes Jr., em modificação de entendimento pessoal, aduz que deve ser respeitado o direito de não produzir provas contra si mesmo (*nemo tenetur se detegere*) e não poderá haver extração compulsória (não consentida) de material genético[112], posição já adotada pelo Supremo Tribunal Federal[113].

111. Matte, analisando Knopers e Laberge, informa que são três os pilares envolvendo os dados genéticos e sua obtenção: individualidade, confidencialidade e liberdade de escolha. (MATTE, 2011, p. 262)

112. "Diante disso, nosso entendimento é: deve ser respeitado o direito de não produzir provas contra si mesmo (*nemo tenetur se detegere*) e não poderá haver extração compulsória (não consentida) de material genético." (LOPES JÚNIOR, 2020, p. 481).

113. Nesse sentido, "[...] a jurisprudência do Supremo Tribunal Federal repudia a determinação compulsória ou condução coercitiva ao fornecimento de material genético [...]" (STF, RHC 95.183/BA, 1ª Turma, rel. Ministra Carmen Lúcia, DJe 17.10.2013).

De outra banda, Renato Brasileiro de Lima (2020, p. 354) adverte que "não há, *in casu*, qualquer inconstitucionalidade decorrente da violação ao princípio constitucional (e convencional) que veda a autoincriminação (*nemo tenetur se detegere)*, nem mesmo nas hipóteses em que a pessoa certa e determinada se negar a fornecer o material biológico para a obtenção de seu perfil genético, ou seja, quando o exame recair sobre fonte conhecida sem que esta esteja disposta a consentir com a identificação genética". Contudo, analisando a jurisprudência do STF, conclui afirmando que "idêntico raciocínio deve ser empregado quanto à identificação do perfil genético: desde que o acusado não seja compelido a praticar qualquer comportamento ativo que possa incriminá-lo, nem tampouco a se sujeitar à produção de prova invasiva, há de ser considerada válida a coleta material biológico para a obtenção de seu perfil genético" (LIMA, 2020, p. 356).

Guilherme Nucci, por sua vez, reconhecendo a viabilidade de se realizar a colheita de material biológico, desde que antes da prática de qualquer delito, aduz que "por óbvio, não se pode generalizar a colheita de material biológico, mormente para comparar com dados já obtidos na cena do crime, de modo a incriminar o suspeito. Seria exigir do mesmo a produção de prova contra seus interesses. Porém, o contrário é válido. Se tiver sido geneticamente identificado, em ato posterior, caso a polícia consiga algum dado na cena do delito, nada impede a comparação. Aliás, o mesmo se faz quando se encontra a impressão digital de alguém no lugar onde a infração foi cometida" (NUCCI, 2020, p. 353-354).

O Superior Tribunal de Justiça, por sua vez, vem se manifestando como legal a identificação do perfil genético, mediante extração de DNA, por técnica adequada e indolor, durante a execução penal[114].

Não por outra razão que, em 22 de junho de 2016, a questão assomou à Suprema Corte Brasileira, que reconheceu sua repercussão geral, no RE 973.837/MG.

A par do relevantíssimo embate doutrinário e jurisprudencial, pontuamos, no cap. 3.3.7, sobre a ainda vigente prática da coleta compulsória de material biológico para a identificação criminal do perfil genético dos presos condenados definitivamente que sejam inclusos ou transferidos ao SPF, tudo

114. Vide STJ, HC 536.114, rel. Ministro Nefi Cordeiro, 6ª Turma, julgado em 04.2.2020, DJe 10.02.2020, e RHC 69.127/DF, 5ª Turma, rel. Ministro Félix Fischer, julgado em 27.09.2016, DJe 26.10.2016.

considerando o atual estágio de pendente apreciação da matéria pelo Supremo Tribunal Federal[115].

Nesta linha intelectiva, pensamos que a introdução da referida hipótese de falta grave segue, por ora, o curso de sua vigência, sem olvidar ser inconteste que tal medida disciplinar não se aplica ao preso provisório que seja incluído ou transferido para o SPF.

- ***Faltas disciplinares – Reserva Legal e Conceito Jurídico Indeterminado***

Situação que assume especial relevância para o curso do sistema progressivo da pena – **qualificando-se, em verdade, como um dos fatores mais decisivos para a ruptura do sistema jurisdicional de execução penal** – encontra-se **na capitulação jurídica indeterminada dos tipos (penais) disciplinares sancionadores.** Em outras palavras, segundo Salo de Carvalho (2008, p. 84), "as decisões disciplinares no interior das instituições totais são desprovidas de pré-determinações regulamentares e, quando o são, apresentam-se de forma ambígua e lacunar, ampliando o arbítrio do corpo administrativo". Na prática da rotina cárcero-disciplinar brasileira, a técnica legislativa utilizada serviu "historicamente para o abuso arbitrário dos poderes pelos agentes prisionais, os quais utiliza(va)m-se da imprecisão terminológica para adjetivar condutas banais de presos incômodos. A volatilidade dos termos produziu gradualmente a minimização dos direitos de defesa dos apenados nos procedimentos de averiguação das faltas disciplinares, gerando sérias irregularidades na configuração da conduta punível pelos Conselhos Disciplinares, em face da irrefutabilidade de determinadas hipóteses levantadas pelo órgão de segurança" (CARVALHO, 2004, p. 91).

Dizemos isto para indicar que **a premissa posta não diverge no campo disciplinar do SPF.**

A ausência de clareza e precisão das normas que subscrevem tipo disciplinares para o SPF revestem-se de acentuada amplitude, cuja imprecisão semântica desacredita o princípio da *nullum crimen, nulla poena sine lege certa* e, por consectário, legitima eventual excesso ou arbítrio punitivo.

---

115. Após reconhecida a Repercussão Geral do RE 973.837/MG, a matéria passou por audiências públicas e, conclusa ao relator desde 28 de fevereiro de 2020, até agosto de 2020 não havia sido julgada.

Exemplo pedagógico pode ser extraído dos três níveis de faltas disciplinares para o SPF: **1) falta leve:** "desrespeito às demais normas de funcionamento do estabelecimento penal federal, quando não configurar outra classe de falta" (art. 43, inc. VIII); **2) falta média:** "atuar de maneira inconveniente, faltando com os deveres de urbanidade frente às autoridades, aos funcionários, a outros sentenciados ou aos particulares no âmbito do estabelecimento penal federal" (art. 44, inc. I); **3) Falta grave:** "deixar de prestar obediência ao servidor e respeito a qualquer pessoa com quem deva relacionar-se" (art. 45, inc. V).

Tamanha é a abertura semântica destes tipos disciplinares que o espeque de discricionariedade conferido ao Conselho Disciplinar **permite,** com constrangedora facilidade, **enquadrar uma mesma conduta fática nos três níveis punitivos.** Não por outra razão que estes tipos disciplinares permeiam a grande maioria das sanções aplicadas nos processos administrativos disciplinares no SPF.

- ***Falta grave decorrente de cometimento de fato definido como crime doloso***

A par da discussão sobre eventual dupla punição pelo mesmo fato (*no bis in idem*) e sobre **o respeito ao princípio constitucional da presunção de inocência**[116]**,** o STJ pacificou entendimento pela independência das instâncias (civil, administrativa e criminal), a permitir o processamento imediato das apurações disciplinares, sem prejuízo de que, uma vez sobrevindo sentença criminal absolutória, seja cassada a decisão disciplinar (STJ, HC 289.123/SP, 5ª Turma, julgado em 21.05.15)

Justo neste sentido é **Súmula 526 do STJ:**

> "O reconhecimento de falta grave decorrente do cometimento de fato definido como crime doloso no cumprimento da pena prescinde do trânsito em julgado de sentença penal condenatória no processo penal instaurado para apuração do fato."

116. "De todo modo, a aplicação da sanção disciplinar, baseado na mera prática de fato definido como crime doloso, desloca a intervenção punitiva estatal do momento do trânsito em julgado da sentença penal condenatória para o exato instante da ação supostamente delitiva, trocando a segurança jurídica proporcionada pela definitividade pela danosa fluidez de um juízo de probabilidade. Com isso, propicia uma autêntica antecipação dos efeitos da tutela jurisdicional penal, uma vez que a punição por falta grave, consectário lógico da sentença penal condenatória definitiva, se daria precocemente, com a simples conduta" (ROIG, 2017, p. 249-250).

- ***Falta grave e efeitos reflexos no curso do cumprimento da pena***

No tocante às faltas graves, chama atenção seus efeitos reflexos, **secundários à sanção propriamente dita,** que – para além de constituir *bis in idem* – corrompem desproporcionalmente o sistema progressivo da pena.

Vale lembrar, segundo informa a LEP (art. 48, parágrafo único) e a jurisprudência sumulada, as hipóteses de incidência reflexa: 1) **regressão de regime** (art. 118); 2) **revogação de livramento condicional**; 3) **revogação da saída temporária** (art. 125); 4) **perda parcial dos dias declarados remidos, em até 1/3** (art. 127); 5) **reconversão da pena restritiva de direitos em pena privativa de liberdade** (art. 181, § 1º, "d"); 6) **caracterização de mau comportamento carcerário** (a suspender direitos pelo prazo de até um ano); **7) interrupção dos prazos dos direitos à progressão de regime e à remição da pena. 8) Vedação de indulto ou comutação da pena** (por condenação disciplinar nos últimos doze meses de cumprimento da pena).

Conforme facilmente se observa, **a infração disciplinar de natureza grave**, uma vez posta em prática em todo seu potencial punitivo, se reveste da condição de **verdadeiro instrumento de exclusão social do indivíduo** privado de liberdade, a demonstrar sua moderna faceta neutralizante, esvaziando o núcleo essencial à individualização da pena.

Bem por isso, um planejamento conforme a constituição para a pena privativa de liberdade sugere rápida e necessária modificação legislativa, apta a vedar os efeitos deletérios das sanções disciplinares para além de sua cominação na esfera administrativa[117].

JURISPRUDÊNCIA

SUPREMO TRIBUNAL FEDERAL

- **Repercussão Geral no RE 973.837/MG – coleta de material genético:**

"Repercussão geral. Recurso Extraordinário. Direitos fundamentais. Penal. Processo Penal. 2. A Lei 12.654/12 introduziu a coleta de material biológico para a obtenção do perfil genético, na execução penal por crimes violentos ou por crimes hediondos (Lei 7.210/84, art. 9-A). Os limites dos poderes do Estado de colher material biológico de suspeitos ou condenados por crimes, de traçar o respectivo perfil genético, de armazenar os perfis em bancos de dados e de fazer uso dessas informações são objeto de discussão nos diversos sistemas jurídicos. Possível violação a direitos da personalidade e da prerrogativa de não

117. Entendemos que apenas a falta grave que consubstancie crime doloso teria o condão de relativizar direitos inerentes ao sistema progressivo, de forma fundamentada, em processo jurisdicional, garantida a ampla defesa.

se autoincriminar – art. 1°, III, art. 5°, X, LIV e LXIII, da CF. 3. Tem repercussão geral a alegação de inconstitucionalidade do art. 9-A da Lei 7.210/84, introduzido pela Lei 12.654/12, que prevê a identificação e o armazenamento de perfis genéticos de condenados por crimes violentos ou por crimes hediondos. 4. Repercussão geral em recurso extraordinário reconhecida. Decisão: O Tribunal, por unanimidade, reputou constitucional a questão. O Tribunal, por unanimidade, reconheceu a existência de repercussão geral da questão constitucional suscitada." (STF, Tribunal Pleno, Repercussão Geral no RE 973.837/MG, rel. Ministro Gilmar Mendes, DJe 11.10.2016)

- **Nessa decisão, merece destaque o voto do relator Ministro Gilmar Mendes:**

[...]A inclusão e manutenção de perfil genético de condenados em banco de dados estatal não é aceita, de forma unânime, como compatível com direitos personalidade e prerrogativas processuais, consagrados pelo art. 5° da CF. Há decisões de Tribunais de Justiça afastando a aplicação da lei. O STF já acolheu reclamações do Ministério Público, fundadas na Súmula Vinculante 10, contra atos de Tribunal de Justiça mineiro que afirmavam a inconstitucionalidade do art. 9-A da Lei 7.210/84, sem observar a reserva de plenário Reclamações 19.843, Relator o Ministro Celso de Mello, DJe 25.6.2015; 19.208, Relator o Ministro Luiz Fux, DJe 9.9.2015; 20.950, Cármen Lúcia; 23.163, Teori Zavascki. Trata-se de questão constitucional que tem relevância jurídica e social. No caso concreto, o recorrente, condenado por crimes praticados com violência contra a pessoa e por crimes hediondos, insurge-se contra a inclusão e manutenção de seu perfil genético em banco de dados, sob a alegação de violação a direitos da personalidade e da prerrogativa de não se autoincriminar. Ante o exposto, voto por reconhecer a repercussão geral da alegação de inconstitucionalidade do art. 9-A da Lei 7.210/84, introduzido pela Lei 12.654/12, que prevê a identificação e o armazenamento de perfis genéticos de condenados por crimes violentos ou por crimes hediondos".

- **Princípio *nemo tenetur se detegere*, prova (não) invasiva e determinação compulsória**:

"[...] O princípio *nemo tenetur se detegere*, em verdade, deve ser compreendido à luz da vedação de imposição ao acusado de condutas ativas que contribuam para os anseios processuais da acusação. Esse cenário não exclui a legítima possibilidade de que as forças persecutórias, de forma não invasiva, colham as provas reputadas convenientes e associadas ao investigado. Nessa direção: "A observância do *nemo tenetur* não impossibilita a realização da prova, na medida em que há outras alternativas científicas à demonstração da autoria, da materialidade e para convencer o julgador acerca da responsabilidade criminal do sujeito (coleta de saliva em copos, xícaras utilizadas pelo suspeito ou acusado, coleta de filtro de cigarros)." (GIACOMOLLI, Nereu José. O devido processo penal: abordagem conforme a Constituição Federal e o Pacto de São José da Costa Rica. 2. ed. São Paulo: Atlas. 2015. p. 211) De tal modo, a realização de exame pericial em objetos pessoais do investigado, sem que se exija colaboração ativa do alvo da apuração, notadamente o fornecimento de material genético para a específica finalidade probatória, não ultraja, por si só, a garantia contra a autoincriminação. É claro que essa consequência não será reconhecida na hipótese em que a acusação impuser ao acusado, com a finalidade de obter provas, o depósito de material genético em objetos pessoais, hipótese em que se estaria exigindo fornecimento de provas e, portanto, colaboração ativa. [...]". (STF, HC 14027/MG, rel. Min. Edson Fachin, julgado em 13.04.2016, DJe 18.04.2016)

"[...]1. Estabelecida, na espécie, relação jurídico-litigiosa em processo de investigação de paternidade, todo e qualquer habeas corpus dela proveniente deverá ser julgado pelas Turmas que compõem a Segunda Seção do Superior Tribunal de Justiça. 2. Nos termos do art. 5°, inc. LXVIII, da Constituição da República, conceder-se-á habeas corpus sempre que alguém sofrer ou se achar ameaçado de sofrer violência ou coação em sua liberdade de locomoção, por ilegalidade ou abuso de poder, sendo também assegurada a liberdade de não se locomover. 3. **A jurisprudência do Supremo Tribunal Federal repudia a determinação compulsória ou condução coercitiva ao fornecimento de material genético**. 4. Recurso Ordinário em Habeas Corpus provido." (STF, RHC 95.183/BA, 1ª Turma, rel. Ministra Carmen Lúcia, DJe 17.10.2013)

• **É falta grave, nos termos do art. 50, inciso VII, LEP, a posse de componentes ou do celular completo.**

A doutrina majoritária, bem como o **STJ e o STF**, seguem o entendimento de caracterização da falta grave se for encontrado, na posse do preso, componentes essenciais para a comunicação, tais como chip, carcaça, bateria, etc. (STF, HC 105973/RS, 2ªT, 30.11.10)

SUPERIOR TRIBUNAL DE JUSTIÇA

• **Súmula 441**:

"A falta grave não interrompe o prazo para obtenção de livramento condicional."

• **Súmula 534**:

"A prática de falta grave interrompe a contagem do prazo para a progressão de regime de cumprimento de pena, o qual se reinicia a partir do cometimento dessa infração."

• **Súmula 535**:

"A prática de falta grave não interrompe o prazo para fim de comutação de pena ou indulto."

• **Rol taxativo de faltas graves em penas privativas de liberdade**

"O art. 50, LEP, apresenta o rol taxativo de faltas graves, de modo que eventual conduta não admitida pela administração prisional, sem previsão legal como falta grave, não pode ser admitida em desfavor do interno". (STJ. 6ª Turma. REsp 1.519.802-SP, Rel. Min. Maria Thereza de Assis Moura, julgado em 10/11/2016 – Informativo 595).

• **Falta Grave – LEP, art.50 (I) – Incitar ou participar de movimento para subverter a ordem ou a disciplina – Luta corporal entre dois interno não qualifica a conduta típica.**

"O envolvimento e luta corporal com outro detento não caracteriza falta grave. Não há que se falar em participação em movimento subversivo à ordem do estabelecimento, pois o ato do acusado não chegou a abalar gravemente a disciplina local, estando caracterizada somente leve perturbação à ordem, tendo em vista ter sido fato isolado, que não causou maiores inquietações" (STJ, HC51102/RS, 5ªT, J. 12.09.06)

• **Falta Grave – LEP, art.50 (III) – Indispensável para configurar falta a apreensão do instrumento lesivo para periciar a lesividade:**

"HABEAS CORPUS. EXECUÇÃO PENAL. FALTA DISCIPLINAR DE NATUREZA GRAVE. POSSE INDEVIDA DE INSTRUMENTO CAPAZ DE OFENDER A INTEGRIDADE FÍSICA DE OUTREM. LAUDO PERICIAL. INDISPENSABILIDADE. ORDEM CONCEDIDA. 1. De acordo com o art. 50, III, da Lei de Execução Penal, comete falta grave o apenado que 'possuir, indevidamente, instrumento capaz de ofender a integridade física de outrem'. 2. Para a aplicação da falta disciplinar é indispensável a apreensão do instrumento, com a posterior realização de perícia, a fim de ser comprovada a sua potencialidade lesiva, pois o simples fato de possuir o objeto não implica, necessariamente, nocividade à integridade física" (STJ, HC 184.880/MG, rel. Ministro Adilson Vieira Macabu (Desembargador convocado do TJ/RJ, julgado em 21.06.2012, DJe 02.08.2012).

• **Falta Grave – LEP, art.50 (VI) – desobediência a servidor ou desrespeito a qualquer pessoa com quem o interno deva se relacionar deve ser apontada especificadamente:**

"[...] Sob o aspecto da legalidade, portanto, entendo que as **instâncias ordinárias não apontaram, especificamente quanto à violação do art. 50, VI, da LEP, qual teria sido a desobediência** a servidor ou o desrespeito a qualquer pessoa com quem o paciente devesse se relacionar, tampouco a eventual inexecução pelo paciente de trabalho, de tarefa de se tenha incumbido ou que lhe tenha sido atribuída desobediência a ordem direta emanada de agente público responsável pela fiscalização interna. 5. Habeas corpus não conhecido. Ordem concedida de ofício, para anular a imposição de falta grave ao paciente, sem prejuízo de que se lhe inflija, a tempo e modo, falta disciplinar de menor gravidade. (STJ, HC 284.829/SP, 6ª Turma, rel. Ministro Rogerio Schietti Cruz, julgado em 30.06.2015)

• **Falta Grave – Romper tornozeleira eletrônica:**

"[...] EXECUÇÃO PENAL. REGIME SEMIABERTO. AUSÊNCIA DE VAGA. COLOCAÇÃO DO SENTENCIADO EM PRISÃO DOMICILIAR COM MONITORAMENTO ELETRÔNICO. ROMPIMENTO DA TORNOZELEIRA. FALTA GRAVE. RECONHECIMENTO. REGRESSÃO DE REGIME E ADEQUAÇÃO DA DATA-BASE. POSSIBILIDADE. CONSTRANGIMENTO ILEGAL. INEXISTÊNCIA. 1. Descumprida a condição da prisão domiciliar, diante do rompimento da tornozeleira, configurado está o cometimento da falta grave, nos termos dos artigos 146-C, inciso II e parágrafo único, inciso I c/c 50, inciso VI, todos da Lei n. de Execução Penal, autorizando a regressão do regime e alteração da data-base para nova progressão. 2. Habeas corpus não conhecido. (STJ. 5ª Turma, HC 304.614/RS, rel. Ministro Jorge Mussi, julgado em 26.04.2016, DJe 03.05.2016)

• **Falta Grave – Deixar de carregar a bateria da tornozeleira eletrônica e circular pela cidade livremente** (STJ. 6ª Turma. HC 342.466/SP), **com base no art. 50, VI** c/c art. 39, V, da LEP.

"[...] Caso em que não se vislumbra constrangimento ilegal a ser sanado de ofício. Ao deixar de carregar a bateria da tornozeleira eletrônica e circular pela cidade livremente pela cidade, longe da esfera de vigilância das autoridades competentes, como consta dos autos, o paciente desobedeceu à ordem de manter o aparelho em funcionamento, incidindo na hipótese do art. 50, inciso VI, c.c. o art. 39, inciso V, ambos da Lei de Execução Penal – LEP. 3. O art. 146-C, parágrafo único, inciso I, da Lei de Execução Penal autoriza a regressão de regime, não se vislumbrando, no ponto, qualquer ilegalidade. [...] (STJ, 6ª Turma, HC 342.466/SP, rel. Ministra Maria Thereza de Assis Moura, julgado em 02.06.2016, DJe 14.06.2016)

Mesmo sentido: (STJ, HC 527.117/RS, 5ª Turma, rel. Ministro Leopoldo de Arruda Raposo – desembargador convocado do TJ/PE, julgado em 03.12.2019, DJe 10.12.2019)

• **Não é falta grave – descumprimento do perímetro rastreado pelo monitoramento eletrônico não configura falta grave.**

"[...] 2. Resta incontroverso da doutrina e da jurisprudência que é taxativo o rol do artigo 50 da Lei de Execuções Penais, que prevê as condutas que configuram falta grave. 3. **Diversamente das hipóteses de rompimento da tornozeleira eletrônica ou de uso da tornozeleira sem bateria suficiente, em que o apenado deixa de manter o aparelho em funcionamento e resta impossível o seu monitoramento eletrônico, o que poderia até equivaler, em última análise, à própria fuga, na hipótese de inobservância do perímetro de inclusão declarado para o período noturno detectado pelo próprio rastreamento do sistema de GPS, o apenado se mantém sob normal vigilância, não restando configurada falta grave mas, sim, descumprimento de condição obrigatória que autoriza sanção disciplinar, nos termos do artigo 146-C, parágrafo único da Lei de Execuções Penais.** 4. Recurso provido."

(STJ, REsp 1519802/SP, Rel. Ministra Maria Thereza De Assis Moura, 6ª Turma, julgado em 10.11.2016, Dje 2411.2016)

• **Não é falta grave, LEP, art.50 (VII) – a posse de fone de ouvido para celular.**

"[...]Nos termos do artigo 49 da Lei de Execução Penal, não é possível ao legislador local estipular falta disciplinar de natureza grave, a ele cabendo, tão-somente, a especificação das faltas médias e leves. In casu, o Acórdão impugnado, reconheceu a falta grave com suporte na Resolução Estadual n.º 113/2003. 2. Ademais, **a posse de fone de ouvido para celular não se amolda nas condutas previstas no inciso VII do art. 50 da Lei de Execução Penal, como falta grave, mesmo porque o fone de ouvido não é componente necessário para a utilização de aparelho celular ou para a comunicação com outros presos ou com o ambiente externo.** 3. Ordem concedida para, cassando o acórdão impugnado, restabelecer a decisão do juízo das execuções criminais. (STJ, 5ª Turma, HC 150.813/SP, rel. Ministra Laurita Vaz, julgado em 28.09.2010, DJe 18.10.2010)

• **Possibilidade de coleta de perfil genético**:

"PENAL E EXECUÇÃO PENAL. HABEAS CORPUS. COLETA DE MATERIAL GENÉTICO. PACIENTE CONDENADO POR CRIME COM VIOLÊNCIA CONTRA A PESSOA E CRIME HEDIONDO. PREENCHIMENTO DOS REQUISITOS. AUSÊNCIA DE CONSTRANGIMENTO ILEGAL. ORDEM DENEGADA. 1. **Segundo o art. 9º-A da Lei de Execução Penal, Os condenados por crime praticado, dolosamente, com violência de natureza grave contra pessoa, ou por qualquer dos crimes previstos no art. 1º da Lei nº 8.072, de 25 de julho de 1990, serão submetidos, obrigatoriamente, à identificação do perfil genético, mediante extração de DNA – ácido desoxirribonucleico, por técnica adequada e indolor**. 2. No caso em exame, o paciente cumpre pena pela prática dos crimes de homicídio qualificado (duas vezes), ocultação de cadáver, crueldade contra animais e posse irregular de arma de fogo de uso permitido, restando atendidos, assim, os requisitos legais estatuídos pelo dispositivo supracitado: condenação por crime com violência de natureza grave contra pessoa ou aqueles constantes do rol do art. 1º da Lei n. 8.072/1990. 3. Habeas corpus denegado." (STJ, HC 536.114, rel. Ministro Nefi Cordeiro, 6ª Turma, julgado em 04.2.2020, DJe 10.02.2020)

"PENAL E PROCESSUAL PENAL. RECURSO ORDINÁRIO EM HABEAS CORPUS. CRIMES DE ESTUPRO. CONDENAÇÃO EM PRIMEIRA E SEGUNDA INSTÂNCIAS. EXAME DE DNA. ALEGADA PROVA ILÍCITA. NÃO OCORRÊNCIA. CONJUNTO PROBATÓRIO COESO ACERCA DA CONDENAÇÃO. LEI 12.654/12. COLETA DE PERFIL GENÉTICO. IDENTIFICAÇÃO CRIMINAL. RECURSO ORDINÁRIO DESPROVIDO. I – A condenação do recorrente pelos delitos de estupro e estupro na forma tentada, na hipótese, fundamentou-se em elementos concretos extraídos dos autos que comprovaram a materialidade e a autoria delitivas, de modo que os laudos periciais (exame de DNA) não consistiram no único elemento de prova produzido. Além da confissão extrajudicial, realizada de maneira clara e detalhada, aliada aos depoimentos das duas vítimas – e ainda de uma terceira, corroborada pelo depoimento de um vizinho, – foram uníssonas no sentido de apontar o recorrente como autor dos delitos. Logo, desinfluente a tese de que a coleta de material genético para a realização do exame de DNA teria sido colhida de forma ilegal, até porque o recorrente autorizou a realização do exame (precedente). II – **Outrossim, com o advento da Lei n. 12.654, de 28 de maio de 2012, admite-se a coleta de perfil genético como forma de identificação criminal, seja durante as investigações, para apurar a autoria do delito, seja quando o réu já tiver sido condenado pela prática de determinados crimes, quais sejam, os dolosos, com violência de natureza grave contra pessoa ou hediondos (arts. 1º e 3º)**. Recurso ordinário desprovido. (STJ, RHC 69.127/DF, 5ª Turma, rel. Ministro Félix Fischer, julgado em 27.09.2016, DJe 26.10.2016)

QUESTÕES

1. (CESPE, 2021, DEPEN, prova de Especialista Federal em Assistência à Execução Penal e Agente Federal de Execução Penal) Julgue os seguintes itens, que abordam temas concernentes ao DEPEN.

De acordo com o Regulamento Penitenciário Federal, a pessoa presa em estabelecimento penal federal que divulgar notícia que possa perturbar a ordem ou a disciplina do ambiente cometerá falta disciplinar de natureza grave, e estará sujeita a sanção de restrição de direito.

[...]

2. (CESPE, 2021, DEPEN, prova de Especialista Federal em Assistência à Execução Penal e Agente Federal de Execução Penal) Considerando o Regulamento Penitenciário Federal, julgue os itens a seguir.

Considere que Manoel, preso provisório, tenha cometido, no estabelecimento penal federal, fato previsto como crime doloso, e que Carlos, preso condenado, tenha cometido, no mesmo estabelecimento, fato previsto como crime culposo. Nessa situação, somente Manoel cometeu falta de natureza grave.

[...]

3. (CESPE, 2021, DEPEN, prova de Especialista Federal em Assistência à Execução Penal e Agente Federal de Execução Penal) Considerando o Regulamento Penitenciário Federal, julgue os itens a seguir.

Considere que Jonas, preso provisório em estabelecimento penal federal, tentou cometer uma falta média nesse estabelecimento. Nessa situação, Jonas estará sujeito a ser punido com a sanção correspondente à falta consumada.

[...]

GABARITO

1. Esta alternativa está errada. Se trata de falta média.
2. Esta alternativa está correta. As faltas graves estão previstas no art. 45 do RPF e as médias no art. 44 do mesmo diploma.
3. Esta alternativa está correta. Ver art. 51 do RPF.

3.3.9.1.6 Sanções disciplinares: espécies, legitimidade, aplicação e prescrição

Em atenção ao comando constitucional (art. 5º, inc. XLIX), a LEP informa que as sanções disciplinares não poderão colocar em perigo a integridade física e moral do condenado (art.45, §1º), bem assim é vedado o emprego de cela escura (§ 2º) e a aplicação de sanções coletivas (§3º).

Por sua vez, o RPF indica (art. 46), que os atos de indisciplina serão passíveis das seguintes penalidades[118]: I- **advertência verbal;** II – **repreensão;**

118. Tratam-se das denominadas sanções principais. Conforme o magistério de Rodrigo Duque Estrada (2017, p. 270), ao lado delas, pode incidir as sanções secundárias: perda das regalias,

III – **suspensão ou restrição de direitos**, observadas as condições previstas no art. 41, parágrafo único, da lei n.º 7.210, de 1984; IV – **isolamento na própria cela ou em local adequado**; e V – **inclusão no regime disciplinar diferenciado.**

Percebe-se, portanto, que a natureza das sanções disciplinares segue obsequiosamente as hipóteses elencadas na lei de regência (art. 53 da LEP), visto que, ante a ausência de permissão advinda deste diploma federal, não cabe à legislação local, menos ainda ao Regulamento Federal, criar novas sanções disciplinares[119].

Demais disso, seguindo a lógica estabelecida na LEP para o disciplinamento das sanções disciplinares – **em que às faltas leves e médias somente é cabível a aplicação de advertência verbal e repreensão (art. 57, parágrafo único)** – o RPF pontuou o seguinte: **1) a advertência verbal** é punição de caráter educativo, **aplicável às infrações de natureza leve (art. 46, § 1º); 2) a repreensão** é sanção disciplinar revestida de maior rigor no aspecto educativo, **aplicável em casos de infração de natureza média, bem como aos reincidentes de infração de natureza leve (art. 46, § 2º).**

No tocante às faltas graves, o RPF segue à risca a LEP para indicar que a **suspensão ou restrição de direitos, o isolamento e o regime disciplinar diferenciado** correspondem às sanções a elas aplicadas, a depender do contexto fático-jurídico.

Neste particular, **a suspensão ou restrição de direitos e o isolamento na própria cela**[120] **ou em local adequado não poderão exceder a trinta dias**, mesmo nos casos de concurso de infrações disciplinares, sem prejuízo da aplicação do regime disciplinar diferenciado (art. 50 do RPF c/c art. 58 da LEP).

Tema que suscita forte controvérsia diz respeito **à punição da tentativa com a sanção correspondente à falta consumada,** a teor da inteligência do art. 51 do RPF, que reproduz o art. 49, parágrafo único da LEP. E a crítica se inicia, não por outra razão, **pela quebra de proporcionalidade entre os aspectos subjetivos da infração e o desvalor da conduta perpetrada,** tendo no dogma da sanção disciplinar vestígios do direito penal do autor (SCHMIDT, 2002b, p. 310). Neste sentido, "não há como negar que um sentenciado que

---

transferência de estabelecimento, rebaixamento de classificação da conduta carcerária e apreensão de valores e objetos.

119. No mesmo sentido, ver Rafael de Souza Miranda (2020, p. 69).

120. Consultar ponto 3.3.9.1.7 sobre o isolamento cautelar.

tentar incitar movimento para subverter a ordem merece sanção mais leve do que aquele que conseguiu atingir o mesmo objetivo" (MIRANDA, 2020, p. 69).

Ladeando tais argumentos, explica Rodrigo Estrada Roig que, "ao equiparar faltas tentadas e consumadas, **o legislador atribuiu à falta disciplinar, gravidade maior do que aquela verificada nas próprias contravenções penais.** Isso porque o art.4º da Lei de Contravenções Penais é categórico ao dispor que não é punível a tentativa de contravenção" (ROIG, 2017, p. 207).

Atento à concepção jurisdicional da execução penal estabelecida desde uma análise sistemática da LEP (art. 2º, art. 65 e art. 194) e do texto constitucional (art. 5º, inc. XXXV), o RPF promove, no plano federal, **nova leitura da legitimidade da administração prisional para a aplicação das sanções disciplinares.** Dito de outra maneira, **o art.49 do RPF adstringe a competência do diretor da unidade prisional federal à aplicação das sanções relativas às faltas medias e leves**, ouvido o Conselho Disciplinar. Como resultado, o RPF expressamente adverte que **as faltas graves devem ser aplicadas pela autoridade judicial,** a saber o juiz federal corregedor da execução penal no âmbito federal.

Outro não é o entendimento de Rodrigo Estrada Roig:

> Diante da necessidade de adequar a normatização penitenciária à Constituição de 1988, o Governo Federal editou o Regulamento Penitenciário Federal (Decreto n. 6.049/2007), estabelecendo expressamente em seu art. 49 que cabe à autoridade judicial a aplicação das sanções disciplinares referentes às faltas graves. Tal medida, se corretamente adotada, tem o condão de assegurar o legítimo direito dos "presos federais" à jurisdição, garantindo assim que seus processos executivos sejam regidos pela formalidade de procedimentos, ao contrário do que se daria em âmbito exclusivamente penitenciário, caracterizado pela informalidade ritualística e pela flexibilização de direitos e garantias. Se por um lado o Regulamento Federal finalmente reconheceu a jurisdicionalização da análise de faltas graves, por outro fez surgir uma grave discrepância entre o tratamento conferido a presos "federais" e "estaduais" (ROIG, 2017, p. 204-205).

Tal entendimento se deve ao fato de que a LEP, dando tratamento às sanções disciplinares (desde sua versão original e com a reforma ocorrida pela Lei n.º 10.792/03), estabeleceu que **cabe ao diretor da unidade prisional aplicar as faltas de todas as naturezas, à exceção da sanção de inclusão do preso em regime disciplinar diferenciado**, conforme a inteligência do art. 54.

Sucede que, em uma devida interpretação conforme a constituição – à luz da inafastabilidade do acesso à jurisdição, bem como da reserva de jurisdição em matéria de alcance penal (material) – **entendemos que a redação originária do art. 54 da LEP não foi recepcionada pela CF, bem assim revela-se inconstitucional a reforma dada ao mesmo artigo pela Lei n.º 10.792/03.** Portanto, é imperioso sustentar que **o diretor** de qualquer unidade prisional, **seja estadual, seja federal, carece de legitimidade para aplicação de sanções disciplinares de natureza grave,** daí porque andou bem o Decreto n.º 6.049/07, para, **em teoria,** promover correta interpretação da lei de regência e, sobretudo, do texto constitucional.

Entretanto, a realidade prática que emana do poder disciplinar sancionador no SPF em nada difere da lógica de controle administrativo das sanções disciplinares, revestindo o juiz corregedor da condição de mero homologador das faltas graves aplicadas. Isso porque, da leitura sistemática do RPF, notadamente em seu o art. 72, observa-se que, **na decisão do diretor do estabelecimento penal federal a respeito de qualquer infração disciplinar,** deverão constar, dentre outras providências, **a remessa do procedimento ao juízo competente, nos casos de isolamento preventivo e falta grave** (inc. IV). Portanto, na prática, o RPF **mantém a aplicação** da sanção disciplinar – seja qual for a sua natureza, à exceção do regime disciplinar diferenciado – **na pessoa do diretor da unidade prisional federal, cabendo ao juiz** corregedor, recebendo os autos com a decisão, confirmar a **aplicação da falta de natureza grave.**

Não obstante o atual quadro de entendimento que vigora para os processos decisórios das sanções disciplinares na execução penal brasileira, **quer nos parecer que o tema exige nova postura do poder judiciário brasileiro,** visto que, **em recente e importante posicionamento do Conselho da Justiça Federal,** por ventura da I Jornada de Direito e Processo Penal do Centro de Estudos Jurídicos, **aprovou,** em 14.08.2020, **o enunciado n.º 21, com a seguinte redação:**

> A decisão do Procedimento Administrativo Disciplinar (PAD) que avalia a falta disciplinar sujeita-se a posterior análise e decisão judicial, podendo ser novamente examinadas as questões de fato e de direito, bem como o magistrado proferir nova decisão, para reconhecimento ou não da referida falta.

Outro tema importante, diz respeito ao tratamento dado à prescrição das faltas disciplinares. É dizer, a norma geral (LEP) nada dispôs acerca do assunto, pelo que o debate acadêmico e jurisprudencial ganhou corpo. **Neste**

sentido, o STJ se posicionou pelo prazo de 3 anos, em analogia[121] ao menor prazo prescricional do art. 109 do CP (vide decisão abaixo – STJ, Habeas Corpus 527.625/SP, DJe 26.1.2019). O **STF, da mesma forma,** acatou tal posicionamento (HC 92.000, julgado em 13.11.2007; e RHC 117.140, julgado em 25.06.2013).

Rodrigo Roig (2017, p. 268) grifa que, segundo o STJ, tal opção se deve ao fato de que a prescrição não pode ser fundamentada com base em previsão em Regulamento Estadual, já que não teria o condão de disciplinar tema afeto à matéria penal (HC 181.712/RS, julgado em 14.08.12).

Nesta linha intelectiva, **o RPF, da mesma forma, não poderia disciplinar o tema**; a uma, por não haver previsão na Lei Geral (LEP); a duas, por dispor, em ato infralegal, de conteúdo de natureza penal (material). **Nada obstante tais argumentos**, seguindo a linha adotada no precedente do STJ, **o SPF regulamentou o tema,** o fazendo **por meio de Portaria, a saber**: "a ausência de norma específica quanto à prescrição da infração disciplinar ou da execução da pena, aplicar-se-á, por analogia, o disposto no art. 109, VI do Código Penal" (art. 48 da Portaria DGDEPEN n.º 75/16).

Recorrendo-se a boa doutrina, entendemos que a referida **Portaria,** além de nesse ponto carecer de validade, no plano formal, **revela-se prejudicial sob o ponto de vista da proporcionalidade.** "A razão é simples, pois não é proporcional que uma infração disciplinar tenha prazo prescricional superior a qualquer crime" (MIRANDA, 2020, p. 286), justo porque o artigo 30 da Lei de Drogas prevê prazo de 2 (dois) anos de prescrição para a execução da pena do crime de uso de drogas para consumo próprio (artigo 28)**, a se revelar prazo menor do que aquele estampado de forma geral no CP.**

A par deste relevante esclarecimento, **vige na doutrina entendimento mais favorável ao preso no tocante ao prazo prescricional das infrações disciplinares:** "por analogia aos decretos presidenciais de indulto, que historicamente estipulam, como requisito subjetivo, a inexistência de sanção disciplinar nos últimos 12 meses de cumprimento da pena", **a prescrição da falta disciplinar deveria se dar no prazo de 1 ano.** Tal posicionamento reveste-se de proporcionalidade e especialidade, pois reclama interpretação **1)** de que

121. Segundo Claus Roxin, "*la analogía favorable al reo es también lícita sin la menor restricción em Derecho Penal*" (ROXIN, 2003, p. 158).

as faltas disciplinares são menos graves do que qualquer tipo penal, de modo que seus prazos prescricionais (disciplinares) também devem ser igualmente inferiores; **2)** o disciplinamento da questão por meio de Decreto Presidencial Natalino (indulto e comutação), ao tratar de prazo prescricional específico ao campo da execução penal, qualifica-se como norma especial em relação ao CP[122].

Em posição ainda mais favorável ao preso, Guilherme Nucci **sustenta o prazo prescricional de 180 dias,** aplicando-se-lhe, ante a omissão da LEP, analogicamente a Lei n.º 8.112/90:

> O contorno da falta grave do condenado atinge diretamente a execução penal, cuidando-se, pois, de fato relevante, impossível de ser regulado por regimento de presídio. O caminho correto, partindo-se para a analogia, visto que a Lei de Execução Penal é omissa a respeito, deve voltar-se à prescrição das faltas administrativas em geral. **Tomando-se por base o disposto pela Lei 8.112/90, disciplinando o regime jurídico dos servidores públicos civis da União, das autarquias e das fundações públicas federais, tem-se o prazo de 180 dias, quando a penalidade é advertência (a mais branda), nos termos do art. 142, III.** O prazo começa a correr da data em que o fato se tornou conhecido (art. 142, § 1.º). A abertura de sindicância ou processo disciplinar interrompe a prescrição até a decisão final ser proferida pela autoridade competente (art. 142, § 2.º).
>
> Portanto, **praticada a falta grave, admite-se o menor prazo possível,** válido em nível nacional para os servidores federais, **de seis meses para o início da apuração**. [...] **Mais adequada a analogia com lei federal do que com regimento de estabelecimento penitenciário.** A matéria, entretanto, deveria ser regulada pela Lei de Execução Penal (NUCCI, 2018, p. 80).

JURISPRUDÊNCIA

SUPERIOR TRIBUNAL DE JUSTIÇA

• **Prescrição das faltas disciplinares:**

"EXECUÇÃO PENAL. HABEAS CORPUS SUBSTITUTIVO DE RECURSO PRÓPRIO. INADEQUAÇÃO DA VIA ELEITA. FALTA GRAVE. FUGA. INFRAÇÃO DISCIPLINAR PERMANENTE. TERMO INICIAL. DATA DA RECAPTURA. PRESCRIÇÃO. PRAZO. APLICAÇÃO ANALÓGICA DO ART. 109, VI, DO CP. CONSTRANGIMENTO ILEGAL NÃO CONFIGURADO. WRIT NÃO CONHECIDO. 1. O 2. [...]As Turmas que compõem a Terceira Seção desta Corte firmaram o entendimento de que, **em razão da ausência de legislação específica, a prescrição da**

122. Rodrigo Estrada Roig (2017, p. 269) lembra que esta é a posição de Pericles Batista da Silva.

pretensão de se apurar falta disciplinar, cometida no curso da execução penal, deve ser regulada, por analogia, pelo prazo do art. 109 do Código Penal, com a incidência do menor lapso previsto, atualmente de três anos, conforme dispõe o inciso VI do aludido artigo. 3. In casu, conforme consta do voto condutor do acórdão impugnado, a falta grave foi cometida em 4/4/2017 (fuga em 26/12/2013, com recaptura do sentenciado em 4/4/2017), tendo sido determinada a instauração de procedimento administrativo disciplinar para a respectiva apuração. 4. O termo inicial do prazo prescricional, no caso de fuga, é a data da recaptura, por ser uma infração disciplinar de natureza permanente (HC n. 362.895/RS, Rel. Ministro FELIX FISCHER, Quinta Turma, julgado em 14/2/2017, DJe 22/2/2017) 5. A conduta foi praticada após a edição da Lei n. 12.234/2010, cujo menor lapso prescricional é de 3 anos, prazo ainda não implementado. 6. Habeas corpus não conhecido." (STJ, 5ª Turma, Habeas Corpus 527.625/SP, rel. Ministro Reynaldo Soares da Fonseca, julgado em 12.11.2019, DJe 26.1.2019)

3.3.9.1.7 Medidas cautelares administrativas

Conteúdo que ganha especial relevância é o relativo às medidas cautelares preventivas no âmbito do SPF.

A LEP, ao tratar do tema, aponta duas hipóteses de medidas cautelares preventivas, ambas, devidamente motivadas, **no interesse da disciplina** e **averiguação de fatos**[123] **relacionados a infrações disciplinares**, quais sejam (art. 60): **1)** o isolamento preventivo do faltoso pelo prazo de até dez dias **2)** a inclusão preventiva do preso no regime disciplinar diferenciado, também pelo prazo de 10 dias[124], a qual dependerá de (prévio) despacho do juiz competente[125].

Conquanto o RPF tenha seguido fielmente as diretrizes da LEP para estabelecer medida cautelar de isolamento preventivo ao interno faltoso (art. 52), o mesmo não o fez quando introduz nova hipótese cautelar administrativa em seu art. 53, a saber:

---

123. Pensar de forma diversa seria o equivalente a revestir o isolamento preventivo para faltas graves diversas do RDD em mecanismo de cumprimento antecipado de sanção disciplinar, a solapar o direito fundamental à presunção de inocência, bem como comprometer a finalidade da pena em uma espécie de totalitarismo retributivo, por meio da (inconstitucional) vingança estatal.

124. Esta é, a nosso juízo, a inteligência do art. 60 da LEP.

125. A Portaria DGDEPEN nº75/16, ainda que o isolamento se trate de sanção imposta para as faltas de natureza grave, **permite a aplicação preventiva mediante decisão fundamentada do Diretor do estabelecimento penal federal**, por período não superior a dez dias (art. 11). A decisão que determinar o isolamento deverá ser comunicada ao juiz da Vara de Execução Penal e ao Defensor, dentro de vinte quatro horas (§ 1º). **Em se tratando de falta disciplinar de natureza grave que acarrete a inclusão no regime disciplinar diferenciado,** o Diretor do estabelecimento penal federal **representará ao juiz da execução penal federal para os fins da decretação do isolamento ou inclusão preventiva nesse regime (§ 2º).**

> "Ocorrendo rebelião, para garantia da segurança das pessoas e coisas, poderá o diretor do estabelecimento penal federal, em ato devidamente motivado, suspender as visitas aos presos por até quinze dias, prorrogável uma única vez por até igual período."

De fato, a presente medida, em que pese dotada de justificável fundamento, esbarra no princípio da legalidade, vez que a norma geral de regência foi manifesta em eleger as hipóteses cautelares relacionadas ao poder disciplinar.

Mais que isso. A LEP, como visto no cap. 3.3.9.1.2, admite a restrição de direitos, **entre eles o direito à visitação**, sem, contudo, esquecer que tal medida somente pode ser operada em razão do cometimento de falta disciplinar, na linha da lógica do **art. 53, inc. III, da LEP.**

Com efeito, a teor do art. 53 do RPF, para além de superar seus limites regulamentadores, **propõe nova hipótese de medida cautelar aparentemente desvinculada da averiguação de fatos (individualizados) relacionados à falta grave** pela subversão da ordem no contexto das rebeliões prisionais, **a caracterizar indevida sanção de natureza coletiva** (art. 45, § 3º, LEP). Não bastassem tais argumentos, a medida inovadora estabelece prazo de suspensão do direito à visita aos presos por até quinzes dias, prorrogável uma única vez até igual período.

Sucede que, **como se verá do cap. 4.3.4, a Lei n.º 13.964/19** ampliou o rol de limitações a direitos dos presos no âmbito federal, **a permitir a suspensão e restrição ao direito de visitas por meio de ato fundamentado dos diretores dos estabelecimentos penais federais de segurança máxima ou o Diretor do Sistema Penitenciário Federal** (art. 3º, § 4º, da Lei 11.671/08).

A par do exposto, voltemo-nos ao isolamento preventivo.

Em regra, a sanção de isolamento é cumprida, cautelarmente, com a transferência do interno ao setor de isolamento, notadamente quando a falta traz alguma consequência para vivência, tal como acirramento dos ânimos dos demais internos em favor do faltoso, por se atrelar a confusões entre os próprios internos ou pela danificação da própria cela (ex: quebra de um cano), **hipóteses em que o isolamento ocorre com o afastamento da cela como medida preventiva ao interesse da disciplina e apuração dos fatos.** Já o cumprimento da sanção definitiva de isolamento, ao final do procedimento administrativo disciplinar, normalmente acontece na própria cela, com especial preferência dos presos.

Depreende-se com isso – para melhor familiarizar o leitor com a realidade do SPF – que o isolamento cautelar, em regra, se dá no mesmo espaço arquitetônico destinado ao cumprimento da sanção disciplinar mais extrema, qual seja o RDD.

ISOLAMENTO PREVENTIVO	RDD PREVENTIVO
Prazo: 10 dias Medida: isolamento na própria cela ou setor de isolamento (RDD e Triagem) Atribuição: autoridade administrativa (Diretor) com comunicação ao Juiz Corregedor	Prazo: 10 dias Medida: isolamento no setor de isolamento (RDD e Triagem, salvo se todas as celas estiverem ocupadas) Atribuição: autoridade judicial (Juízo Corregedor)

APLICAÇÃO EM CONCURSO – REGIME DISCIPLINAR ORDINÁRIO

QUESTÕES

1. **(2015 – DEPEN – Agente Penitenciário Federal – Área 3)** O agente penitenciário João foi escalado de última hora, às nove horas da manhã, devido a uma movimentação interna dos presos da ala sul que cumpriam regime disciplinar diferenciado e que iriam para o banho de Sol. Diante de atos de insubordinação dos presos daquela ala, João equipou-se com sua arma de fogo e deslocou-se para o local da movimentação, preparado para conduzir eventual situação de violência e evitar, assim, um efeito prejudicial sobre a disciplina e a ordem do estabelecimento penal federal. Ao chegar ao local, João adotou os procedimentos de revista pessoal e, em seguida, determinou que os presos se dirigissem ao pátio para o banho de Sol. Sua ordem foi cumprida por nove presos; porém, um deles, faltando com os deveres de urbanidade para com João, em aparente ato de rebeldia, recusou-se a deixar a cela, o que foi presenciado por outro agente penitenciário. Ao perceber que havia outro agente, o preso cumpriu a ordem e foi advertido verbalmente por João, que informou que se o ato de indisciplina se repetisse, o fato seria formalizado no livro de ocorrências e, com isso, o preso se sujeitaria às penalidades legais. Ao término do banho de Sol, às onze horas da manhã, por determinação superior, os presos voltaram às celas.

A partir dessa situação hipotética, julgue o item subsecutivo com base no Regulamento Penitenciário Federal.

O preso, ao recusar-se a deixar a cela quando determinado e portar-se da forma relatada na situação hipotética, cometeu **falta disciplinar de natureza leve**.

2. **(SEGPLAN – SAPeJUS, 2014, SEAP-GO, Prova de Vigilante Penitenciário)** Segundo a Lei de Execução Penal (Lei 7.210/84), as faltas disciplinares classificam-se em leves, médias e graves. É considerada **falta de natureza grave**:

A) usar de bebida alcoólica.

B) trabalhar voluntariamente.

C) conservar objetos de uso pessoal.

D) não indenizar o Estado das despesas realizadas.

E) possuir, indevidamente, instrumento capaz de ofender a integridade física de outrem.

3. (CESPE, 2009, SEJUS-ES, Prova de Agente Penitenciário) A tentativa de fuga do estabelecimento prisional é classificada como **falta disciplinar grave**, punida com a sanção correspondente à falta consumada.

4. (CESPE, 2011, TJ/ES, Prova de Analista Judiciário) Com relação a direitos, deveres e disciplina do preso, julgue os próximos itens.

Ao preso podem ser concedidas as **recompensas do elogio e da concessão de regalias**, tendo como base o bom comportamento do condenado, sua colaboração com a disciplina e sua dedicação ao trabalho.

5. (CESPE, 2013, SEJUS-ES, Prova de Agente Penitenciário) A autoridade administrativa poderá decretar o isolamento preventivo do faltoso pelo prazo de até

A) uma semana.

B) 24 (vinte e quatro) horas.

C) 3 (três) dias.

D) 30 (trinta) dias.

E) 10 (dez) dias.

6. (CESPE, 2021, DEPEN, prova de Especialista Federal em Assistência à Execução Penal e Agente Federal de Execução Penal) A respeito das regras vigentes quanto a visitas sociais em estabelecimentos penais federais de segurança máxima, julgue os itens subsequentes.

Se os presos de determinado presídio federal iniciarem uma rebelião, a suspensão das visitas de todos eles, caso assim imponha a situação, deverá ser determinada pelo juízo da execução, por meio de ato motivado.

GABARITO

1. A assertiva está errada. Cometeu falta de natureza média. Art. 44, I do Decreto n.° 6.049/07.
2. A alternativa correta era a letra E. Contudo, no SPF é preciso referir que a previsão dessa falta grave está no art. 45, inc. III do Decreto n.° 6.049/07.
3. A assertiva está correta.
4. A assertiva está correta.
5. A alternativa correta é a letra "E", conforme texto expresso do artigo 52 do RPF.
6. Esta alternativa está errada. Art. 53 do RPF prevê que em caso de rebelião, no intuito de garantir a segurança das pessoas e coisas, o diretor do estabelecimento penal federal, em ato devidamente motivado, poderá suspender as visitas aos presos por até quinze dias, prorrogável uma única vez por até igual período.

3.3.9.2 Regime Disciplinar Diferenciado

Desde as observações lançadas no cap. 1.1, bem como na busca por respostas no direito comparado para os regimes especiais de cumprimento de pena (cap. 2.10), foi possível **identificar no Regime Disciplinar Diferenciado (RDD) a imagem e semelhança ao próprio Sistema Penitenciário Federal (SPF).**

Bem por isso, se **confunde** no imaginário popular – inclusive entre operadores do sistema de justiça criminal – **as ideias de Penitenciária Federal e RDD**. Como dito alhures, a Lei 10.792/03, a um só efeito, não apenas cria (no plano legislativo federal) este modelo disciplinar extremo, como emancipa a estruturação do Sistema Penitenciário Federal. Tal tratamento legislativo, cujo contexto histórico trouxemos ao leitor na condição de novo marco criminológico, **passa a ressignificar a dinâmica de controle prisional brasileiro** e anima o novo discurso funcional da pena, **pautado na neutralização e inocuização de indivíduos perigosos**[126]**.**

A comprovar tal simbiose, a Lei n.º 10.792/03 assume que **União deverá priorizar**, quando da **construção de presídios federais**, os estabelecimentos que se destinem a abrigar presos provisórios ou condenados **sujeitos a regime disciplinar diferenciado** (art.8º). Conjuga-se a isso **o fato de que o art. 52 da LEP**, tanto na redação dada pela Lei n.º 10.792/03, quanto na recente reforma proposta pela Lei n.º 13.964/19, **caracteriza o RDD por limitações neutralizantes da pessoa privada de liberdade em manifesta aproximação com as características ordinárias de cumprimento da pena em regime fechado de segurança máxima** no SPF (art. 3º, § 1º, da Lei n.º 11.671).

Nada obstante tais semelhanças, reiteramos o que dito quando da análise dos estabelecimentos penais (cap. 3.3): **nem sempre o regime disciplinar diferenciado é exclusividade das penitenciárias federais** (art. 87, parágrafo único, LEP), **bem como nem todos os presos, condenados ou provisórios, lá custodiados, estarão a cumprir o rigoroso regime disciplinar diferenciado,** conforme se depreende do art. 4º do Decreto n.º 6.049/07 e art. 3º do Decreto 6.877/09.

---

126. Gabriel Anitua adverte que o cárcere sobrevive hoje como um lugar que reduz riscos, como um cárcere de vigilância para que ninguém saia de seu sítio. [...] Essa pena de prisão já não é mais uma máquina, não tem que fazer nada, não cria, não transforma. A essencialidade do cárcere no século XXI é a exclusão. [...] Dessa maneira, o "presídio de segurança máxima" afirma, sem puder, a função efetiva que a prisão sempre teve. A de excluir. (ANITUA, 2008, p. 819).

3.3.9.2.1 Alterações da LEP pelo Pacote Anticrime

Enquanto o Projeto de Lei n.º 882/19 (Moro) não previa alterações quanto ao regime disciplinar diferenciado, o PL n.º 10.372/18 (Moraes) endureceu as regras de cumprimento do RDD, tendo, com sua aprovação (quase total)[127], alterado significativamente a redação do art. 52 da LEP, conforme pode-se visualizar no quadro abaixo.

Texto anterior da LEP	LEP alterada pela Lei 13964/19
Art. 52. A prática de fato previsto como crime doloso constitui falta grave e, quando ocasione subversão da ordem ou disciplina internas, sujeita o preso provisório, ou condenado, sem prejuízo da sanção penal, ao regime disciplinar diferenciado, com as seguintes características: (Redação dada pela Lei n° 10.792, de 2003) I – duração máxima de trezentos e sessenta dias, sem prejuízo de repetição da sanção por nova falta grave de mesma espécie, até o limite de um sexto da pena aplicada; (Incluído pela Lei n° 10.792, de 2003) II – recolhimento em cela individual; (Incluído pela Lei n° 10.792, de 2003) III – visitas semanais de duas pessoas, sem contar as crianças, com duração de duas horas; (Incluído pela Lei n° 10.792, de 2003) IV – o preso terá direito à saída da cela por 2 horas diárias para banho de sol. (Incluído pela Lei n° 10.792, de 2003)	Art. 52. A prática de fato previsto como crime doloso constitui falta grave e, quando ocasionar subversão da ordem ou disciplina internas, sujeitará o preso provisório, ou condenado, **nacional ou estrangeiro**, sem prejuízo da sanção penal, ao regime disciplinar diferenciado, com as seguintes características: I – **duração máxima de até 2 (dois) anos,** sem prejuízo de **repetição da sanção por nova falta grave de mesma espécie;** II – recolhimento em cela individual; III – visitas quinzenais, de 2 (duas) pessoas por vez, **a serem realizadas em instalações equipadas para impedir o contato físico e a passagem de objetos, por pessoa da família ou, no caso de terceiro, autorizado judicialmente,** com duração de 2 (duas) horas; IV – direito do preso à saída da cela por 2 (duas) horas diárias para banho de sol, **em grupos de até 4 (quatro) presos, desde que não haja contato com presos do mesmo grupo criminoso;**

127. A proposta legislativa previa ainda mais rigorosa modificação nas características do RDD, em especial pelas limitações no direito à visita social, no monitoramento das entrevistas e na participação em audiências judiciais.

Texto anterior da LEP	LEP alterada pela Lei 13964/19
	V – entrevistas sempre monitoradas, **exceto aquelas com seu defensor, em instalações equipadas para impedir o contato físico e a passagem de objetos, salvo expressa autorização judicial em contrário;** VI – fiscalização do conteúdo da correspondência; VII – participação em audiências judiciais preferencialmente por videoconferência, **garantindo-se a participação** do defensor no mesmo ambiente do preso.
§ 1° O regime disciplinar diferenciado também poderá abrigar presos provisórios ou condenados, nacionais ou estrangeiros, que apresentem alto risco para a ordem e a segurança do estabelecimento penal ou da sociedade. (Incluído pela Lei n° 10.792, de 2003)	§ 1° O regime disciplinar diferenciado também será aplicado aos presos provisórios ou condenados, nacionais ou estrangeiros: I – que apresentem alto risco para a ordem e a segurança do estabelecimento penal ou da sociedade:
§ 2° Estará igualmente sujeito ao regime disciplinar diferenciado o preso provisório ou o condenado sob o qual recaiam fundadas suspeitas de envolvimento ou participação, a qualquer título, em organizações criminosas, quadrilha ou bando. (Incluído pela Lei n° 10.792, de 2003)	II – sob os quais recaiam fundadas suspeitas de envolvimento ou participação, a qualquer título, **em organização criminosa, associação criminosa ou milícia privada, independentemente da prática de falta grave.** § 2° (Revogado).
	§ **3° Existindo indícios de que o preso exerce liderança em organização criminosa, associação criminosa ou milícia privada, ou que tenha atuação criminosa em 2 (dois) ou mais Estados da Federação, o regime disciplinar diferenciado será obrigatoriamente cumprido em estabelecimento prisional federal.** **§ 4° Na hipótese dos parágrafos anteriores**, o regime disciplinar diferenciado **poderá ser prorrogado sucessivamente, por períodos de 1 (um) ano,** existindo indícios de que o preso: I – **continua apresentando alto risco para a ordem e a segurança do estabelecimento penal de origem ou da sociedade;** II – **mantém os vínculos com organização criminosa, associação criminosa ou milícia privada, considerados também o perfil criminal e a função desempenhada por ele no grupo criminoso, a operação duradoura do grupo, a superveniência de novos processos criminais e os resultados do tratamento penitenciário.**

Texto anterior da LEP	LEP alterada pela Lei 13964/19
	§ 5° Na hipótese prevista no § 3° deste artigo, o regime disciplinar diferenciado deverá contar com alta segurança interna e externa, principalmente no que diz respeito à necessidade de se evitar contato do preso com membros de sua organização criminosa, associação criminosa ou milícia privada, ou de grupos rivais. **§ 6° A visita de que trata o inciso III do caput deste artigo será gravada em sistema de áudio ou de áudio e vídeo e, com autorização judicial, fiscalizada por agente penitenciário.** **§ 7° Após os primeiros 6 (seis) meses de regime disciplinar diferenciado, o preso que não receber a visita de que trata o inciso III do caput deste artigo poderá, após prévio agendamento, ter contato telefônico, que será gravado, com uma pessoa da família, 2 (duas) vezes por mês e por 10 (dez) minutos.**

Passemos a verificar, de forma pormenorizada, a complexa **natureza jurídica do RDD**: **I**) hipóteses de cabimento (punitivo e cautelar); **II**) características; **III**) motivos para cumprimento obrigatório no SPF; **IV**) procedimento para inclusão; **IV**) direitos não atingidos pela sua aplicação e; **V**) conformidade constitucional.

3.3.9.2.2 Cabimento

LEP alterada pela Lei n.º 13.964/1
Art. 52. A prática de fato previsto como crime doloso constitui falta grave e, quando ocasionar subversão da ordem ou disciplina internas, sujeitará o preso provisório, ou condenado, **nacional ou estrangeiro**, sem prejuízo da sanção penal, ao regime disciplinar diferenciado, com as seguintes características: [..]

Como é cediço, o RDD segue a disciplina do artigo 52 da LEP, com as alterações trazidas pela Lei n.º 13.964/19. É dizer, **trata-se de sanção de natureza disciplinar**, com efeitos penais extremos, envidadas pela prática conjugada de: **1) fato previsto como crime doloso que constitua falta grave** e; 2) **quando ocasionar subversão da ordem ou disciplina internas.** Portanto, não basta que a falta grave consista em fato definido como crime doloso, devendo, tal fato, ter a capacidade de subverter a ordem ou a disciplina interna. Em doutrina, à presente hipótese denomina-se “RDD punitivo”.

Quanto ao legitimado ativo, importante lembrar que a medida disciplinar extrema somente pode ser aplicada por prévio e fundamentado despacho do juiz competente, conforme a inteligência do artigo 54 da LEP, ainda que de forma cautelar (art. 60).

Em atenção ao tema, se o motivo de inclusão ou transferência para o SPF for a submissão do preso ao RDD (art. 3º, inc. III, Decreto n.º 6.877/09), cuja decisão cautelar do juiz da origem penda de definição, **caberá tal ato ao juiz corregedor da penitenciária federal no qual foi incluído ou transferido o preso,** a preponderar a competência do Juiz Federal, em respeito ao comando do art. 2º, parágrafo único, da Lei n.º 11.617/08. Este, a propósito, é o teor do Enunciado n.º 50 do VIII Workshop do SPF:

> A decisão sobre a inclusão definitiva no Regime Disciplinar Diferenciado – RDD, ou a sua mera homologação, **compete ao juízo da corregedoria do presídio federal no qual foi incluído ou transferido o preso**. (Editado pelo Fórum Permanente do Sistema Penitenciário Federal nas reuniões preparatórias do VIII Workshop)

Quando aos legitimados passivos, o RDD sujeita-se: **1) ao preso provisório ou; 2) preso condenado; 3) sejam eles nacionais ou estrangeiros.**

Neste particular, a Lei n.º 13.964/19 acrescentou ao caput do art. 52, na condição de sujeito passivos, **os nacionais ou estrangeiros**, cuja previsão anterior[128] apenas se mostrava presente no § 1º, que tratava do RDD cautelar, hipótese na qual servia de amparo para aplicação, por analogia, ao caput deste artigo[129].

Quanto ao momento de aplicação, o RDD pode ser determinado: 1) de **forma cautelar;** ou 2) de **forma definitiva.**

Neste particular, abordaremos no ponto 3.3.9.2.4.

---

128. No mesmo sentido, é a disposição do RPF para o RDD: "Segundo artigo 48: "a prática de fato previsto como crime doloso e que ocasione subversão da ordem ou da disciplina internas sujeita o preso, sem prejuízo da sanção penal, ao **regime disciplinar diferenciado**".
129. Neste sentido, Renato Brasileiro de Lima (2020, p. 361).

3.3.9.2.3 Características do RDD (art. 52)

LEP alterada pela Lei 13964/19
Art. 52. [...] I – duração máxima de até 2 (dois) anos, sem prejuízo de repetição da sanção por nova falta grave de mesma espécie; II – recolhimento em cela individual; III – visitas quinzenais, de 2 (duas) pessoas por vez, a serem realizadas em instalações equipadas para impedir o contato físico e a passagem de objetos, por pessoa da família ou, no caso de terceiro, autorizado judicialmente, com duração de 2 (duas) horas; IV – direito do preso à saída da cela por 2 (duas) horas diárias para banho de sol, em grupos de até 4 (quatro) presos, desde que não haja contato com presos do mesmo grupo criminoso; V – entrevistas sempre monitoradas, **exceto aquelas com seu defensor**, em instalações equipadas para impedir o contato físico e a passagem de objetos, salvo expressa autorização judicial em contrário; VI – fiscalização do conteúdo da correspondência; VII – participação em audiências judiciais preferencialmente por videoconferência, **garantindo-se a participação** do defensor no mesmo ambiente do preso.

I – duração máxima de até 2 (dois) anos, sem prejuízo de repetição da sanção por nova falta grave de mesma espécie:

O período de duração do RDD era de 360 dias na redação anterior da LEP, sem prejuízo de repetição da sanção por nova falta grave de mesma espécie, até o limite de um sexto da pena aplicada. Sucede que, com a alteração da Lei n.º 13.964/19 - que claramente envidou esforços em recrudescer a sanção disciplinar –, a duração máxima passou **para até 2 (dois) anos,** sem prejuízo de repetição da sanção por **nova falta grave** de mesma espécie.

Percebe-se, portanto, que: **a uma, não** há que se falar **em prorrogação** do novo período estabelecido para permanência do preso em RDD, mas tão somente **em renovação da sanção** em virtude **de nova falta grave**, que deve ser da mesma espécie, a ser apurada em devido processo administrativo disciplinar; **a duas,** de que tal previsão, por consequência de interpretação sistemática e lógica, **dirige-se as hipóteses de RDD "punitivo", inserta no caput do art. 52.**

Diversa é a hipótese prevista para o denominado RDD cautelar, conforme a análise no ponto 3.3.9.2.4.

II – recolhimento em cela individual:

O recolhimento em cela individual é característica inerente ao cumprimento da pena, tanto aos presos em RDD, quanto aos presos que estejam custodiados no SPF.

Convidamos o leitor à análise do cap.3.3.3 (características dos estabelecimentos) e 4.3.1 (características do regime fechado de segurança máxima).

III – visitas quinzenais, de 2 (duas) pessoas por vez, a serem realizadas em instalações equipadas para impedir o contato físico e a passagem de objetos, por pessoa da família ou, no caso de terceiro, autorizado judicialmente, com duração de 2 (duas) horas:

Confirmando a perspectiva de recrudescimento da sanção disciplinar extrema, a Lei n.º 13.964/19 impôs sérias restrições ao direito de visita aos presos em RDD. Por conseguinte, a periodicidade, **que era semanal, passa a ser quinzenal.**

Mas não é só, **a limitação a duas pessoas por vez, trazida pela nova redação,** sinaliza para a interpretação de que, já neste quantitativo, **deve estar inclusa a criança.** Isso porque, pela lógica, a criança ou o adolescente somente podem ingressar no estabelecimento penal acompanhado de um familiar, maior de idade, de modo a esgotar o limite máximo de visitantes. A prevalecer tão rígida e duvidosa medida, os internos e internas que tiverem mais de um filho, terão que os receber em quinzenas diversas. De fato, tal mudança revela-se substancial em relação ao texto anterior, que sabidamente permitia a visita de duas pessoas, sem contar as crianças[130].

A par disso, **outra significativa – e não menos polêmica – mudança no contexto da visita social** vem com o **impedimento de contato físico entre os familiares ou terceiros com o preso em RDD**, a partir de instalações (cabines ou parlatórios) construídas para este específico propósito. Tal medida visa coibir a passagem de objetos (papeizinhos com recados, artefatos que sirvam como armas, aparelhos celulares, substâncias ilícitas, etc...). Em verdade, **a alteração normativa reproduz e leva para as unidades prisionais estaduais a dinâmica que já vinha sendo executada no SPF.** Como consequência, é passível de conclusão que, aos presos em RDD, sob a custódia prisional estadual,

130. Em virtude do cenário envolvendo a visitação de crianças e a gravidade que tal restrição importa ao desenvolvimento propriamente dos menores envolvidos, remetemos o leitor ao capítulo 3.3.11, em que tratamos mais a fundo as questões envolvendo visitas de crianças e adolescentes.

dada a absoluta impossibilidade de contato físico, torna-se vedada a visita social em pátio de visitação, bem como a visita íntima, tudo enquanto perdurar o cumprimento desta sanção disciplinar.

Outra novidade diz respeito à visita social **por terceira pessoa** não integrante do grupo familiar do preso em RDD. Neste cenário, a Lei n.º 13.964/19 foi clara em exigir prévia autorização judicial para que a visita possa ser realizada.

Para mais, convidamos o leitor aos capítulos 3.3.11 (visitas), 3.3.12 (contato externo) e 4.3.1 (características do regime fechado de segurança máxima), oportunidade na qual será abordado o novo e controverso regime de visita social sem contato físico no SPF.

IV – direito do preso à saída da cela por 2 (duas) horas diárias para banho de sol, em grupos de até 4 (quatro) presos, desde que não haja contato com presos do mesmo grupo criminoso:

No tocante ao direito ao banho de sol àqueles internos que cumprem sanção disciplinar em RDD, alguns questionamentos merecem especial atenção.

Primeiro aspecto é que a redação originária do RDD, incluída pela Lei n.º 10.792/03, já estabelecia a saída do preso da cela por 2 (duas) horas diárias para o banho de sol. Doravante, com a redação dada pela Lei n.º 13.964/19, exige-se da administração prisional a árdua tarefa de coordenar e conciliar a saída diária de todos os presos em RDD para o banho de sol em grupos de até quatro indivíduos. Neste particular, a inovação legislativa reflete a lógica disciplinar estabelecida desde os procedimentos de rotinas carcerária do SPF que – **ainda que não impeça o acesso exclusivo, por vez, de apenas 4 (quatro) indivíduos ao pátio de banho sol**[131] **– já limitava a formação de grupos superiores a 3 (três) internos para manter conversa e aproximação entre si, consubstanciando, inclusive, sanção disciplinar o seu descumprimento**[132]**.**

Pensamos que a medida pode ocasionar grave prejuízo a direito imprescindível ao cumprimento da pena, sobretudo em RDD. Isto porque as

131. O manual de procedimentos e rotinas carcerárias do SPF (Portaria 38/14) prevê a possibilidade de saída para o banho de sol no pátio coletivo de até 13 internos por vez.

132. RAIPDPU Campo Grande 2019 – **Pátio de banho de sol:** "o pátio de banho de sol é uma quadra de cimento totalmente vazia. O único esporte que pode ser praticado é o futebol umas duas vezes por semana. Eles também fazer competição de corrida entre os internos. **Mais de três presos não podem se juntar e conversar juntos durante o banho de sol**" (DEFENSORIA PÚBLICA DA UNIÃO, 2019b).

vivências, em regra[133], possuem um mesmo pátio de sol para presos em regime disciplinar ordinário e também para os presos em RDD. A estabelecer este limite de indivíduos, por vez, para a saída ao banho de sol, a rotina de horários das atividades carcerárias fatalmente restará comprometida, a atender todos os presos da unidade prisional, justo pela impossibilidade de contato entre presos em regime comum e em RDD.

Segundo aspecto é que, a levar ao pé da letra a intenção do legislador de condicionar o banho de sol deste reduzido grupo de presos a ausência de contato entre si, em razão do mesmo vínculo de pertencimento associativo para fins criminais, **torna-se improvável e impraticável o acesso ao pátio de banho de sol.** Partindo desta premissa legal, questiona-se: que tipo de contato impeditivo seria esse? Visual, comunicacional? físico? E mais, – embora ferindo a lógica da segurança prisional – haveria de se aceitar, por outro lado, o contato de indivíduos com grupos criminosos rivais nesta saída para o banho de sol? Com efeito, a interpretação possível, para dar mínima viabilidade a este dispositivo legal, **aponta para que o grupo de 4 presos, por vez, ainda que de mesmo agrupamento criminoso, não pode, em banho de sol no pátio, manter qualquer contato entre si.**

Terceiro aspecto diz respeito justamente **à saída para o banho de sol. Em que pese a literalidade da lei,** vige aquiescente cultura de que o RDD não se coaduna com qualquer contato entre os presos, pelo que, ao largo da lei[134], as regras arquitetônicas prisionais têm se escudado em construções de módulos disciplinares individuais, cujas celas dão acesso a pequenos vãos adjacentes (solários) para que o preso, neste regime extremo, possa tomar o banho de sol sem dela sair. Não por outra razão, em recente decisão, o STF assentou que **o direito à saída da cela por 02 (duas) horas diárias para banho de sol revela-se prerrogativa inafastável** de todos aqueles que compõem o universo penitenciário brasileiro, **mesmo em favor daqueles sujeitos ao regime disciplinar diferenciado** (STF – Medida Cautelar no HC 172.136/SP, rel. Min. Celso de Mello, j. 01/07/2019).

---

133. Apenas três Estados da Federação dispõem de unidades prisionais exclusivas para o cumprimento do RDD, a saber (RJ, SP e MG).

134. Trata-se da Resolução n° 09/2011 do CNPCP que regulamenta as diretrizes básicas para arquitetura penal. Tal normativa, mesmo sendo sucedida por posteriores flexibilizações, **segue permitindo o uso de solário independente, em módulo de vivência individual, em quantidade equivalente a 2% do número total de presos.** (Anexo V- Programa para estabelecimento penais – Tabela 20: Programa de necessidades para Módulo de Vivência Coletiva e Tabela 21: Programa de necessidades para Módulo de Vivência Individual – solário individual de $6m^2$ e diâmetro mínimo de $2m^2$).

Para além do exposto, conforme se verá no cap. 4.3.1, o banho de sol assume ainda mais complexa relação com legislação que rege o SPF (Lei n.º 11.671/08), pelo que convidamos o leitor para lá entender suas nuances.

V – entrevistas sempre monitoradas, exceto aquelas com seu defensor, em instalações equipadas para impedir o contato físico e a passagem de objetos, salvo expressa autorização judicial em contrário:

Uma vez mais, a abordagem do tema remete o leitor aos capítulos 3.3.11 (visitas), 3.3.12 (contato externo), 4.3.1 (características do SPF), 4.3.2 (monitoramento do parlatório) e 4.3.3 (validade das gravações).

VI – fiscalização do conteúdo da correspondência:

Temática será tratada no cap. 3.3.12, pelo que, mais uma vez, para lá encaminhamos o leitor.

VII – participação em audiências judiciais preferencialmente por videoconferência, garantindo-se a participação do defensor no mesmo ambiente do preso:

A redação originária do PL n.º 10.372/18 (Moraes) previa que as audiências judicias para os presos em RDD ocorressem exclusivamente por videoconferência, contudo, a proposta não prosperou. Com efeito, o texto final deu tratamento **preferencial ao uso de videoconferência** para a realização das audiências judiciais referentes ao art. 52, inc. VII, LEP, garantida a participação do defensor no mesmo ambiente do preso.

Lembremos que a medida inova no ordenamento processual penal brasileiro, porquanto **o uso da videoconferência para o interrogatório**, conforme a inteligência do art. 185, § 2º do CPP, **permanece sendo medida excepcional**, cuja necessidade deve atender a taxativas hipóteses legais[135]. Portanto, a presente hipótese trazida pela Lei n.º 13.964/19 – dada sua especialidade – excepciona a norma geral vigente no CPP.

135. A saber: I – prevenir risco à segurança pública, quando exista fundada suspeita de que o preso integre organização criminosa ou de que, por outra razão, possa fugir durante o deslocamento; II – viabilizar a participação do réu no referido ato processual, quando haja relevante dificuldade para seu comparecimento em juízo, por enfermidade ou outra circunstância pessoal; III – impedir a influência do réu no ânimo de testemunha ou da vítima, desde que não seja possível colher o depoimento destas por videoconferência, nos termos do art. 217 deste Código; IV – responder à gravíssima questão de ordem pública.

De fato, projetando a medida para o campo jurisdicional do SPF, o interrogatório de réu preso em penitenciária federal, já importava, pelo próprio perfil criminal de muitos internos, na utilização do uso de videoconferência, notadamente para **1)** os fins de prevenir risco à segurança pública, ante a fundada suspeita de que o preso integrasse organização criminosa ou de que, por outra razão, pudesse fugir durante o deslocamento, **2)** bem como para viabilizar a participação do réu no referido ato processual, dada a relevante dificuldade para seu comparecimento em juízo, cuja circunstância pessoal de estar custodiado em localidade distante do juízo criminal é inerente à privação de liberdade no SPF.

Confirma-se este entendimento – nada obstante a controvertida natureza da medida – desde as recomendações e enunciados dos Workshops do SPF, a saber:

> **Recomendação n. 10** – Serão promovidas gestões junto ao CNJ para que os estados possam dispor de equipamentos para **videoconferência**, em face das peculiaridades do Sistema Penitenciário Federal, reduzindo-se, assim, os procedimentos para condução de presos. (Editado no I Workshop)
>
> **Enunciado n. 42** – O interrogatório do réu preso no Sistema Penitenciário Federal, bem como o acompanhamento dos demais atos da audiência, deve ser realizado por **videoconferência**, caso contrário, poderá ocorrer sua devolução definitiva ao Sistema Penitenciário Estadual. (Editado no III Workshop)
>
> **Enunciado n°2** – Recomenda-se que os juízos de origem (federal ou estadual) realizem os atos processuais em que seja necessária a oitiva do preso que se encontre no Sistema Penitenciário Federal via sistema de **videoconferência** (X Workshop)

3.3.9.2.4 Outras hipóteses para aplicação – RDD Cautelar (Art. 52, § 1º)

LEP alterada pela Lei 13.964/19
§ 1° O regime disciplinar diferenciado também será aplicado aos presos provisórios ou condenados, nacionais ou estrangeiros:
I – que apresentem alto risco para a ordem e a segurança do estabelecimento penal ou da sociedade;
II – sob os quais recaiam fundadas suspeitas de envolvimento ou participação, a qualquer título, em organização criminosa, associação criminosa ou milícia privada, independentemente da prática de falta grave.

Para além das hipóteses de inclusão em RDD previstas no ***caput* do art. 52,** cujo majoritário entendimento doutrinário **o classifica como "RDD punitivo"**[136], o § 1º deste mesmo dispositivo, com nova redação dada pela Lei n.º 13.964/19, acena para **as denominadas hipóteses cautelares de inclusão no RDD,** justo por prescindir do resultado da apuração da falta grave proveniente de crime doloso.

Com efeito, repetindo a previsão anterior à reforma, o RDD também será aplicado aos presos provisórios ou condenados, nacionais ou estrangeiros, **que apresentem alto risco para a ordem e a segurança do estabelecimento penal ou da sociedade** (inc. I).

De outra banda, com a revogação do § 2º estabelecida pela vigência da Lei n.º 13.964/19, a segunda hipótese de inclusão cautelar passa a constar do inc. II do § 1º, do art. 52 da LEP, **com pequenos ajustes relacionados aos vínculos associativos criminosos que passam a dar ensejo à aplicação cautelar do RDD.** Vale dizer, sob os quais recaiam fundadas suspeitas de envolvimento ou participação, a qualquer título, em **organização criminosa, associação criminosa ou milícia privada, independentemente da prática de falta grave** (inc. II)[137].

3.3.9.2.5 Motivos para obrigatoriedade de cumprimento de RDD no SPF (Art. 52, § 3º)

LEP alterada pela Lei 13964/19
§ 3° Existindo indícios de que o preso exerce liderança em organização criminosa, associação criminosa ou milícia privada, ou que tenha atuação criminosa em 2 (dois) ou mais Estados da Federação, o regime disciplinar diferenciado será obrigatoriamente cumprido em estabelecimento prisional federal.

---

136. Nos parece que assiste razão a Renato Marcão, quando sustenta que a inclusão cautelar do preso em RDD aplica-se tanto ao *caput* do art. 52, quanto aos incisos I e II do §1°, em razão do poder geral de cautela do juízo competente, inserto no art. 60, *caput* (segunda parte), da LEP, sempre no interesse da disciplina e averiguação do fato. Neste sentido, ver Renato Marcão (2009, p. 54).

137. Veja que tais ajustes normativos se deram em face das alterações do Código Penal que, em 2013, alterou o tipo legal do artigo 288 de crime de quadrilha ou bando para associação criminosa, redefinindo como delito o fato de associarem-se 3 (três) ou mais pessoas, para o fim específico de cometer crimes. Ainda, além de manter a liderança de organização criminosa, acrescentou o crime de constituição de milícia privada prevista no art. 288-A do CP, incluído pela Lei n.° 12.720/12.

A Lei n.º 13.964/19 inova ao prever duas situações que motivam a obrigatoriedade de cumprimento do RDD em estabelecimentos penais federais de segurança máxima, a saber: **1)** indícios de exercer **liderança em organização criminosa, associação criminosa ou milícia privada** ou; **2)** indícios de **atuação criminosa em 2 (dois) ou mais Estados da Federação.**

Em verdade, **o § 3º do art. 52 da LEP não traz novas hipóteses de cabimento de inclusão cautelar no RDD.** Tratam-se **de especiais condições do perfil criminal do preso**, inerentes às hipóteses previstas nos incisos I e II do § 1º do art. 52 da LEP e no Decreto n.º 6.877/09[138]. Com efeito, para além do preso ser integrante de algum dos agrupamentos criminosos previstos no inc. II do § 1º, **caso haja indícios de que disponha da condição de liderança,** o RDD **obrigatoriamente deve ser cumprido por inclusão ou transferência ao SPF.** Da mesma forma, havendo indícios de que o preso tenha atuação criminosa em 2 (dois) ou mais Estados da Federação – **quer nos parecer que o legislador tratou tal perfil criminal como de alto risco para a sociedade,** a rigor da previsão inserta no inc. I do § 1º do art. 52 – estaria presente a segunda hipótese de cumprimento obrigatório do RDD por inclusão ou transferência no SPF.

Por fim, recomenda-se a leitura adiante dos comentários ao parágrafo 5º no capítulo 3.3.9.2.7, que trata da segurança interna e externa dos estabelecimentos penais federais aos quais serão transferidos os presos incluídos conforme o parágrafo 3º.

JURISPRUDÊNCIA

SUPERIOR TRIBUNAL DE JUSTIÇA

• **Fundamento das previsões "alto risco" e "fundadas suspeitas"**:

"[...] 3. O art. 52 da Lei de Execuções Penais prevê o cabimento do Regime Disciplinar Diferenciado em três situações distintas. Ao contrário do caráter repressivo da primeira hipótese (caput), o "alto risco" e as "fundadas suspeitas" a que fazem referência os parágrafos 1.° e 2.° do art. 52 ilustram a preocupação do legislador em prevenir condutas que, porventura, possam acarretar em subversão da ordem ou disciplina internas. (STJ, 5ª Turma, HC 265.937/SP, rel. Ministra Laurita Vaz, julgado em 11.02.2014, DJe 28.02.2014)

138. O Decreto n.° 6.877/09, que regulamenta a lei n.° 11671/08, já previa como características para a inclusão ou transferência para estabelecimentos penais federais de segurança máxima, **entre outras hipóteses, o fato do preso estar submetido ao Regime Disciplinar Diferenciado – RDD (art. 3°, inc. III) e a liderança de organização criminosa (art. 3°, inc. I); este, um dos mais frequentes motivos ensejadores de transferência de preso ao SPF.**

3.3.9.2.6 Prorrogação do RDD e situações (Art. 52, § 4º)

LEP alterada pela Lei 13964/19
§ 4° Na hipótese dos parágrafos anteriores, o regime disciplinar diferenciado poderá ser prorrogado sucessivamente, por períodos de 1 (um) ano, existindo indícios de que o preso:
I – continua apresentando alto risco para a ordem e a segurança do estabelecimento penal de origem ou da sociedade;
II – mantém os vínculos com organização criminosa, associação criminosa ou milícia privada, considerados também o perfil criminal e a função desempenhada por ele no grupo criminoso, a operação duradoura do grupo, a superveniência de novos processos criminais e os resultados do tratamento penitenciário.

Diversamente da hipótese de **renovação** prevista para o **RDD punitivo (art. 51, inc. I)**, a Lei n.º 13.964/19 **tratou no § 4º do art. 52** da possibilidade de **prorrogação - por períodos sucessivos de 1 (um) ano - das hipóteses de inclusão do preso no RDD cautelar**, quais sejam: 1) em razão **da continuidade do preso em apresentar alto risco** para **a ordem e a segurança do estabelecimento penal de origem** ou da **sociedade** (inc. I) ou; 2) pela **manutenção dos vínculos com organização criminosa, associação criminosa ou milícia privada**, considerados também o perfil criminal e a função desempenhada por ele no grupo criminoso, a operação duradoura do grupo, a superveniência de novos processos criminais e os resultados do tratamento penitenciário (inc. II).

Com efeito, a novel redação do art. 52, § 4º, quer nos parecer, **promoveu solução ao impasse até então vigente sobre o limite temporal de prorrogação do RDD cautelar**, porquanto a antiga redação do artigo 52 revelava-se bastante confusa a respeito do tema[139].

Portanto, **a primeira hipótese de prorrogação do RDD cautelar** se dá pela **continuidade do preso em apresentar alto risco para a ordem e a segurança do estabelecimento penal de origem ou da sociedade** (inc. I). Depreende-se, com isso, **1)** que o preso **já se encontra transferido** para

139. Sendo hipóteses de inclusão no RDD que não constituem necessariamente falta grave, reinava forte controvérsia se deveria ser aplicado o **prazo limite de 360 dias, por uma única vez**, já que previsão temporal do inciso I do art. 52 da LEP permitia repetição da sanção, até o limite de 1/6 da pena aplicada, **tão somente para os casos de falta grave (RDD punitivo). De outro lado, para aqueles que entendiam que as hipóteses de RDD cautelar não se submetiam** ao limite do inciso I, **vigia o posicionamento que a medida poderia perdurar pelo tempo da situação que a autoriza, não podendo, entretanto, ultrapassar o limite de 1/6 da pena aplicada**. Este, aliás, é o posicionamento firmado em acórdão do STJ (STJ, 6ª Turma, HC 44.049/SP, rel. Ministro Hélio Quaglia Barbosa, rel. para acórdão Ministro Hamilton Carvalhido, julgado em 12.06.2006, DJ 19.12.2007).

cumprimento de RDD em unidade prisional diversa da origem, **quer seja estadual ou federal,** mas que, **em caso de retorno, permaneceria** sendo de **alto risco** para a ordem e a segurança daquele estabelecimento penal; 2) Mesmo que não tenha sido transferido a outra unidade prisional para o cumprimento do RDD, o preso continuaria sendo um alto risco para a sociedade, acaso retornasse ao convívio, em regime disciplinar ordinário, com os demais presos, familiares e a policiais penais.

A segunda hipótese de prorrogação se dá quando o interno mantém, desde as suas relações do cárcere, os vínculos com organização criminosa, associação criminosa ou milícia privada (inc. II). Tais circunstâncias, segundo a novel redação, devem ser aferidas considerando ainda: a) o perfil criminal; b) função desempenhada por ele no grupo criminoso; c) a operação duradoura do grupo; d) a superveniência de novos processos criminais e; e) os resultados do tratamento penitenciário.

A par desta considerações, **em análise conjunta dos incisos I e II do § 4º do art. 52,** questiona-se: **seria suficiente a mera posição do setor de inteligência da unidade prisional, das Secretarias Estaduais de Segurança Pública ou do DEPEN** para aferir o que seriam os elementos de prova (indícios) que indiquem **a continuidade** do alto risco[140] para a ordem e segurança do estabelecimento penal e da sociedade, ou da **manutenção** do vínculo com organização criminosa, associação criminosa ou milícia privada? **Prescindir-se-ia da abertura de processo administrativo disciplinar** para averiguação de tais elementos de prova? **Se há elementos de manutenção de vínculo associativo, não seria o caso de formalizar e encaminhar notícia-crime ao órgão acusatório para fins de denúncia,** cabendo ao magistrado do processo de conhecimento, sendo o caso, postular por medidas processuais cabíveis para cautelarmente romper com a atividade delitiva?

Quer nos parecer que, em se tratando de medida que visa cercear a liberdade de indivíduos, **qualquer prova que indique tal vínculo somente pode ser produzida sob o crivo do devido processo legal, no bojo de ação penal própria.** Portanto, no curso do processo de individualização executória da pena, **torna-se extremamente discricionário pensar em legitimar**

140 Anota Guilherme Nucci (2007, p.450): "o que seria alto risco para a segurança da sociedade? Se o indivíduo está preso, em tese, encontra-se sob a tutela estatal e nenhum risco correria sociedade logo se for aplicada a esmo dará ensejo ao abuso estatal, pois qualquer preso poderia ser inserido no RDD, mesmo sem necessidade. O critério é muito subjetivo e não fornece contornos e limites para ser analisado individualmente".

a administração prisional como a tutora da prova do alto risco que representa o interno para a ordem e a segurança do estabelecimento penal de origem ou da sociedade, e da permanência de vínculo do apenado com organização criminosa, **tudo à margem da reserva de jurisdição.**

Ainda, "a questão revela-se sensível, **sobretudo quando se constata que a própria administração das unidades prisionais sabidamente promovem triagem para o ingresso dos internos pautada por compartilhamento de vivência ou galerias conforme o vínculo ou desavenças de potencias integrantes de organizações criminosas**[141]. Sem maiores devaneios, constata-se que a esmagadora maioria das penitenciárias e presídios brasileiros não dispõem de controle sobre as facções criminosas que se expandem cotidianamente, inclusive, de dentro do sistema. Partindo desta premissa, **a discricionariedade no processo de avaliação de eventual manutenção de vínculos associativos do apenado revela-se arbitraria e até mesmo temerária, de sorte a potencializar a vinculação de qualquer interno que esteja em determinada galeria comandada por facção "X" como membro da mesma.** Na prática, tal medida pode facilmente implicar na ruptura com o acesso ao sistema progressivo da pena" (DEFENSORIA PÚBLICA DA UNIÃO, 2019a)[142], ainda que a prorrogação do RDD passe pelo crivo homologatório do juízo da execução.

3.3.9.2.7 Requisitos de estrutura para cumprimento de RDD no SPF (Art. 52, § 5º)

LEP alterada pela Lei n.º 13964/19
§ 5° Na hipótese prevista no § 3° deste artigo, o regime disciplinar diferenciado deverá contar com alta segurança interna e externa, principalmente no que diz respeito à necessidade de se evitar contato do preso com membros de sua organização criminosa, associação criminosa ou milícia privada, ou de grupos rivais.

O § 5º do art. 52, fazendo referência às hipóteses de cumprimento obrigatório do RDD em estabelecimento prisional federal, vai mais além, indicando que, para estes indivíduos, o regime disciplinar extremo deverá contar com alta segurança interna e externa, principalmente no que diz respeito à

141. Ver cap. 3.3.7.

142. A presente análise foi extraída – **quando de nossa abordagem do tema (Recrudescimento dos critérios para cumprimento das penas privativas de liberdade), enquanto membro da assessoria penal,** – da Nota técnica da DPU ao Pacote Anticrime apresentado pelo Ministério da Justiça – PL882/19.

necessidade de se evitar contato do preso com membros de sua organização criminosa, associação criminosa ou milícia privada, ou de grupos rivais.

Nada obstante o novo intento legislativo, entendemos que a mudança não tem nenhum efeito prático. Em outras palavras, o simples fato de o preso estar custodiado em penitenciária federal já corresponde ao mais alto critério de segurança, cujos procedimentos, internos e externos, constam de manual de procedimentos operacionais das rotinas carcerárias para todo o SPF. Não bastando isso, ainda mais rígido revela-se o cumprimento do RDD no SPF, já que é ínsito ao isolamento celular – lá praticado em setor próprio – o rompimento com qualquer tipo de contato, seja com membros de grupo criminoso a ele relacionado, seja com integrantes de grupos rivais[143].

3.3.9.2.8 Gravação e fiscalização das visitas do RDD (Art. 52, § 6º)

LEP alterada pela Lei 13964/19
§ 6° A visita de que trata o inciso III do caput deste artigo será gravada em sistema de áudio ou de áudio e vídeo e, com autorização judicial, fiscalizada por agente penitenciário.

Desde a construção dos estabelecimentos penais federais de segurança máxima já foi implementado o monitoramento do parlatório e das áreas comuns no SPF. Dessa forma, os internos que estejam em RDD nas Penitenciárias Federais irão se submeter à gravação e fiscalização prevista no art. 52, § 6º, da LEP, praticamente nos moldes do que já é previsto e ocorre no SPF. Nesse sentido, remete-se o leitor ao capítulo 4.3.2, onde será tratado conjuntamente a situação do RDD prevista na LEP com a perspectiva do SPF, sem desmerecer as eventuais nuances próprias dos dois sistemas.

3.3.9.2.9 Contato telefônico para presos sem visitas por 6 meses (Art. 52, § 7º)

LEP alterada pela Lei 13964/19
§ 7° Após os primeiros 6 (seis) meses de regime disciplinar diferenciado, o preso que não receber a visita de que trata o inciso III do caput deste artigo poderá, após prévio agendamento, ter contato telefônico, que será gravado, com uma pessoa da família, 2 (duas) vezes por mês e por 10 (dez) minutos.

143. A este respeito, o RPF qualifica como falta de natureza **média a ação do interno em se comunicar com presos em cela disciplinar ou regime disciplinar diferenciado ou entregar-lhes qualquer objeto, sem autorização** (art.44, inc.XI).

Na perspectiva de garantir a efetivação de direito intrínseco ao sistema progressivo da pena, a novel redação do § 7º do art. 52 da LEP estabelece medida inovadora para que o preso em RDD tenha garantido o contato externo com familiares, uma vez impossibilitado de receber visitas na unidade prisional (art. 41, inc. X e XV). Para tanto, vencidos os seis primeiros meses de RDD, o preso que não tiver recebido visita social, poderá, após prévio agendamento, ter contato telefônico - cuja ligação será gravada - com uma pessoa da família, duas vezes por mês, pelo tempo de 10 minutos.

A inovação legislativa atende a uma realidade prática: a dificuldade da esmagadora família dos presos em visitá-los em localidades distantes de sua residência, fator este intrínseco, como regra, ao cumprimento do RDD. É de se notar que este tipo de contato externo somente é permito por ligação telefônica com um familiar do preso, de modo que a presente hipótese não prevê a possibilidade deste direito ser estendido a terceiros não integrantes da família do preso.

Contextualizando a questão para o SPF, desde 2010, há em funcionamento projeto de visita virtual (Portaria Conjunta DPU/DEPEN n.º 500/2010), que atende justamente aos internos que não dispõem de condições de receber seus familiares e amigos nas distantes unidades prisionais federais. Para tanto, o DEPEN vale-se de convênio com a Defensoria Pública da União, para fins de atendimentos por virtuais, através de equipamentos instalados em salas de videoconferência e em salas próprias nas vivências, bem como em salas próprias nos núcleos da Defensoria Pública da União nos Estados. Sucede que, a DPU encontra-se instalada - em notório descaso[144] com a EC80/14 - nas 27 (vinte sete) capitais da federação e outros 43 (quarenta e três) municípios, o que compromete a capilaridade do acesso à justiça para expressiva parcela necessitada da população brasileira, incluindo, aqui, os familiares de pessoas privadas de liberdade no SPF.

Por esta perspectiva, entendemos viável e plenamente desejável que a nova redação do § 7º do art. 52 da LEP seja ampliada, **à falta de acesso a**

144. Assim estabelece a EC 80/14 na ADCT, art. 2° dos Ato das Disposições Constitucionais Transitórias passa a vigorar acrescido do seguinte art. 98: "O número de defensores públicos na unidade jurisdicional será proporcional à efetiva demanda pelo serviço da Defensoria Pública e à respectiva população. § 1° No prazo de 8 (oito) anos, a União, os Estados e o Distrito Federal deverão contar com defensores públicos em todas as unidades jurisdicionais, observado o disposto no caput deste artigo. § 2° Durante o decurso do prazo previsto no § 1° deste artigo, a lotação dos defensores públicos ocorrerá, prioritariamente, atendendo as regiões com maiores índices de exclusão social e adensamento populacional".

outro meio de visitação (quer seja social ou virtual), a todos os presos incluídos ou transferidos no SPF, justo porque **1)** as caraterísticas do cumprimento da pena nas unidades prisionais federias denotam semelhante identidade com o RDD; **2)** Se disponibilizado aos presos em RDD, com mais razão deve o referido direito ser estendido aos internos em cumprimento disciplinar ordinário.

Nesta mesma linha de ideias, a Resolução n.º 14/1994 do CNPCP, que trata das regras de aplicação geral ao sistema penitenciário, determina que, embora o preso seja autorizado a comunicar-se periodicamente com o exterior por meio de correspondência ou por meio de visitas, **o § 2º do art. 33 prevê que o "uso dos serviços de telecomunicações poderá ser autorizado pelo diretor do estabelecimento prisional".**

Dito isto, pensamos assistir razão a Renato Brasileiro que, dando interpretação ampliativa ao § 7º do art. 52 da LEP, adverte que o contato telefônico se coaduna com o uso de aplicativos instalados em celulares, a permitir a transmissão sonora e visual, tal qual *facetime, whatsapp* e outros. Neste sentido, o autor recomenda a medida não apenas pela certeza de confirmar o interlocutor da conversa com o interno, mas também por "permitir uma maior interação entre os interlocutores, algo que inevitavelmente poderá ser útil para a preservação dos vínculos familiares do preso" (LIMA, 2020, p. 369).

3.3.9.2.10 Procedimento para inclusão no RDD (RDD X SPF)

A autorização para a inclusão do preso em regime disciplinar dependerá de requerimento circunstanciado elaborado pelo diretor do estabelecimento ou outra autoridade administrativa, conforme preceitua o art. 54, § 1º, da LEP. Depreende-se com isso, que não cabe ao magistrado de ofício, tampouco ao MP ou a defesa postular pela inclusão do interno no RDD.

A decisão judicial sobre inclusão de preso em regime disciplinar será precedida de manifestação do Ministério Público e da defesa e prolatada no prazo máximo de quinze dias (art. 54, § 2º), indo ao encontro das garantias fundamentais ao devido processo legal, contraditório e ampla defesa.

Para além disso, o RPF[145] estabelece que o diretor do estabelecimento penal federal, na solicitação de inclusão de preso no regime disciplinar diferenciado,

145. No mesmo sentido, versa a Portaria 275/16 do DGDEPEN.

instruirá o expediente com o termo de declarações da pessoa visada e de sua defesa técnica, se possível (art. 55).

Sem prejuízo do pedido de inclusão em RDD, o **diretor do estabelecimento penal federal** em que se cumpre o regime disciplinar diferenciado **poderá recomendar ao diretor do Sistema Penitenciário Federal** que **requeira à autoridade judiciária a reconsideração da decisão** de incluir o preso no citado regime ou tenha por desnecessário ou inconveniente o prosseguimento da sanção, a teor do art. 56 do RPF.

A propósito do tema, tal competência para rever a necessidade de manutenção do preso em RDD é do juiz federal corregedor da execução. Este é o teor do enunciado n.º 2, editado no I Workshop do SPF:

> Enunciado n. 2 – A decisão que determina a inclusão do preso no regime disciplinar diferenciado (RDD) pode ser revogada pelo juiz federal da execução, após o ingresso do preso na penitenciária federal.

Aqui um pequeno parêntese sobre o alcance interpretativo da questão: **a decisão que revisa a inclusão do preso em RDD no SPF não se confunde**[146] **com os conflitos de competência acerca da inclusão, renovação e devolução do interno no SPF** (art. 9º da Lei n.º 11.671/08). Em outro giro, o art. 56 do RPF, com interpretação conforme dada pelo enunciado n.º 2 do I Workshop do SPF, trata da **apuração** pelo Juiz federal corregedor **da necessidade de manutenção ou retirada do preso do RDD dentro da unidade prisional federal, sem que tal decisão importe em devolução do interno à unidade prisional de origem.**

Tal entendimento logicamente se coaduna com a lei de regência do SPF (Lei n.º 11.671/08), **que não minoriza a atuação do juiz corregedor** ao estabelecer que a execução penal da pena privativa de liberdade, no período em que durar a transferência, ficará a cargo do juízo federal competente (art. 4º, §1º).

Demais disso, o cumprimento do regime disciplinar diferenciado exaure a sanção e nunca poderá ser invocado para fundamentar novo pedido de inclusão ou desprestigiar o mérito do sentenciado, salvo, neste último caso, quando motivado pela má conduta denotada no curso do regime e sua persistência no sistema comum (art. 57).

146. Percebe-se de inúmeros julgados do STJ, ao tratar da temática da devolução do preso transferido ao SPF, confundem o instituto do RDD com o próprio regime de segurança do SPF. (*V.g:* CC 155.008/AM, publicado em 27.11.17; Agravo Regimental no CC 163.466/AM, julgado em 30.05.2019; e HC 473.642/AM, julgado em 13.12.2018).

JURISPRUDÊNCIA

JUSTIÇA FEDERAL – PODER JUDICIÁRIO DA 3ª REGIÃO

Processo: 7000012-48.2019.4.03.6000

SJMS – 5ª VARA FEDERAL CRIMINAL DE CAMPO GRANDE – FECHADO E SEMIABERTO – SEEU

No caso em tela, o preso foi sancionado no sistema prisional de origem com falta de natureza grave, uma vez que recaíam sobre ele fundadas suspeitas de participação em organização criminosa. Baseado nestes fatos o Juízo de origem incluiu o apenado no regime disciplinar diferenciado (Mov. 11.2 – fls. 257/260).

Entretanto, tem-se que as regras do regime disciplinar ordinário (RDO) no Sistema Penitenciário Federal são muito rigorosas, com disciplina interna muito mais rígida que a do sistema penitenciário estadual. O preso permanece 22 (vinte e duas) horas por dia sozinho numa cela, com apenas 2 (duas) horas de banho de sol. Como geralmente estão muito distantes da família, nem sempre recebem visitas sociais. Nem todos os presos conseguem trabalhar e estudar em razão da insuficiência de vagas. Deste modo, **a manutenção de preso no Regime Disciplinar Diferenciado (RDD) do presídio federal, que se caracteriza pelo endurecimento destas regras já consideradas rígidas, deve ser extremamente necessária**, uma vez que a sanção se torna muito mais gravosa do que se fosse aplicada no sistema penitenciário estadual. Assim sendo, com fundamento no art. 54, segunda parte, da Lei n.º 7210/84, **REVOGO a inclusão do interno H.A.S.P. no Regime Disciplinar Diferenciado, devendo ser consignado que caso seja verificada a necessidade o Diretor do Presídio Federal deverá solicitar, motivadamente, nova inclusão no RDD**, nos termos do art.52 e 54, §§ 1 e 2, da Lei de Execuções Penais. [...] (Grifo nosso).

3.3.9.2.11 Direitos não atingidos pela aplicação do RDD

O Regime Disciplinar Diferenciado, em sua essência, se trata de restrição de direitos do preso a ele submetido. Contudo, não são todos os direitos que podem ser restringidos, uma vez que existem direitos fundamentais básicos da pessoa humana a serem protegidos, podendo o Estado restringir alguns, mas nunca os violar.

Desta forma, os direitos e garantias fundamentais protegidos no art. 5º da Constituição Federal, mesmo podendo ser restringidos, devem ser resguardados, inclusive, ao preso submetido ao RDD, tais como não ser submetido à tortura (inc. III), direito à liberdade de consciência e crença (inc. VI), direito à intimidade, vida privada, honra e imagem (inc. X), não exclusão de apreciação pelo judiciário de lesão ou ameaça à direito (inc. XXXV), direito ao devido processo legal (inc. LIV), entre outros que não podem ser totalmente restringidos no RDD. Destarte, passemos a analisar alguns direitos específicos.

As visitas, embora restritas a período quinzenal, de 2 pessoas por vez (art. 52, III e § 6º, LEP), não são suspensas. Além disso, a correspondência não será cessada, apesar de ter seu conteúdo fiscalizado (art. 52, inc. VI, LEP).

O atendimento à saúde também não é de forma alguma restringido ou cessado, inclusive prevendo o art. 24 do RPF que serão **aos presos do RDD assegurados atendimento psiquiátrico e psicológico,** com a finalidade de: (I) determinar o grau de responsabilidade pela conduta faltosa anterior, ensejadora da aplicação do regime diferenciado; e (II) acompanhar, durante o período da sanção, os eventuais efeitos psíquicos de uma reclusão severa, cientificando as autoridades superiores das eventuais ocorrências advindas do referido regime.

E, **resguardando a saúde física e mental** dos presos, **a saída de cela para banho de sol será permitida pelo período de duas horas diárias**, embora limitadas em grupos de 4 presos (art. 52, IV), situação que importa em banhos de sol em horários variados[147].

O mesmo se sucede com o estudo, pois, segundo art. 25, § 3º do RPF, o ensino deverá se estender aos presos em regime disciplinar diferenciado, preservando sua condição carcerária e de isolamento em relação aos demais presos, por intermédio de programa específico de ensino voltado para presos nesse regime.

Quanto ao trabalho, a par da realidade prática, o art. 98, § 2º do Regulamento Penitenciário Federal dispõe que o trabalho prisional ao preso inserido no RDD é possível, com caráter remuneratório e laborterápico, **sendo desenvolvido na cela ou local adequado, desde que não haja contato com os demais presos.**

3.3.9.2.12 Conformidade Constitucional do RDD

Em vista da complexa natureza jurídica da qual se reveste o RDD, torna-se recorrente o embate do tema sob o ponto de vista de sua constitucionalidade. De um lado, a segurança pública; de outro, a dignidade da pessoa humana e vedação ao tratamento cruel, desumano e degradante. Bem por isso importantes vozes da doutrina especializada divergem[148] no composto

147. RAIPDPU – saída para o banho de sol alternada para RDD.

148. Entendendo pela constitucionalidade da medida, cita-se: Julio Fabrini Mirabette, Guilherme de Souza Nucci, Renato Marcão, Renato Brasileiro, Norberto Avena. Em sentido diverso: Paulo Queiroz, Nilo Batista, Salo de Carvalho e Rodrigo Estrada Roig.

equilíbrio do processo de individualização da pena para aqueles indivíduos que ostentam o perfil de alta periculosidade para a sociedade.

A par da discussão acadêmica, o tema foi alçado às cortes superiores, **pelo que o STJ, de longa data, vem se posicionando pela constitucionalidade do RDD**, ao argumento da proporcionalidade da medida frente ao alto risco à sociedade de determinado grupo de criminosos, bem como de que os direitos fundamentais não são absolutos, podendo ser relativizados na balança de valores do interesse social à segurança pública e à eficácia da segregação individual (neste sentido, STJ, HC 40.300-RJ, julgado em 07.06.05, e HC 92.714/RJ, julgado em 06.12.07).

Lado outro, **o tema já assomou ao STF em controle de constitucionalidade**, pelo que a OAB propôs ação direta de inconstitucionalidade – **ADIN 4162,** em **17.10.08**, postulando pela declaração de inconstitucionalidade dos artigos do Regime Disciplinar Diferenciado, incluídos pela Lei 10.792/03 – artigos 52, 53 (inciso V), 54, 57 (parte referente ao artigo 53), 58 (parte sobre o regime diferenciado) e 60 (*caput* e parágrafo único). **Tal ação ainda pende de julgamento**, encontrando-se conclusa na relatoria da Min. Rosa Weber desde 10.10.17.

Se de um lado o sistema de justiça criminal brasileiro, por sua mais alta corte, reconhece o estado de coisas inconstitucional que paira sobre o sistema penitenciário nacional (ADPF 347), por outro, evidencia um dos traços marcantes do descaso com esta mesma pauta criminal, como se observa da incontestável indiferença no enfrentamento de tema (RDD) que baliza a cultura, a forma e os fins expressados à pena de prisão.

Em verdade, dentre as marcantes características do RDD, aquela que mais expõe o tema ao controle de constitucionalidade diz respeito à tênue fronteira entre o confinamento solitário prolongado e o tratamento cruel e degradante, a consubstanciar hipótese análoga à tortura. Bem por isso, no plano das normas internacionais não convencionais, o confronto do tema restou identificado nas **Regras de Mandela (regra 43.1), a definir como proibidas as práticas de**: 1) Confinamento solitário indefinido; **2) Confinamento solitário prolongado**; 3) Encarceramento em cela escura ou constantemente iluminada; 4) Castigos corporais ou redução da dieta ou água potável do preso; 5) Castigos coletivos.

Daí dizer que, para os objetivos destas Regras, o **confinamento solitário** refere se ao confinamento do preso **por 22 horas ou mais, por dia, sem**

contato humano significativo, assim como **entende-se por confinamento solitário prolongado o confinamento solitário por mais de 15 dias consecutivos** (regra 44).

Não é preciso um grande exercício de silogismo para identificar que **a lógica neutralizante preconizada normativamente ao RDD situa-se em pleno confronto com as diretrizes internacionais** que classificam os limites temporais ao confinamento solitário. É dizer, o RDD impõe como punição **o isolamento do interno por período de 22hs seguidas, podendo se estender por até 2 anos, com possibilidades renovatórias da sanção extrema.**

Mas para **o SPF** a situação é ainda mais reluzente: o confinamento solitário para quem cumpre o RDD em uma unidade prisional federal ocorre em local próprio de isolamento (setor de isolamento), **que abriga 12 celas individuais com o específico propósito de manter o preso confiando por 24hs diárias,** já que estes espaços celulares dispõem do que se convencionou chamar de solário para o banho de sol.

Não por outra razão as Regras de Mandela admoestam que o confinamento solitário será utilizado somente em casos excepcionais como último recurso, pelo menor prazo possível e sujeito a uma revisão independente, e somente de acordo com autorização de autoridade competente (regra 45.1)[149].

Sopesadas as circunstâncias em que se funda o RDD, **permite-nos concluir que sua prática reveste-se de manifesta desproporcionalidade,** já que: **1)** outras medidas menos danosas - em um espaço prisional vocacionado efetivamente ao cumprimento regular da pena - reduziram, com melhor efeito, a influência destes indivíduos tidos como de perigoso perfil criminoso sobre seus pares e sociedade; **2)** o núcleo essencial da garantia fundamental à individualização da pena tem no sistema progressivo um componente indissociável de condições que propiciem - seja qual o crime e criminoso - a reintegração social das pessoas privadas de liberdade, de sorte que, qualquer

149. Segue sustentado a referida norma internacional: Não deverá ser imposto como consequência da sentença do preso. A determinação de confinamento solitário será proibida no caso de preso portador de deficiência mental ou física quando essas condições possam ser agravadas por tal medida. A proibição do uso do confinamento solitário e de medidas similares em casos envolvendo mulheres e crianças, como referido em outros padrões e normas das Nações Unidas sobre prevenção ao crime e justiça criminal, permanece aplicável (art. 45-1, segunda parte e 45-2).

medida tendente a obstaculizar este propósito constitucional, atenta contra a própria função constitucional da pena de prisão[150].

Posto isso, qualquer política criminal para a execução da pena, vocacionada exclusivamente na falha (e custosa) tentativa de prevenção de crimes pela prática gerencialista[151]de neutralizar e inocuizar indivíduos, reveste-se de chapada inconstitucionalidade (art. 1º, inc. III, e art. 5º, incisos III, XLVI, XLVII e XLIX, CF)[152].

Daí porque assiste razão a Raul Zaffaroni quando assenta que o princípio da humanidade "é o que dita a inconstitucionalidade de qualquer pena ou consequência do delito que crie um impedimento físico permanente, [...] como também qualquer consequência jurídica indelével do delito" (ZAFFARONI; PIERANGELI, 2006, p. 155).

Enunciados e recomendações dos Workshops sobre o SPF do CJF

Enunciado n. 2 – A decisão que determina a inclusão do preso no regime disciplinar diferenciado (RDD) **pode ser revogada pelo juiz federal da execução**, após o ingresso do preso na penitenciária federal. (Editado no I Workshop)

Enunciado n. 50 – A decisão sobre a inclusão definitiva no Regime Disciplinar Diferenciado – RDD, ou a sua mera homologação, **compete ao juízo da corregedoria do presídio federal** no qual foi incluído ou transferido o preso. (Editado pelo Fórum Permanente do Sistema Penitenciário Federal nas reuniões preparatórias do VIII Workshop)

Atentando à suma importância do tema, das suas alterações atuais e dos possíveis questionamentos envolvendo o Regime Disciplinar Diferenciado, devem ser fixadas as seguintes questões:

150. Para o tema, Daniel Pheula Cestari (2018, p. 233).

151. Sob o argumento do alto risco ou perigosidade individual, lembra Maurício Stegemann Dieter que "as novas tecnologias para neutralizar indivíduos cominam, aplicam e executam medidas de controle social inegavelmente desumanas e incompatíveis tanto com os diplomas normativos nacionais quanto internacionais dos direitos humanos instituídos desde o final da Segunda Guerra Mundial" (DIETER, 2012. p. 198).

152. No mesmo sentido, Alberto Silva Franco: "o caráter humanitário do qual deve se revestir a pena de prisão vincula-se à percepção de que a pena deve se alinhar com os valores emanados de um sistema progressivo, sob pena de, ao deixar o detento neutralizado unicamente num regime fechado, não apenas transformar a finalidade da pena "[...] numa resposta estatal que paga o mal causado com outro mal, de igual ou superior intensidade [...]" – elidindo qualquer função ressocializadora – como ataca diretamente o "mínimo ético que é exigível na execução penal" (FRANCO, 1997. p. 35).

ATENÇÃO ÀS FINALIDADES E RDD	
POSSÍVEIS QUESTIONAMENTOS	**ARGUMENTOS**
Os presos sujeitos ao RDD serão incluídos, automaticamente, em Estabelecimentos Penais Federais de segurança máxima?	Em âmbito federal, o RDD é um dos motivos previstos para inclusão ou transferência (art. 3°, III, Decreto 6.877/09), entretanto, somente será obrigatoriamente cumprido em estabelecimento prisional federal quanto o preso incidir nas hipóteses previstas no art. 52, § 3° da LEP, com nova redação dada pela Lei 13964/19.
É possível o cumprimento de RDD em estabelecimento diverso da penitenciária federal?	Os **Estados e o Distrito Federal** poderão regulamentar o RDD (Art. 5°, Lei 10.792/03).
Dentro do Sistema Penitenciário Federal, existe cumprimento misto entre internos comuns e no RDD?	Como a inclusão no RDD pode ser apenas um dos motivo para a transferência ou inclusão no SPF, mas não o único, a Penitenciária Federal poderá custodiar, no mesmo estabelecimento, mas em espaços diversos, o preso comum e o preso em RDD.
União deve priorizar a construção de Presídios Federais Destinados a cumprir o RDD?	Segundo art. 8° da Lei 10.792/03, a União irá priorizar, quando da construção de presídios federais, os estabelecimentos que se destinem a abrigar presos provisórios ou condenados sujeitos a RDD.
Pode a União a União Federal, os Estados, o Distrito Federal e os Territórios podem construir Penitenciárias destinadas, exclusivamente a presos, provisórios ou condenados que estejam em regime fechado, sujeitos ao RDD?	Segundo art. 87, parágrafo único, da LEP, sim. Inclusive, a União Federal, os Estados, o Distrito Federal e os Territórios poderão construir Penitenciárias destinadas, exclusivamente, aos presos provisórios e condenados que estejam em regime fechado, sujeitos ao regime disciplinar diferenciado, nos termos do art. 52 da LEP.
O Sistema Penitenciário Federal só permite o cumprimento de pena provisória ou definitiva em regime fechado?	Segundo artigo 86, §1°, da LEP, a União poderá construir estabelecimento penal em local distante da condenação para recolher os condenados, quando a medida se justifique no interesse da segurança pública ou do próprio condenado, ou seja, embora a lei 11.671 cuida apenas das penitenciárias federais de segurança máxima, há possibilidade da União criar estabelecimentos penais federais para cumprimento de outros regimes.

3.3.9.3 Procedimento de apuração de faltas disciplinares

Para melhor compreensão do tema aqui exposto, convidamos o leitor a rememorar, em reflexão crítica, a análise da natureza jurídica da execução pena (cap. 2.5) e o poder disciplinar (cap. 3.3.9), cuja base principiológica, **a invocar um verdadeiro regime jurisdicional à execução da pena**, precisamente se aplica aos procedimentos prisionais de investigação disciplinar.

Bem por esta razão, aos presos condenados ou provisórios no SPF, independentemente do local onde estiverem (dentro da penitenciária, em movimentação, em unidades de saúde ou em audiências)[153], exige-se o devido processo legal, o contraditório e a ampla defesa (art. 5º, inc. LIV e LV, CF) na apuração das faltas disciplinares imputadas aos internos. Portanto, praticada a falta disciplinar, **deverá ser instaurado o procedimento para sua apuração, conforme regulamento,** assegurado o direito de defesa (art. 59, LEP)[154].

No âmbito do RPF, o tema é tratado nos artigos 59 e 60, denominando-se de "procedimento de apuração de faltas disciplinares", também conhecido como "procedimento disciplinar interno" ou, simplesmente, "PDI". Trata-se de uma indispensável sequência de atos para apurar determinado fato (art. 59, RPF), cuja ação possa acarretar em falta disciplinar.

No tocante à instauração do procedimento, o tema é regido pela Portaria DGDEPEN n.º 275/16, pelo que o preso surpreendido na prática de ato que possa caracterizar falta disciplinar **deverá ser conduzido de imediato à Divisão de Segurança e Disciplina, ou a outro local adequado,** para prestação de esclarecimentos dos envolvidos, sendo cientificado do seu direito constitucional ao silêncio, e, se for o caso, registro da ocorrência (art. 7º).

Importante referir que, segundo o Relatório sobre os Direitos Humanos das pessoas privadas de liberdade nas Américas da Comissão interamericana de Direitos Humanos (CIDH), as autoridades dos centros de privação de liberdade devem assegurar que o **uso de procedimentos disciplinares seja excepcional, usando-os onde outros meios são inadequados para manter a boa ordem (item 372),** sendo que somente os comportamentos que constituam ameaça à ordem e à segurança devem ser definidos como infrações disciplinares, desde que previamente definidos em lei e com aplicação proporcional à falta cometida, sob pena de equivaler à agravamento indevido da natureza aflitiva da privação de liberdade (item 447). Em semelhante sentido, as Regras de Mandela **recomendam** que as administrações prisionais **sejam encorajadas a utilizar, na medida do possível, a prevenção de conflitos, mediação ou qualquer outro mecanismo alternativo de**

153. Conforme art. 1° da Portaria n.° 275 do DEPEN, de 10 de maio de 2016, que condiciona os presos condenados ou provisórios que se encontram nos estabelecimentos penais federais do Sistema Penitenciário Federal à disciplina carcerária.

154 "Qualquer alegação de infração disciplinar praticada por preso deve ser **imediatamente reportada à autoridade competente** que deve investigá-la sem atraso indevido". Regra 41. 1, das Regras de Mandela.

solução de disputas para prevenir infrações disciplinares e resolver conflitos (regra 38.1).

Bem nesta perspectiva, **a Portaria n.º 275/16** – embora se arvorando em matéria de competência alheia (direito processual, com reflexos materiais penalizadores) – inova ao estabelecer, no campo dos procedimentos disciplinares para o SPF, **a possibilidade de se firmar termo de ajustamento de conduta,** proposto pela direção da penitenciária federal ao interno infrator, a saber:

> Art. 9° Em se tratando de falta disciplinar de natureza leve ou média e, analisando-se que o preso possui conduta carcerária considerada ÓTIMA ou BOA, nos termos dos artigos 49, inciso I e II,50 e 51 ou que já tenha sua conduta reabilitada, conforme disposição do artigo 54, à critério da Direção da unidade, **poder-se-á ser firmado Termo de Ajustamento de Conduta (TAC);**
>
> §1° O Termo de Ajustamento de Conduta (TAC) é o instrumento pelo qual o preso interessado declara estar ciente da infração cometida, culposa ou dolosamente comprometendo-se a ajustar a conduta em observância aos deveres e proibições previstas na legislação vigente.
>
> §2° Com a assinatura do TAC, o procedimento disciplinar ficará suspenso pelo prazo de 06 (seis) meses.
>
> §3° Decorrido o prazo de 06 (seis) meses sem cometimento de nenhuma infração disciplinar, extinguir-se-á a punibilidade disciplinar e o preso poderá ser beneficiado por um novo TAC.

Em verdade, o TAC costuma ser utilizado para "limpar", no final do ano, os expedientes disciplinares que, já instaurados, estejam pendentes de apreciação, em se tratando de faltas de menor gravidade (leve e média). Como consequência do ajustamento de conduta, costuma-se suspender ou restringir, por determinado período e de acordo com natureza da falta, alguma das regalias previstas no art. 34 do RPF. É de salientar – a despeito da medida revelar-se salutar para efetivar o princípio da subsidiariedade da aplicação da sanção disciplinar – que o TAC interfere na esfera de direitos do interno, pelo que, ainda que omissa no ponto a Portaria, torna-se indispensável a intimação da defesa para acompanhar e orientar o preso no ato.

Outra medida alternativa ao cumprimento da sanção disciplinar pode ser observada da vigente **Portaria DIPREF-CG 01/15, que alude para a não instauração de PDI ao preso que ostentar boa conduta carcerária e tiver praticado falta de natureza leve ou média,** cujo benefício, também a critério da Direção da Penitenciária Federal, poderá ser concedido a cada 360 (trezentos e sessenta) dias, aplicando-se, **em substituição à sanção disciplinar, a suspensão de regalias, sem prejuízo de manter a conduta do interno classificada como boa** (art. 1º, §4º)[155]. Perceba-se que o presente expediente se traduz em verdadeira hipótese de extinção da punibilidade, como espécie análoga de anistia ou indulto da sanção disciplinar. Com efeito, no comparativo com o TAC, a medida afigura-se mais vantajosa, pois, ao não chegar a ser instaurado o PDI, o interno não fica com a conduta carcerária prejudicada, condição subjetiva indispensável para inúmeros benefícios penais inerentes ao sistema progressivo da pena.

No tocante à legitimidade para a aplicação da sanção, **remetemos o leitor ao cap. 3.3.9.1.6.** Ademais, não poderão atuar no procedimento, como encarregado ou secretário, em prol de uma imparcialidade de julgamento, amigo íntimo, desafeto, cônjuge, companheiro ou parente até o 3º grau do denunciante ou do acusado (art. 59, par. único, RPF).

No contexto da defesa técnica, assim como deve ocorrer aos litigantes no processo judicial ou administrativo, aos acusados em geral é assegurado ao preso os **direitos ao contraditório e à ampla defesa**, com todos recursos a eles inerentes (art. 5º, LV, CF; art. 60, RPF). Neste particular, ainda que a Súmula Vinculante 5 do STF fale que **"a falta de defesa técnica por advogado no processo administrativo disciplinar não ofende a Constituição"**, tal entendimento **não se aplica ao procedimento disciplinar de apuração de falta grave na execução penal,** mas apenas aos procedimentos de natureza cível, pois, no PDI, está em jogo a liberdade de ir e vir, exigindo-se a presença de defensor, conforme posicionamento do próprio Supremo Tribunal Federal (STF, 1ª Turma, Segundo Agravo Regimental no RE 1.224.396/DF, julgado em 29.05.2020; e RE 398.269, 2ª Turma, julgado em 15.12.2009).

Sugere o art. 75 do RPF, contudo, para o bom andamento dos trabalhos, que "o **não comparecimento do defensor constituído** do preso, **independentemente do motivo**, a qualquer ato do procedimento, **não acarretará a suspensão dos trabalhos ou prorrogação dos prazos, devendo ser nomeado**

155. Portaria DIPREF-CG 01/15 – art. 1°, § 4°: "O preso que possuir boa conduta, nos termos dos artigos 76, inciso II e 78, caput e parágrafo único do Decreto 6.049/2007, à critério da Direção, quando praticar infração classificada como de natureza leve ou média, poderá ser beneficiado, a cada 360 (trezentos e sessenta) dias, com a não instauração de Procedimento Disciplinar de Interno, aplicando-se a suspensão de regalias em substituição a eventual sanção disciplinar, mantendo-se nesse caso, sua conduta como boa".

outro defensor para acompanhar aquele ato específico". Pensamos não ser esta a melhor medida. Em razão do princípio da jurisdicionalização da execução penal, a matéria – **que consubstancia sanção de conteúdo penal-disciplinar** – não poderia ser regulamentada por ato infralegal (art. 22, inc. I, CF), **notadamente quando em manifesto confronto com a lei de regência,** o CPP. Vale lembrar: diz o CPP, em homenagem à ampla defesa, que a **audiência poderá ser adiada** se, **por motivo justificado,** o defensor não puder comparecer (art. 265, § 1º), incumbindo a este causídico provar o impedimento até a abertura da audiência. Somente então, não o fazendo, o juiz manterá o ato, devendo nomear defensor substituto, ainda que provisoriamente ou só para o efeito do ato (§ 2º).

Questão polêmica diz respeito sobre a **obrigatoriedade de instauração de procedimento disciplinar para apuração de falta disciplinar**.

Nesse sentido, o STJ, após firmar posicionamento sobre o tema, editou a Súmula 533 determinando que "para o reconhecimento da prática de falta disciplinar no âmbito da execução penal, é imprescindível a instauração de procedimento administrativo pelo diretor do estabelecimento prisional, assegurado o direito de defesa, a ser realizado por advogado constituído ou defensor público nomeado."

Tal entendimento, contudo, foi em parte rechaçado pelo STF que, em Plenário, no **julgamento de mérito de tema com repercussão geral** no RE 972.598/RS, julgado em sessão virtual de 24 a 30.04.2020, fixou a tese no tema 941 de que "a oitiva do condenado pelo Juízo da Execução Penal, em **audiência de justificação realizada na presença do defensor e do Ministério Público, afasta a necessidade de prévio Procedimento Administrativo Disciplinar (PAD)**, assim como supre eventual ausência ou insuficiência de defesa técnica no PAD instaurado para apurar a prática de falta grave durante o cumprimento da pena".

Quanto ao prazo da apuração disciplinar, tratando-se de procedimento administrativo, devem ser assegurados a **razoável duração do processo** e os meios que garantam a celeridade de sua tramitação (art. 5º, inc. LXXVIII, da CF). Nesse sentido, os prazos legais devem ser observados, muito embora, nos casos em que não for necessária a adoção do isolamento preventivo do preso, podem vir a ser prorrogados uma única vez por até igual período, salvo quanto ao prazo de conclusão dos trabalhos sindicantes (art. 74, RPF).

3.3.9.3.1 Etapas do procedimento de apuração de faltas disciplinares

As etapas do PDI seguem a LEP e os **artigos 61 a 73 do RPF**, devendo-se, ainda, observar a **Portaria n.º 275, de 10 de maio de 2016, do DEPEN.**

Assim, temos as seguintes etapas do procedimento:

I – Instauração do procedimento e Conselho Disciplinar:

As normativas referentes à instauração do procedimento disciplinar estão previstas nos arts. 61 a 65 do RPF e nos artigos 7º a 24 da Portaria n.º 275/2016/DEPEN.

A apuração das faltas disciplinares compete ao Conselho Disciplinar, órgão autônomo existente em cada penitenciária federal, composto por 3 (três) membros titulares e 3 (três) suplentes, regulado pelos artigos 16 a 24 da Portaria n.º 275/2016/DEPEN.

Vale referir que o prazo de conclusão do procedimento instaurado de apuração de falta disciplinar, conforme previsão expressa do artigo 64 do RPF e do art. 34 da Portaria n.º 275/2016/DEPEN, é de 30 dias.

Contudo, embora esse prazo do **artigo 64 não se confunda com a prescrição das sanções disciplinares** (analisada no capítulo 3.3.9.1.6) – até por conta de sua necessária leitura conjunta com o artigo 48 da Portaria n.º 275/2016/DEPEN –, é preciso relembrar a inviabilidade do regulamento penitenciário federal disciplinar assunto que não foi previsto na Lei Geral (LEP), bem como por dispor, em ato infralegal, de conteúdo de natureza penal (material)[156].

De fato, quer nos parecer que o prazo conclusivo para o deslinde do procedimento administrativo disciplinar revela natureza **de prazo prescricional intercorrente**, constituindo, a sua transposição – **pela exclusiva inércia da administração prisional** – em prejuízo manifesto ao preso. É que**, à mingua de conclusão do procedimento, sua conduta permanece prejudicada, obstando o preenchimento do requisito subjetivo para fins dos benefícios inerentes ao sistema progressivo da pena.** Contudo, não é este o entendimento

156. Vale ressaltar que, tratando de prazo de encerramento de procedimento disciplinar de execução penal, o Supremo Tribunal Federal já se posicionou no sentido de que matéria sobre direito penal compete privativamente à União legislar (ver decisões ao final do capítulo – HC 114.422/RS, 2ª Turma, rel. Ministro Gilmar Mendes, julgado em 06.05.2014, DJe 27.05.2014; e HC 97.611/RS, rel. Min. Eros Grau, 2ª Turma, publicado em 26.05.2009, DJe 07.08.2009).

sufragado pelo Superior Tribunal de Justiça (STJ, HC 86.501/SP, rel. Ministro Napoleão Nunes Maia Filho, 5ª Turma, julgado em 11.12.2007, DJ 07.02.2008) **que, consolidando posição pela nulidade relativa do excesso de prazo no procedimento administrativo disciplinar, editou a súmula 592:**

> STJ, Súmula 592: "O excesso de prazo para a conclusão do processo administrativo disciplinar só causa nulidade se houver demonstração de prejuízo à defesa."

Ademais, cabe referir que o próprio artigo 74 do Regulamento Penitenciário Federal prevê que "os prazos do procedimento disciplinar, nos casos em que não for necessária a adoção do isolamento preventivo do preso, poderão ser prorrogados uma única vez por até igual período".

II – Instrução do Procedimento:

A Instrução do procedimento disciplinar segue a normativa do art. 66 do RPF e dos artigos 25 a 46 da Portaria n.º 275/2016/DEPEN.

Importante referir que o artigo 26 da Portaria n.º 275/2016/DEPEN prevê que "ao acusado é assegurado o **direito ao contraditório e à ampla defesa**, com a participação de defesa técnica em todos os atos do procedimento". Além do que, segundo as regras de Mandela:

> **Regra 41** [...] 2. O preso deve ser informado, sem demora e em uma linguagem que compreenda, da natureza das acusações contra sua pessoa, e deve lhe ser garantido prazo e meios adequados para preparar sua defesa.
>
> 3. O preso deve ter direito a se defender pessoalmente, ou por meio de assistência legal, quando os interesses da justiça assim o requeiram, particularmente em casos que envolvam infrações disciplinares graves. Se o preso não entender ou falar o idioma utilizado na audiência disciplinar, devem ser assistidos gratuitamente por um intérprete competente.

No que tange à defesa, reportamos o leitor para os comentários que envolvem a súmula vinculante 05 do STF, a súmula 533 do STJ e o tema 941 do STF nos comentários ao capítulo 3.3.9.3.

III – Audiência:

Instaurado o procedimento de apuração disciplinar, será determinada audiência, que e disciplinada pelos arts. 67 a 69 do RPF em conjunto com os artigos 25 a 38 da Portaria n.º 275/2016/DEPEN.

Instalada a audiência, serão informados ao acusado seus direitos de permanecer calado, cujo silêncio não será interpretado em seu prejuízo (§§ 1º e 2º do art. 67, RPF). Caso o acusado compareça sem advogado, ser-lhe-á nomeado defensor (art. 68, RPF, e art. 30 da Portaria n.º 275/2016/DEPEN).

Procedimentalmente, a audiência será dividida em etapas (art. 67, RPF), as quais devem observar, no que couber, as disposições do CPP[157]: (1) faculta-se a apresentação de defesa preliminar; (2) oitiva de testemunhas de acusação e de defesa[158], nesta ordem; (3) interrogatório do preso[159]; (4) defesa final, oral ou escrita; (5) ata de audiência, com resumo dos atos, alegações das partes e informações prestadas; (6) decisão dos incidentes e exceções[160].

O Conselho Disciplinar poderá usar de sistema de videoconferência para a realização dos atos do procedimento disciplinar (art. 29 da Portaria n.º 275/2016/DEPEN). Nesse sentido, segundo a Recomendação n. 19, editada no III Workshop do SPF do SJF, as audiências de procedimento disciplinar interno devem ser realizadas em meio audiovisual.

IV – Relatório:

Após audiência, encerrada a fase de instrução, a autoridade do Conselho Disciplinar designada para presidir o PDI irá apresentar, em até 3 (três) dias, o relatório final do procedimento, opinando pela aplicação da sanção ou pela absolvição dos fatos imputados, cujos autos irão encaminhados ao diretor da Penitenciária Federal, além de possível encaminhamento à outra autoridade em caso de necessidade de apurar responsabilidade cível ou penal. (art. 70, RPF). O Relatório é regido pelo art. 70 do RPF e pelo art. 39 da Portaria n.º 275/2016/DEPEN.

157. A Portaria n.º 275/2016/DEPEN prevê os procedimentos da audiência e, em seu art. 30, a aplicação do CPP.

158. Segundo art. 69 do RPF, a testemunha, em regra intimada pelo correio, salvo se a parte se comprometer em providenciar o comparecimento, não pode eximir-se do compromisso de depor, salvo proibição legal ou impedimento, sob pena de, em caso de servidor, sujeitar-se às sanções cabíveis.

159. O RPF prevê o interrogatório antes da oitiva das testemunhas, mas a Portaria n.º 275/2016/DEPEN, atenta ao atual entendimento doutrinário e jurisprudencial de que o interrogatório é o último ato de procedimento penal, corrige a ordem em seu art. 27.

160. Ver artigo 37 da Portaria n.º 275/2016/DEPEN.

V – Decisão:

Após recebimento do relatório do presidente do Conselho Disciplinar, o Diretor do estabelecimento penal federal irá proferir sua decisão final no PDI, que será motivada (artigo 59, parágrafo único, da LEP), no prazo de 2 (dois) dias do recebimento do relatório, podendo requerer, caso indispensáveis ao esclarecimento do fato, novas diligências (art. 71, RPF, e art. 40 da Portaria n.º 275/2016/DEPEN).

A LEP, seguida pela Portaria n.º 75/2016/DEPEN (art. 11) determina, ainda, que será possível, em caráter liminar, a decretação pela autoridade administrativa do isolamento preventivo do faltoso, pelo prazo de 10 dias, ou a decretação com despacho do juiz competente da inclusão preventiva do preso no RDD, no interesse da disciplina e da averiguação do fato (art. 60).

Na decisão deverão constar as seguintes providências: ciência por escrito do preso e seu defensor, registro em ficha disciplinar, cópia do PDI no prontuário do preso, aplicação das sanções disciplinares referentes às faltas médias e leves, remessa ao juízo competente nos casos de isolamento preventivo ou falta grave, comunicação à autoridade policial no caso da falta constituir ilícito penal e, caso necessário, representação ao juiz para inclusão no RDD (arts. 49 e 72, RPF; art. 40, par. único, Portaria n.º 275/2016/DEPEN).

VI – Recurso:

O Recurso do procedimento disciplinar é cabível **no prazo de 5 dias**, das decisões de aplicação de sanção disciplinar de **1)** isolamento celular; **2)** suspensão ou restrição de direitos; **3)** ou de repreensão, **direcionado ao Diretor do Sistema Penitenciário Federal**, que **decidirá em cinco dias.** (art. 73 do RPF c/c art. 41 da Portaria n.º 275/2016/DEPEN).

Quanto aos efeitos do recurso, enquanto o RPF prevê expressamente que não haverá efeito suspensivo (art. 73, § 1º), a **Portaria n.º 275/2016/DEPEN, em sentido diverso, passou a conceder tal efeito da decisão que aplica a sanção disciplinar(art.41).** Quer nos parecer que andou bem a Portaria, cujo entendimento compatibiliza-se com o princípio constitucional da presunção de inocência (art. 5, inc. LVII, CF88).

Além do recurso do procedimento disciplinar, o Regulamento Penitenciário Federal e a Portaria 275/2016/DEPEN permitem a utilização de mais dois institutos:

a – **Reconsideração**:

No caso de aplicação de penalidade de advertência verbal cabe pedido de reconsideração, com prazo de 48 horas, contados da ciência da decisão (art. 73, § 2º, do RPF; art. 41, par. único, Portaria n.º 275/2016/DEPEN)

b – **Revisão**:

Os artigos 42 a 46 da Portaria n.º 275/2016/DEPEN preveem, ainda, a possibilidade de **Revisão de ofício ou a pedido** do procedimento disciplinar concluído (art. 42), endereçado ao Diretor do Sistema Penitenciário Federal (art. 43), que ficará em apenso ao procedimento originário (art. 44). A revisão permite a declaração de tornar sem efeito a sanção disciplinar aplicada, não podendo agravar a situação da sanção (art. 45).

Ademais, importante referir que, segundo as Regras de Mandela, o preso deve ter a oportunidade de buscar **revisão judicial das sanções disciplinares** impostas contra sua pessoa (regra 41.4).

Em suma, as etapas do procedimento de apuração de faltas disciplinares seguem o seguinte fluxograma:

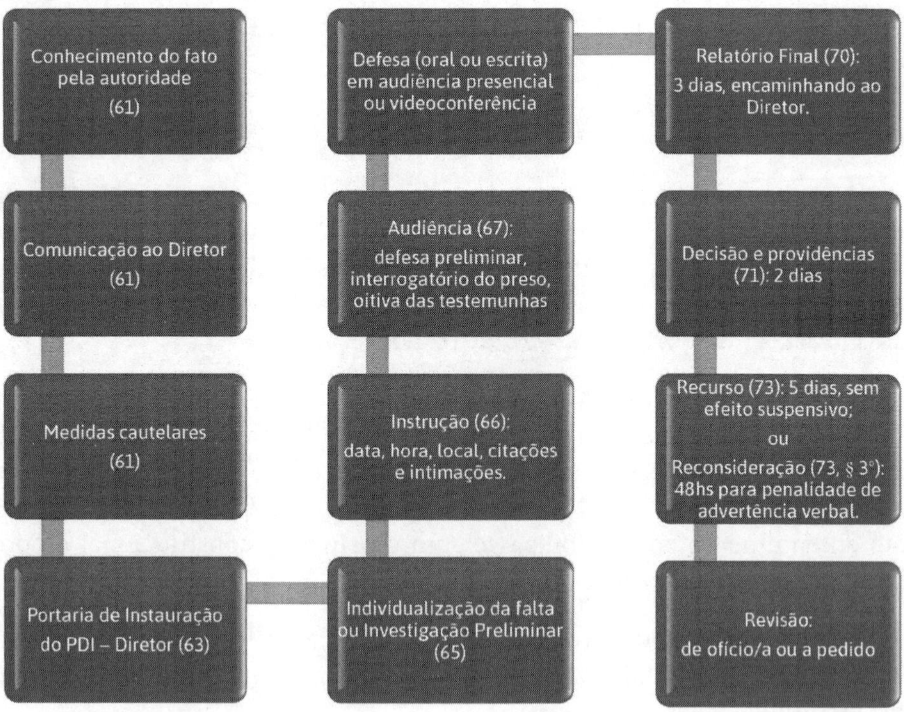

Sobre a apuração de faltas disciplinares, vale observar o enunciado e recomendação a seguir dos Workshops do CJF.

Enunciados e recomendações dos Workshops sobre o SPF do CJF

Enunciado n. 48 – O **comunicado de ocorrência** para instauração de Procedimento Disciplinar (PDP/PDI), quando o fato tiver ocorrido em local sujeito à monitoração ambiental, deve estar acompanhado da cópia da respectiva gravação de vídeo e/ou áudio. (Editado no IV Workshop)

Recomendação n. 19 – As **audiências de procedimento disciplinar interno** devem ser realizadas em meio audiovisual. (Editado no III Workshop)

JURISPRUDÊNCIA

SUPREMO TRIBUNAL FEDERAL

• **Tema 941 – audiência de justificação afastando a necessidade de instauração de PAD**:

O Tribunal, por maioria, apreciando o tema 941 da repercussão geral, deu provimento ao recurso extraordinário, nos termos do voto do Relator, vencidos os Ministros Edson Fachin, Marco Aurélio, Ricardo Lewandowski e Celso de Mello. Foi fixada a seguinte **tese**: "**A oitiva do condenado pelo Juízo da Execução Penal, em audiência de justificação realizada na presença do defensor e do Ministério Público, afasta a necessidade de prévio Procedimento Administrativo Disciplinar (PAD), assim como supre eventual ausência ou insuficiência de defesa técnica no PAD instaurado para apurar a prática de falta grave durante o cumprimento da pena**". (STF, Plenário, RE 972.598/RS, rel. Min. Roberto Barroso, sessão virtual de 24.04.2020 a 30.04.2020.)

• **Posição anterior e contrária à decisão da tese no tema 941: Necessidade de instauração de PAD para reconhecer falta grave:**

"Execução penal. Falta grave. Impossibilidade de reconhecimento apenas em audiência de justificação – Imprescindibilidade de instauração do Procedimento Administrativo Disciplinar (LEP, art. 59), em que se assegure o direito a ampla defesa." (STF, RE 971.935/AgR, rel. min. Celso de Mello, 2ª Turma, julgado 16.12.2016, DJe 24.02.2017)

• **Súmula Vinculante 05**

"A falta de defesa técnica por advogado no processo administrativo disciplinar não ofende a Constituição"

• **Inaplicabilidade da Súmula Vinculante 5 na Execução Penal – falta de defesa técnica em PAD:**

Inaplicável a Súmula Vinculante 5 nos procedimentos disciplinares relativos a apuração de falta grave. Esse Enunciado é aplicável apenas em procedimentos de natureza cível. 11. Agravos internos a que se nega provimento. (STF, 1ª Turma, Segundo Agravo Regimental no RE 1.224.396/DF, rel. Ministro Alexandre de Moraes, julgado em 29.05.2020, DJe 18.06.2020)

EMENTA: Recurso extraordinário. 2. Execução criminal. Progressão de regime. 3. Processo administrativo disciplinar para apurar falta grave e determinar a regressão do regime de cumprimento da pena. Inobservância dos princípios do contraditório e da ampla defesa. 4. Recurso conhecido e provido. (STF, RE 398.269, 2ª Turma, rel. Ministro Gilmar Mendes, julgado em 15.12.2009

• **Procedimento disciplinar por ato obsceno:**

"[...] 2. In casu: a) o recorrente e sua companheira, apesar de reiteradamente advertidos por agente penitenciário, praticaram conduta classificada como **ato obsceno em área de interesse comum e destinada a visita social/familiar no presídio federal de Catanduvas/PR**; b) por meio de Portaria o diretor da Penitenciária instaurou o procedimento administrativo disciplinar em que indicou com precisão o fato que se buscava apurar, inclusive gravado por câmera do circuito interno de segurança; c) as condutas foram enquadradas nos artigos 50, inciso VI, e 52 da Lei 7.210/84 (Execução Penal). 3. As **providências adotadas pela autoridade penitenciária foram pautadas pelo princípio da legalidade, e pelo escopo de manter a estrita disciplina, imprescindível ao ambiente de um estabelecimento prisional de segurança máxima**. 4. Recurso desprovido." (STF, 1ª Turma, RHC 107586/PR, rel. Min. Luz Fux, DJe publicado em 13.10.2011)

• **Sobre a competência da União legislar sobre matéria penal e prazo para encerramento de PAD**:

"Habeas corpus. 2. Execução penal. Falta grave (fuga). 3. PAD não homologado, ao fundamento de não ter sido observado o prazo máximo de conclusão previsto no Regimento Disciplinar Penitenciário do Estado do Rio Grande do Sul (prazo de 30 dias). 4. A jurisprudência do STF é no sentido de que, diante da ausência de norma específica quanto à prescrição da infração disciplinar, utiliza-se, por analogia, o Código Penal (HC 92.000/SP, Rel. Min. Ricardo Lewandowski, 1ª Turma, DJe 30.11.2007). 5. **Quanto ao prazo de 30 dias para o encerramento do PAD, esta Corte já considerou que compete privativamente à União legislar sobre direito penal** (HC 97.611/RS, Rel. Min. Eros Grau, 2ª Turma, DJe 7.8.2009). 6. Ordem denegada." (STF, HC 114.422/RS, 2ª Turma, rel. Ministro Gilmar Mendes, julgado em 06.05.2014, DJe 27.05.2014)

"HABEAS CORPUS. PENAL E PROCESSUAL PENAL. INFRAÇÃO DISCIPLINAR. PRESCRIÇÃO. INOCORRÊNCIA. ART. 109 DO CP. COMPETÊNCIA PRIVATIVA DA UNIÃO. REGRESSÃO DE REGIME DE CUMPRIMENTO DE PENA. TRÂNSITO EM JULGADO. DESNECESSIDADE. 1. Inexistindo norma específica quanto à prescrição da infração disciplinar, aplica-se o disposto no artigo 109 do Código Penal, considerando-se o menor lapso temporal previsto, que é de dois anos. Precedente. 2. **O Regime Penitenciário do Rio Grande do Sul não tem a virtude de regular a prescrição. Isso porque compete privativamente à União legislar sobre direito penal [artigo 22, I, da CB/88]**. 3. A prática de fato definido como crime doloso, para fins de aplicação da sanção administrativa da regressão, não depende do trânsito em julgado da ação penal respectiva. Precedente. Ordem indeferida." (STF, HC 97.611/RS, rel. Min. Eros Grau, 2ª Turma, publicado em 26.05.2009, DJe 07.08.2009).

SUPERIOR TRIBUNAL DE JUSTIÇA

• **Súmula 533**:

"Para o reconhecimento da prática de falta disciplinar no âmbito da execução penal, é imprescindível a instauração de procedimento administrativo pelo diretor do estabelecimento prisional, assegurado o direito de defesa, a ser realizado por advogado constituído ou defensor público nomeado."

• **Quanto à instauração de procedimento de apuração de falta disciplinar, o Superior Tribunal de Justiça assim decidiu:**

"[...] Regulamento Penitenciário Federal, aprovado pelo Dec. 6.049/2007 – que disciplina as regras da execução da pena em estabelecimento prisional federal, seguindo a diretriz traçada pela Lei 7.210/1984 (LEP) –, determina expressamente a **obrigatoriedade de instauração de procedimento administrativo para apuração de falta disciplinar**, bem como a imprescindibilidade da presença de advogado. Seria, portanto, um verdadeiro contrassenso admitir que o preso que cumpre pena em estabelecimento penal federal, regido pelo aludido Decreto, possua mais direitos e garantias em relação àquele que esteja cumprindo pena em presídio estadual. (STJ, REsp 1.378.557-RS, Rel. Min. Marco Aurélio Bellizze, julgado em 23/10/2013. Informativo STJ n° 532 – Período: 19 de dezembro de 2013)

• **Sobre a competência para legislar sobre faltas**:

HABEAS CORPUS. EXECUÇÃO PENAL. POSSE DE FONE DE OUVIDO. FALTA GRAVE DESCRITA EM RESOLUÇÃO ESTADUAL. IMPOSSIBILIDADE. INTELIGÊNCIA DO ART. 49 DA LEI DE EXECUÇÃO PENAL. **LEGISLADOR LOCAL PODE ESPECIFICAR TÃO-SOMENTE FALTAS LEVES E MÉDIAS**. AUSÊNCIA DE PREVISÃO NA LEGISLAÇÃO FEDERAL. ART. 50, INC. VII DA LEI DE EXECUÇÃO PENAL. FONE DE OUVIDO NÃO É COMPONENTE ESSENCIAL PARA UTILIZAÇÃO DE APARELHO CELULAR. 1. Nos termos do artigo 49 da Lei de Execução Penal, **não é possível ao legislador local estipular falta disciplinar de natureza grave**, a ele cabendo, tão-somente, a especificação das faltas médias e leves. In casu, o Acórdão impugnado, reconheceu a falta grave com suporte na Resolução Estadual n.° 113/2003. 2. Ademais, a posse de fone de ouvido para celular não se amolda nas condutas previstas no inciso VII do art. 50 da Lei de Execução Penal, como falta grave, mesmo porque o fone de ouvido não é componente necessário para a utilização de aparelho celular ou para a comunicação com outros presos ou com o ambiente externo. 3.Ordem concedida para, cassando o acórdão impugnado, restabelecer a decisão do juízo das execuções criminais. (STJ, 5ª Turma, HC 150.813/SP, rel. Min. Laurita Vaz, DJe 18/10/2020)

• **Sanção disciplinar e prazo de procedimento de apuração**:

"HABEAS CORPUS. EXECUÇÃO DA PENA. PROGRESSÃO DE REGIME. FALTA GRAVE. TENTATIVA DE FUGA. REINÍCIO DO PRAZO PARA A CONCESSÃO DO BENEFÍCIO. PRESCRIÇÃO DA SANÇÃO. INOCORRÊNCIA. ORDEM DENEGADA. 1. O STJ já firmou o entendimento de que o cometimento de falta grave implica o reinício da contagem do prazo da pena remanescente para a concessão de benefícios no regime prisional. 2. **Já decidiu esta Corte que não há falar em prescrição da sanção disciplinar só porque o Magistrado não a aplicou contemporaneamente à falta, pois, os fatos relacionados com o cumprimento da pena, a exemplo da perda dos dias remidos, durante sua execução, afastam a alegação de coisa julgada e direito adquirido** (HC 37.236/SP, Rel. Min. JOSÉ ARNALDO DA FONSECA, DJU 21.02.05). 3. A Lei de Execução Penal é omissa quanto à eventual prescrição para a anotação de falta grave na ficha de antecedentes do apenado ou para sua consideração pelo Juiz na aplicação ou revogação de benefícios. A LEP especifica, tão-somente, que o poder disciplinar será exercido pela autoridade administrativa, conforme as disposições regulamentares (art. 47), lista as faltas de natureza grave (art. 50), indicando as sanções correspondentes (art. 53), que devem ser aplicadas pelo Diretor do Presídio (art. 54), de forma motivada, após a devida apuração mediante instauração de procedimento administrativo disciplinar (arts. 59 e 60), conforme o regulamento do presídio ou legislação estadual complementar. 4. No caso presente, a falta grave foi apurada mediante prévio Procedimento Administrativo Disciplinar, devidamente instaurado por Portaria do Diretor Técnico do Núcleo de Segurança e Disciplina do Presídio apenas 4 dias após a descoberta de túnel para a fuga, ocorrida em 15.04.04, em que se garantiu ao paciente o amplo exercício do direito de defesa, com a aplicação da sanção disciplinar em 25.06.04, ou seja, cerca de dois meses e meio após o incidente. 5. **Somente seria possível aplicar, por analogia, o disposto nos arts. 64 e 74 no Decreto 6.049/07, que estabelece, para os presídios federais, que a apuração da falta disciplinar deve ser concluída em 30 dias, prorrogáveis por igual período, caso a impetrante comprovasse o descumprimento do regulamento do presídio ou da legislação estadual que disciplina a matéria, o que, no entanto, não logrou fazer.** 6. Writ denegado, em consonância com o parecer ministerial. (STJ, HC 86.501/SP, rel. Ministro Napoleão Nunes Maia Filho, 5ª Turma, julgado em 11.12.2007, DJ 07.02.2008)

TRIBUNAIS REGIONAIS FEDERAIS

• **TRF3: As faltas disciplinares praticadas no âmbito do sistema penitenciário federal observam a Lei de Execuções Penais e o Decreto n° 6.049/07.**

"AGRAVO DE EXECUÇÃO PENAL. FALTA GRAVE. REGIME FECHADO. MODIFICAÇÃO DA DATA-BASE PARA A PROGRESSÃO. REINÍCIO DA CONTAGEM DO PRAZO DE 1/6. RECURSO NÃO PROVIDO. O presente recurso foi interposto contra a decisão preferida pelo Juízo da 5ª Vara Federal de Campo Grande/MS que homologou a falta grave praticada pelo interno e prorrogou a data base de progressão de regime para o dia 12/09/2016 (data da última falta grave). A decisão judicial está devidamente fundamentada e amparada nos arts. 39, II e 50, VI da Lei 7.210/84 e art. 45, V do Decreto 6.049/07, que aprovou o Regulamento Penitenciário Federal. Consta que o PDI n° 85/2016 desenvolveu-se regularmente, tendo sido assegurado o pleno direito de defesa. O interno desobedeceu a ordem dada por agente penitenciário durante o procedimento de retirada para o banho de sol. Afastado o pedido de desclassificação para infração leve ou média, uma vez que, nos termos do art. 50, VI c/c art. 39, II da Lei de Execução Penal e art. 45, V do Decreto 6.049/07, a desobediência à ordem emanada de agente penitenciário constitui infração de natureza grave. O art. 118, I da LEP estabelece que a execução da pena privativa de liberdade ficará sujeita à forma regressiva, com a transferência para qualquer dos regimes mais rigorosos, quando o condenado pratica falta grave. Na hipótese de o reeducando encontrar-se cumprindo pena em regime fechado, deve ser reiniciado o prazo de 1/6 para que haja a progressão de regime, a partir da data em que foi praticada a falta grave. Recurso não provido." (TRF3, Agravo em Execução Penal 0000063-39.2019.4.03.0000, 11ª Turma, rel. Desembargador José Lunardelli, e-DJF3 de 22 de outubro de 2019)

APLICAÇÃO EM CONCURSO

QUESTÕES

1. (CESPE, 2021, DEPEN, prova de Especialista Federal em Assistência à Execução Penal e Agente Federal de Execução Penal) Em relação ao conjunto de regras disciplinares impostas ao sentenciado, julgue os itens a seguir.

A inclusão de preso em regime disciplinar diferenciado não pode ser decretada de ofício pelo juiz da execução, dependendo, em regra, de requerimento do diretor do estabelecimento prisional ou de outra autoridade administrativa.

[...]

2. (CESPE, 2021, DEPEN, prova de Especialista Federal em Assistência à Execução Penal e Agente Federal de Execução Penal) Em relação ao conjunto de regras disciplinares impostas ao sentenciado, julgue os itens a seguir.

Em observância ao princípio da legalidade, as faltas disciplinares leves, médias e graves deverão ter previsão expressa na Lei de Execução Penal.

GABARITO

1. Esta alternativa está correta. Vide art. 54 da LEP.

2. Esta alternativa está errada. Segundo art. 49 da LEP, a legislação local especificará as leves e médias, bem assim as respectivas sanções.

3.3.9.4 Classificação da Conduta e Reabilitação

Segundo o Regulamento Penitenciário Federal, pode ser **classificada a conduta** do preso ou comportamento carcerário em 4 níveis:

I. **ótima**: comportamento carcerário decorrente de prontuário sem anotações de falta disciplinar, desde o ingresso do preso no estabelecimento penal federal até o momento da requisição do atestado de conduta, somado à anotação de uma ou mais recompensas (art. 77 do RPF);

II. **boa**: comportamento carcerário decorrente de prontuário sem anotações de falta disciplinar, desde o ingresso do preso no estabelecimento penal federal até o momento da requisição do atestado de conduta. Equipara-se ao bom comportamento o caso de prontuário com registro de falta, mas com posterior reabilitação de conduta (art. 78 do RPF);

III. **regular**: preso cujo prontuário registra a prática de faltas médias ou leves, sem reabilitação de conduta (art. 79 do RPF);

IV. **má**: preso cujo prontuário registra a prática de falta grave, sem reabilitação de conduta (art. 80 do RPF).

Já a **reabilitação** ocorrerá por períodos a depender das faltas praticadas, nos moldes do artigo 81 do RPF e artigo 54 da Portaria 275/2016/DEPEN:

- **3 meses**: falta leve;
- **6 meses**: falta média;
- **12 meses**: falta grave;
- **24 meses**: falta grave cometida com grave violência à pessoa ou com a finalidade de incitamento à participação em movimento para subverter a ordem e a disciplina que ensejarem a aplicação de regime disciplinar diferenciado.

O cometimento da falta disciplinar de qualquer natureza durante o período de reabilitação acarretará a imediata anulação do tempo de reabilitação até então cumprido (art. 82 do RPF).

Com a prática de nova falta disciplinar, exigir-se-á novo tempo para reabilitação, que deverá ser somado ao tempo estabelecido para a falta anterior (art. 82, § 1º, do RPF).

O diretor do estabelecimento penal federal não expedirá o atestado de conduta enquanto tramitar procedimento disciplinar para apuração de falta (art. 82, § 2º, do RPF).

Caberá recurso, sem efeito suspensivo, no prazo de cinco dias, dirigido à diretoria do Sistema Penitenciário Federal, contra decisão que atestar conduta (art. 83 do RPF).

Neste particular, importante questão exsurge com o acréscimo do § 7º ao art. 112 da LEP, acrescentado pela Lei n.º 13.694/19, no escopo de dar nova roupagem ao instituto da progressão de regime à pena privativa de liberdade. A novel redação estabelece que o **bom comportamento é readquirido após 1 (um) ano da ocorrência do fato, ou antes, após o cumprimento do requisito temporal exigível para a obtenção do direito[161].**

Cenário jurídico posto, entendemos que a norma geral de execução penal (LEP) foi categórica em definir o prazo de um ano para a reabilitação do interno em razão da falta de natureza grave, pelo que importa nas seguintes consequências: 1) qualquer prazo infralegal, oriundo de Regulamentos ou Portarias Penitenciárias, que indique período maior que um ano para que o interno readquira atestado de bom comportamento carcerário deve ser afastado, visto que fere a legalidade estrita da norma federal de regência. Neste sentido, ficam revogados implicitamente os artigos 81 do RPF e 54 da Portaria n.º **275/2016/DEPEN, no que diz respeito ao prazo de 24 meses para a reabilitação do interno que tenha cometido falta grave cometida com grave violência à pessoa ou com a finalidade de incitamento à participação em movimento para subverter a ordem e a disciplina que ensejarem a aplicação de regime disciplinar diferenciado; 2) ainda que sobrevenha nova falta disciplinar, a interromper o prazo para a progressão de regime, ou mesmo a se somar ao prazo reabilitador de eventual falta disciplinar anteriormente aplicada, tal circunstância não impede a concessão do benefício alcançado, uma vez cumprido o requisito temporal exigível para a obtenção do direito (*v.g.* progressão de regime, livramento condicional etc.); 3) a contagem do prazo reabilitador dar-se-á da data do fato que ensejou a falta disciplinar, e não do prazo do término do processo administrativo disciplinar, 4) cumprido o período apurador para readquirir o bom comportamento carcerário, não cabe ao diretor da unidade**

161. Redação dada pelo art. 4º da Lei n.º 13.964/19, que acrescenta o § 7º ao art. 112 da Lei n.º 7.210/84, inicialmente vetada, mas promulgada após rejeição do veto presidencial n.º 56/19, em 19.04.2021, pelo Congresso Nacional.

prisional se abster em emitir o atestado de conduta, restando, com efeito, superado tacitamente o art. 82, § 2º, do RPF.

3.3.10 Meios de coerção

Conforme reza o RPF, os meios de coerção só serão permitidos quando forem inevitáveis para proteger a vida humana e para o controle da ordem e da disciplina do estabelecimento penal federal, **desde que tenham sido esgotadas todas as medidas menos extremas para se alcançar tais objetivos** (art. 84). Demais disso, os servidores e funcionários que recorrerem ao uso da força, **limitar-se-ão a utilizar a mínima necessária,** devendo informar imediatamente ao diretor do estabelecimento penal federal sobre o incidente (art. 84, parágrafo único). Tais medidas circunscrevem-se no princípio da proporcionalidade e da excepcionalidade do uso de força na condução das rotinas carcerárias.

Sem embargo, algumas questões precisam ser melhor identificadas, sob o ponto de vista dos limites regulamentares ao qual se subsumem os meios de coerção. Ao analisarmos a LEP, percebe-se o tímido tratamento dado à temática ora enfrentada, **justo por ter o legislador mencionado apenas o uso de algemas como forma de instrumento de coerção para o controle da atividade prisional,** devendo, tal uso, conforme a inteligência do art. 199 da LEP, ser disciplinado por decreto federal[162]. Tal situação permite concluir que **o RPF, ao dar tratamento a diversas formas de coerção pelo uso de instrumentos,** extravasou, sob o ponto de vista formal, seu espaço normativo, bem como, sob ponto de vista material, sua adequação às recomendações internacionais e, sobretudo, ao texto constitucional de 1988.

Dito isto, parece-nos claro que carece de validade o art. 85 do RPF quando sustenta que "a sujeição a instrumentos tais como algemas, correntes, ferros e coletes de força nunca deve ser aplicada como punição"[163]. Em outras palavras, o RPF **acena para a possibilidade do uso destes instrumentos degradantes** como meio de coerção, **desde que não sejam eles a própria sanção[164].** Sob o ponto vista das recomendações internacionais, as Regras Míni-

162. Trata-se do Decreto Federal n.º 8.858/16.

163. Diz o parágrafo único do art. 85 do RPF: "a utilização destes instrumentos será disciplinada pelo Ministério da Justiça".

164. Na prática, para além do deslocamento interno com algemas, as correntes de ferro são instrumentos de uso ordinário nas penitenciárias federais, notadamente nas audiências (presenciais e virtuais), no atendimento em sala reservada ao defensor público. Quanto ao deslocamento

mas das Nações Unidas para o Tratamento de Presos (Regras de Mandela) são categóricas em reconhecer que **o uso de correntes, de imobilizadores de ferro ou outros instrumentos restritivos são inerentemente degradantes ou dolorosos**, pelo que **devem ser proibidos** (regra 47.1). Nesta linha intelectiva, **temos que padece ainda de inconstitucionalidade o art. 85 do RPF**, por atentar contra a dignidade da pessoa humana (art.1º, inc. I, CF) e à proibição de tratamento desumano e degradante (art.5º, inc. III, CF).

Quanto ao uso de algemas, a súmula vinculante n.º 11 do STF[165] é a regra, aplicada também no contexto do SPF, pelo que seu uso deve ser limitado ao estritamente necessário[166]. Neste particular, a **recomendação n.º 15 dos Workshops sobre SPF do CJF** recomenda **que o preso não fique algemado com as mãos para trás nas audiências realizadas no SPF**, salvo decisão fundamentada do presidente da audiência.

Quanto às armas de fogo letais, estas não serão usadas, salvo quando estritamente necessárias (art. 86), sendo terminantemente proibido seu uso nas áreas internas do estabelecimento penal federal (§ 1º). Tal entendimento leva a conclusão de que **as armas de fogo letais serão portadas** pelos agentes penitenciários federais **exclusivamente: 1) em movimentações externas; 2) nas ações de guarda e vigilância do estabelecimento penal federal, compreendido aqui, as muralhas, os alambrados e as guaritas que compõem as suas edificações (§ 2º).**

Quanto ao uso de cães, somente será permitido no estabelecimento penal federal para "auxiliar na vigilância e no controle da ordem e da disciplina após cumprirem todos os requisitos exigidos em ato do Ministério da Justiça que tratar da matéria" (art. 87).

---

externo (inclusões, transferências, audiências), verifica-se o uso de cinturões de força nos internos.

165. Supremo Tribunal Federal – Súmula Vinculante n.º 11: "Só é lícito o uso de algemas em casos de resistência e de fundado receio de fuga ou de perigo à integridade física própria ou alheia, por parte do preso ou de terceiros, justificada a excepcionalidade por escrito, sob pena de responsabilidade disciplinar, civil e penal do agente ou da autoridade e de nulidade da prisão ou do ato processual a que se refere, sem prejuízo da responsabilidade civil do Estado."

166. Este é o teor do Decreto Federal n.º 8.858/16, que regulamenta o art. 199 da LEP: "art. 2º É permitido o emprego de algemas apenas em casos de resistência e de fundado receio de fuga ou de perigo à integridade física própria ou alheia, causado pelo preso ou por terceiros, justificada a sua excepcionalidade por escrito. Art. 3º É vedado emprego de algemas em mulheres presas em qualquer unidade do sistema penitenciário nacional durante o trabalho de parto, no trajeto da parturiente entre a unidade prisional e a unidade hospitalar e após o parto, durante o período em que se encontrar hospitalizada".

Outros meios de coerção poderão ser adotados, desde que disciplinada sua finalidade e uso pelo Ministério da Justiça (art. 88), conforme se verifica da presença de *taser* (arma de choque) e gases de pimenta no SPF[167]. É preciso ser dito aqui, mais uma vez sob o ponto de vista formal, que o uso de medidas coercitivas não prescinde de previsão legal, de modo que sua regulamentação, advinda de ato do poder executivo, carece de legitimidade. Neste sentido, as Regras de Mandela (regra 47.2) **informam que outros instrumentos restritivos devem ser utilizados apenas quando previstos em lei,** condicionados à 1) precaução contra a fuga durante uma transferência, desde que sejam removidos quando o preso estiver diante de autoridade judicial ou administrativa; e 2) à ordem do diretor da unidade prisional, se outros métodos de controle falharem.

Na perspectiva de promover o treinamento no uso de técnicas de controle que afastem a necessidade de utilizar instrumentos restritivos ou que reduzam seu caráter invasivo[168], a administração prisional, a teor do art. 89 do RPF, **poderá criar grupo de intervenção,** composto por agentes penitenciários, para **desempenhar ação preventiva e resposta rápida** diante de **atos de insubordinação dos presos**, que possam conduzir a uma situação de maior proporção ou com efeito prejudicial sobre a disciplina e ordem do estabelecimento penal federal.

Ainda, segundo o art. 89 do RPF, o diretor do estabelecimento penal federal, **nos casos de denúncia de tortura, lesão corporal, maus-tratos ou outras ocorrências de natureza similar**, deve, tão logo tome conhecimento do fato, providenciar, sem prejuízo da tramitação do adequado procedimento para apuração dos fatos: **I** – instauração imediata de adequado procedimento apuratório; **II** – comunicação do fato à autoridade policial para as providências cabíveis, nos termos do art. 6º do Código de Processo Penal; **III** – comunicação do fato ao juízo competente, solicitando a realização de exame de corpo de delito, se for o caso; **IV** – comunicação do fato à Corregedoria-Geral do Sistema Penitenciário Federal, para que proceda, quando for o caso, ao

167. RAIPDPU Porto Velho (DEFENSORIA PÚBLICA DA UNIÃO, 2017b): "Guarita das vivências. Antes de entrar na "guarita" tem um armário de metal com cadeado onde estão guardadas as armas não letais, gás de pimenta, taser e armas de bala de borracha. As armas nos foram apresentadas pelo chefe de segurança que nos acompanhava. O gás de pimenta tem um lacre que quando usado deve ser rompido e justificado o seu uso. O taser tem um visor que é possível verificar quantos disparos foram feitos, a intensidade e o horário. Não são usadas armas letais no interior da unidade".

168. Este é o teor da regra 49 das Regras de Mandela.

acompanhamento do respectivo procedimento administrativo; e **V** – comunicação à família da vítima ou pessoa por ela indicada.

Tais procedimentos colocam em evidência a importância de coibir a tortura e outros tratamentos ou penas cruéis, desumanas e degradantes, o qual o Brasil é signatário (Decreto n.º 40, de 15.02.1991). Sem prejuízo desta importante previsão normativa, em 2001, **a ONU lançou** o importante (e ainda pouco aplicado) **Manual para a Investigação e Documentação Eficazes da Tortura e Outras Penas ou Tratamentos Cruéis, Desumanos ou Degradantes**, denominado de **Protocolo de Istambul.**

3.3.11 Visitas

Constitui direito do preso a visita do **cônjuge, da companheira, de parentes e amigos** em dias determinados, a teor do art. 41, inc. X, da LEP. Buscando concretizar tal direito, prossegue a LEP para dispor que "a penitenciária de homens será construída, em local afastado do centro urbano, à **distância que não restrinja a visitação**" (art. 90), tudo em harmonia com as Regras de Mandela, cuja recomendação diz que "os presos devem ser alocados, na medida do possível, em **unidades prisionais próximas às suas casas ou ao local de sua reabilitação social**" (regra 59).

Sucede que esta não é a realidade vivenciada no SPF. Como é cediço, ainda que projetado para aprisionar indivíduos de forma excepcional e temporária, um dos pressupostos do modelo penitenciário federal está no cumprimento da sanção criminal em local distante do juízo da culpa (art. 86, § 1º, LEP)[169]. Posto isso, os manejos inerentes ao direito fundamental à visita tornam-se complexos, **tanto pelo natural afastamento do preso de seu seio familiar, quanto pelas típicas restrições impostas pelo regime de segurança vigente.**

Nada obstante, o art. 91 do RPF – em hercúlea missão de equilibrar o contexto fático narrado – admite que as visitas têm a finalidade de preservar e estreitar as relações do preso com a sociedade, principalmente com sua família, parentes e companheiros. É nesta perspectiva que o STF já se manifestou: "[...] **direito de visitas como desdobramento do direito de liberdade. Só**

---

169. Cada estabelecimento prisional federal encontra-se relativamente afastado dos centros urbanos, construídos em 5 (cinco) Estados diversos da Federação.

há se falar em direito de visitas porque a liberdade do apenado encontra--se tolhida [...]" (STF, HC 107.701/RS, DJe em 26.03.2012). Sem embargo de consistente crítica doutrinária[170], o STJ, por sua vez, vem entendendo – na balança dos valores em atrito, a preponderar o interesse social – não ser absoluto o direito à custodia em local próximo do centro de convivência familiar (STJ, HC 92714/RJ, 5ª T, j. 06.06.2007).

Ainda mais conflituoso é o tema das restrições e suspensões de visitas no SPF, cuja dinâmica social, **nos últimos anos, passou por profundas e rígidas alterações,** seja por atos normativos infralegais, seja pela recente reforma estampada na Lei n.º 13.964/19.

Com efeito, vigoram no SPF quatro modalidades de visita social prisional, a saber: **1)** visita social, com contato físico (pátio de visitação)[171]; **2)** visita íntima[172]; **3)** visita em parlatório (sem contato físico)[173]; **4)** visita virtual[174]. Ocorre que, a primeira e impactante medida restritiva veio com a Portaria Depen n.º 327 de 29 de junho de 2017, pela qual **restaram suspensas as visitas íntimas e sociais com contato físico, permitindo-se a visita presencial somente através de parlatório.** Como justificativa, sustentou-se que o contato físico "tem sido utilizado como meio mais eficaz de difusão de mensagens entre presos e familiares, servindo como ferramenta de coordenação e execução de ordens para beneficiar organizações criminosas"[175]. Para além disso, uma deflagrada operação da Polícia Federal apontou que um determinado interno se utilizava do direito à visita íntima de outro preso para, por meio de bilhetes, controlar e administrar uma rede de tráfico de drogas e lavagem de dinheiro, tudo isso em um contexto de execuções

---

170. Rodrigo Estrada Roig (2017, p. 320) é categórico em afirmar que, em homenagem ao princípio da humanidade e da intranscedência da pena, a prioridade será sempre o cumprimento da sanção criminal nas proximidades de local de convívio familiar.
171. Regulamentada na Portaria Depen n.º 54/2016 e revogada pela Portaria n.º 157/09.
172. Prevista no art. 95 do RPF, a visita íntima tem (tinha) por finalidade fortalecer as relações familiares do preso e será regulamentada pelo Ministério da Justiça, referindo apenas que era proibida nas celas de convivência dos presos. Tal modalidade estava regulamentada na Portaria Depen n.º 54/16, e, subsequentemente, com rigorosa restrição imposta pela Portaria n.º 718/17 do MJSP, até o advento da Lei n.º 13.964/19.
173. Para os internos em RDD (art. 24), aos amigos, parentes por afinidade ou acima do 3º grau de parentesco, em linha reta ou colateral (art. 7º, I); ou parentes, cônjuge ou companheira que apresentem pendências judiciais ou criminais comprovadas por Certidões Positivas. (art. 7º, II), **já se estabelecia, pela Portaria Depen n.º 54/2016,** a vista exclusivamente em parlatório.
174. Trata-se da Portaria Conjunta DPU/DEPEN n.º 500/2010.
175. "Considerando" da Portaria Depen n.º 327/17.

sumárias contra policiais penais federais e uma especialista federal em assistência ocorridas no ano anterior[176].

Nada obstante os gravíssimos episódios, **tais medidas limitadoras de direitos** – em que destacadamente se investiga e desvenda a autoria dos crimes – necessariamente **deveriam ser objeto de sanção individualizada**, justo porque, **instrumentalizadas de forma geral a todos os internos, revestem-se da vedada condição de sanção de natureza coletiva,** a teor do art. 45, § 3º, da LEP. Sem prejuízo deste entendimento, não caberia ao Diretor Geral do Depen, a nosso juízo, estipular suspensão e restrição de visitas sem que se constituíssem em sanções de natureza disciplinar, no bojo de um devido processo administrativo (art. 53, III, LEP).

Sucede que, **não por outra razão, tal prática ganhou permissivo legal,** a partir da Lei n.º 13.964/19, ao acrescentar o § 4º ao art. 3º da Lei n.º 11.671/08, **dispondo que os diretores dos estabelecimentos penais federais ou o diretor do SPF poderão suspender e restringir o direito de visitas por meio de ato fundamentado.**

Críticas à parte, o recrudescimento das medidas impostas ganha novo capítulo com o advento da Portaria n.º 718/17 do MJSP, que restringe a um restrito grupo de presos o direito à visita íntima[177]. Nada obstante, **com a Portaria MJSP n.º 157/19 consolidou-se o (controverso) entendimento da incompatibilidade da visita social com contato físico,** tornando, **como regra**[178]**, a visita em parlatório e por videoconferência (virtual), pelo menos aos presos incluídos no SPF no interesse da segurança pública.** Na prática,

176. Tratam-se dos lamentáveis assassinatos de uma Psicóloga, Especialista Federal em Assistência à Execução Penal, na cidade de Cascavel-PR; de um Policial Penal Federal, na cidade de Mossoró-RN; e de outro Policial Penal Federal, executado no dia 02 de março de 2016, em Cascavel, a caminho da PFCAT.

177. O art. 1ª da Portaria n.º 157/19 do MJSP remete o regulamento à Portaria n.º 718/17, também do MJSP. A questão da visita íntima gira em torno de que a Portaria n.º 718/17/MJSP, em seu art. 1º, § 2º, veda a concessão de visita íntima a praticamente todas hipóteses de inclusão ou transferência, restando permitida apenas ao interno do SPF **por ser "réu colaborador ou delator premiado, desde que essa condição represente risco à sua integridade física no ambiente prisional de origem"** (inc. V do art. 3º do Decreto n.º 6.877/09).

178. Diz o art. 2º: "Art. 2º As visitas sociais nos estabelecimentos penais federais de segurança máxima **serão restritas ao parlatório e por videoconferência,** sendo destinadas exclusivamente à manutenção dos laços familiares e sociais, e sob a necessária supervisão, em conformidade à Regra 58 das Regras Mínimas das Nações Unidas para o Tratamento de Reclusos e ao Decreto nº 6.049, de 2007. § 1º O disposto no caput **não se aplica aos presos com perfil de réu colaborador ou delator premiado e outros cuja inclusão ou transferência não estejam fundamentadas nos incisos, I a IV e VI do art. 3º do Decreto nº 6.877, de 2009, sendo permitida a visita social em pátio de visitação.**

restaram praticamente esvaziadas as modalidades de visita social no pátio de visitação e de visita íntima[179].

É deste cenário infralegal de restrições ao direito de visita que exsurge a lei federal n.º 13.964/19, justamente no desiderato de consolidar as rotinas prisionais em funcionamento para o SPF. Com efeito, a visita do cônjuge, do companheiro, de parentes e de amigos somente em dias determinados – em regime fechado de segurança máxima – ocorrerá **por meio virtual ou no parlatório,** com o máximo de 2 (duas) pessoas por vez, além de eventuais crianças, **separados por vidro e comunicação por meio de interfone, com filmagem e gravações** (art. 3º, II, Lei n.º 11.671/08). Depreende-se da novel redação que **o legislador sepultou qualquer possibilidade ao direito de visita social com contato físico em pátio de visitação, bem como à visita íntima,** quando o ingresso no SPF tenha se dado em atendimento ao interesse da segurança pública[180].

A par do exposto, as visitas **serão realizadas uma vez por semana, por 3 horas,** salvo em datas festivas, nas quais se pode flexibilizar essa regra por ato do Diretor do estabelecimento penal (art. 92, §§ 1º e 2º, RPF), **ou quinzenalmente para os presos submetidos ao RDD, cujo período de visita será de 2 horas** (art. 52, inciso III, LEP).

Nos termos do art. 93 do RPF, no caso de preso recolhido ao pavilhão hospitalar ou enfermaria e impossibilitado de se locomover, ou em tratamento psiquiátrico, **poderá receber visita no próprio local, a critério da autoridade médica**. Sucede que a presente previsão vai de encontro à nova redação dada ao art. 3º, inc. II, da Lei n.º 11.671/08, que, como vimos, veda qualquer visita presencial com contato físico. Nesta perspectiva, entendemos que **o direito à visita não poderá ser obstado, senão readequado a condições proporcionais ao estado de saúde do interno e compatíveis ao texto legal.** Interpretação possível, portanto, é no sentido de que a visita no próprio local de tratamento do preso se dê pelo sistema de videoconferência, ajustando-se os

179. Em processo avançado de discussão sobre a possibilidade de restrição às visitas íntimas, a ADPF 518, ajuizada em face da Portaria n.º 718/2017/MJ, foi submetida ao plenário pelo relator Min. Edson Fachin, após reconhecer a inconstitucionalidade do art. 1º, §2º, do indigitado normativo. Contudo, após pedido de vista do Min. Alexandre de Moraes, em 08.03.2021, a causa ainda pende de julgamento, mesmo após, inclusive, o advento do art. 3º, § 1º, inc. II, da Lei n.º 11.671/08, incluído em 2019 pela Lei n.º 13.964.

180. As características do RFSM previstas no art. 3º, § 1º, da Lei n.º 11.671/08, expressamente previram aplicação ao preso incluído ou transferido no atendimento do interesse da segurança pública, e não ao preso que ingressa no SPF no interesse da sua própria segurança.

equipamentos, excepcionalmente, no local aonde o enfermo se encontre. Tal entendimento encontra respaldo precisamente na Portaria Conjunta DPU/DEPEN n.º 500/2010, que, tratando dos procedimentos para a realização da visita virtual, assenta que os casos omissos serão solucionados pelo Diretor-Geral do Departamento Penitenciário Nacional e pelo Defensor Público-Geral Federal (art. 11).

Outro ponto que merece atenta consideração refere-se às **visitas realizadas por crianças e adolescentes no SPF.** Ao tempo que houve excelente avanço na doutrina de proteção integral com a entrada em vigor da Lei n.º 12.962/14 - que altera o Estatuto da Criança e do Adolescente (Lei n.º 8.069/90) –, **assegurando a convivência dos menores com os pais privados de liberdade** (art. 19, § 4º), a Lei n.º 13.964/19 introduziu restrição ao direito de visita que, por sua própria natureza, compromete o programa constitucional de prioridade absoluta destinado aos menores. Dito de outra maneira, a visita de crianças e adolescentes em estabelecimento penal federal fica restrita ao contato visual com seus pais, visto que as únicas opções vigentes, por expressa previsão legal, para os casos de ingresso em razão de segurança pública, impedem o contato físico (visita em parlatório ou virtual) entre os visitantes e a pessoa privada de liberdade.

Sucede que no plano da proteção integral, os menores gozam de especial condição de respeito e liberdade, como pessoas humanas em processo de desenvolvimento. Neste sentido, o ECA é categórico em assentar o dever de todos em velar pela dignidade da criança e do adolescente, **pondo-os a salvo de qualquer tratamento vexatório ou constrangedor** (art. 18). Bem por isso, a lei ou outros meios adequados servem a **garantir todas as oportunidades e facilidades,** a fim de lhes facultar o desenvolvimento físico, mental, moral, espiritual e social, em condições de liberdade e de dignidade (art. 3º), independentemente do ambiente social, região e local de moradia **ou outra condição que diferencie as pessoas, as famílias ou a comunidade em que vivem** (art. 3º, parágrafo único).

Logo, **inviabilizar o contato físico do menor com seu pai ou mãe privados de liberdade configura medida atentatória à doutrina constitucional da proteção integral e ao princípio do melhor interesse**[181]**.** Em verdade, tra-

181. Situação diversa, contudo, são ações movidas por presos para buscar a determinação de visita dos filhos ou irmãos menores, tendo o STJ decidido pela ausência de direito absoluto à visitas. (STJ, AgRg no REsp 1789332/RS, rel. Ministro Reynaldo Soares da Fonseca, 5ª Turma, julgado em 12.03.2019, DJe 25.03.2019).

tam-se de conceitos basilares da infância e da juventude, "que devem permear todo tipo de interpretação dos casos envolvendo crianças e adolescentes", em ordem a viabilizar o preceito constitucional da prioridade absoluta dos direitos dos menores (ISHIDA, 2019, p.25).

Desde esta perspectiva de matriz constitucional, permite-nos concluir **que o art. 3º, inc. II, da Lei n.º 11.671/08,** com redação dada pela Lei n.º 13.964/19, **deve ser interpretado conforme à CF, a fim de excluir toda interpretação que impeça o contato físico entre os menores e seus pais e mães privados de liberdade,** sob pena de, a um só tempo, transgredir direitos fundamentais do estatuto da criança e do adolescente e obstaculizar indevidamente o núcleo essencial do processo de individualização da pena: o sistema progressivo como fator propiciador de condições para a reintegração social da pessoa privada de liberdade.

JURISPRUDÊNCIA

SUPREMO TRIBUNAL FEDERAL

- **Direito de visita, desdobramento do direito de liberdade**:

"HABEAS CORPUS. 2. DIREITO DO PACIENTE, PRESO HÁ QUASE 10 ANOS, DE RECEBER A VISITA DE SEUS DOIS FILHOS E TRÊS ENTEADOS. 3. COGNOSCIBILIDADE. POSSIBILIDADE. LIBERDADE DE LOCOMOÇÃO ENTENDIDA DE FORMA AMPLA, AFETANDO TODA E QUALQUER MEDIDA DE AUTORIDADE QUE POSSA EM TESE ACARRETAR CONSTRANGIMENTO DA LIBERDADE DE IR E VIR. ORDEM CONCEDIDA. 1. COGNOSCIBILIDADE DO WRIT. [...] **Direito de visitas como desdobramento do direito de liberdade. Só há se falar em direito de visitas porque a liberdade do apenado encontra-se tolhida.** Decisão do juízo das execuções que, ao indeferir o pedido de visitas formulado, repercute na esfera de liberdade, porquanto agrava, ainda mais, o grau de restrição da liberdade do paciente[...]A Constituição Federal de 1988 tem como um de seus princípios norteadores o da humanidade, sendo vedadas as penas de morte, salvo em caso de guerra declarada (nos termos do art. 84, XIX), de caráter perpétuo, de trabalhos forçados, de banimento e cruéis (CF, art. 5°, XLVII). Prevê, ainda, ser assegurado aos presos o respeito à integridade física e moral (CF, art. 5°, XLIX). É fato que a pena assume o caráter de prevenção e retribuição ao mal causado. Por outro lado, não se pode olvidar seu necessário caráter ressocializador, devendo o Estado preocupar-se, portanto, em recuperar o apenado. Assim, é que dispõe o art. 10 da Lei de Execução Penal ser dever do Estado a assistência ao preso e ao internado, objetivando prevenir o crime e orientar o retorno à convivência em sociedade. Aliás, o direito do preso receber visitas do cônjuge, da companheira, de parentes e de amigos está assegurado expressamente pela própria Lei (art. 41, X), sobretudo com o escopo de buscar a almejada ressocialização e reeducação do apenado que, cedo ou tarde, retornará ao convívio familiar e social. Nem se diga que o paciente não faz jus à visita dos filhos por se tratar de local impróprio, podendo trazer prejuízos à formação psíquica dos menores. De fato, é público e notório o total desajuste do sistema carcerário brasileiro à programação prevista pela Lei de Execução Penal. Todavia, levando-se em conta a almejada ressocialização e partindo-se da premissa de que o convício familiar é salutar para a perseguição desse fim, cabe ao Poder Público propiciar meios para que o apenado possa receber visitas, inclusive dos filhos e enteados, em ambiente minimamente aceitável, preparado para tanto e que não coloque em risco a integridade física e psíquica dos visitantes. 3. ORDEM CONCEDIDA." (STF, 2ª Turma, HC 107.701/RS, rel. Ministro Gilmar Mendes, julgado em 13.09.2011, DJe em 26.03.2012)

• **Não cabe HC para discutir direito de visita**:

STF: "[...] 10. A orientação jurisprudencial do Supremo Tribunal Federal é no sentido de que não cabe habeas corpus para discutir o direito de visita a paciente preso, por se tratar de questão alheia à liberdade de locomoção.[...] (STF, RHC 166513/SC, rel. Ministro Roberto Barroso, julgado em 07.02.2019, DJe 14.02.2019)

SUPERIOR TRIBUNAL DE JUSTIÇA

Visitas:

"RECURSO ORDINÁRIO EM MANDADO DE SEGURANÇA. DIREITO DO PRESO DE RECEBER VISITAS. LIMITAÇÃO DO GRAU DE PARENTESCO DAS PESSOAS QUE PODEM SER INCLUÍDAS NO ROL DE VISITANTES DO REEDUCANDO POR MEIO DE RESOLUÇÃO DA SECRETARIA DA ADMINISTRAÇÃO PENITENCIÁRIA DO ESTADO DE SÃO PAULO. FALTA DE RAZOABILIDADE. DIREITO DA TIA DE VISITAR O SOBRINHO. 1. A competência para dispor sobre direito penitenciário é concorrente entre a União, os Estados e o Distrito Federal (art. 24, I, da CF), tendo a LEP outorgado à autoridade administrativa prisional o poder de regular a matéria, no que toca a questões disciplinares. 2. **O direito do preso de receber visitas, assegurado pelo art. 41, X, da Lei de Execuções Penais (Lei 7.210/1.984), não é absoluto e deve ser sopesado, de acordo com a situação específica vivenciada no caso concreto, em conjunto com outros princípios, dentre os quais o que visa a garantir a disciplina e a segurança dentro dos estabelecimentos prisionais, velando, por consequência, também pela integridade física tanto dos reclusos quanto dos que os visitam.** (STJ, Quinta Turma, RMS n.º 56.152/SP, rel. Ministro Reynaldo Soares da Fonseca, julgado em 03.04.2018, DJe 13.04.2018)"

• **Direito de visitas não é absoluto, nem ilimitado:**

AGRAVO REGIMENTAL NO RECURSO ESPECIAL. EXECUÇÃO PENAL. AUTORIZAÇÃO DE VISITA DE CRIANÇA EM ESTABELECIMENTO PRISIONAL. DIREITO DO PRESO E PROTEÇÃO INTEGRAL DO MENOR. PONDERAÇÃO DE INTERESSES. PREPONDERÂNCIA DA PRESERVAÇÃO DA INTEGRIDADE FÍSICA, MORAL E PSICOLÓGICA DOS MENORES. 1. **O direito do preso a visitação não é absoluto nem ilimitado. Para aferi-lo, é imprescindível, em juízo de ponderação, considerar as particularidades do caso concreto e medir os interesses envolvidos. 2. Os estabelecimentos prisionais são, por sua própria natureza, ambientes impróprios à formação psíquica e moral de crianças e adolescentes, cuja proteção integral tem base constitucional, nos termos do art. 227 da Constituição Federal** (HC 304.325/DF, Rel. Ministro FELIX FISCHER, Quinta Turma, DJe 23/06/2015). 3. Agravo regimental não provido. (STJ, AgRg no REsp 1789332 / RS, rel. Ministro Reynaldo Soares da Fonseca, 5ª Turma, julgado em 12.03.2019, DJe 25.03.2019)

• **Parente também pode acompanhar menor para visitar preso**:

"[...] Constata-se, porém, uma violação de direitos da criança e do preso, decorrente de uma atuação contraditória do Estado – ao exigir que somente a representante legal acompanhe o filho nas visitas ao pai, ao mesmo tempo em que suspendeu o direito de visita da mãe da criança (sofreu sanção administrativa), impedindo que ela ingresse no estabelecimento prisional –, privando, assim, que pai e filho tenham o mínimo de convivência, aspecto que deve ser corrigido no presente habeas corpus. Constrangimento ilegal. 7. Habeas corpus não conhecido. Ordem concedida de ofício para autorizar que o paciente possa receber visitas do filho sempre acompanhado de um parente." (STJ, HC

552.090/SP, 5ª Turma, rel. Ministro Reynaldo Soares da Fonseca, julgado em 18.02.2020, DJe 28.02.2020)

APLICAÇÃO EM CONCURSO

QUESTÕES

1. (CESPE, 2021, DEPEN, prova de Especialista Federal em Assistência à Execução Penal e Agente Federal de Execução Penal) Considerando a Lei nº 13.675/2018, que trata do Sistema Único de Segurança Pública (SUSP), bem como as portarias do Ministério da Justiça relacionadas a esse assunto, julgue os itens que se seguem.

As visitas sociais em parlatório deverão ser previamente agendadas e realizadas semanalmente, em dias úteis, com duração máxima de até três horas, permitindo-se a cada preso o acesso de até dois visitantes, sem contar crianças.

[...]

GABARITO

1. Esta alternativa está correta. Vide art. 3º, inc. II, Lei 11.671/08 e art. 92, §§ 1º e 2º, RPF.

3.3.12 Contato externo

O **contato externo**, por usa vez, é a forma como o interno do SPF se comunica com a vida social extramuros, que pode se dar por correspondência escrita, contato telefônico, correio eletrônico, leitura, entre outros. Trata-se de uma forma de reforçar os laços sociais do preso, evitando as consequências maléficas de sua exclusão social[182].

Tratando da importância do contato externo, o **Regulamento Penitenciário Federal** previu ser ele "requisito primordial no processo de reinserção social do preso", ao que continua dispondo que o preso não deve ser privado da comunicação com o mundo exterior, realizando-se o contato externo na forma adequada e por intermédio de recurso permitido pela administração, com a preservação da ordem e da disciplina do estabelecimento penal federal (art. 99).

Esse contato com o mundo exterior constitui direito básico e comum dos presos e é realizado, conforme art. 37, inciso XV, do RPF, através de correspondência escrita, leitura e outros meios de informação. Para tanto, a

182. Segundo Alessandro Baratta, a relação entre a sociedade e o detido é, antes de tudo, "una relación entre quién excluye (sociedad) y quién es excluido (detenido). Toda técnica pedagógica de reinserción del detenido choca con la naturaleza misma de esta relación de exclusión. No se pode excluir e incluir al mismo tiempo" (BARATTA, 2011, p. 196).

permanência de objetos com o preso, tais como livros e jornais, independe de autorização judicial[183].

A **correspondência escrita** entre preso e seus familiares, que não é cessada sequer em RDD, será efetuada pelas vias regulamentares e de forma livre, condicionada a sua expedição e recepção às normas de segurança e disciplina do estabelecimento penal (art. 100, RPF). Para além disso, o § 2º do art. 100 do RPF prevê que a troca de correspondência não poderá ser restringida ou suspensa a título de sanção disciplinar.

Ademais, resta analisar se a inviolabilidade do sigilo de correspondência é garantia absoluta, o que poderia gerar, diante de sua violação, responsabilidade funcional e, inclusive, crime de violação de correspondência previsto no art. 151 do CP.

A Lei de Execução Penal, em seu art. 52, inc. VI, dispõe que a correspondência dos presos inseridos no RDD será fiscalizada. **Já o art. 3º, § 1º, inciso IV, Lei n.º 11.671/08, prevê o monitoramento da correspondência escrita e de todos meios de comunicação.** Ambas as disposições falam em fiscalização e monitoramento, o que nos leva a procurar entender o limite de tais previsões em consonância com o direito constitucionalmente protegido pelo art. 5º, inc. XII, da CF.

Nesse debate, o STF já decidiu que a inviolabilidade da correspondência do preso não é direito absoluto, referindo que "a administração penitenciária, com fundamento em razões de segurança pública, de disciplina prisional ou de preservação da ordem jurídica, pode, sempre excepcionalmente, e desde que respeitada a norma inscrita no art. 41, parágrafo único, da Lei n. 7.210/84, proceder a interceptação da correspondência remetida pelos sentenciados, eis que a cláusula tutelar da inviolabilidade do sigilo epistolar não pode constituir instrumento de salvaguarda de práticas ilícitas" (STF, HC 70.814, rel. Ministro Celso de Mello, 1ª Turma, julgado em 01.03.1994, DJ de 24.06.2014).

Em semelhante posição, Renato Brasileiro Lima (2020, p. 490) entende que o monitoramento de todos os meios de comunicação, inclusive de correspondência escrita, "não se revela incompatível com o direito à vida privada e à intimidade. Cuida-se, na verdade, de medida absolutamente necessária para fins de preservação de segurança interna e externa da unidade prisional".

183. Segundo enunciado 29 dos Workshops sobre o SPF do CJF, "não é necessária autorização judicial para retenção de jornais, revistas e livros enviados aos presos" (Editado no II Workshop com alteração de texto no III Workshop).

Nesse sentido, o enunciado n. 28 dos Workshops sobre o SPF do CJF previu que "não é necessária autorização judicial para leitura de cartas enviadas e recebidas pelos presos custodiados no Sistema Penitenciário Federal".

Nada obstante, quer nos parecer que o debate acirra-se diante de uma colisão constitucional de direitos: notadamente entre o direito à privacidade e intimidade do preso, de um lado; e a ordem e segurança pública, de outro. Daí porque ponderamos que o conflito em exame deve ser solucionado mediante a análise específica do caso concreto, cujos fundamentos devem ser sopesados pelo princípio da proporcionalidade. Em outras palavras, restringir ou devassar a correspondência epistolar das pessoas privadas de liberdade com base em meras especulações ou em probabilidades de práticas criminosas equivaleria em afirmar que todos os presos são permanentemente suspeitos de liderar e de se associar ao crime organizado, ao planejamento de fugas e à prática de crimes por meio da correspondência escrita, leitura esta que compromete o princípio da presunção de inocência (ROIG, 2017, p. 147).

Enunciados e recomendações dos Workshops sobre o SPF do CJF

Enunciado n. 29 – Não é necessária autorização judicial para retenção de jornais, revistas e livros enviados aos presos. (Editado no II Workshop com alteração de texto no III Workshop)

JURISPRUDÊNCIA

SUPREMO TRIBUNAL FEDERAL

- **Permissão da interceptação de correspondência**:

HABEAS CORPUS – ESTRUTURA FORMAL DA SENTENÇA E DO ACÓRDÃO – OBSERVANCIA – ALEGAÇÃO DE INTERCEPTAÇÃO CRIMINOSA DE CARTA MISSIVA REMETIDA POR SENTENCIADO – UTILIZAÇÃO DE COPIAS XEROGRAFICAS NÃO AUTENTICADAS – PRETENDIDA ANALISE DA PROVA – PEDIDO INDEFERIDO. – A estrutura formal da sentença deriva da fiel observância das regras inscritas no art. 381 do Código de Processo Penal. O ato sentencial que contem a exposição sucinta da acusação e da defesa e que indica os motivos em que se funda a decisão satisfaz, plenamente, as exigências impostas pela lei. – A eficácia probante das copias xerográficas resulta, em princípio, de sua formal autenticação por agente público competente (CPP, art. 232, parágrafo único). Pecas reprográficas não autenticadas, desde que possível a aferição de sua legitimidade por outro meio idôneo, podem ser validamente utilizadas em juízo penal. – **A administração penitenciaria, com fundamento em razoes de segurança pública, de disciplina prisional ou de preservação da ordem jurídica, pode, sempre excepcionalmente, e desde que respeitada a norma inscrita no art. 41, parágrafo único, da Lei n. 7.210/84, proceder a interceptação da correspondência remetida pelos sentenciados, eis que a cláusula tutelar da inviolabilidade do sigilo epistolar não pode constituir instrumento de salvaguarda de práticas ilícitas.** – O reexame da prova produzida no processo penal condenatório não tem lugar na ação sumaríssima de habeas corpus. (STF, HC 70814, rel. Ministro Celso de Mello, 1ª Turma, julgado em 01.03.1994, DJ de 24.06.2014)

3.3.13 Entrevista com advogado ou defensor público

Como premissa fundamental, a CF assegura que aos acusados em geral são assegurados o contraditório e ampla defesa, com os meios e recursos a ela inerentes (art. 5º, inc. LV). Dentro dos meios e recursos a ela inerentes, o art. 8º, tópico 2, alínea "d", do Pacto de San José da Costa Rica, dispôs que "é direito do acusado de defender-se pessoalmente ou de ser assistido por um defensor de sua escolha e de **comunicar-se, livremente e em particular, com seu defensor"**. Nesse sentido, a assistência jurídica no SPF cabe à Defensoria Pública da União ou por advogado constituído pelo interno.

Dessa forma, conforme Lei Complementar n.º 80/94, aos **Defensores Públicos Federais** incumbe **atuar nos estabelecimentos penitenciários** (art. 4º, inc. XVII), desempenhando as funções de orientação, postulação e defesa dos direitos e interesses dos necessitados, **cabendo-lhes**, especialmente, **atender às partes e aos interessados** (art. 18, inc. I). Para o exercício deste relevante mister – visando ao atendimento jurídico permanente dos presos e sentenciados no âmbito dos estabelecimentos penais sob a administração da União –, **compete à administração do sistema penitenciário federal** reservar instalações seguras e adequadas aos seus trabalhos, franquear acesso a todas as dependências do estabelecimento independentemente de prévio agendamento, fornecer apoio administrativo, prestar todas as informações solicitadas, assegurar o acesso à documentação dos presos e internos, aos quais não poderá, sob fundamento algum, negar o direito de entrevista com os membros da Defensoria Pública da União (art. 18, inc. X).

Dito isso, necessário entender a atuação da Defensoria Pública da União[184] como *custos vulnerabilis* em todo processo penal, inclusive durante a execução da pena. Pois, mais que incumbidos de atender às partes e aos interessados, oferecendo atendimento jurídico a todos que dele necessitar, cabe aos Defensores Públicos Federais atuarem em nome próprio na defesa dos presos que, por sua **condição manifesta de vulnerabilidade**, tenham seus direitos ou garantias fundamentais ameaçados, assegurando-lhes, conforme art. 4º, inc. XVII, da Lei Complementar n.º 80/94, sob quaisquer circunstâncias, o pleno exercício deles. Por tal razão que a Defensoria Pública da União, órgão de execução penal, apesar de não abarcar a assistência jurídica da totalidade da prisão, atua de forma indireta como fiscal de execução penal para todos os internos do Sistema

184. Vide art. 134 da Constituição Federal, artigos 61, inc. VIII, 81-A e 81-B da Lei de Execução Penal e art. 4º, inc. I e XVII da LC 80/94.

Penitenciário Federal, atuando tanto em casos de hipossuficiência econômica como em casos de hipossuficiência (vulnerabilidade) jurídica.

Ademais, é prerrogativa dos Defensores Públicos Federais (art. 44, inc. VII, LC 80/94) e dos advogados (art. 7º, inc. III, Estatuto da OAB) **comunicarem-se, pessoal e reservadamente**, com seus assistidos ou clientes, ainda quando esses se acharem presos no SPF, mesmo que incomunicáveis.

Por sua vez, o RPF, em seu art. 96, dispõe que as entrevistas com advogado deverão ser previamente agendadas, mediante requerimento, escrito ou oral, à direção do estabelecimento penal federal, que designará imediatamente data e horário para o atendimento reservado, dentro dos dez dias subsequentes, designação que irá observar os fundamentos do pedido, a conveniência da penitenciária federal e a segurança dos envolvidos (§ 1º), devendo ser imediatamente autorizada a entrevista em caso de comprovada urgência (§ 2º). Cabe referir, contudo, que ao Defensor Público Federal é **livre o ingresso em estabelecimentos prisionais,** independentemente de prévio agendamento (art. 44, inc. VII, LC 80/94);

Nesse sentido, quanto à entrevista do Defensor Público Federal e do advogado, **a diferença está no local e agendamento da entrevista, pois a entrevista com advogado acontecerá em parlatório com prévio agendamento,** enquanto que o Defensor Público Federal deve – ou, pelo menos, deveria – ter sala separada, dentro de cada vivência, para atendimento do assistido[185], independente de prévio agendamento.

Sobre o monitoramento da entrevista do Defensor Público ou do Advogado, remetemos o leitor ao capítulo 4.3.2.

Enunciados e recomendações dos Workshops sobre o SPF do CJF

Enunciado n. 12 do XI Workshop – A **racionalização do atendimento jurídico**, com a limitação do tempo da entrevista com os presos, não importa violação ao exercício da advocacia ou turbação às garantias processuais da ampla defesa e contraditório. (Editado no XI Workshop)

Enunciado n. 13 do XI Workshop – A **fixação do período de 30 (trinta) minutos**, nos termos das portarias editadas no âmbito do Sistema Penitenciário Federal, é adequada, visando racionalizar os atendimentos jurídicos efetivados nas unidades, **em razão da pandemia** da COVID-19. (Editado no XI Workshop)

Enunciado n. 14 do XI Workshop – O **atendimento jurídico por videoconferência** deverá ser realizado a partir de sala no interior da unidade prisional, estruturada para a

185. Conforme art. 70 da Portaria DISPF n.º 11/2015.

utilização dos advogados, sendo vedado o uso de equipamentos eletrônicos instalados em ambiente particular ou profissional. (Editado no XI Workshop)

Enunciado n. 15 do XI Workshop – São considerados **atendimentos jurídicos de urgência e/ou extraordinários** aqueles em que se comprove, documentalmente, a fluência de prazo para manifestação do preso em processo de seu interesse ou outro motivo de natureza excepcional, a critério do Diretor da Unidade. (Editado no XI Workshop)

JURISPRUDÊNCIA

SUPERIOR TRIBUNAL DE JUSTIÇA

• **Defensoria Pública como *custos vulnerabilis* no processo penal:**

[...] Antes do julgamento, cumpra-se o pedido de fl. 324: "Vislumbrando a atuação vanguardista deste Colendo Superior Tribunal de Justiça, requer, após a elaboração do parecer Ministerial, que sejam os autos encaminhados à Defensoria Pública com atuação nos Tribunais Superiores a fim de que elabore, na condição de **custos vulnerabilis,** parecer prévio à data designada para julgamento, que deverá integrar os presentes autos e ser objeto de conhecimentos dos eminentes Ministros por ocasião da realização de sessão de julgamento no âmbito deste Superior Tribunal de Justiça." Após, nova vista ao d. Ministério Público Federal. [...] (STJ, decisão monocrática no RHC 129106/MG, rel. Ministro Felix Fischer, publicado em 14/08/2020).

"[...]DESPACHO: Tendo em vista que a Defensoria Pública da União integra o feito como **custus vulnerabilis** (fls. 348/351) e que a intervenção defensorial como *custos vulnerabilis* tem o objetivo de trazer para os autos argumentos, documentos e outras informações que retratem os anseios das pessoas vulneráveis; determino a intimação da Defensoria Pública da União , para que se manifeste, nos autos, no prazo de 5 dias [...]" (STJ, decisão monocrática no HC 568.693/ES, rel. Ministro Sebastião Reis Júnior, publicado em 29/06/2020).

3.3.14 Revistas

A revista consiste, conforme art. 97 do RPF, no exame de pessoas e bens que venham a ter acesso ao estabelecimento penal federal, com a finalidade de detectar objetos, produtos ou substâncias não permitidos pela administração[186]. Ademais, a revista pode ocorrer periodicamente nos ambientes da penitenciária federal, merecendo referência a inspeção nas celas, pelo que cabe ao DEPEN dispor sobre seu procedimento (art. 97, par. único).

186. "O ingresso às áreas internas se atrela a rigorosa revista, independentemente de quem se trate: sem exceção, todos são esquadrinhados: juízes, membros do Ministério Público, delegados de polícia, advogados, oficiais de Justiça, mandatários, autoridades em geral, os próprios agentes penitenciários, demais servidores, visitantes, dentre outros. Equipamentos de última geração – inclusive à base de radiação eletromagnética: raios x – são utilizados no procedimento de revista, também incidente sobre bens e coisas: nada é internado sem revista" (ARRUDA, 2010, p. 54).

Sucede que, seguindo a linha principiológica que atende à jurisdicionalização da execução penal, compreendemos que as revistas prisionais não prescindem do **regramento da busca e da apreensão previsto no CPP**[187]**, tanto para as revistas pessoais, quanto para as revistas de celas individuais ou coletivas.** Em apertada síntese, a busca pessoal ocorrerá, independentemente de mandado judicial, quando houver: **1)** suspeita do preso possuir, entre outros, coisas achadas ou obtidas por meios criminosos, armas e munições proibidas e instrumentos utilizados na prática de crime ou destinados a fim delituoso; **2)** objetos necessários à prova de infração ou à defesa do preso; **3)** Independe ainda de mandado judicial quando a medida de busca pessoal for determinada no curso de busca na cela (domiciliar); esta, a nosso juízo, necessariamente amparada por ordem judicial. É dizer, **em relação às revistas nas celas, devem ser observadas as normativas dos artigos 245 a 248 do CPP, em atenção ao comando constitucional da inviolabilidade domiciliar** (art. 5º, inc. XII, CF)[188].

Questão específica em relação às revistas diz respeito aos objetos pessoais dos presos. Referem as Regras de Mandela que os presos devem ter acesso aos documentos relacionados aos seus processos judiciais e serem autorizados a mantê-los consigo, sem que a administração prisional tenha acesso a estes (regra 53). Ademais, o art. 8º da Portaria DISPF n.º 11/2015, elenca o rol dos objetos e materiais que o preso pode ter consigo na cela, tais como óculos, material didático, enxoval, fotografias, livros, entre outros, ficando a critério do diretor do estabelecimento penal federal, e mediante decisão motivada em requerimento fundamentado, autorizar outros objetos.

No tocante à revista pessoal, a Resolução n.º 05, de 28 de agosto de 2014, do Conselho Nacional de Política Criminal e Penitenciária (CNPCP)[189], atendendo as normativas gerais, conceituou e estabeleceu o modo de operá-la:

---

187. Pela extensão do tema, recomenda-se a leitura dos artigos 240 a 250 do Código de Processo Penal.

188. Comungando deste entendimento, Rodrigo Estrada Roig sustenta que "não se pode olvidar que, nos termos do art.76, parágrafo único, do Código Civil, o domicílio necessário do preso é o lugar em que cumpre a sentença, dispositivo este que pode ser trazido para o âmbito da execução penal, como elemento integrativo do conceito de domicílio para fins de proteção constitucional (ROIG, 2017, p. 145).

189. Além disso, a Res. 05/2014/CNPCP determinou que acesso de gestantes ou pessoas com qualquer limitação física impeditiva da utilização de recursos tecnológicos aos estabelecimentos prisionais será assegurado pelas autoridades administrativas (art. 3°) e que cabe à administração penitenciária estabelecer medidas de segurança e de controle de acesso às unidades prisionais (art. 5°).

> Art. 1°. A **revista pessoal** é a inspeção que se efetua, com fins de segurança, em todas as pessoas que pretendem ingressar em locais de privação de liberdade e que venham a ter contato direto ou indireto com pessoas privadas de liberdade ou com o interior do estabelecimento, devendo preservar a integridade física, psicológica e moral da pessoa revistada.
>
> Parágrafo único. A revista pessoal deverá ocorrer mediante uso de equipamentos eletrônicos detectores de metais, aparelhos de raio-x, scanner corporal, dentre outras tecnologias e equipamentos de segurança capazes de identificar armas, explosivos, drogas ou outros objetos ilícitos, **ou, excepcionalmente, de forma manual (grifo nosso).**

Vale referir que as revistas e buscas feitas em **mulheres** devem ser realizadas por outra mulher, conforme leitura do art. 249 do CPP. Outrossim, o DEPEN editou a Nota Técnica n.º 60/2019/MJ, para estabelecer o procedimento de revista pessoal em pessoas presas LGBTI e em visitantes LGBTI.

Em caso de cumprimento de RDD, haverá sujeição do preso aos procedimentos de **revista pessoal, de sua cela e seus pertences**, sempre que for necessária sua movimentação interna e externa, sem prejuízo das inspeções periódicas (art. 58, inc. IV, RPF).

Na hipótese de o preso estar exercendo trabalho prisional, este não poderá comprometer os procedimentos de revista e vigilância, nem prejudicar o quadro funcional com escolta ou vigilância adicional (art. 98, § 3º, RPF).

Importante, ainda, referir que a Resolução n.º 05, de 28 de agosto de 2014, do Conselho Nacional de Política Criminal e Penitenciária (CNPCP), recomenda a não utilização de **práticas vexatórias** para o controle de ingresso aos locais de privação de liberdade, dispondo em especial que:

> Art. 2°. São **vedadas** quaisquer formas de **revista vexatória, desumana ou degradante**.
>
> Parágrafo único. Consideram-se, dentre outras, formas de revista vexatória, desumana ou degradante: I – desnudamento parcial ou total; II – qualquer conduta que implique a introdução de objetos nas cavidades corporais da pessoa revistada; III – uso de cães ou animais farejadores, ainda que treinados para esse fim; IV – agachamento ou saltos.

Portanto, as revistas pessoais não podem ser realizadas com **desnudamento, parcial** ou total, sob pena de ser consideradas vexatórias. Dito isso, acolhemos o entendimento que a **revista íntima para ingresso no estabelecimento prisional é totalmente ilegal**, tratando-se de procedimento abusivo e vexatório que fere a dignidade da pessoa humana, a intimidade, a honra e a imagem do revistado.

Ademais, **a prática de revista pessoal em crianças e adolescentes** só pode ser realizada mediante autorização expressa de seu representante legal e somente será realizada na presença deste (art. 4º, Res. n.º 05/2014/CNPCP). Não por outra a razão a revogada Portaria n.º 54/16 estabelecia que a criança deveria permanecer com as vestes íntimas durante a revista pessoal, a ser realizada por Agente Penitenciário Federal do mesmo sexo e na presença do responsável, restringindo-se essa revista apenas à inspeção visual e tátil das demais vestes do menor (art. 9º).

No tocante ao SPF, a Portaria DGDEPEN n.º 327/17, ao tratar do novo contexto de visita social - restrita ao parlatório e por videoconferência - estabeleceu que procedimento de revista seria por meio de equipamentos eletrônicos (art. 4º, § 2º), conhecidos como scanner corporal (*body scan*), a esta altura presente em todas unidades prisionais federais. Na prática, o advento da referida tecnologia permite banir qualquer medida de revista corporal de forma vexatória, mesmo porque desprovida de qualquer justificativa aceitável, uma vez que os presos e seus visitantes não têm mais contato físico mutuamente[190].

A par do exposto, o Supremo Tribunal Federal, após reconhecer a repercussão geral na adoção de práticas e regras vexatórias com a revista íntima para ingresso em estabelecimento prisional, iniciou, em 28 de outubro de 2020, o julgamento do agravo no Recurso Extraordinário (ARE) 959620 que versa sobre o tema. Até o momento, o julgamento encontra-se suspenso, com três votos reconhecendo a referida prática inconstitucional e um voto admitindo sua legalidade.

190. A prática da revista vexatória **manteve-se presente mesmo após a instalação dos equipamentos tecnológicos de revista, enquanto vigente as visitas com contato físico, em pátio de visitação**. Como justificativa, a Direção das unidades prisionais federias alegavam que tais equipamentos não conseguiriam detectar pequenos objetos, como bilhetes e papeizinhos. Nas inspeções realizadas pela DPU nas penitenciárias federais, se verificou que enquanto na Penitenciária Federal de Catanduvas em 2019 as revistas eram realizadas por detector de metais e aparelho de *bodyscan*, nas Penitenciárias Federais de Mossoró (relatório de 2018) e de Porto Velho (relatório de 2017) foi averiguado que maiores de 12 anos eram desnudados, crianças menores de 12 anos eram revistadas de roupas íntimas e crianças com fraldas eram totalmente despidas, realidade lamentável do cenário penitenciário nacional. (RAIPDPU da Penitenciária de Mossoró de 2018 e RAIPDPU da Penitenciária de Porto Velho de 2017).

Por fim, vale referir que se veda revista íntima aos representantes religiosos, conforme art. 3º, § 2º, da resolução n.º 08/2011/CNPCP, e a revista dos Conselheiros da Comunidade devem, segundo resolução n.º 09/2010/CNPCP, ser mecânica, por meio de detectores de metais, aparelhos de raio-X e meios assemelhados, ou, na falta deles, em seus pertences e casacos.

JURISPRUDÊNCIA

SUPREMO TRIBUNAL FEDERAL

• **Revista íntima com prática vexatória**:

CONSTITUCIONAL. PENAL. REVISTA ÍNTIMA PARA INGRESSO EM ESTABELECIMENTO PRISIONAL. PRÁTICAS E REGRAS VEXATÓRIAS. PRINCÍPIO DA DIGNIDADE DA PESSOA HUMANA. PRINCÍPIO DA INTIMIDADE, DA HONRA E DA IMAGEM DAS PESSOAS. OFENSA. ILICITUDE DA PROVA. QUESTÃO RELEVANTE DO PONTO DE VISTA SOCIAL E JURÍDICO. REPERCUSSÃO GERAL RECONHECIDA. **A adoção de práticas e regras vexatórias com a revista íntima para o ingresso em estabelecimento prisional é tema constitucional digno de submissão à sistemática da repercussão geral**. (STF, Tribunal Pleno, Repercussão Geral no Recurso Extraordinário com Agravo – ARE 959.620RG/RS rel. Ministro Edson Fachin, DJe publicado em 15/06/18).

• **Revista íntima e início do julgamento do ARE 959620, em 28.10.2020**

Decisão: Após o voto do Ministro Alexandre de Moraes, que divergia do Ministro Edson Fachin (Relator), para negar provimento ao recurso extraordinário por fundamentos diversos, fixando a seguinte tese de repercussão geral: "A revista íntima para ingresso em estabelecimentos prisionais será excepcional, devidamente motivada para cada caso específico e dependerá da concordância do visitante, somente podendo ser realizada de acordo com protocolos preestabelecidos e por pessoas do mesmo gênero, obrigatoriamente médicos na hipótese de exames invasivos. O excesso ou abuso da realização da revista íntima acarretarão responsabilidade do agente público ou médico e ilicitude de eventual prova obtida. Caso não haja concordância do visitante, a autoridade administrativa poderá impedir a realização da visita"; e dos votos dos Ministros Roberto Barroso e Rosa Weber, que acompanhavam o Relator, pediu vista dos autos o Ministro Dias Toffoli. Presidência do Ministro Luiz Fux. Plenário, 29.10.2020 (Sessão realizada inteiramente por videoconferência – Resolução 672/2020/STF). (Julgamento em curso no STF no ARE 959.620, Plenário, DJ n. 272 do dia 16.11.2020)

3.3.15 Política nacional de trabalho prisional

A necessidade e importância da disponibilidade de trabalho em qualquer processo prisional é imperativo indissociável do sistema progressivo da pena. Sparks e Bottoms[191] referem que todo período inativo de tempo é deslegitimante da própria pena. Roger Mathews (2003, p. 314) complementa

191. SPARKS, J. R.; BOTTOMS, A. E. *Legitimacy and Order in Prisons. The British Journal of Sociology*, Londres, v. 46, n. 1, p. 45-62, mar. 1995, p.60, *apud* LOVATTO, 2020, p. 121.

afirmando que "*la investigación ha mostrado consistentemente que el proceso de compromiso laboral [...]es crucial para alentar a la gente a desistir de adherirse a actividades criminales*". Como já nos manifestamos, elemento de progressiva e devida reintegração do preso, "o trabalho no sistema penitenciário permite entender bem o conceito de ocupação, de modo a se refletir melhor sobre a importância de seu desenvolvimento. Uma coisa é indiscutível: o preso sempre irá procurar uma atividade. Portanto, a questão gira em torno de se oportunizar ocupações mais positivas do que negativas" (LOVATTO, 2019, p. 73).

Atentas a essa importância, as **Regras de Mandela** dispõem que os presos condenados devem ter a oportunidade de trabalhar e/ou participar ativamente de sua reabilitação (regra 96, I). Para além disso, o trabalho, suficiente e útil, deve ser oferecido aos presos de modo a conservá-los ativos durante um dia normal de trabalho (regra 96, II).

Nesse sentido, a norma geral de execução penal - LEP previu, entre outras determinações[192], que o trabalho do preso é dever social e condição de dignidade humana, tendo finalidade educacional e produtiva (art. 28), na medida de suas aptidões e capacidade (art. 31), sendo ele ao mesmo tempo dever do condenado (art. 39, inc. V) e direito do preso (art. 41, inc. II).

Especificamente em relação ao Sistema Penitenciário Federal, o artigo 98 do Regulamento Penitenciário Federal previsto no Decreto n.º 6.049/07, assim dispôs:

> Art. 98. Todo preso, salvo as exceções legais, deverá submeter-se ao trabalho, respeitadas suas condições individuais, habilidades e restrições de ordem de segurança e disciplina.
>
> § 1° Será obrigatória a implantação de rotinas de trabalho aos presos em regime disciplinar diferenciado, desde que não comprometa a ordem e a disciplina do estabelecimento penal federal.
>
> § 2° O trabalho aos presos em regime disciplinar diferenciado terá caráter remuneratório e laborterápico, sendo desenvolvido na própria cela ou em local adequado, desde que não haja contato com outros presos.

192. Por sua extensão e especificidade, remete-se o leitor aos artigos 28 a 37 da Lei de Execução Penal. Ademais, importante referir o Decreto n.° 9.450, de 24 de julho de 2018, institui a Política Nacional de Trabalho no âmbito do Sistema Prisional para permitir a inserção das pessoas privadas de liberdade e egressas do sistema prisional no mundo do trabalho e na geração de renda.

> § 3° O desenvolvimento do trabalho não poderá comprometer os procedimentos de revista e vigilância, nem prejudicar o quadro funcional com escolta ou vigilância adicional.

Ademais, atendendo às especificidades do SPF, em que a realização de trabalho tem de atender às características previstas na Lei n.º 11.671/08 e seus regulamentos, cabe referir que o I Workshops sobre o SPF do CJF recomenda – através do enunciado 12 – que a contagem de um dia de trabalho prisional, para fins de remição da pena, possa considerar o período de 3 (três) horas trabalhadas e não o mínimo de 6 (seis) horas previstos no art. 33 da LEP.

A par do exposto, **a realidade do trabalho prisional para o SPF qualifica-se como um dos mais significativos déficits de programação das funções declaradas à pena de prisão.** Nem se diga – como se quer crer em algumas vozes que operam o sistema – que, também aqui, a instrumentalização do trabalho nas unidades penitenciárias federais revela-se incompatível com suas ínsitas características. Ao contrário desta premissa, o RPF não tergiversa em apontar como **uma das características dos estabelecimentos penais federais justamente a existência de local de trabalho (art. 6º, inciso VI).**

Dito isto, a inexistência de um programa vigente para o trabalho prisional no SPF[193] não pode ser justificada em narrativas contumazes que comprometem este indispensável direito social não atingido pelos efeitos da privação de liberdade. Portanto, a pretensa falta de estrutura arquitetônica adequada, bem como a indiferença de empresas privadas em estabelecer convênios e firmar contratos com a administração pública prisional, não se qualificam como fundamentos idôneos a obstar o regular sistema progressivo de individualização da pena, nem retira do Estado o dever de implementar medidas e ações para gerar a capacitação profissional com serviços que se vinculam direta ou indiretamente à administração pública, a exemplo do SENAI e do SENAC.

Enunciados e recomendações dos Workshops sobre o SPF do CJF

Enunciado n. 12 – Enquanto não viabilizadas as condições para a carga horária mínima prevista em lei, para remição de pena pelo trabalho, é possível considerar o dia trabalhado, com carga horária inferior a seis horas, com o mínimo de três horas. E, para fim

193 Comprovando tal conclusão, foram constatadas a total ausência de trabalho para os internos nas últimas inspeções da Defensoria Pública da União nos Estabelecimentos Penais Federais de Campo Grande, Catanduvas, Mossoró e Porto Velho RAIPDPU da Penitenciária Federal de Campo Grande de 2019; RAIPDPU da Penitenciária Federal de Catanduvas de 2019 e 2018; RAIPDPU da Penitenciária Federal de Mossoró de 2018; e RAIPDPU da Penitenciária Federal de Porto Velho de 2017.

de remição de pena pelo estudo, com três dias de frequência escolar, ou doze horas de estudo, é possível remir um dia de pena. (Editado no I Workshop)

3.3.16 Medidas de controle e prevenção do COVID-19

A Organização Mundial de Saúde, em 30 de janeiro de 2020, declarou o surto da doença causada pelo novo Coronavírus - COVID-19 como Emergência de Saúde Pública de Importância Internacional, conforme Regulamento Sanitário internacional, alerta dado praticamente dois meses após o primeiro caso publicado na cidade de Wuhan na China.

Em 11 de março de 2020, a OMS declarou a doença como uma Pandemia[194] e, desde seu início, quando já se sabia tratar-se de um vírus com alto índice de contágio, a comunidade jurídica e os profissionais ligados ao Sistema Penitenciário já alertavam sobre as graves consequências caso esse vírus se disseminasse nos estabelecimentos penais brasileiros[195].

É deste contexto que se espera do Estado brasileiro medidas preventivas baseadas nas informações corretas sobre os riscos e cuidados necessários, sem olvidar dos direitos e garantias fundamentais da vida humana contra qualquer forma de descaso ou abandono pelo poder público, em especial das pessoas sob sua custódia prisional.

Nesse sentido, quaisquer soluções ilegítimas, ilegais ou inadequadas, tais como colocação de presos em contêineres[196] (celas de metal adaptadas de contentor para transporte de cargas de navios e caminhões) ou aprisionamento prolongado de pessoas em situação de risco, contrapõem-se[197] ao objetivo

194. Havia a confirmação de 7.836 infectados em 31 de janeiro de 2020, passando para 123.964 casos confirmados em 11 de março, quando declarada a Pandemia do COVID-19. Em 01 de setembro, o número de casos confirmados passou a casa de 25 milhões. Disponível em: https://covid19.who.int/. Acesso em: 01 set. 2020.

195. Fato que se concretizou, saltando de 3 contaminados em 3 abril de 2020, para mais de 15.029 infectados em 10 de agosto de 2020, em todo sistema prisional brasileiro, sendo que em agosto já se detectou 2 casos na Penitenciária Federal de Porto Velho, segundo dados do DEPEN constantes no Painel Mundial de Dados do COVID nos estabelecimentos prisionais. Disponível em: http://depen.gov.br/DEPEN/covid-19-painel-de-monitoramento-dos-sistemas-prisionais. Acesso em: 11 ago. 2020.

196. Sobre contêineres, ver nota do cap. 3.3.3.

197. Como experiência anterior de combate a doenças contagiosas, observa-se situação semelhante ocorrendo em relação à Tuberculose, em que houve a implementação do projeto "Prisões Livres de Tuberculose" do Ministério da Justiça e Segurança Pública e a Fundação Oswaldo Cruz – FIOCRUZ, com a colaboração técnica do Ministério da Saúde, através de sua Coordenação Geral do Programa Nacional de Controle da Tuberculose, projeto que tem como objetivo detectar e

fundamental da promoção do bem de todos e dever do Estado de zelar pela segurança do preso.

Desta forma, diante do quadro de Pandemia do vírus COVID-19, com fácil e ampla disseminação entre pessoas, o Departamento Penitenciário Nacional criou um Grupo de Trabalho com a missão precípua de desenvolver protocolos de atuação preventiva para o sistema penitenciário federal de forma que auxilie os estados em seus respectivos planos de atuação, tendo editado procedimentos padrões de medidas de controle e prevenção (Nota Informativa n.º 08), plano de contingência, levantamento de dados, entre outros.

Inclusive, através desse Grupo de Trabalho e da Coordenação-Geral de Assistências nas Penitenciárias, em 02 de março de 2020, foi editado o "**Procedimento Operacional Padrão**"[198] com medidas operacionais de controle e prevenção do novo Coronavírus (COVID-19) no SPF, tratando dos EPIs, medidas de isolamento, procedimentos de inclusão, escoltas, atendimentos à saúde, formulários de triagem, entre outros.

Como **medida de atenção aos policiais penais, demais servidores e funcionários terceirizados** do Sistema Penitenciário Federal, o Gabinete do DEPEN publicou a Portaria n.º 173, de 15 de março de 2020, dispondo sobre as medidas a serem adotadas de proteção para enfrentamento à pandemia de saúde pública em virtude do coronavírus (COVID-19), tais como teletrabalho, escalas alternativas e normatizações próprias de enfrentamento para determinados órgãos.

Em relação aos **estabelecimentos do Sistema Penitenciário Federal**, foi publicada, pela Diretoria do Sistema Penitenciário Federal, como medida inicial, a **Portaria DISPF n.º 5**[199]**, de 16 de março de 2020,** para **suspender por 30 dias** as visitas[200], os atendimentos de advogados, as atividades educacionais,

---

tratar precocemente a tuberculose no sistema prisional por meio da utilização de estratégias de comunicação e de educação em saúde.

198. Tal documento vem sendo revisado conforme a necessidade de novas diretrizes.

199. A DISPF vem renovando mensalmente o teor da Portaria n.º 5, de 16 de março de 2020, através, por exemplo, das Portarias DISPF n.º 12 (abril), 22 (maio), 28 (junho) e 34 (julho). Vale ressaltar que o TRF4 posicionou-se alegando que as Portarias não se revestem de ilegalidade ou de abuso de poder, pois pautam-se na necessidade de se assegurar a saúde e a vida dos detentos no quadro atual de Pandemia do COVID-19 (Mandado de Segurança nos autos n.º 5011900-42.2020.4.04.0000, julgado em 02.06.2020).

200. Em relação à suspensão das visitas, através de despacho do Diretor do Sistema Penitenciário Federal, cada Estabelecimento Penal Federal deveria disponibilizar um endereço de e-mail eletrônico, para que os visitantes, já cadastrados, pudessem, semanalmente, enviar carta eletrônica

de trabalho, as assistências religiosas e as escoltas realizadas nas Penitenciárias Federais do Sistema Penitenciário Federal do Departamento Penitenciário Nacional como forma de prevenção, controle e contenção de riscos do Novo Coronavírus. Vale ressaltar que a Diretoria do Sistema Penitenciário Federal seguiu editando Portarias renovando tal período e para regulamentar a atuação no Sistema Penitenciário Federal no momento de Pandemia, como a Portaria DISPF n.º 14, de 06 de maio de 2020, que regulamenta o uso obrigatório de máscara de proteção facial como medida de proteção, prevenção e controle do COVID-19, e a Portaria DISPF n.º 13, de 28 de abril de 2020, que regulamenta a carta virtual como forma de abrandamento à ausência de visita social e prevenção e controle do COVID-19.

Contudo, após meses de renovação dos períodos de suspensão, **a DISPF** editou a **Portaria n.º 35, de 12 de agosto de 2020**, autorizando a volta das visitas virtuais, por intermédio da DPU, e dos atendimentos dos advogados, o que nos quer parecer que o contexto e as medidas irão se alterar conforme o andamento da situação que as exigiu. Ademais, em 05 de novembro de 2020, sobreveio a **Portaria DISPF n.º 39**, pelo que autoriza o retorno gradual da visita presencial[201], mantém a realização das visitas virtuais, por intermédio da Defensoria Pública da União, dos atendimentos de advogados, além de outras providências. Mais atual, foi editada a Portaria DISPF n.º 14, de 30 de julho de 2021, que restringiu as visitas agora apenas às pessoas que não tomaram as duas doses ou dose única da vacina para COVID-19, com antecedência mínima de 14 dias da visita.

Para além do exposto, em 17 de março de 2020, o **Conselho Nacional de Justiça** editou a **Recomendação n.º 62** que recomenda aos Tribunais e magistrados a adoção de medidas preventivas à propagação da infecção pelo novo Coronavírus/Covid-19 no âmbito dos sistemas de justiça penal e socioeducativo, tais como **reavaliação das prisões provisórias, máxima excepcionalidade de novas ordens de prisão, concessão de saída temporária dos regimes fechados e semiaberto, prisão domiciliar à pessoa presa com diagnóstico de suspeito ou confirmado de COVID-19, entre outras**. O CNJ

com notícias familiares sucintas aos internos custodiados, limitado a 2 visitantes cadastrados e à entrega de 1 carta virtual eletrônica por semana ao preso (Disponível em: http://depen.gov.br/DEPEN/medidas-concessivas-adotadas-pelas-unidades-federativas. Acesso em 17 jul. 2020).

201. "O retorno será gradual e cada preso terá direito a uma visita presencial mensal em parlatório e com duração de uma hora, sendo permitida a entrada de 1 (um) adulto, que poderá estar acompanhado de uma criança ou de um adolescente (Art. 1°, §1°).

vem, inclusive, monitorando o contágio, editando resoluções[202] e orientações ao Poder Judiciário e firmando convênio para uso de mesma plataforma de videoconferência de forma gratuita e em todo país.

Atendendo à Lei n.º 13.979, de 06 de fevereiro de 2020, que dispôs sobre as medidas de enfrentamento de emergência de saúde pública de importância internacional decorrente do surto de coronavírus, o Ministério da Justiça e Segurança Pública e o Ministério da Saúde publicaram a **Portaria Interministerial n.º 07**, de 18 de março de 2020, que dispôs sobre essas medidas no âmbito do Sistema Prisional, com novas regras sobre identificação de infectados, monitoração, espaços de isolamento, transporte de custodiados, entre outros.

No mesmo dia, o **Ministério de Justiça e Segurança Pública** estabeleceu os padrões mínimos de conduta a serem adotados em âmbito prisional visando a prevenção da disseminação do COVID-19, inclusive com diretrizes **no sentido do aumento no tempo diário de banho de sol, isolamento dos grupos de risco, limitação de rodízio dos presos no SPF**, entre outros (Portaria n.º 135/2020).

Diante desse compêndio de normativas, o **Conselho Nacional de Política Criminal e Penitenciária** editou a **Resolução n.º 04**, em 23 de abril de 2020, para dispor sobre as **Diretrizes Básicas para o Sistema Prisional Nacional no período de enfrentamento da pandemia novo Coronavírus (2019-nCoV)**, inclusive assegurando as visitas por videoconferência, e a **Resolução n.º 05**, de 15 de maio de 2020, com as diretrizes extraordinárias e específicas para arquitetura penal, destinadas para o enfrentamento da disseminação do novo coronavírus (2019-nCoV), no âmbito dos estabelecimentos penais.

Junto ao trabalho do CNPCP, o DEPEN editou orientações para a utilização de testes rápido para detecção da COVID-19 no Sistema Penitenciário Federal[203].

Ademais, todas as medidas de combate ao COVID-19 devem observar, ainda, as normas do Manual de Assistências editadas pela Diretoria do Sistema Penitenciário Federal – Portaria DISPF n.º 11/2015 –, o qual determina que:

202. Como exemplo, o CNJ editou a resolução n.º 322, de 01 de junho de 2020, estabelecendo, no âmbito do Poder Judiciário, as medidas necessárias para a retomada dos serviços presenciais, pautadas nas ações necessárias para prevenção do COVID-19.

203. Trata-se da nota técnica n.º 29/2020/COS/CGCAP/DIRP/DEPEN/MJ.

Art. 43. O **serviço de saúde da penitenciária federal** deverá implementar procedimentos, em consonância com as normas do Ministério da Saúde, visando o estabelecimento de um sistema de informação sanitária e epidemiológica que lhe permita conhecer quais são as enfermidades predominantes na população carcerária e os grupos de maior risco, com a finalidade de proporcionara assistência às necessidades reais detectadas.

Art. 44. Anualmente, serão realizadas **campanhas de imunização e outras ações preventivas de saúde**, de acordo com calendário do Ministério da Saúde e agenda estabelecida com o executor local do SUS.

Art. 45. Os especialistas médicos, psicólogos, enfermeiros e outros servidores em exercício na penitenciária federal deverão, assim que tiverem conhecimento, comunicar ao chefe do serviço de saúde, que **informará imediatamente ao diretor da unidade**, os casos de presos que estejam acometidos de graves transtornos mentais e que possam expor a risco a sua própria integridade física ou a vida de outras pessoas, bem como os casos de **moléstias infectocontagiosas, promovendo, neste caso, as medidas necessárias para evitar a disseminação do contágio**.

Enunciados e recomendações dos Workshops sobre o SPF do CJF

Recomendação n. 17 – Recomenda-se ao Departamento Penitenciário Nacional viabilizar convênios para atendimento médico nas penitenciárias federais, à semelhança do realizado na Penitenciária Federal em Mossoró/RN. (Editado no III Workshop)

JURISPRUDÊNCIA

TRIBUNAIS REGIONAIS FEDERAIS

• TRF4: **Não é ilegal a suspensão dos atendimentos presenciais de assistência jurídica em penitenciárias federais durante a pandemia do COVID-9**:

"MANDADO DE SEGURANÇA EM MATÉRIA CRIMINAL. DIREITO À ASSISTÊNCIA JURÍDICA PRESENCIAL. PENITENCIÁRIA FEDERAL. RESTRIÇÕES DETERMINADAS PELO DIRETOR DO SISTEMA PENITENCIÁRIA FEDERAL – DEPEN E IMPLEMENTADAS PELO DIRETOR DO ESTABELECIMENTO PRISIONAL. PANDEMIA DO NOVO CORONAVÍRUS (covid-9). ILEGALIDADE. ABUSO DE PODER. TERATOLOGIA. NÃO OCORRÊNCIA. 1. A Portaria n° 5, de 16-03-2020, do Diretor do Sistema Penitenciário Federal – DEPEN, que suspendeu temporariamente o atendimento presencial pelos advogados de defesa, **não padece de ilegalidade ou de abuso de poder, porquanto pautada pela necessidade de se assegurar a saúde e a vida dos detentos em face da atual pandemia decorrente do novo coronavírus** (COVID-19). 2. Segurança denegada. (TRF4, Mandado de Segurança nos autos n.° 5011900-42.2020.4.04.0000, 7ª Turma, rel. Desembargador Luiz Carlos Canalli, julgado em 02.06.2020).

4

LEI 11.671/08 (TRANSFERÊNCIA E INCLUSÃO DE PRESOS EM ESTABELECIMENTOS PENAIS FEDERAIS DE SEGURANÇA MÁXIMA)

LEI N.° 11.671, DE 8 DE MAIO DE 2008.

Dispõe sobre a transferência e inclusão de presos em estabelecimentos penais federais de segurança máxima e dá outras providências.

Trata-se da norma de regência para a transferência e inclusão de presos em estabelecimentos penais federais de segurança máxima, qualificando-se como um dos pilares do microssistema penitenciário federal[1]. Para seu complemento, vige o Decreto n.º 6.877/09, que regulamenta as situações processuais e materiais para inclusão e transferência de presos para uma das penitenciárias federais.

O Sistema Penitenciário Federal, até o momento, dispõe de cinco penitenciárias federais de segurança máxima, a saber: Penitenciária Federal de Catanduvas - Paraná (inaugurada em 23 de junho 2006), Penitenciária Federal de Campo Grande - Mato Grosso do Sul (inaugurada em 21 de dezembro de 2006), Penitenciária Federal de Porto Velho - Rondônia (inaugurada em 19 de junho de 2009), Penitenciária Federal de Mossoró - Rio Grande do Norte (inaugurada dia 3 de julho de 2009) e Penitenciária Federal de Brasília - Distrito Federal (inaugurada em 2018)[2].

---

1. Sob o ponto de vista histórico e organizacional do microssistema federal, encaminhamos o leitor aos capítulos 1.1, 1.2, 3.1 e 3.3.
2. Atualmente, estão em tratativas e negociações o processo de construção de um novo estabelecimento penal federal de segurança máxima em Charqueadas, município localizado no Estado

4.1 ARTIGO 1º – CONCEITO DE INCLUSÃO E TRANSFERÊNCIA PARA O SPF

Art. 1º A inclusão de presos em estabelecimentos penais federais de segurança máxima e a transferência de presos de outros estabelecimentos para aqueles obedecerão ao disposto nesta Lei.

A Lei n.º 11.671/08 estabelece duas modalidades de ingresso dos presos nos estabelecimentos penais federais de segurança máxima, a saber:

I – **Inclusão** de presos diretamente no estabelecimento penal federal em regime fechado de segurança máxima (RFSM); ou

II – **Transferência** de presos de outro estabelecimento penal para os estabelecimentos penais federais de segurança máxima.

A **inclusão** refere-se ao ingresso do preso diretamente no Sistema Penitenciário Federal, sem que antes tenha passado pelo Sistema Penitenciário Estadual. Exemplo que merece referência desta inclusão direta no Sistema Penitenciário Federal é o caso do colombiano Juan Carlos Abadia em 2007, líder do cartel de drogas Valle do Norte na Colômbia (NASCIMENTO, 2018, p. 187).

A **transferência**, por sua vez, refere-se à movimentação de presos para ingresso em estabelecimento penal federal de segurança máxima provenientes: **1)** do sistema penitenciário estadual; ou **2)** de outro estabelecimento prisional federal, à luz do art. 12 do Decreto n.º 6.877/09, situação mais comum nas hipóteses de "rodízio interprisional" de presos no SPF.

No tocante à inclusão ou transferência de presos de uma unidade penitenciária federal para outra, o procedimento se inicia por representação da autoridade administrativa, do Ministério Público ou do próprio preso (art. 5º da Lei n.º 11.671/08).

---

do Rio Grande do Sul, com capacidade para 208 apenados. Em 19 de janeiro de 2018 foi assinado o contrato entre o Ministério da Justiça e Segurança Pública e o Governo do Estado do Rio Grande do Sul, com a cessão do terreno para a União de 25 hectares na rodovia RS 401, para a obra orçada em 45 milhões de reais e previsão de obras entre 2020 e 2023, mas que ainda não se iniciou. Outras informações disponíveis em: https://www.estado.rs.gov.br/moro-confirma-a-governador-inicio-das-obras-de-presidio-federal-no-rs-em-2020. Acesso em: 22 jul. 2020. E em: https://www.justica.gov.br/news/ministro-da-justica-recebe-terreno-para-construcao-do-sexto-presidio-federal-federal. Acesso em: 22 jul. 2020.

Na perspectiva do rodízio, situação comum de transferência, o Conselho de Justiça Federal já deliberou, conforme recomendação n. 05 do I Workshop sobre o SPF, que esta **transferência entre penitenciárias federais se constitui em boa prática, no formato de rodízio periódico de presos, após o período de 2 anos de cada inclusão**, dispensando-se, assim, a necessidade de reavaliação da medida de inclusão no SPF. Neste particular, importante esclarecer que a referida recomendação, **ao dispensar a necessidade de reavaliação da medida de inclusão**, não está a tratar de pedido de renovação de permanência (art. 10, § 2º da Lei n.º 11.671/08), mas apenas indica que, dentro do prazo de permanência no interno no SPF, eventual transferência – após o período de dois anos de inclusão, via rodízio interprisional – dispensa que o juiz corregedor destinatário do interno transferido reaprecie os fundamentos motivadores da inclusão no SPF. Ademais, o DEPEN, neste particular, deve obedecer a critérios objetivos e adotar as cautelas necessárias para que no rodízio os procedimentos de reinserção social já em andamento não tenham solução de continuidade.

A propósito do tema, o Superior Tribunal de Justiça já decidiu que "a motivação do sistema de rodízio de presos entre os estabelecimentos penais da União é a própria conveniência da administração penitenciária federal, que busca a manutenção da ordem e da disciplina carcerárias" (STJ, AgRg no RHC 49440/MS, julgado em 14.11.2017).

A par do exposto, **a inclusão de presos** em estabelecimentos penais federais de segurança máxima **e a transferência de presos** de outros estabelecimentos para aqueles **não configura maus antecedentes** (TRF5, Apelação Criminal 0000307-04.2014.4.05.8401, 2ª Turma, rel. Desembargador Federal André Carvalho Monteiro, DJe de 16 de agosto de 2016). **Tampouco se constitui em sanção disciplinar, circunstância judicial desfavorável** – a representar condição para o agravamento da pena por nova condenação – **ou inclusão em regime disciplinar diferenciado** (TRF3, Agravo em Execução Penal n.º 0000318-31.2018.4.03.0000, 11ª Turma, rel. Desembargador José Lunardelli, e-DJF3 de 03 d outubro de 2018).

Enunciados e recomendações dos Workshops sobre o SPF do CJF

Recomendação n. 5 – É recomendável, como boa prática penitenciária, o rodízio periódico dos presos, no âmbito do Sistema Penitenciário Federal, após o decurso de dois anos da primeira inclusão, obedecido o disposto no art. 12 do Decreto n. 6.877/09, não havendo necessidade de reavaliação da inclusão, pelo juiz federal. O Depen, no caso, deve obedecer a critérios objetivos e adotar as cautelas necessárias para que no rodízio os procedimentos de reinserção social já em andamento não tenham solução de continuidade. (Editado no I Workshop)

Decreto 6.877/09 – Regulamento da Lei 11.671/08

Art. 1° Este Decreto regulamenta o processo de inclusão e transferência de presos para estabelecimentos penais federais de segurança máxima, nos termos da Lei n° 11.671, de 8 de maio de 2008.

[...]

Art. 12. Mediante requerimento da autoridade administrativa, do Ministério Público ou do próprio preso, poderão ocorrer transferências de presos entre estabelecimentos penais federais.

§ 1° O requerimento de transferência, instruído com os fatos motivadores, será dirigido ao juiz federal corregedor do estabelecimento penal federal onde o preso se encontrar, que ouvirá o juiz federal corregedor do estabelecimento penal federal de destino.

§ 2° Autorizada e efetivada a transferência, o juiz federal corregedor do estabelecimento penal federal em que o preso se encontrava comunicará da decisão ao juízo de execução penal de origem, se preso condenado, ou ao juízo do processo, se preso provisório, e à autoridade policial, se for o caso.

JURISPRUDÊNCIA

SUPERIOR TRIBUNAL DE JUSTIÇA

Rodízio de presos:

"AGRAVO REGIMENTAL EM RECURSO EM HABEAS CORPUS. EXECUÇÃO PENAL. TRANSFERÊNCIA DE PRESOS ENTRE PRESÍDIOS FEDERAIS (RODÍZIO). LEGALIDADE DO PROCEDIMENTO. OITIVA DA DEFESA. AUSÊNCIA DE PREVISÃO NA LEGISLAÇÃO DE REGÊNCIA (ART. 12 DO DECRETO N. 6.877/2009). PRECEDENTE. 1. A **motivação do sistema de rodízio de presos** entre os estabelecimentos penais da União é a própria conveniência da administração penitenciária federal, que busca a manutenção da ordem e da disciplina carcerárias, no regime de segurança máxima (AgRg no RHC n. 73.261/SP, Ministro Felix Fischer, Quinta Turma, DJe 26/4/2017). 2. O Decreto n. 6.877/2009 prevê que a transferência poderá ocorrer mediante requerimento da autoridade administrativa ou do Ministério Público dirigido ao juiz federal corregedor, sem exigir previa oitiva da defesa, bastando que o pleito seja instruído com os fatos motivadores. 3. Na hipótese, a transferência foi devidamente motivada pelo Juízo Federal, que afirmou ser ela necessária para a manutenção da segurança pública, uma vez que o rodízio daqueles que estão custodiados nos estabelecimentos penais federais é medida necessária para dificultar a criação de vínculos entre presos, bem como com a organização criminosa a que estão ligados. Acrescentando que, nesse caso, está envolvida a segurança dos próprios agentes que a lei estabeleceu para a custódia desses presos. 4. Deve ser mantida a decisão agravada, pelos seus próprios fundamentos. 5. Agravo regimental improvido." (STJ, AgRg no RHC 49440/MS, 6ª Turma, rel. Ministro Sebastião Reis Júnior, julgado em 14.11.2017, Dje 21.11.2017)

TRIBUNAIS REGIONAIS FEDERAIS

• TRF5. **O fato de o indivíduo estar custodiado em estabelecimento penal federal de segurança máxima, por si só, não aufere condições para configurar maus antecedentes.**

"PENAL. CRIME DE AMEAÇA (CP, ART. 147). TIPICIDADE DA CONDUTA. SUFICIÊNCIA DE PROVAS PARA A CONDENAÇÃO. AJUSTE NA DOSIMETRIA DA PENA. [...] 4. Há de ser feito, porém, um ajuste quanto a valoração das circunstâncias judiciais consideradas na dosimetria. É que a sentença fundamentou a valoração negativa da culpabilidade e dos antecedentes no fato de o acusado estar cumprindo pena em presídio federal. Para além de ser um único motivo (assim incapaz de ser qualificado duas vezes), não há nos autos elemento que possa esclarecer se o réu vem, de fato, cumprindo pena definitiva. **O fato de estar recolhido em presídio federal é, por si só, insuficiente à configuração de maus antecedentes, ante o princípio da presunção de inocência, como também pareceu à Procuradoria Regional da República com atuação nesta Casa**; [...]" (TRF5, Apelação Criminal 0000307-04.2014.4.05.8401, 2ª Turma, rel. Desembargador Federal André Carvalho Monteiro, DJe de 16 de agosto de 2016).

• TRF3: **A inclusão, transferência ou manutenção no sistema penitenciário federal não consubstancia sanção disciplinar ou transferência para o RDD**.

"3. **A permanência do preso na Penitenciária Federal de Campo Grande/MS, presídio de segurança máxima, não consubstancia sanção disciplinar ou transferência para o "Regime Disciplinar Diferenciado" (Lei nº 10.792/2003)**. [...]" (TRF3, Agravo em Execução Penal nº 0000318-31.2018.4.03.0000, 11ª Turma, rel. Desembargador José Lunardelli, e-DJF3 de 03 d outubro de 2018)

APLICAÇÃO EM CONCURSO

QUESTÕES

1. (FUNIVERSA, 2015, SEAP – GO, prova de Agente de Segurança Prisional) No ano de 2006, a partir da reestruturação do Departamento Penitenciário Nacional (Depen), foi criado o Sistema Penitenciário Federal, com a finalidade de ser o gestor e fiscalizador das Penitenciárias Federais em expresso cumprimento ao contido na Lei de Execução Penal (LEP), especialmente em seu artigo 72, parágrafo único, que lhe confere essa incumbência de forma exclusiva.

O Sistema Penitenciário Federal é constituído pelos estabelecimentos penais federais, subordinados ao Departamento Penitenciário Nacional (Depen) do Ministério da Justiça.

Atualmente, integram o Sistema Penitenciário Federal cinco estabelecimentos penais. Trata-se dos presídios de Catanduvas (PR), Campo Grande (MS), Porto Velho (RO) e Mossoró (RN) e Brasília (DF).

a) Palmas (TO).
b) Uberlândia (MG).
c) Goiânia (GO).
d) Brasília (DF).
e) Santarém (PA).

GABARITO

1. Gabarito: letra "d". Na época da prova, em 2015, só existiam as 4 unidades prisionais do enunciado da questão e estava prevista a construção do quinto estabelecimento em Brasília/DF. Essa unidade de Brasília foi inaugurada ao final de 2018. Hoje está em processo de licitação o sexto estabelecimento penal federal de segurança máxima em Charqueadas, município do Rio Grande do Sul.

4.2 ARTIGO 2º – ATIVIDADE JURISDICIONAL DE EXECUÇÃO PENAL

Art. 2º A atividade jurisdicional de execução penal nos estabelecimentos penais federais será desenvolvida pelo juízo federal da seção ou subseção judiciária em que estiver localizado o estabelecimento penal federal de segurança máxima ao qual for recolhido o preso.

O artigo 2º consagra a **natureza jurisdicional da execução penal relativa à custódia prisional nos estabelecimentos penais federais.** Portanto, competirá ao juiz federal da seção ou subseção judiciária em que estiver localizada a unidade prisional federal de segurança máxima, a qual estiver recolhido o preso, o controle da atividade jurisdicional. Neste sentido, a atividade de natureza administrativa desempenhada pelo DEPEN, de coordenação, supervisão e administração das unidades prisionais federais não prescinde do devido controle jurisdicional, em franca sintonia com a norma geral de execução penal (art. 2º c/c art. 66 da LEP) e com a Constituição Federal de 1988 (art. 5º, inc. XXXV, CF).

Ademais, cada estabelecimento penal federal possui um juiz federal corregedor, responsável pela unidade e com competências previstas conforme a respectiva organização judiciária de cada Tribunal Regional Federal[3].

Importante observar que a atração da competência para a Justiça Federal, em razão da custódia prisional em estabelecimento penal federal, implica em receber o processamento da execução criminal de presos, condenados ou provisórios, oriundos tanto da Justiça Estadual, quanto da Justiça Federal, Eleitoral ou Militar da União, pelo que o art. 2º da Lei n.º 11.671/08 excepciona

3. Importante notar que a atividade jurisdicional de execução penal na Penitenciária Federal de Catanduvas/PR não é exercida na subseção da localidade, mas sim na seção federal localizada em Curitiba, capital do Estado do Paraná, por força da determinação legal da Resolução n.º 03, de 19 de janeiro de 2016, do Tribunal Regional Federal da 4ª Região, a qual dispôs sobre a competência das Varas Federais Criminais da Seção Judiciária de Curitiba quanto aos processos de execução penal da Penitenciária Federal de Catanduvas/PR e processos de competência criminal federal a eles relacionados. Nesse sentido, parece-nos que a resolução n.º 03/2016/TRF4 encontra substrato legal no art. 2º da lei 11.671/08, ao dispor sobre a competência "da **seção ou subseção** judiciária em que estiver localizado o estabelecimento penal federal ao qual recolhido o preso". Disponível em: https://www2.trf4.jus.br/trf4/diario/visualiza_documento_adm.php?orgao=1&id_materia=28892&reload=false. Acesso em: 23 jul. 2020.

o art. 2º e parágrafo único da LEP[4], bem como a súmula 192 do STJ[5], visto tratar-se de norma especial, a preponderar sobre a norma geral que rege a matéria[6].

Tema que suscita controvérsia diz respeito à constitucionalidade do art. 2º da Lei n.º 11.671/08, por pretensamente estabelecer nova competência afeta aos Juízes Federais não inserida no rol das competências previstas no art. 109 da CF[7]. Entretanto, alguns argumentos, expostos a seguir, militam em favor da admissão constitucional da Justiça Federal para a execução penal estabelecida no art. 2º da Lei n.º 11.671/08.

Primeiro, ainda que não se possa considerar tecnicamente a participação da União na condição de assistente (art. 109, inc. I, CF) para o incidente de inclusão ou transferência do preso para o SPF, **é inegável sua condição de interessada no feito.** Em outras palavras, o art. 109, inc. IV, CF, admite que **as infrações penais praticadas em detrimento de interesse da União sejam processadas e julgadas pelos juízes federias.** Tal interesse é ínsito a todo o contexto em que se concebe o SPF, a evidenciar o protagonismo da União na construção de estabelecimentos penais federais em local distante da condenação para recolher os condenados, quando a medida se justifique no interesse da segurança pública ou do próprio condenado (art. 86, § 1º, LEP).

Segundo, interpretar o texto constitucional como limitador da atividade jurisdicional federal para a execução da pena, com base em leitura de que o art. 109 da CF dispõe sobre o **"processamento e julgamento"** das infrações penais em seu rol elencadas, cingindo-se estritamente ao campo do processo de conhecimento, atenta contra a garantia fundamental à individualização da pena (art. 5º, inc. XLVI), precisamente em sua terceira e derradeira etapa[8]:

---

4. Art. 2° da LEP: A jurisdição penal dos Juízes ou Tribunais da Justiça ordinária, em todo o Território Nacional, será exercida, no processo de execução, na conformidade desta Lei e do Código de Processo Penal. Parágrafo único. Esta Lei aplicar-se-á igualmente ao preso provisório e ao condenado pela Justiça Eleitoral ou Militar, quando recolhido a estabelecimento sujeito à jurisdição ordinária.
5. Súmula 192 STJ: compete ao Juízo das Execuções Penais do Estado a execução das penas impostas a sentenciados pela Justiça Federal, Militar ou Eleitoral, quando recolhidos a estabelecimentos sujeitos a Administração Estadual.
6. Neste mesmo sentido, Renato Brasileiro de Lima (2020, p. 481) e Guilherme de Souza Nucci (2007, p. 402).
7. Neste sentido, Alcides Marques Porto Pacheco (2010, p. 495), Filippe Augusto dos Santos Nascimento (2018, p.188) e Gabriel Cesar dos Santos (2016, p. 316).
8. Segundo Gilmar Mendes, "a decisão proferida no HC 82.959/SP ampliou o âmbito de proteção do direito à individualização estampado no art. 5°, inciso XLVI da Constituição. Assim, esse conceito não está restrito apenas ao processo de fixação *in abstracto* por parte do legislador e *in*

a execução jurisdicional da pena, a exigir regular processamento e julgamento de todos os variados incidentes inerentes a esta etapa penal.

Terceiro, ao admitir a natureza jurisdicional para a execução penal federal, desde uma leitura consentânea com o texto constitucional, não menos verossímil é reconhecer que o próprio incidente de inclusão e transferências de presos para o SPF reveste-se, da mesma forma, de natureza jurisdicional[9], a legitimar a atração da competência para a Justiça Federal. Com efeito, não por outra razão compete ao juízo da execução de origem a remoção do condenado na hipótese de inclusão ou transferência para o SPF, conforme se extrai da inteligência do art. 66, inc. V, alínea "h", da LEP. Mas não é só. Embora tramite em apartado o referido incidente, deve seguir rito jurisdicional, a teor da Lei n.º 11.671/08, notadamente regulamentada pelo Decreto n.º 6.877/09, oportunidade na qual o DEPEN, órgão da administração pública federal, opinará pela pertinência do pedido (art. 5º, § 2º da Lei n.º 11.671/08 c/c art. 5º Decreto n.º 6.877/09), devendo ainda o Juiz federal decidir sobre a admissão do preso no SPF (art. 4º da Lei n.º 11.671/08 c/c art. 7º do Decreto n.º 6.877/09) , tudo a demonstrar incontroverso interesse da União.

Enunciados e recomendações dos Workshops sobre o SPF do CJF

Enunciado n. 52 – A inclusão de preso no Sistema Penitenciário Federal transfere para a corregedoria judicial a **competência apenas para a execução da pena definitiva ou provisória**, devendo a eventual pena de multa ser cobrada no juízo de origem. (Editado pelo Fórum Permanente do Sistema Penitenciário Federal nas reuniões preparatórias do VIII Workshop)

---

concreto por parte do juiz, quando da aplicação da sanção, mas abrange também a própria execução da pena" (MENDES; COELHO; BRANCO, 2006, p. 612). "De fato, seguindo amplo entendimento doutrinário, a individualização constitucional da pena alarga seu suporte fático para, também, cumprir o papel fundamental de individualizar a execução da pena" (CESTARI, 2018, 163-164).

9. A confirmar a natureza jurisdicional, o próprio Workshop sobre o Sistema Penitenciário Federal do CJF, em sua 10ª edição, realizado em novembro de 2019, chegou a debater a possibilidade de inclusão ou transferência por decisão administrativa, mas o enunciado trabalhado nesse sentido não foi aprovado. Veja o enunciado rejeitado: "A transferência pode se dar por decisão administrativa mediante comunicação aos juízes estaduais e federais, em hipóteses excepcionais, e no prazo de até 30 dias, conforme proposta apresentada pelo Depen".

APLICAÇÃO EM CONCURSO

QUESTÕES

1. (CESPE, 2018, DPE-PE, prova de Defensor Público) À luz da Lei n.° 11.671/2008 e do Decreto n.° 6.877/2009 (Sistema Penitenciário Federal), assinale a opção correta, a respeito do cumprimento de pena em estabelecimento prisional federal de segurança máxima.

[...]

d) Detento que cumpria pena em estabelecimento prisional estadual e que fora transferido para estabelecimento prisional federal continuará sob a jurisdição do juízo da execução penal estadual.

[...]

2. (CESPE, 2013, DEPEN, prova de Agente Penitenciário Federal) Julgue os itens seguintes, relativos à transferência e inclusão de presos em estabelecimentos penais federais de segurança máxima.

A atividade jurisdicional de execução penal nos estabelecimentos penais federais é competência do juízo federal da seção ou subseção em que estiver localizada a unidade prisional a qual foi recolhido o preso.

( ) Certo ( ) Errado

3. (CESPE, 2021, DEPEN, prova de Especialista Federal em Assistência à Execução Penal e Agente Federal de Execução Penal) Quanto à jurisdicionalização da execução penal, julgue os itens a seguir.

Em seu aspecto jurisdicional, a intervenção do juiz da execução se esgota com o trânsito em julgado da sentença proferida no processo de conhecimento, sendo os demais atos meramente administrativos.

[...]

4. (CESPE, 2021, DEPEN, prova de Especialista Federal em Assistência à Execução Penal e Agente Federal de Execução Penal) Quanto à jurisdicionalização da execução penal, julgue os itens a seguir.

A execução penal tem caráter de processo judicial contraditório.

GABARITO

1. Gabarito: a alternativa D está errada. Segundo artigo 2°, o preso transferido ao sistema penitenciário federal ficará sob a jurisdição do juízo federal da seção ou subseção judiciária em que estiver localizado o estabelecimento penal federal de segurança máxima ao qual for recolhido.
2. Gabarito: Certo. A afirmativa deste item está em consonância com o *caput* do artigo 2° da Lei 11.671/08.
3. Esta alternativa está errada. O art. 66 da LEP e o art. 2° da Lei n.° 11.671/08 consagra a natureza jurisdicional da execução penal.
4. Está correta a alternativa. O contraditório está vigente em toda Execução Penal que, por sua natureza, inclusive pela previsão de aplicação de sanções, exige a observância dos princípios do contraditório e da ampla defesa.

4.2.1 Parágrafo único – competência do juízo de execução penal para ações penais

> Parágrafo único. O juízo federal de execução penal será competente para as ações de natureza penal que tenham por objeto fatos ou incidentes relacionados à execução da pena ou infrações penais ocorridas no estabelecimento penal federal. (Incluído pela Lei n.° 13.964, de 2019)

Acrescentado pela Lei n.º 13.964/19, o parágrafo único do art. 2º trata de discriminar as hipóteses de atuação do juízo federal em execução penal vinculadas ao estabelecimento penal federal, a saber: **1)** ações de natureza penal sobre fatos ou incidentes relacionados à execução da pena; ou **2)** ações penais relacionadas às infrações penais ocorridas no estabelecimento penal federal.

Com efeito, desde a exposição de motivos do PL 882/19, a proposta inicial[10] indicava que a mudança seria essencial para a racionalização dos trabalhos, de modo a conceder ao juiz federal da execução penal poderes para as ações de natureza penal que envolvessem fatos relacionados com a execução da pena, evitando-se, assim, decisões conflitantes.

Neste particular, um parêntese argumentativo se impõe. Para além de **sedimentar entendimento jurisprudencial**[11] sobre a competência do juiz corregedor para decidir sobre os incidentes relacionados à execução da pena, (STJ, 3ª Seção, CC 90.702/PR, rel. Min. Og Fernandes, DJe 13.05.2009), tais quais a detração, soma e unificação da pena, aplicação de lei mais benigna[12], remição, progressão de regime, indulto e comutação, livramento condicional, entre outros, **quer nos parecer que o propósito legislativo revela-se ainda mais abrangente: trata-se de reconduzir o protagonismo das decisões jurisdicionais ao juiz federal.** Neste giro, **os fatos que dão ensejo às ações de**

---

10. O texto original do PL 882/19, encaminhado pelo MJSP, também concedia ao Juiz Federal competência para as ações cíveis que envolvessem fatos relacionados com a execução da pena em estabelecimento penal federal, previsão esta que não restou aprovada. Disponível em: https://www.camara.leg.br/proposicoesWeb/fichadetramitacao?idProposicao=2192353. Acesso em: 20 jul. 2020.
11. Para além da jurisprudência firmada, desde o 1° Enunciado proposto e aprovado no Grupo I do X Workshop se perfilha tal entendimento: "compete ao juízo corregedor do Presídio Federal o processo e julgamento das matérias administrativas relacionadas à execução penal desenvolvida em estabelecimento penal federal, questionadas por meio de habeas corpus, mandado de segurança, ação civil pública, ação ordinária ou de qualquer outra espécie de ação ou incidente".
12. Cabe ao juiz da execução a análise da retroatividade da lei penal com aplicação de lei nova mais benéfica, nos moldes do artigo 66, inc. I, da LEP e da súmula 611 do Supremo Tribunal Federal.

natureza penal relacionados à execução da pena circunscrevem-se no âmbito de decisão do juiz federal com atuação perante o estabelecimento pena federal.

Depreende-se, com isso, **que os fatos relacionados a eventual conflito de competência acerca do incidente de inclusão, transferência e renovação de preso no SPF** devam, com base no livre convencimento motivado do juiz corregedor federal, ser objeto de análise da gravidade, das razões e do perfil do preso para o ingresso e permanência no SPF (STF, HC 112650/RJ, rel. Min. Rosa Weber, julgado em 11.03.2014), superando entendimento jurisprudencial que impõe a prevalência do processo decisório ao juiz da origem (STJ, CC n. 139.087, relator Ministro Nefi Cordeiro, DJe de 02.10.2015)[13].

No tocante à parte final do parágrafo único, o legislador promoveu nova hipótese de competência para o juiz federal com atuação perante o SPF, **notadamente para as infrações penais ocorridas no estabelecimento penal federal.** É dizer, o juiz federal da execução penal, com atuação perante o SPF, "passa a ter competência para o processamento e julgamento de infrações penais ocorridas no estabelecimento penal federal" (LIMA, 2020, p. 482). Desdobram-se desta conclusão, portanto, algumas premissas: **1) tal competência não se aplica à infração penal que revelar a prática de contravenção penal**, cujo julgamento, por força de comando constitucional, é da justiça estadual (art. 109, inc. IV, CF); **2) em sendo a infração penal crime de homicídio,** o julgamento também não poderá ser da alçada do juiz corregedor da penitenciária federal, **cabendo ao Tribunal do Júri da Justiça Federal** realizar seu julgamento, por força do art. 5º, inc. XXXVIII, alínea "d", da CF; **3) as ações de natureza cível**, cuja previsão constava no texto original do PL 882/19, que envolvam fatos relacionados a execução penal em uma penitenciária federal, restaram retiradas da redação final do parágrafo único do art. 2º. Com efeito, ações desta natureza, que possam revelar interesse da União (art. 109 e seus incisos da CF), a exemplo de uma indenização proposta por familiares de um preso executado no interior de uma prisão federal, **terá a Justiça Federal da**

13. Enunciado n. 34 do Workshop do CJF revela entendimento por nós sustentado: "nos termos dos arts. 4° e 5°, § 4°, da Lei n. 11.671/2008 e do art. 7° do Decreto n. 6.877/2009, compete ao juiz federal corregedor do presídio decidir sobre a necessidade, adequação e cabimento da inclusão, **valorando o mérito do pedido, não se limitando sua jurisdição à análise de requisitos referentes às condições da unidade prisional".** Para mais, convidamos o leitor à análise do cap. 4.9, referente ao art. 9° da lei n.° 11.671/08.

seção ou subseção federal como competente para o processamento e julgamento da causa[14].

Enunciados e recomendações dos Workshops sobre o SPF do CJF

Enunciado n.° 1 do XI Workshop – É absoluta a competência do juízo da execução penal, definida no parágrafo único do art. 2° da Lei n. 11.671 de 2008, acrescentado pela Lei n. 13.964, de 2019, sendo meramente exemplificativas as hipóteses ali descritas (Aprovado no XI Workshop).

Enunciado n.° 2 do XI Workshop – É da competência do juízo da execução penal, nos termos do art. 2°, parágrafo único, da Lei n. 11.671, de 2008, acrescentado pela Lei n. 13.964, de 2019, processar e julgar as ações civis públicas, mandados de segurança e outras ações cuja causa de pedir subjacente seja questão de natureza penal, nesta subentendida aquelas próprias do direito penitenciário ou da execução penal, relacionadas ou que afetem a forma e os meios de execução de pena no estabelecimento penal federal (Aprovado no XI Workshop).

4.2.2 Incidentes de execução penal no sistema penitenciário federal

Uma vez inserido o preso no regime fechado de segurança máxima, cabe ponderar quanto aos incidentes relacionados ao sistema progressivo da pena.

O primeiro ponto que merece destaque é a análise do cabimento da **progressão de regime** no sistema penitenciário federal. Segundo art. 11 do Decreto n.º 6.877/09, "na hipótese de **obtenção de liberdade ou progressão de regime de preso custodiado em estabelecimento penal federal**, caberá ao Departamento Penitenciário Nacional **providenciar o seu retorno ao local de origem ou a sua transferência ao estabelecimento penal indicado** para cumprimento do novo regime". Ainda, prevê seu parágrafo único que se o **egresso optar em não retornar ao local de origem**, deverá formalizar sua manifestação de vontade perante o diretor do estabelecimento penal federal, ficando o DEPEN dispensado da providência referida no *caput*.

Nesse sentido, o Conselho de Justiça Federal editou o **enunciado n. 24 dos Workshops** sobre o Sistema Penitenciário Federal prevendo que, no caso de progressão de regime, livramento condicional, incidente de insanidade mental ou tratamento prolongado ou específico de doença incurável de inviabilidade de tratamento no estabelecimento penal federal, o preso será **devolvido ao juízo de origem.**

14. Neste sentido, Renato Brasileiro de Lima (2020, p. 484).

É preciso, contudo, observar que o entendimento dos Tribunais Superiores (STF e STJ) **caminha no sentido de não ser possível a progressão de regime** no caso da manutenção dos motivos que ensejaram a transferência ou inclusão do preso no sistema penitenciário federal de segurança máxima, ou quando não superado eventual conflito de competência suscitado (STF, HC 131.649/RJ, rel. orig. Min. Carmen Lúcia, rel. p/ ac. Min. Dias Toffoli, julgado em 06.09.2016, Informativo 838/STF, e STJ, AgRg no CC 168851/RJ, rel. Min. Reynaldo Soares Da Fonseca, 3ª Seção, julgado em 27 de novembro de 2019, DJe de 04 de dezembro de 2019). É dizer, **ainda que o juiz federal corregedor reconheça o direito do interno à progressão de regime, tal direito encontra-se condicionado à aquiescência do juiz na origem.**

Neste particular, é preciso ser dito que a jurisprudência dominante das cortes superiores estabelece – para além dos requisitos objetivos e subjetivos previstos na lei geral de regência (art. 112 da LEP) – que a progressão de regime prisional para presos inclusos no SPF **fica condicionada a outros requisitos não previstos em lei, a saber:** 1) ausência dos motivos que justificaram a transferência originária para esse sistema; ou 2) à superação de eventual conflito de competência suscitado.

A par do exposto, entendemos **que esta abrangência dos requisitos, ao largo da lei, configura inafastável transgressão ao núcleo essencial da individualização da pena**, que encontra no sistema progressivo seu fator intransponível, a propiciar condições de reintegração social da pessoa privada de liberdade. Mais ainda. Tal posicionamento, a nosso sentir, **fere a nova redação trazida pelo parágrafo único do art. 2º da Lei n.º 11.671/08**, pelo que **tolhe do juiz federal sua independência funcional no processo decisório de causa que lhe é afeta**, cujos motivos inerentes à decisão podem e devem ser analisados por ele, tal como a consulta aos setores de inteligência prisional, tanto dos Estados, quanto da União (por intermédio do DEPEN), corroborada pela natural percepção da rotina prisional cumprida pelo interno sob o crivo de sua fiscalização (art. 8º da Lei n.º 11.671/08).

A preponderar a jurisprudência em exame, questiona-se sobre a possibilidade do preso, provisório ou definitivo, custodiado no SPF – alcançando a fração penal em decorrência do cumprimento da pena, bem como reconhecido pelo diretor da unidade prisional federal o seu bom comportamento carcerário – ter a progressão declarada pelo juiz corregedor para o regime menos rigoroso, ainda que negado seu retorno pelo juízo de origem. De fato, eventual progressão ao regime semiaberto implicaria em sua exclusão automática do SPF, uma vez que o regime fechado de segurança máxima é característica inerente ao estabelecimento penal federal, conforme inteligência do art. 3º, § 1º, da Lei n.º 11.671/08 (STF, HC 129.509/RJ, 1ª Turma, rel. Min. Edson Fachin, DJe 31.03.2016). Sucede que, em não se reconhecendo a última palavra no processo decisório ao juiz corregedor (conforme abordado no cap. 4.2.1), **entendemos que a medida menos lesiva ao preso seria no sentido do deferimento formal da progressão de regime,** cuja consequência estaria no fato do interno, ainda que mantido em penitenciária federal, passar a gozar do status e tempo de pena em regime menos rigoroso. Portanto, ao retornar ao juízo de origem, estaria apto a, imediatamente, ingressar no regime prisional o qual já implementara os requisitos legais, ao tempo em que custodiado no SPF.

O mesmo raciocínio serve para o preso incluído no sistema federal em virtude de seu próprio interesse (art. 3º, inc. II e V, Decreto n.º 6877/09). Implementados os requisitos para progressão de regime, embora mantidos os motivos que o levaram ao SPF, não parece razoável privar o indivíduo do direito à progressão ao regime semiaberto, ainda que permaneça, na temporalidade que é inerente a este regime prisional, cumprindo a custódia prisional no estabelecimento penal federal.

Outro ponto que merece destaque é o fato de que a inclusão, para além de não configurar sanção disciplinar, maus antecedentes ou circunstância judicial desfavorável, como observado nos comentários ao artigo 1º, por si só, **não irá reiniciar ou suspender a contagem de concessão de benefícios da execução penal** (enunciado n. 04 do I Workshop do SPF do CJF).

Outrossim, o **Juiz Corregedor será imediatamente comunicado de qualquer alvará de soltura** recebido no estabelecimento penal federal (enunciado n. 10 dos Workshops do SPF do CJF).

Além disso, cabe referir que o **Decreto Presidencial de Indulto de Natal** do ano de 2019, Decreto n.º 10.189, de 23 de dezembro de 2019, em seu artigo 5º, III, previu que não será concedido o indulto natalino às pessoas que tenham sido incluídas no **Sistema Penitenciário Federal** em **qualquer momento do cumprimento da pena,** exceto na hipótese em que o recolhimento **se justifique por interesse do próprio preso,** nos termos do disposto no art. 3º da Lei n.º 11.671/2008.

Enunciados e recomendações dos Workshops sobre o SPF do CJF

Enunciado n. 2 – A decisão que determina a **inclusão do preso no regime disciplinar diferenciado (RDD)** pode ser revogada pelo juiz federal da execução, após o ingresso do preso na penitenciária federal. (Editado no I Workshop)

Enunciado n. 4 – A inclusão na penitenciária federal, por si só, não reinicia e nem suspende a **contagem para concessão de benefícios**. (Editado no I Workshop)

Enunciado n. 10 – Recebido o **alvará de soltura** no estabelecimento federal, independentemente de se tratar de preso provisório ou condenado, o diretor da penitenciária federal comunicará, com urgência, o fato ao juiz federal corregedor. (Editado no I Workshop com alteração de texto no III Workshop)

Enunciado n. 11 – Será estabelecido um fluxo de rotina para elaboração de **pareceres técnicos penitenciários** a todos os presos, a partir do qual o juiz decidirá sobre a necessidade de exame criminológico, que, no caso de ser exigido, deverá ser feito por profissionais devidamente habilitados, ainda que fora do quadro funcional do Sistema Penitenciário Federal. (Editado no I Workshop)

Enunciado n. 12 – Enquanto não viabilizadas as condições para a carga horária mínima prevista em lei, para **remição de pena pelo trabalho**, é possível considerar o dia trabalhado, com carga horária inferior a seis horas, com o mínimo de três horas. E, para fim de remição de pena pelo estudo, com três dias de frequência escolar, ou doze horas de estudo, é possível remir um dia de pena. (Editado no I Workshop)

Enunciado n. 22 – Salvo nas Hipóteses do art. 120 da LEP, somente é exigida a autorização do juízo corregedor para **saídas do preso** do estabelecimento penitenciário federal. (Editado no II Workshop)

Enunciado n. 24 – O **preso será devolvido ao juízo de origem** nos casos de concessão de progressão de regime ou de livramento condicional, bem como nos casos de incidente de insanidade mental ou de doença incurável que dependa de tratamento prolongado ou específico, inviável de ser prestado no âmbito das penitenciárias federais. (Editado no II Workshop com alteração de texto no III Workshop)

Enunciado n. 27 – Os **pareceres técnicos penitenciários** elaborados pelo Depen, previstos no Enunciado n. 11 do I Workshop serão remetidos semestralmente. (Editado no II Workshop)

Enunciado n. 49 – O trabalho resultado de plágio não será considerado para **remição pela leitura**. (Editado no IV Workshop)

Enunciado n. 50 – A decisão sobre a inclusão definitiva no Regime Disciplinar Diferenciado – **RDD**, ou a sua mera homologação, **compete ao juízo da corregedoria do presídio federal** no qual foi incluído ou transferido o preso. (Editado pelo Fórum Permanente do Sistema Penitenciário Federal nas reuniões preparatórias do VIII Workshop)

Enunciado n. 3 do XI Workshop – **Questões estruturais e administrativas**, como por exemplo, relativas a saúde, alimentação e visitas, devem ser submetidas à manifestação do diretor da unidade, antes do ajuizamento de incidente à execução penal (Aprovado no XI Workshop).

Enunciado n. 4 do XI Workshop – O disposto no artigo 11-A da Lei n. 11.671, de 2008, acrescentado pela Lei n. 13.964, de 2019, **não impede o juiz competente de decidir monocraticamente pedidos e providências urgentes**, na forma da resolução do respectivo Tribunal. (Aprovado no XI Workshop).

Enunciado n. 5 do XI Workshop – O pedido para ingresso de equipamentos de filmagem no interior de presídios federais para produções jornalísticas, bem como o pedido para entrevista de presos devem ser **dirigidos diretamente ao Juiz Federal Corregedor**, que decidirá após a oitiva do Diretor do Sistema Penitenciário Federal/Depen, do Ministério Público Federal e, quando couber, da defesa. (Aprovado no XI Workshop).

Enunciado n. 21 do XI Workshop – Os planos de contingência das penitenciárias federais serão **compartilhados com o Juiz Corregedor respectivo**, para alinhamento prévio de procedimento. (Aprovado no XI Workshop).

Recomendação n. 13 – O Depen/MJ acrescentará em portaria o "**Projeto Remição pela Leitura**" de forma padrão em todas as penitenciárias federais. (Editado no II Workshop)

JURISPRUDÊNCIA

SUPREMO TRIBUNAL FEDERAL

• **Informativo 838 do Supremo Tribunal Federal de 2016**:

"[...] Ademais, mesmo sem cometer infrações disciplinares, o preso que pertencesse à associação criminosa não satisfaria aos requisitos subjetivos para a progressão de regime. A pertinência à sociedade criminosa seria crime e também circunstância reveladora da falta de condições de progredir a regime prisional mais brando. A Segunda Turma ainda registrou que a manutenção do condenado em regime fechado, com base na falta de mérito do apenado, não seria incompatível com a jurisprudência do STF [...]" (STF, HC 131.649/RJ, rel. orig. min. Cármen Lúcia, rel. p/ac. min. Dias Toffoli, julgado em 06.09.2016).

• **Voto do Ministro Gilmar Mendes no HC 82.959/SP:**

As questões relativas à vedação da progressão, tratadas em seu voto, a seguir resumimos:

Existe um direito fundamental à individualização da pena, que não se trata de simples orientação ao legislador, pois a própria reserva legal encontra limites. Assim, é necessário observar o princípio da proteção do núcleo essencial de um direito fundamental, para saber o limite da reserva legal. Isso evita o esvaziamento do conteúdo do direito fundamental, pois a "não-admissão de um limite ao afazer legislativo tornaria inócua qualquer proteção fundamental". Dessa forma, concluiu o Ministro que a eleição de um regime integral de cumprimento elimina completamente a individualização da pena, princípio garantido constitucionalmente. (HC 82.959/SP, voto Min. Gimar Mendes. Julgado em 02.12.04)

SUPERIOR TRIBUNAL DE JUSTIÇA

• **Sobre a concessão de progressão de regimes, o STJ, em 2019, assim se manifestou**:

"[...] A concessão do benefício da **progressão de regime** ao apenado em presídio federal de segurança máxima fica condicionada à ausência dos motivos que justificaram a transferência originária para esse sistema ou, ainda, à superação de eventual conflito de competência suscitado. Tal entendimento jurisprudencial deriva da interpretação sistemática dos dispositivos legais que norteiam o ingresso no Sistema Penitenciário Federal, os quais demonstram a absoluta incompatibilidade entre os motivos que autorizam a inclusão do preso e os benefícios liberatórios da execução (CC n. 125.871/RJ, Ministro Marco Aurélio Bellizze, Terceira Seção, DJe 7/6/2013)" (AgRg no CC 131.887/RJ, Terceira Seção, Rel. Min. Sebastião Reis Júnior, DJe de 3.4.2014). [...] (STJ, AgRg no CC 168851/RJ, rel. Min. Reynaldo Soares Da Fonseca, 3ª Seção, julgado em 27 de novembro de 2019, DJe de 04 de dezembro de 2019.

""[...] devendo o interessado permanecer no Presídio Federal, afastada, temporariamente, a progressão de regime concedida em virtude da sua incompatibilidade com o pedido de manutenção em presídio de segurança máxima, nos termos do voto do Sr. Ministro Relator" (STJ, CC 137.110/RJ, 3ª Seção, rel. Ministro Ericson Maranho)

• **Inviabilidade de progressão de regime quando o indivíduo estiver cumprindo pena em estabelecimento penal federal:**

CONFLITO DE COMPETÊNCIA. EXECUÇÃO PENAL. LEI N. 11.671/2008. TRANSFERÊNCIA DE PRESO PARA PRESÍDIO FEDERAL DE SEGURANÇA MÁXIMA. PEDIDO DE PRORROGAÇÃO DO PRAZO. POSSIBILIDADE. PLEITO FUNDAMENTADO NA PERMANÊNCIA DOS MOTIVOS ENSEJADORES DO PEDIDO DE TRANSFERÊNCIA. PROGRESSÃO DE REGIME. DECISÃO DO JUÍZO FEDERAL CONCEDENDO O BENEFÍCIO. IMPOSSIBILIDADE. PRECEDENTES DA TERCEIRA SEÇÃO. MANUTENÇÃO DO INTERESSADO NO PRESÍDIO DE SEGURANÇA MÁXIMA. COMPETÊNCIA DO JUÍZO SUSCITADO. – O art. 4°, § 1°, da Lei n. 11.671/2008, estabelece que é de responsabilidade do Juízo Federal a execução penal do condenado durante o período em que perdurar a transferência. – A Lei n. 11.671/2008, por sua vez, prevê que a inclusão e a renovação do período de permanência do apenado em estabelecimento federal de segurança máxima é medida de caráter excepcional e temporária, requerida pelo Juízo Estadual mediante decisão fundamentada, justificada no interesse da segurança pública ou do próprio preso. – A Terceira Seção do Superior Tribunal de Justiça, buscando atender a mens legis e dar efetividade a ambos os dispositivos legais, adotou o entendimento de que o Juízo competente para processar e julgar os incidentes da execução é o que detém a custódia do apenado, no caso, o Juízo responsável pelo presídio federal. **Não lhe é permitido, contudo, conceder a progressão de regime prisional ao condenado que esteja recolhido em presídio federal de segurança máxima, uma vez que os motivos que justificaram sua transferência ou manutenção no sistema federal mostram-se totalmente incompatíveis com a concessão do benefício, ficando condicionado o deferimento da progressão à ausência dos motivos que justificaram a sua remoção para o estabelecimento federal.** – A decisão do Juízo Estadual, com base em elementos concretos, demonstra que permanecem hígidos os motivos que ensejaram a transferência do interessado para o presídio de segurança máxima, nos termos dos arts. 3° e 10, § 1°, da Lei n. 11.671/2008, sendo a solução a melhor forma de se manter a ordem pública, o interesse da coletividade e a segurança da população. Cabe destacar que o interessado é um dos líderes do Comando Vermelho, facção criminosa do Estado do Rio de Janeiro, sendo o seu retorno àquele Estado, consoante bem ressaltado, é um facilitador da comunicação com a referida organização criminosa. Conflito conhecido para declarar competente para processar e julgar todos os incidentes da execução o JUÍZO FEDERAL CORREGEDOR DA PENITENCIÁRIA FEDERAL EM MOSSORÓ – SJ/RN, o suscitado, devendo o interessado permanecer no Presídio Federal, afastada, temporariamente, a progressão de regime concedida em virtude da sua incompatibilidade com o pedido de manutenção em presídio de segurança máxima. (CC 137.110/RJ, Rel. Ministro ERICSON MARANHO (DESEMBARGADOR CONVOCADO DO TJ/SP), TERCEIRA SEÇÃO, julgado em 22/04/2015, DJe 17/09/2015)

• **Incidentes da execução da pena – competência do juízo federal:**

"CONFLITO POSITIVO DE COMPETÊNCIA. EXECUÇÃO PENAL. TRANSFERÊNCIA PROVISÓRIA DE PRESOS DE UM ESTADO DA FEDERAÇÃO PARA OUTRO. INCIDENTES DA EXECUÇÃO PENAL. COMPETÊNCIA DO JUÍZO AO QUAL SE ENCONTRA VINCULADO O APENADO. 1. Se a execução penal é transferida para outra Unidade da Federação, consectário lógico da remoção operada, a teor do art. 86 da Lei n° 7.210/84, o Juiz competente para esse fim é o indicado pela Lei de Organização Judiciária, ou seja, aquele da Unidade da Federação onde se executará a pena. Está-se diante não de uma simples delegação de competência de um Estado para outro, mas de verdadeira modificação de competência. 2. **Não há olvidar a competência do Juízo das Execuções fluminense para decidir quanto à conveniência da remoção, a teor do art. 5° da Lei 11.671/2008. Entretanto, a execução das penas é da competência do Juízo Federal de Catanduvas/PR, em atenção ao art. 1°, § 1°, da Resolução n° 557/07 do Conselho da Justiça Federal, (redação similar ao artigo 4°, § 1°**

da Lei nº 11.671/2008), que determina: "A execução penal da pena privativa de liberdade, no período em que se efetivar a transferência, ficará a cargo do juízo federal competente." 3. Para o fiel cumprimento da execução penal deve-se levar em conta, diante das circunstâncias do caso concreto, não apenas as conveniências pessoais e familiares dos presos, bem como os da Administração Pública, sobretudo quando relacionadas com o efetivo cumprimento da pena, uma vez que se reconheça a impossibilidade do Juízo que solicitou o deslocamento dos apenados de se fazer presente no local do cumprimento da pena para acompanhá-la e tratar de incidentes que surjam no decorrer da execução. Exegese do Enunciado Sumular 192 desta Corte, a corroborar a regra disposta no art. 66, III da Lei de Execuções Penais. 4. Conflito conhecido para determinar competente o suscitante, Juízo Federal da Seção de Execução Penal de Catanduvas da Seção Judiciária do Estado do Paraná. (STJ, 3ª Seção, CC 90.702/PR, rel. Min. Og Fernandes, DJe 13.05.2009.

"PROCESSO PENAL. CONFLITO DE COMPETÊNCIA. CONFIGURAÇÃO. FURTO AO BANCO CENTRAL. EXECUÇÃO PENAL. LOCAL DE CUMPRIMENTO DA PENA. TRANSFERÊNCIA PARA PRESÍDIO DE SEGURANÇA MÁXIMA. RENOVAÇÃO DO PRAZO DE PERMANÊNCIA. ART. 10, § 1°, DA LEI 11.671/08. POSSIBILIDADE. NECESSIDADE DE FUNDADA MOTIVAÇÃO PELO JUÍZO DE ORIGEM. OCORRÊNCIA. COMPETÊNCIA DO JUÍZO DO LOCAL DO CUMPRIMENTO DA REPRIMENDA PARA ACOMPANHAMENTO DA EXECUÇÃO PENAL. PERSISTÊNCIA DOS MOTIVOS ENSEJADORES DO PEDIDO DE TRANSFERÊNCIA. MANUTENÇÃO DO CUMPRIMENTO DA PENA EM PRESÍDIO DE SEGURANÇA MÁXIMA. COMPETÊNCIA DO JUÍZO SUSCITADO PARA APLICAR AS NORMAS DA EXECUÇÃO, COM A MANUTENÇÃO DOS RÉUS NO PRESÍDIO DE SEGURANÇA MÁXIMA. 1. Quando as autoridades judiciárias não afirmam nem negam a sua competência para julgar determinado caso, mas havendo efetivamente uma discordância entre elas, não há um conflito nos moldes tradicionais, mas pode configurar, na realidade, conflito. 2. Existe a possibilidade de renovação do prazo de permanência do preso em presídio de segurança máxima, desde que cumpridos os requisitos previstos no art. 10, § 1°, da Lei 11.671/08. 3. O Juízo de origem deve fundamentar o pedido de transferência dos presos para o presídio de segurança máxima, consoante os arts. 3° e 4° da Lei 11.671/08. 4. Não obstante os direitos individuais garantidos aos presos, o interesse em resguardar a coletividade por vezes se sobressai, preponderando a necessidade de se primar pela segurança pública, justificando a transferência ou a manutenção do preso em presídio de segurança máxima, conforme previsto nos arts. 3°, 4° e 10 da Lei 11.671/08. 5. **O acompanhamento da execução, quando da transferência de presos para presídio de segurança máxima, cabe ao Juízo Federal competente da localidade em que se situar referido estabelecimento, salvo na hipótese de preso provisório, consoante o art. 4°, §§ 1° e 2°, da Lei 11.671/08.** 6. Conflito conhecido para determinar a permanência dos presos ANTÔNIO EDIMAR BEZERRA e DAVI SILVANO DA SILVA no Presídio de Segurança Máxima de Campo Grande/MS e, consequentemente, declarar competente o Juízo Federal da 5ª Vara da Seção Judiciária do Estado de Mato Grosso do Sul, ora suscitado, para acompanhar e aplicar as normas referentes à execução penal. (STJ, 3ª Seção, CC 106.137, rel. Min. Arnaldo Lima, julgado em 09.12.2009).

"[...] SISTEMA PENITENCIÁRIO FEDERAL. MANUTENÇÃO EM RAZÃO DA PERICULOSIDADE DO PACIENTE. DECISÃO DEVIDAMENTE FUNDAMENTADA. INVERSÃO DO INTERESSE PÚBLICO SOBRE O PRIVADO QUE SE IMPÕE. CONSTRANGIMENTO ILEGAL NÃO CONFIGURADO. 1. A inclusão de reeducando no Sistema Penitenciário Federal, a teor do contido no art. 10 da Lei 11.671/2008, somente deve ocorrer em casos excepcionais e de forma provisória, quais sejam, diante da sua periculosidade ou para a sua própria proteção. 2. Comprovado que o paciente, no Estado em que restou condenado, mesmo encarcerado, chefiava uma das maiores organizações criminosas do país, com extensão em todo o território nacional, justificada se mostra a sua transferência para o Estabelecimento Carcerário Federal, fora da Unidade da Federação que se encontra. 3. O interesse da segurança pública, nos moldes do art. 3° da Lei 10.671/2008, sem ofender ao princípio da dignidade da pessoa humana, pode sobrepor-se ao particular, servindo como fundamentado à manutenção do paciente no Sistema Penitenciário Federal, especialmente se o reeducando apresenta trajetória criminosa com forte liderança que ainda persiste mesmo dentro do ergástulo. 4. Sendo o paciente excluído do regime disciplinar diferenciado, mas **mantido na Penitenciária Federal, em razão da sua periculosidade e de nova inclusão, resta prejudicada a arguição de que se encontra ultrapassado o lapso legalmente permitido para permanecer no referido sistema**. 5. Se a decisão que manteve a execução das cartas de sentenças no Juízo Federal deprecado esclareceu que assim deve ser procedido enquanto o paciente cumprir pena no estabelecimento daquele esfera, não há que se falar em constrangimento ilegal, ao argumento de que o Juízo de Origem é o responsável pela execução definitiva da sanção. 6. Writ parcialmente conhecido, sendo nesta extensão denegada a ordem. (STJ, 5ª Turma, HC 116.301/RJ, rel. Ministro Jorge Mussi, julgado em 10.11.2019, DJe 14.12.2009)

APLICAÇÃO EM CONCURSO

QUESTÕES

1. (CESPE, 2017, DPE-AL, prova de Defensor Público) No que se refere à inclusão ou à transferência de preso para o sistema penitenciário federal, assinale a opção correta.

[...]

b) Conforme o decreto regulamentar, se ocorrer progressão de regime de preso custodiado em estabelecimento penal federal, caberá ao diretor, de ofício, providenciar, no estabelecimento penal, a transferência do preso para a ala prisional adequada ao cumprimento do novo regime.

[...]

2. (CESPE, 2018, DPE-PE, prova de Defensor Público) À luz da Lei n.º 11.671/2008 e do Decreto n.º 6.877/2009 (Sistema Penitenciário Federal), assinale a opção **correta**, a respeito do cumprimento de pena em estabelecimento prisional federal de segurança máxima.

b) Detento de alta periculosidade que cumpre pena em estabelecimento prisional federal de segurança máxima tem direito ao benefício da progressão de regime.

[...]

3. (CESPE, 2021, DEPEN, prova de Especialista Federal em Assistência à Execução Penal e Agente Federal de Execução Penal) Considerando o Regulamento Penitenciário Nacional e outros normativos, julgue os itens seguintes.

Caso um preso custodiado em estabelecimento penal federal obtenha progressão de regime, caberá ao DEPEN providenciar o seu retorno ao local de origem ou a sua transferência ao estabelecimento penal indicado para cumprimento do novo regime.

[...]

GABARITO

1. A alternativa "b" está errada, pois a transferência do preso é de atribuição do Departamento Penitenciário Nacional – DEPEN, conforme artigo 11 do Decreto n.º 6.877/09.
2. A alternativa "b" está incorreta. Conforme o informativo n.º 838 do Supremo Tribunal Federal, o "condenado que cumpre pena em presídio federal não pode ser

beneficiado com progressão de regime enquanto persistirem os motivos que o levaram a ser transferido para esta unidade".

3. Esta alternativa está certa. Previsão do art. 11 do Decreto n.º 6.877/09.

4.3 ARTIGO 3º – MOTIVOS PARA INCLUSÃO NO SISTEMA PENITENCIÁRIO FEDERAL (PERFIL DO PRESO)

> **Art. 3º** Serão incluídos em estabelecimentos penais federais de segurança máxima aqueles para quem a medida se justifique no interesse da segurança pública ou do próprio preso, condenado ou provisório. (Redação dada pela Lei nº 13.964, de 2019)

A inclusão nos estabelecimentos penais federais de segurança máxima é medida excepcional, justificada no interesse: (a) da **segurança pública**; ou (b) da **segurança do próprio preso**, condenado ou provisório.

Neste aspecto, o artigo 3º do Decreto n.º 6.877/09 estabelece um rol alternativo de **características** para inclusão e transferência do preso ao SPF, pelo que se convencionou chamar de **"perfil" do preso federal**. Dentre os requisitos, o preso deverá possuir, **ao menos,** uma das seguintes características: **(I)** ter desempenhado função de liderança ou participado de forma relevante em organização criminosa[15]; **(II)** ter praticado crime que coloque em risco a sua integridade física no ambiente prisional de origem[16]; **(III)** estar submetido ao Regime Disciplinar Diferenciado – RDD; **(IV)** ser membro de quadrilha ou bando, envolvido na prática reiterada de crimes com violência ou grave ameaça; **(V)** ser réu colaborador ou delator premiado, desde que essa condição represente risco à sua integridade física no ambiente prisional de origem; ou **(VI)** estar envolvido em incidentes de fuga, de violência ou de grave indisciplina no sistema prisional de origem[17].

---

15. Exemplo: criminosos que tenham capacidade de, mesmo de dentro do sistema prisional, exercer o comando de ações criminosas que coloquem em risco não apenas a unidade prisional em que custodiados, mas também a cidade ou o local em que atuam.

16. Exemplo: inclusão ocorre em razão do preso estar sendo processado ou ter sido condenado por delito sexual praticados contra menores e para os casos em que o preso é custodiado em unidade prisional dominada por facção criminosa rival.

17. Exemplo: grave indisciplina pode ser identificada na ação concreta e individualizada de preso que venha a liderar ou comandar motins ou rebeliões, desde a unidade prisional em que esteja recolhido.

Primeiro ponto a ser enfrentado diz respeito ao espaço normativo desempenhando pelo Decreto n.º 6.877/09, pelo que estaria a inovar indevidamente no ordenamento jurídico, ante a discriminação, sem reserva em lei, das hipóteses de inclusão do preso no SPF. A nós nos parece, contudo, que ao estabelecer os requisitos que denotam o perfil do preso para o SPF **o decreto regulamentador reveste-se de importante fator de limitação do poder punitivo,** de modo a definir, com segurança jurídica, **os conceitos jurídicos indeterminados presentes na lei regulamentada,** a saber: **as características criminais que possam dar ensejo ao "interesse da segurança pública ou do próprio preso"**[18]. Mas é preciso ser dito, **não basta que o preso se enquadre em um dos requisitos do art. 3º do Decreto n.º 6.877/09,** a exemplo de sua participação em facção criminosa, crime com violência e grave ameaça, fuga, delação premiada ou grave ato de indisciplina para que seja incluído ou transferido para uma penitenciária federal. **É indispensável que a presença do motivo caracterizador se justifique no interesse da segurança pública ou do próprio preso.**

Ademais, outra questão que se mostra relevante é identificar **o alcance do rol** estabelecido pelo art. 3º do decreto regulamentador. É dizer, se dispõe de natureza meramente **exemplificativa ou taxativa.** Em que pese a Recomendação n. 2 editada no I Workshop sobre o SPF do CJF determinar que **"o rol constante do art. 3° do Decreto n.º 6.877/09 é exemplificativo,** podendo haver outras hipóteses de inclusão, devidamente fundamentada, com base no art. 3° da Lei n.º 11.671/2008, e rigorosamente nos termos do art. 10 da mesma lei", **compartilhamos do pensamento de que a inclusão no SPF restringe direitos do preso,** pelo que deve observar estritamente as balizas normativas postas. Portanto, **trata-se de rol taxativo de hipóteses para a inclusão no SPF.**

Bem por isso algumas situações **não são suficientes para justificar o interesse da segurança pública** previsto no art. 3º da Lei n.º 11.671/08, tais quais: (a) tratamento privilegiado no sistema carcerário comum; (b) suposta menção à vida pessoal do julgador, como às atividades profissionais de seus

18. Em sentido diverso: Filippe Augusto dos Santos Nascimento (2018, p.194) e Gabriel Cesar dos Santos (2016, p. 330).

parentes; e (c) rebelião, por si só, sem que os envolvidos possuam perfil para o SPF[19].

Vale ressaltar, contudo, que embora a rebelião não preencha todos requisitos para a inclusão ou transferência, a **iminência de rebelião, na perspectiva dos enunciados n. 19 e 36 dos Workshops sobre o SPF do CJF,** se enquadra no conceito de extrema necessidade previsto no § 6º do art. 5º da Lei n.º 11.671/2008.

A par disso, o **art. 2º, § 8º, da Lei n.º 12.850/13**, introduzido pela Lei n.º 13.964/19, que determina que as lideranças de organizações criminosas armadas ou com acesso a armamento devam iniciar cumprimento de pena em estabelecimento penal de segurança máxima, **não introduziu uma nova hipótese de inclusão obrigatória no sistema penitenciário federal,** limitando-se a tratar da inclusão em estabelecimento penal de segurança máxima, podendo ser tanto estadual, como federal[20].

Por outro lado, **a Lei n.º 13.964/19**, dando **nova redação ao § 3º do art. 52 da LEP,** destaca **hipóteses de inclusão compulsória no SPF**, qual seja, o preso que estiver em regime disciplinar diferenciado (RDD), por haver indícios do exercício de liderança em organização criminosa, associação criminosa ou milícia privada, ou que tenha atuação criminosa em 2 (dois) ou mais Estados da Federação. Percebe-se que a redação trazida pelo pacote anticrime também **não introduz novas hipóteses de inclusão no SPF**, precisamente por assentar previsões já existentes no Decreto n.º 6.877/09 (estar o preso submetido ao RDD ou ser liderança de organização criminosa). **Tratam-se,** em verdade, **de especiais condições do perfil criminal do preso submetido ao RDD**, cuja consequência é o cumprimento obrigatório da sanção disciplinar extrema em uma unidade prisional federal[21].

Quanto ao **extraditando** que estiver cumprindo pena no Brasil[22], nos moldes do art. 84 da Lei de Migração, se estiver envolvido em algumas das

---

19. Hipóteses "a" e "b" estão assentadas na jurisprudência do Supremo Tribunal Federal (HC 149.734/RJ, julgado em 10.04.2018); hipótese "c" está de acordo com o enunciado n.19 dos Workshops sobre o SPF do CJF.
20. Veja que a própria Lei n.º 11.671/08, em seu artigo 11-B, incluído pela mesma Lei n.º 13.964/19, prevê a possibilidade de existirem estabelecimentos Estaduais ou Distrital de segurança máxima, à semelhança das Penitenciárias Federais.
21. Para uma análise mais aprofundada do tema, convidamos o leitor ao cap. 3.3.9.2.5.
22. Sobre a inclusão no SPF de estrangeiro, importante destacar a regra 62 das Regras de Mandela que determina que o preso deve ter acesso aos recursos necessários a sua comunicação com os

hipóteses previstas no art. 3º da Lei n.º 11.671/08 e art. 3º do Decreto n.º 6.877/09, sua custódia será mantida em estabelecimentos penais federais (ver STF, Ext 1598/DF, DJe em 08.05.2020). Nesse sentido, determina o enunciado n.º 3 dos Workshops sobre o SPF que "o preso para fim de extradição pode ser incluído no Sistema Penitenciário Federal, pelo prazo da lei, desde que observados os demais requisitos e os procedimentos legais. No caso, o juízo de origem e o Supremo Tribunal Federal, a quem compete decidir, na origem, o pedido de inclusão."

Outro argumento que não nos parece legítimo – ao contrário, presta-se a burlar o rol taxativo de requisitos ao ingresso do preso no SPF – **diz respeito às precárias condições estruturais do sistema prisional estadual como fator de justificação para a inclusão, transferência ou prorrogação de permanência do preso em uma penitenciária federal.** Em verdade, o estado de coisas inconstitucionais (ADPF 347) que paira sobre o sistema penitenciário brasileiro não pode servir, ainda mais, como instrumento de punição indevida ao preso, cuja situação posta escapa de sua responsabilidade e compromete o perfil da pessoa privada de liberdade a ser incluída neste excepcional regime de aprisionamento[23].

Decreto 6.877/09 – Regulamento da Lei 11.671/08
Art. 3° Para a inclusão ou transferência, o preso deverá possuir, ao menos, **uma das seguintes características**: I – ter desempenhado função de liderança ou participado de forma relevante em organização criminosa; II – ter praticado crime que coloque em risco a sua integridade física no ambiente prisional de origem; III – estar submetido ao Regime Disciplinar Diferenciado – RDD; IV – ser membro de quadrilha ou bando, envolvido na prática reiterada de crimes com violência ou grave ameaça; V – ser réu colaborador ou delator premiado, desde que essa condição represente risco à sua integridade física no ambiente prisional de origem; ou VI – estar envolvido em incidentes de fuga, de violência ou de grave indisciplina no sistema prisional de origem.

representantes diplomáticos e consulares ou outra autoridade de seu Estado ou que o represente, desde que tenha a tarefa de protegê-lo.

23. Outro não é o entendimento previsto no Enunciado n.° 38 do Workshop sobre o SPF do CJF: "a extrema necessidade, exigida no art. 5°, §6°, da Lei 11.671/08, não pode derivar exclusivamente da ausência de gestão administrativa, de defeitos estruturais, de superlotação ou ainda de problemas do Sistema Penitenciário Estadual".

Enunciados e recomendações dos Workshops sobre o SPF do CJF

Enunciado n. 3 – O preso para fim de extradição pode ser incluído no Sistema Penitenciário Federal, pelo prazo da lei, desde que observados os demais requisitos e os procedimentos legais. No caso, o juízo de origem e o Supremo Tribunal Federal, a quem compete decidir, na origem, o pedido de inclusão. (Editado no I Workshop)

Enunciado n. 19 – Uma rebelião, por si só, não autoriza a transferência de todos os detentos envolvidos que não possuam perfil para o presídio federal. (Editado no II Workshop)

Enunciado n. 36 – A iminência de rebelião se enquadra no conceito de extrema necessidade previsto no § 6° do art. 5° da Lei n. 11.671/2008. (Editado no III Workshop)

Enunciado n. 43 – Em casos de transferências coletivas, em nome do Princípio da Individualização da Pena, a decisão de inclusão deve apresentar os motivos da aceitação de cada interno. (Editado no III Workshop)

Recomendação n. 2 – O rol constante do art. 3° do Decreto n. 6.877/09 é exemplificativo, podendo haver outras hipóteses de inclusão, devidamente fundamentada, com base no art. 3° da Lei n. 11.671/2008, e rigorosamente nos termos do art. 10 da mesma lei. (Editado no I Workshop)

JURISPRUDÊNCIA

SUPREMO TRIBUNAL FEDERAL

• **Os fundamentos para inserção do indivíduo no estabelecimento penal federal estão insertos nos artigos 3° da lei 11.671/2008 e no art. 3°, incisos I a IV, do decreto 6.877/2009.**

"AGRAVO REGIMENTAL EM HABEAS CORPUS. ORGANIZAÇÃO CRIMINOSA (ART. 2°, §2° E §3°, II, DA LEI 12.850/2013). TRANSFERÊNCIA DO ACUSADO PARA ESTABELECIMENTO PENAL DE SEGURANÇA MÁXIMA, COM AMPARO NO ART. 3° DA LEI 11.671/2008 E NO ART. 3°, I E IV, DO DECRETO 6.877/2009. FUNDAMENTAÇÃO IDÔNEA. 1. As informações constantes dos autos indicam que o agravante ocupa posição de destaque em articulada organização criminosa atuante no Estado do Rio de Janeiro. Logo, não merece reparos a decisão proferida pelo magistrado de origem, que, no interesse da segurança pública, determinou a inserção do paciente em presídio federal de segurança máxima com o fim de cessar sua atividade delitiva. 2. Agravo Regimental a que se nega provimento." (STF, 1ª Turma, AgR no HC 175429/RJ, rel. Ministro Alexandre de Moraes, DJe publicado em 13.02.2020)

"Agravo regimental em Suspensão de Segurança. Decisão que suspendeu os efeitos do acórdão proferido pelo Superior Tribunal de Justiça nos autos do Conflito de Competência n° 114.478. Detento de alta periculosidade que, mesmo preso, persiste na prática de atividades delitivas promovidas pela facção criminosa da qual é integrante. Manutenção da custódia em estabelecimento penal federal de segurança máxima. Possibilidade. **Art. 3° da Lei n° 11.671/08. Necessidade de salvaguardar os direitos coletivos à ordem e à segurança pública**. Agravo não conhecido. O pedido de suspensão de segurança é medida excepcional que se presta à salvaguarda da ordem, da saúde, da segurança e da economia públicas contra perigo de lesão. No caso, **a plausibilidade jurídica da pretensão deduzida – fundamentada na invocação expressa dos direitos coletivos à ordem e à segurança públicas e na imprescindibilidade da medida de urgência pretendida, justificáveis pelos atuais acontecimentos notórios que acometem a segurança pública do Estado requerente – justifica o deferimento da suspensão requerida** (cf. art. 15, § 4°, da Lei n° 12.016/2009). Precedentes. Agravo regimental desprovido." (STF, AgReg na MC na SS 4380/RJ, Tribunal Pleno, rel. Min. Joaquim Barbosa (Presidente), julgado em 18 de dezembro de 2013)

• Não justifica interesse da segurança pública possível tratamento privilegiado no sistema carcerário comum ou suposta menção à vida pessoal do julgador:

"Habeas corpus. 2. Impetração contra decisão denegatória de liminar em ação da mesma natureza articulada perante tribunal superior. Manifesto o constrangimento ilegal ao direito do paciente. Superação da Súmula 691. 3. Transferência de preso provisório para estabelecimento penal federal de segurança máxima, no interesse da segurança pública (art. 3° da Lei 11.671/08). A inclusão em estabelecimento penal federal de segurança máxima é medida excepcional (art. 10 da Lei 11.671/08), razão das "raras razões justificadoras da medida" e do "especial rigor a que estão, nela, sujeitos os detentos" – voto do Min. Edson Fachin, HC 129.509, Primeira Turma, julgado em 24.11.2015, Redator para acórdão Min. Roberto Barroso. A permanência no presídio federal envolve "a imposição ao preso de um regime prisional mais gravoso, pela maior restrição da liberdade" – HC 112.650, Rel. Min. Rosa Weber, Primeira Turma, julgado em 11.3.2014. As hipóteses de inclusão e transferência ao sistema federal devem ser rigorosamente observadas e podem ser combatidas pela defesa. 4. **Transferência fundamentada em (i) menção à atividade profissional da família do juiz e (ii) tratamento privilegiado no sistema carcerário**. Impossibilidade de acrescentarem-se novos fundamentos em sede de habeas corpus. 5. Atividade profissional da família do juiz publicizada em matéria do jornalista, pouco antes da audiência. O preso tem direito a manter "contato com o mundo exterior", por meio "da leitura e de outros meios de informação" (art. 41, XV, da Lei 7.210/84). **6. O tratamento privilegiado no sistema carcerário é fato grave, a merecer reação vigorosa, mas não constitui risco à segurança pública.** 7. Ordem concedida, para reformar a determinação de transferência do paciente ao sistema penitenciário federal." (STF, HC 149734/RJ, 2ª Turma, rel. Min. Gilmar Mendes, julgado em 10 de abril de 2018).

• Sala de Estado Maior, saída do RDD, manifestação prévia da defesa e do MP, entre outras razões:

"A Turma indeferiu habeas corpus em que acusado pela suposta prática dos crimes de contrabando e de formação de quadrilha pretendia a sua transferência para estabelecimento prisional no Rio de Janeiro. A impetração sustentava que: a) a transferência para a penitenciária federal de Campo Grande/MS não ocorrera em virtude das ações do paciente, mas das péssimas condições da penitenciária de Bangu I e da inexistência de estabelecimento apropriado, no Rio de Janeiro, para o Regime Disciplinar Diferenciado – RDD; b) essa decisão de transferência seria ilegal, porquanto não houvera a manifestação prévia do Ministério Público e da defesa; c) a revogação do RDD aplicado ao paciente fizera cessar o motivo de sua transferência e d) o paciente, como advogado, teria direito à prisão especial em sala de Estado-Maior ou, na sua falta, à concessão de prisão domiciliar. Reputou-se correta a decisão do STJ, a qual assentara que o cumprimento de pena de prisão em unidade da federação diversa daquela em que cometida a infração, ou mesmo a condenação, encontra-se previsto no art. 86 da Lei de Execução Penal – LEP, cujo § 3° preconiza que **definição do estabelecimento prisional adequado para abrigar preso provisório ou condenado cabe ao juiz competente, ou seja, ao juiz da instrução (quando em curso o processo) ou ao juiz da condenação (se já proferida a sentença condenatória).** Enfatizou-se que, no caso, a transferência do paciente para Campo Grande fora realizada diante da imposição do RDD, mas, não obstante, o juiz de 1° grau poderia definir tal estabelecimento como o mais adequado para a custódia preventiva. Além disso, o Rio de Janeiro não possuía, à época, instalações penitenciárias compatíveis para o cumprimento daquele regime. Assim, salientou-se que, não havendo ilegalidade no deslocamento do paciente para outra unidade da federação, dever-se-ia apreciar a decisão que a determinara. No ponto, **afirmou-se a existência de elementos concretos que indicariam a necessidade de reforço da cautela, aptos a justificar a manutenção do paciente no estabelecimento federal**. No tocante à alegada falta de prévia intimação da defesa e do parquet, ressaltou-se inicialmente que, na ausência de outro instrumento adequado, a Resolução 502, do Conselho da Justiça Federal, substituída pela Resolução 557, tem regulamentado os procedimentos de inclusão e transferência de presos no sistema penitenciário federal. Contudo, aduziu-se que essa resolução não poderia sobrepor-se à norma processual (LEP, art. 86, § 3°). **Rejeitou-se, de igual modo, o pleito de prisão em sala do Estado-Maior.** Considerou-se que, na situação dos autos, o juízo de origem concluíra que as circunstâncias exigiriam a permanência do paciente na penitenciária federal, que possuiria celas individuais, com condições regulares de higiene e instalações que impediriam o contato do paciente com presos comuns. Dessa forma, não seria razoável interpretar a prerrogativa conferida aos advogados como passível de inviabilizar a própria custódia." (STF, HC 93.391/RJ, rel. Min. Cezar Peluso, 15.4.2008, Informativo n° 502)

ESTRANGEIRO E SPF:

• **Solicitação de transferência de extraditando para o sistema penitenciário federal no interesse da segurança pública:**

"EXTRADIÇÃO – PRISÃO CAUTELAR – TRANSFERÊNCIA DO SÚDITO ESTRANGEIRO, A PEDIDO DA INTERPOL, PARA ESTABELECIMENTO PRISIONAL FEDERAL – LEGITIMIDADE (LEI N° 11.671/2008, ARTS. 3°, 4° E 5°) – AGRAVO INTERNO IMPROVIDO. – A existência de razões suficientes, fundadas em bases concretas, autoriza a transferência do extraditando da unidade prisional em que se encontra recolhido para o Sistema Penitenciário Federal, desde que essa medida justifique-se no interesse da segurança pública, ou na preservação da regularidade dos serviços penitenciários, ou, até mesmo, quando o solicitar o próprio custodiado (Lei n° 11.671/2008, art. 3°), respeitada, sempre, a necessidade de decisão autorizadora prévia e fundamentada do juízo competente (Lei n° 11.671/2008, art. 4°, "caput"). Precedentes. [...] (STF, Ag. Reg. no PPE 822 AgR/DF, 2ª Turma, rel. Min. Celso de Mello, julgado em 29 de novembro de 2019)

• **Decisão que determinou a extradição, após cumprimento de pena no Brasil a ser executada em estabelecimento federal de segurança máxima**:

[...] Essa extradição deverá ser executada após o cumprimento de eventual pena a ser imposta ao requerido pelo crime ao qual responde no Brasil, ressalvado o disposto no art. 95 da Lei 13.445/2017, mantendo-se a custódia em estabelecimento federal de segurança máxima. (STF, 2ª Turma, Ext 1598/DF, rel. Ministro Edson Fachin, DJe publicado em 08.05.2020.

SUPERIOR TRIBUNAL DE JUSTIÇA

• **Preso provisório e inclusão sistema penitenciário federal**:

"[...] Irrelevante para a solução da controvérsia o fato de que o detento se encontra preso preventivamente, não havendo, ainda, nenhuma condenação transitada em julgado contra ele, se a controvérsia não gira em torno da legalidade da prisão provisória, mas, sim, da legalidade de sua permanência no sistema prisional de segurança máxima federal. [...] (STJ, AgRg no CC 156.719/AM, Rel. Ministro Reynaldo Soares da Fonseca, 3ª Seção, julgado em 11 de abril de 2018).

TRIBUNAIS REGIONAIS FEDERAIS

• **Perfil do Interno e Ingresso – Falta Grave**:

"PENAL E PROCESSUAL PENAL. HABEAS CORPUS. TRANSFERÊNCIA DE DETENTO PARA O SISTEMA PENITENCIÁRIO FEDERAL DE SEGURANÇA MÁXIMA. PRESENÇA DE JUSTA CAUSA. COMETIMENTO DE CRIME DOLOSO. AMEAÇAS E INJÚRIAS PROFERIDAS EM FACE DE

MAGISTRADAS FEDERAIS. POSSE DE APARELHOS DE TELEFONIA CELULAR. DENEGAÇÃO DO WRIT. 1. Impetrante/paciente que restou condenado pelo Juízo da 4ª Vara Federal da Seção Judiciária de Pernambuco às penas de 25 anos e 4 meses de reclusão (Ação Penal n.º 0006448-85.2013.4.05.8300) e 5 anos e 4 meses de reclusão (Ação Penal n.º 0001216-58.2014.4.05.8300) pela participação em organização criminosa especializada na prática de fraudes envolvendo a concessão irregular de benefícios de seguro-desemprego, cujos valores desviados totalizam aproximadamente R$ 7.000.000,00. 2. Inconformado com as condenações que experimentou, todas oriundas da 4ª Vara Federal da Seção Judiciária de Pernambuco, passou a dirigir, através da internet, **ofensas e ameaças às Juízas Federais lá atuantes**. 3. **Apreensão de dois celulares** na cela do ora impetrante/paciente pela 1ª Vara Regional de Execução Penal e Corregedoria de Presídios do Estado de Pernambuco, após terem sido proferidas as injúrias e ameaças contra as magistradas federais. Hipótese em que o impetrante/paciente foi flagrado, enquanto encarcerado em unidade prisional do Estado de Pernambuco, por mais de uma vez, em poder de aparelhos celulares. 4. O **cometimento de crime doloso por pessoa que se encontra encarcerada** é considerado pela Lei de Execuções Penais falta grave. 5. **Detento que se enquadra no inciso VI do artigo 3º do Decreto n.º 6.877/09, eis que envolvido em incidente de grave indisciplina no sistema prisional de origem, ostentando, portanto, perfil para custódia em penitenciária federal de segurança máxima**. 5. Habeas corpus denegado." (TRF5, Habeas Corpus 0000127-63.2017.4.05.0000, 4ª Turma, rel. Desembargador Federal Rubens de Mendonça Canuto, DJe 21 de julho de 2017)

• **Quanto à inadmissibilidade de reiterados Habeas Corpus com mesmos fundamentos contra decisão que defere a transferência para o sistema penitenciário federal.**

"PROCESSUAL PENAL. HABEAS CORPUS. REPETIÇÃO DE IMPETRAÇÕES ANTERIORMENTE DENEGADAS. IDÊNTICOS FUNDAMENTOS. NÃO CONHECIMENTO. 1. Habeas corpus que reprisa impetrações anteriores (Processos de n.ºs 0000127-63.2017.4.05.0000 e 0808002-51.2017.4.05.0000), as quais objetivavam a revogação de decisão que determinou a transferência do impetrante/paciente para o Sistema Penitenciário Federal de Segurança Máxima, em Catanduvas/PR. [...] É firme a **jurisprudência do Supremo Tribunal Federal quanto à inadmissibilidade de habeas corpus em que se reitera pretensão veiculada em impetração anterior já examinada e denegada** (HC nº 126.835/DF-AgR, Primeira Turma, Rel. Min. Roberto Barroso, DJe 18/8/15). 5. Habeas corpus não conhecido." (TRF5, Habeas Corpus 0001195-48.2017.4.05.0000, 4ª Turma, rel. Desembargador Federal Rubens de Mendonça Canuto, DJe 27 de outubro de 2017)

• Conforme entendimento do Tribunal Regional Federal da 1ª Região, as **situações excepcionais e o interesse da segurança pública estão definidos na lei 11.671/08 e no Decreto 6.877/09**.

"[...] No caso presente, descabe falar em qualquer constrangimento ilegal a ensejar a nulidade da decisão questionada, nos termos da Lei n. 11.671/2008 e do Decreto n. 6.877/2009, considerando a situação excepcional e o interesse da segurança pública na medida judicial em discussão, pelo que descabe falar em descumprimento das exigências, razão pela qual, por óbvio, não se afigura possível a decretação da nulidade do decisum vergastado. [...]" (TRF1, Habeas Corpus nº 1029901-64.2019.4.01.0000, 3ª Turma, rel. Juiz Federal Marllon Souza, PJe de 29 de janeiro de 2020)

"[...] A Lei 11.671/2008, em seu artigo 3º, autoriza a inclusão de presos no Sistema Penitenciário Federal, desde que a medida se mostre imprescindível à preservação da segurança pública ou da incolumidade física do próprio custodiado. 3. O artigo 3º do Decreto 6.877/2009, por sua vez, dispõe que, para a inclusão ou transferência, além da situação de extrema necessidade, o preso deverá possuir, ao menos, uma das características que elenca em seus incisos, entre elas: estar envolvido em incidentes de fuga, de violência ou de grave indisciplina no sistema prisional de origem.[...]" (Habeas Corpus nº

1026490-13.2019.4.01.0000, 4ª Turma, rel. Desembargador Federal Neviton De Oliveira Batista Guedes, PJe de 28 de novembro de 2019)

• Segundo TRF1, a **liderança ou participação em organização criminosa fundamenta a inclusão no sistema penitenciário federal**, conforme art. 3°, I, Decreto 6.877/09.

"PROCESSO PENAL. HABEAS CORPUS. SISTEMA PENITENCIÁRIO FEDERAL. LEI 11.671/2008 E DECRETO 6.877/1009. PERICULOSIDADE DO PACIENTE. PARTICIPAÇÃO RELEVANTE EM ORGANIZAÇÃO CRIMINOSA. FUNDAMENTOS PRESENTES. PRECEDENTES DO STJ E DESTA CORTE. ORDEM DENEGADA. 1. A transferência e a manutenção do reeducando, ora paciente, no Sistema Penitenciário Federal, em caráter emergencial, cumpriu os requisitos contidos nos artigos 5° e 6° da Lei n. 11.671/2008. 2. **O Decreto n. 6.877/2009 estabelece textualmente que o exercício de liderança ou a participação relevante em organização criminosa fundamentam a inclusão de presos no Sistema Penitenciário Federal: "art. 3°. Para a inclusão ou transferência, o preso deverá possuir, ao menos, uma das seguintes características: I – ter desempenhado função de liderança ou participado de forma relevante em organização criminosa".** 3. A documentação coligida aos autos demonstra e justifica a necessidade de inclusão do ora paciente no sistema penitenciário federal, tal como mantido pelo magistrado a quo, cuja decisão, longe de ser ilegal ou teratológica, restou bem fundamentada. 4. A defesa técnica do custodiado, ora paciente, interpôs agravo em execução contra a decisão do Juízo de origem, recurso no qual serão analisadas todas as alegações contidas no presente writ. 5. No caso presente, descabe falar em qualquer constrangimento ilegal a ensejar a nulidade da decisão questionada, nos termos da Lei n. 11.671/2008 e do Decreto n. 6.877/2009, considerando a situação excepcional e o interesse da segurança pública na medida judicial em discussão, pelo que descabe falar em descumprimento das exigências, razão pela qual, por óbvio, não se afigura possível de decretação da nulidade do decisum vergastado. 6. Conforme afirmado pelo magistrado a quo, a decisão sobre nova prorrogação acerca da permanência do preso no sistema penitenciário federal depende de manifestação do juízo de origem. Assim, a competência para aferir o mérito do pedido compete a tal magistrado, na origem, ficando ao juiz corregedor do presídio o encargo de verificar os requisitos formais para admissão e manutenção do preso no SPF. 7. Decisão liminar ratificada. Ordem de habeas corpus denegada." (TRF1, Habeas Corpus n° 1043253-89.2019.4.01.0000, 3ª Turma, rel. Juiz Federal Marllon Souza, PJe 13 de fevereiro de 2020)

APLICAÇÃO EM CONCURSO

QUESTÕES

1. (TRF da 4ª Região, 2014, TRF – 4ª REGIÃO, prova para Juiz Federal Substituto) Dadas as assertivas abaixo, assinale a alternativa correta. De acordo com a Lei n° 11.671/08, que dispõe sobre a transferência e a inclusão de presos em estabelecimento penal federal de segurança máxima, bem como com o decreto que a regulamenta, é correto afirmar:

[...]

II. Salvo na hipótese de réu colaborador que se encontre em situação de risco à sua integridade física, é sempre exigível que o preso esteja submetido ao Regime Disciplinar Diferenciado para justificar sua transferência para o estabelecimento penal federal.

[...]

2. (PGR, 2012, MPF, prova de Procurador da República) Considerando a transferência de presos para estabelecimentos penais federais de segurança máxima, e tendo por lastro o entendimento mais recente do STJ a respeito da matéria, é **incorreto** afirmar:

a) A alteração do regime de execução penal estabelecido pela Lei n. 11.671/08, permitindo a transferência e inclusão de preso oriundo de outro sistema penitenciário para o sistema penitenciário federal de segurança máxima, constitui exceção e está inspirada em fatos e fundamentos a serem necessariamente considerados por ocasião do pedido e da admissão correspondente;

[...]

3. (CESPE, 2015, DEPEN, prova de Agente Penitenciário Federal – nível médio) Com relação ao sistema penitenciário federal e ao processo de transferência de presos para esse sistema, julgue o item a seguir.

Os estabelecimentos penais federais de segurança máxima destinam-se aos condenados por sentença já transitada em julgado, o que exclui os presos provisórios.

( ) Certo ( ) Errado

4. (CESPE, 2013, DEPEN, prova de Agente Penitenciário Federal) Julgue os itens seguintes, relativos à transferência e inclusão de presos em estabelecimentos penais federais de segurança máxima.

São requisitos para a inclusão de um preso em estabelecimento federal de segurança máxima, entre outros, ter o preso praticado crime que coloque em risco a sua integridade física no ambiente prisional de origem, ser membro de quadrilha ou bando com reiterada prática de crimes patrimoniais e ser réu colaborador ou delator premiado, independentemente das consequências resultantes da delação.

( ) Certo ( ) Errado

5. (CESPE, 2013, DEPEN, Prova de Técnico de Apoio à Assistência Penitenciária) Com relação aos estabelecimentos penais federais, julgue os itens seguintes.

Os estabelecimentos penais federais destinam-se a promover a execução administrativa das medidas restritivas de liberdade dos presos, provisórios ou condenados, inclusive daqueles sujeitos a regime disciplinar diferenciado

6. (CESPE, 2017, DPE-AL, prova para Defensor Público) No que se refere à inclusão ou à transferência de preso para o sistema penitenciário federal, assinale a opção correta.

[...]

c) Para que seja realizada a inclusão ou a transferência do sentenciado para o sistema penitenciário federal, exige-se que ele se encontre no regime disciplinar diferenciado no sistema prisional de origem.

[...]

7. (CESPE, 2017, DPE-AL, prova para Defensor Público) Constatada a inexistência de condições adequadas ao cumprimento de pena, por precariedade, superlotação e falta de estabelecimento prisional compatível, por exemplo, admite-se o deferimento, ao sentenciado, de

a) remição penal como indenização decorrente das condições precárias ou degradantes a que tiver sido submetido.

b) progressão de regime prisional *per saltum*, passando-se para um regime mais brando, caso falte vagas no regime intermediário.

c) prisão domiciliar para qualquer dos regimes prisionais, mediante monitoração eletrônica.
d) inserção no sistema penitenciário federal, se este oferecer condições dignas de cumprimento da reprimenda.
e) saída antecipada no regime com falta de vagas, além do cumprimento de penas restritivas de direito.

8. (CESPE – SERES/PE, 2017, Prova de Agente de Segurança Penitenciária) Caracteriza motivo que justifica a transferência de preso para estabelecimento penal de segurança máxima

a) a condição de réu delator premiado em processo com tramitação na justiça federal.
b) a condição de membro de quadrilha ou bando envolvido na prática reiterada de crime de concussão.
c) a colaboração, mesmo que indireta, em organização criminosa.
d) a prática reiterada de crimes com violência ou grave ameaça a pessoa.
e) a prática de crime que coloque em risco a sua integridade física no ambiente prisional de origem.

9. (CESPE, 2021, DEPEN, prova de Especialista Federal em Assistência à Execução Penal e Agente Federal de Execução Penal) Ainda com relação a temas concernentes ao DEPEN, julgue os itens a seguir.

Para ser transferido para estabelecimento penal federal, um preso deve apresentar algumas características, entre as quais, estar submetido ao Regime Disciplinar Diferenciado (RDD).

[...]

10. (CESPE, 2021, DEPEN, prova de Especialista Federal em Assistência à Execução Penal e Agente Federal de Execução Penal) Considerando o Regulamento Penitenciário Nacional e outros normativos, julgue os itens seguintes.

Para que o Ministério Público possa requerer a transferência de preso para estabelecimento penal federal de segurança máxima, o parquet deverá comprovar que o encarcerado é membro de quadrilha ou bando, que pratica reiteradamente crimes com violência e que desempenha função de liderança na organização criminosa.

[...]

GABARITO

1. Esta alternativa II está incorreta. A prévia inclusão no regime disciplinar diferenciado não é requisito para a transferência para estabelecimento penal federal de segurança máxima. Segundo artigo 3° do Decreto 6877/09 a submissão ao Regime Disciplinar Diferenciado é apenas uma das hipóteses, não sendo sempre exigida.

2. A alternativa "a" não é a certa, pois está correta e a alternativa pedia a incorreta. Trata-se de exceção, que deve estar pautada em fatos e fundamentos concretos para quem a medida se justifique no interesse da segurança pública ou do próprio preso, condenado ou provisório.

3. Errado. Podem ser incluídos presos condenados ou provisórios, conforme expressa previsão do artigo 3°.

4. Errado. A afirmativa está equivocada, pois os requisitos da afirmativa não são os requisitos legais previstos no artigo 3°, embora possam justificar o interesse da segurança pública ou do próprio preso no caso concreto a ser analisado.

5. Item "correto". Os sujeitos ao regime disciplinar diferenciado também estão elencados no rol do artigo 3° do Decreto 6.877/09.
6. A alternativa "c" está errada. Para inclusão não é exigido que o preso esteja no regime disciplinar diferenciado no sistema prisional de origem, apenas é uma das hipóteses possíveis previstas no Decreto 6.877/09, sendo sempre exigido que a medida se justifique no interesse da segurança pública ou do próprio preso, condenado ou provisório.
7. A correta é a letra "e". A alternativa "d", que trata do sistema penitenciário federal, está errada, pois a inserção deve observar os requisitos do artigo 3°, jamais sendo permitido a transferência para esse sistema pelas razões apostas no cabeçalho da questão. Ainda, segundo artigo 10 desta lei, a inclusão é medida excepcional.
8. A alternativa "a" está incorreta. Conforme inciso V do artigo 3° do Decreto 6.877/08, a condição de réu delator exige risco à sua integridade física no sistema prisional de origem para sua inclusão ou transferência ao sistema penitenciário federal.

   A alternativa "b" está incorreta. O inciso IV do artigo 3°, do Decreto n.° 6.877/08, exige que o preso seja membro de quadrilha ou bando envolvido na prática reiterada de crimes com violência ou grave ameaça, e não em crime de concussão previsto no artigo 316 do Código Penal;

   A alternativa "c" está incorreta. O inciso I do artigo 3°, do Decreto n.° 6.877/08 exige que o preso tenha desempenhado função de liderança ou participado de forma relevante em organização criminosa, não sendo suficiente a mera colaboração ou participação indireta.

   A alternativa "d" está incorreta. É necessária a prática reiterada de crimes com violência ou grave ameaça a pessoa por membro de quadrilha ou bando, conforme inciso II do artigo 3°, do Decreto n.° 6.877/08.

   A alternativa "e" está correta. O texto é idêntico ao inciso II do artigo 3°, do Decreto n.° 6.877/08.
9. Esta alternativa está correta segundo a Banca CESPE, mas merece muita atenção. O art. 3° do Decreto 6.877/09 (Regulamento do processo de inclusão e transferência) apresenta um rol alternativo, assim, a inclusão ou transferência do preso no SPF exige apenas uma das características elencadas, das quais uma é a de estar o preso submetido ao RDD, além do preenchimento dos requisitos do art. 3° da Lei n.° 11.671/09.
10. Esta alternativa está errada. O art. 3° do Decreto 6.877/09 prevê rol alternativo de características para a inclusão ou transferência do preso ao SPF, desde que também observados os motivos previstos no art. 3° da Lei n.° 11.671/08.

4.3.1 § 1° – Características do regime fechado de segurança máxima

> § 1° A inclusão em estabelecimento penal federal de segurança máxima, no atendimento do interesse da segurança pública, será em regime fechado de segurança máxima, com as seguintes características: (Incluído pela Lei n.° 13.964, de 2019).

A Lei n.° 13.964/19 instituiu, no § 1° do art. 3° da Lei n.° 11.671/08, **o regime fechado de segurança máxima (RFSM)**, a caracterizar o regime de privação de liberdade para os presos inclusos no SPF.

Em verdade, a reforma legislativa apenas sedimenta o modelo operacional ordinário de cumprimento da pena de prisão até então praticado no SPF, embora despido de previsão legal e ao largo da norma de regência (LEP). Em outras palavras, o RFSM veio se construindo **por intermédio de diversos atos normativos infralegais**, no decorrer dos anos que se sucederam à inauguração do modelo penitenciário federal. Bem por isso foi possível reportar ao leitor que o regulamento penitenciário federal (Anexo I do Decreto n.º 6.049/07) já previa as características inerentes a este rigoroso regime prisional, que, seguidas de diversas portarias subsequentes, deram tratamento (cada vez mais restrito) à forma individual de recolhimento celular, aos critérios e modalidades de visita social, ao direito à saída para o banho de sol e à forma e hipóteses de monitoração de todos os meios de comunicação dos presos no SPF.

Sem embargo desta constatação, o fato é que o RFSM confirma o recrudescimento de medidas neutralizadoras aos presos incluídos ou transferidos para o SPF. Nada obstante, quis o legislador determinar que sua aplicabilidade **se cinge às hipóteses de inclusão e transferência do preso, condenado ou provisório, que se justifiquem no interesse da segurança pública**, retirando de seu alcance normativo a aplicação quando a medida se justificar no interesse do próprio preso[24].

Para além do exposto, é importante frisar que, embora semelhantes em suas características, o RFSM e o RDD são institutos jurídicos diversos. Daí dizer que **nem sempre o regime disciplinar diferenciado é exclusividade das penitenciárias federais** (art. 87, parágrafo único, LEP), **bem como nem todos os presos, condenados ou provisórios, lá custodiados, estarão a cumprir o rigoroso regime disciplinar diferenciado,** conforme se depreende do art. 4º do Decreto n.º 6.049/07 e do art. 3º do Decreto 6.877/09.

A par da indispensável abordagem destinada ao RDD **no cap. 3.3.9.2 e seguintes** – pelo que convidamos o leitor para lá identificar sua natureza jurídica e características –, **há algumas significativas diferenças que o revela**

24. Na prática, importa em dizer que o preso, que tenha ingressado no SPF na condição de delator premiado ou réu colaborado (inc. V do art. 3° do Decreto n.° 6.877/09) **poderá ter acesso à visita social em pátio de visitação ou em outro local adequado para dispor de contato físico com seus familiares, bem como ao direito à visita íntima.** Ademais, para a hipótese de inclusão do preso em razão de risco de vida na unidade prisional estadual em razão do crime perpetrado (inc. V do art. 3° do Decreto n.° 6.877/09), **permite-se acesso à visita social em pátio de visitação ou em outro local adequado para dispor de contato físico com seus familiares.** Para mais aprofundada análise do tema, convidamos o leitor à leitura do cap. 3.3.11.

ainda mais rigoroso que o RFSM, sobretudo quando aplicado no âmbito do SPF.

Nesse compasso, passaremos à apresentação das características do RFSM e, quando necessário, faremos seu cotejo com o RDD.

I – recolhimento em cela individual; (Incluído pela Lei n.° 13.964, de 2019)

A Lei de Execução Penal, em seu artigo 88, prevê que nas penitenciárias o condenado será alojado em cela individual, estruturada com dormitório, aparelho sanitário e lavatório, além dos seguintes requisitos básicos previstos em seu parágrafo único:

a) salubridade do ambiente pela concorrência dos fatores de aeração, insolação e condicionamento térmico adequado à existência humana;

b) área mínima de 6,00 m^2 (seis metros quadrados).

Essas definições atendem às Regras de Mandela, as quais preveem:

> Regra 12. 1. As celas ou locais destinados ao descanso noturno não devem ser ocupados por mais de um recluso. Se, por razões especiais, tais como excesso temporário de população prisional, for necessário que a administração prisional central adote exceções a esta regra deve evitar-se que dois reclusos sejam alojados numa mesma cela ou local.

Dessa forma, a acomodação do preso em cela individual, atendendo à norma geral (LEP) e às Regras Mínimas das Nações Unidas para o Tratamento de Reclusos, foi igualmente prevista no art. 3º, §1º, inc. I, da Lei n.º 11.671/08, e no art. 6º, inc. V, do RPF.

É preciso, entretanto, **diferenciar o direito ao recolhimento em cela individual do indevido confinamento solitário prolongado.** Vale dizer, na mesma medida de importância que a cela individual se revela como fator preponderante para o hígido cumprimento da pena – desempenhando, a um só tempo, compromisso com um tratamento humanizado e propiciando a ruptura com inúmeros processos de criminalização[25] –, deve-se rechaçar

25. A superlotação carcerária, para além de se revelar em fator de degradação humana, implica em uma forma de refiguração social de práticas disciplinares informais, cujo resultado é a formação da criminalidade organizada e das ideologias de fraternidades dentro dos espaços prisionais brasileiros. Para o tema, recomenda-se as seguintes leituras: "Criminologia e subjetividade

seu uso como instrumento de política arquitetônica prisional vocacionada a mera neutralização e inocuização de indivíduos, a caracterizar a inconstitucional condição de pena cruel e degradante (art. 5º, inc. III e XLVII, alínea "e", da CF)[26].

Precisamente neste contexto **que a cela individual ganha ainda mais relevância no SPF.** Como antecipado no decorrer do cap. 3.3.9.2, a lógica de isolamento estabelecida para o rigoroso RFSM indica que o interno possa permanecer em confinamento celular por até 22 horas seguidas, acaso saia apenas para o banho de sol[27]. Mas, para **o RDD** a situação é ainda mais problemática: o confinamento solitário para quem cumpre o RDD em uma unidade prisional federal ocorre em local próprio de isolamento (setor de isolamento), **que abriga 12 celas individuais com o específico propósito de manter o preso confinado por 24hs diárias**[28], já que estes espaços celulares dispõem do que se convencionou chamar de solário para o banho de sol[29].

> II – visita do cônjuge, do companheiro, de parentes e de amigos somente em dias determinados, por meio virtual ou no parlatório, com o máximo de 2 (duas) pessoas por vez, além de eventuais crianças, separados por vidro e comunicação por meio de interfone, com filmagem e gravações; (Incluído pela Lei n.º 13.964, de 2019)

Com as alterações promovidas pela Lei n.º 13.964/19, confirmou-se, em lei[30], a prática (infralegal) que já vinha sendo adotada para a visita social ao

no Brasil" de Cristina Rauter (2003), "Da pulverização ao monopólio da violência: expansão e consolidação do Primeiro Comando da Capital (PCC) no sistema carcerário paulista" de Camila Dias (2011) e "Sobre um novo conceito de prisionização: o fenômeno da assimilação prisional de acordo com a realidade brasileira" de Fabio Lobosco Silva (2017).

26. Para a compreensão de confinamento solitário prolongado, convidamos o leitor à análise crítica do cap. 3.3.9.2.12.
27. É sabido que o preso pode ser encaminhado para o setor de enfermaria, a fim de realizar consultas médicas, psicológicas e odontológicas. Ademais, o preso no RFSM, a depender da oferta de ensino, se desloca para sala de aula presencial em cada uma das vivências, bem como tem acesso ao parlatório para a visita social e contato com seu advogado. Se defendido pela DPU ou se a visita for virtual, seu deslocamento ocorre para a sala própria da DPU dentro de cada vivência. Para as oitivas em PDIs e audiências judicias, os internos são dirigidos para sala de audiências no setor de segurança.
28. O preso em RDD, por sua vez, pode ser deslocado para setor de enfermaria, parlatório, visita virtual e sala de audiências.
29. Para a análise da conformidade constitucional deste método de privação de liberdade, ver cap. 3.3.9.2.12.
30. Sobre o tema, vale ressaltar a passagem da exposição de motivos do PL 882/19: "as visitas recebem, agora, tratamento mais condizente com a realidade. Os presos nas penitenciárias federais

preso **incluído no SPF, no interesse da segurança pública.** É dizer, a visita pelo cônjuge, companheiro, parente e amigo, além de eventuais crianças, está limitada a duas formas: (a) **visita virtual**; e (b) **visita em parlatório.** Na prática, portanto, **restaram esvaziadas as modalidades de visita social com contato físico,** vale lembrar, visita **no pátio de visitação e a visita íntima**[31].

A **visita virtual** ocorre através de sistema de comunicação via internet, propiciando ao preso contato com o visitante que esteja localizado em local distante da Penitenciária Federal. Trata-se de uma alternativa para as famílias que não possuíam condições financeiras de se deslocar para os estabelecimentos penais federais, muitas vezes construídos em cidades muito distantes ao da residência do visitante[32]. Sua regulamentação tem previsão na Portaria Conjunta n.º 500/2010, cujo procedimento desenvolve-se por intermédio da **Defensoria Pública da União e o Departamento Penitenciário Nacional.**

A **visita em parlatório**, por sua vez, ocorre dentro de cada vivência, em cabines separadas por vidro, onde não há contato físico entre o preso e o visitante, efetivando-se a comunicação por intermédio de interfones instalados nos dois lados do parlatório[33]. Sua regulamentação é prevista na **Portaria MJSP n.º 157/2019**, pelo que estabelece que as visitas sociais em parlatório **deverão ter agendamento prévio e duração máxima de até três horas, a serem realizadas semanalmente,** em dias úteis, no período vespertino, das 13h às 19h30, permitindo-se para **cada preso o acesso de até 2 (dois) visitantes, sem contar as crianças**[34] (art. 4º).

Neste particular, diferenciam-se os critérios para visita em parlatório ao preso em **RFSM daquele submetido ao RDD.** Neste último caso, sua periodicidade **é quinzenal,** com **duração de duas horas**, com o **máximo de duas**

---

e estaduais têm recebido visitas de forma irrazoável, sendo de todos conhecido o fato de que o comando das organizações criminosas continua a ser exercido através de ordens transmitidas por visitantes. Para evitar que tal prática persista, as visitas sociais serão feitas assegurada por meio virtual ou no parlatório, com o máximo de duas pessoas por vez, separadas por vidro e comunicação por meio de interfone, com filmagem e gravações".

31. Sobre visitas íntimas e demais considerações sobre visitas, remete-se o leitor ao capítulo 3.3.11.
32 Até por isso, o enunciado n. 26 dos Workshops sobre o SPF do CJF previa que o preso, cuja família não tinha condições de realizar a visita social, teria direito à visita virtual.
33. Necessário referir que em 2020 o SPF sofreu severas restrições ao seu funcionamento, em especial quanto às visitas, medidas tomadas em face da Pandemia do COVID-19, ao que remetemos o leitor ao cap. 3.3.16 para maiores informações.
34. No caso de visita de criança, diz o art. 4°, § 1°, da Portaria MJSP n° 157/2019, que será necessário a permanência de um adulto visitante responsável dentro do parlatório e outro fora do parlatório, podendo ser realizado revezamento quando houver mais de duas crianças, a critério do diretor do estabelecimento penal federal, por razões de limitação de espaço ou de segurança.

pessoas por vez, pelo que, nada dispondo sobre a quantidade de crianças, sugere a nova redação do art. 52, inc. III, da LEP, trazida pela Lei n.º 13.964/19, que, dentro deste quantitativo, inclui-se a criança[35]. Ademais, em sendo a visita realizada por amigo do preso, esta deve ser precedida de autorização judicial.

Para mais, recomendamos a leitura do capítulo 3.3.11, que trata diretamente das visitas e suas intercorrências dentro do Sistema Penitenciário Federal.

Enunciados e recomendações dos Workshops sobre o SPF do CJF

Enunciado n. 13 – Na visita virtual o acompanhamento pelo agente penitenciário deve ficar longe do alcance das câmeras. (Editado no I Workshop)

Enunciado n. 26 – O preso, cuja família não tem condições de realizar a visita presencial, tem direito à visita virtual, que deverá ser realizada mediante utilização de estrutura de videoconferência mantida e organizada por instituição pública, autorizada e credenciada pelo DEPEN ou pela Direção Geral do Sistema Penitenciário Federal, sendo vedada a utilização de equipamentos eletrônicos instalados em ambiente particular ou profissional. (Redação nova dada pelo enunciado n. 8 do XI Workshop)

Enunciado n. 30 – Visitantes que adentrem o estabelecimento prisional na condição de amigo terão contato com o preso somente via parlatório. (Editado no II Workshop)

Recomendação n. 10 – Serão promovidas gestões junto ao CNJ para que os estados possam dispor de equipamentos para videoconferência, em face das peculiaridades do Sistema Penitenciário Federal, reduzindo-se, assim, os procedimentos para condução de presos. (Editado no I Workshop)

Recomendação n. 23 – Na medida do possível, o Projeto Visita Virtual deve ser expandido para que o preso possa, no mínimo, ter uma hora semanal de visita virtual com seus familiares. (Editado no IV Workshop)

3° Enunciado proposto e aprovado no Grupo III do X Workshop – Recomenda-se a diminuição de horário de visita dos familiares dos presos, de três para duas horas[36].

JURISPRUDÊNCIA

SUPERIOR TRIBUNAL DE JUSTIÇA

• **Direito de visitas**:

"RECURSO ORDINÁRIO EM MANDADO DE SEGURANÇA. DIREITO DO PRESO DE RECEBER VISITAS. LIMITAÇÃO DO GRAU DE PARENTESCO DAS PESSOAS QUE PODEM SER INCLUÍDAS NO ROL DE VISITANTES DO REEDUCANDO POR MEIO DE RESOLUÇÃO DA SECRETARIA DA ADMINISTRAÇÃO PENITENCIÁRIA DO ESTADO DE SÃO PAULO. FALTA DE

35. Para uma análise mais detida sobre o tema, convidamos o leitor à análise dos capítulos 3.3.9.2.3 e 3.3.11.

36. Justifica o Workshop que a aprovação "objetiva uma maior otimização do tempo no sentido de prestar melhor assistência ao preso".

RAZOABILIDADE. DIREITO DA TIA DE VISITAR O SOBRINHO. [...] 2. **O direito do preso de receber visitas, assegurado pelo art. 41, X, da Lei de Execuções Penais (Lei 7.210/1.984), não é absoluto e deve ser sopesado, de acordo com a situação específica vivenciada no caso concreto, em conjunto com outros princípios, dentre os quais o que visa a garantir a disciplina e a segurança dentro dos estabelecimentos prisionais, velando, por consequência, também pela integridade física tanto dos reclusos quanto dos que os visitam.** [...]Mais: Constituição que tem por objetivos fundamentais erradicar a marginalização e construir uma sociedade livre, justa e solidária (incisos I e III do art. 3°). Tudo na perspectiva da construção do tipo ideal de sociedade que o preâmbulo de nossa Constituição caracteriza como "fraterna" (HC 94163, Relator Min. CARLOS BRITTO, Primeira Turma do STF, julgado em 02/12/2008, DJe-200 DIVULG 22-10-2009 PUBLIC 23-10-2009 EMENT VOL-02379-04 PP-00851). 8. Recurso provido, para determinar à autoridade apontada como coatora que não crie óbices à inclusão do nome da impetrante (tia do detento) no rol de visitas do reeducando em virtude de nele já constar o nome de sua mãe e de sua companheira que o visitam frequentemente (ou mesmo de outros parentes até 2° grau), se forem ditos óbices fundados unicamente na restrição posta no caput do art. 99 e no § 1° do art. 101 da Resolução SAP 144, de 29/06/2010. (STJ, Quinta Turma, RMS n.° 56.152/SP, rel. Ministro Reynaldo Soares da Fonseca, julgado em 03.04.2018, DJe 13.04.2018)"

• **Visita social e restrição geral no SPF: Sobre o caráter de norma geral e abstrata da Portaria n° 157/2019 do Ministério da Justiça e Segurança**:

"PROCESSUAL CIVIL. AGRAVO INTERNO NO MANDADO DE SEGURANÇA. INDEFERIMENTO LIMINAR DA PETIÇÃO INICIAL DO MANDAMUS. PORTARIA MJ N° 157/2019. IMPETRAÇÃO CONTRA LEI EM TESE. SÚMULA 266/STF. ORIENTAÇÃO CONSOLIDADA DA PRIMEIRA SEÇÃO DO STJ. AGRAVO INTERNO NÃO PROVIDO. 1. É pacífico o entendimento da Primeira Seção do STJ no sentido de que a **Portaria MJ n° 157/2019**, que disciplina o procedimento de visita social aos presos nos estabelecimentos penais federais de segurança máxima, **configura norma abstrata e genérica, aplicável de maneira indiscriminada a todos os detentos do sistema penitenciário federal.** Agravo interno improvido." (STJ, AgInt no MS 24975/DF, rel. Min. Assusete Magalhães, 1ª Seção, julgado em 28 de agosto de 2019, DJe de 10 de setembro de 2019).

TRIBUNAIS REGIONAIS FEDERAIS

• TRF4: **O direito de visita social não é absoluto.**

"AGRAVO EM EXECUÇÃO PENAL. SISTEMA PENITENCIÁRIO FEDERAL. PORTARIA 157/2019 DO MINISTÉRIO DA JUSTIÇA E SEGURANÇA PÚBLICA. **VISITA SOCIAL NO PÁTIO DO ESTABELECIMENTO PRISIONAL DE SEGURANÇA MÁXIMA.** DIREITO NÃO ABSOLUTO. SUSPENSÃO OU RESTRIÇÃO. POSSIBILIDADE. PREVALÊNCIA DO INTERESSE COLETIVO SOBRE O INDIVIDUAL. VISITAÇÃO EM PARLATÓRIO OU POR VIDEOCONFERÊNCIA. MANUTENÇÃO. ENTRADA DE CRIANÇAS. MEDIDA INADEQUADA. 1. **O direito do preso à visitação social, embora garantidor da função social da pena e medida eficaz na reinserção do custodiado à sociedade, não é absoluto, e o próprio ordenamento jurídico admite a possibilidade de restrição ou suspensão, sem que se caracterize violação a garantias constitucionais.** 2. **Com mais razão ainda deve ser, também, admitida a medida restritiva nos estabelecimentos prisionais de segurança máxima integrantes do Sistema Penitenciário Federal, responsáveis pela custódia extrema e excepcional de presos com alta periculosidade, poder de liderança em facções criminosas e forte influência sobre as massas carcerárias.** 3. Os presídios federais de segurança máxima possuem rotina e procedimentos específicos e muito mais rigorosos que os verificados em carceragens estaduais, revelando-se alternativa extrema ao sistema penitenciário ordinário, mas isso se deve à criminalidade também extrema dos que alí se encontram custodiados, e essa rigidez serve à segurança dos próprios reclusos, além dos profissionais que nesse ambiente trabalham. 4. O direito à visitação no pátio da instituição, temporariamente suspenso pela Portaria n° 157/2019, do Ministério da Justiça e Segurança Pública, que disciplina o procedimento de visita social aos presos nos estabelecimentos penais federais de segurança máxima, será restabelecido ao preso que apresentar ótimo comportamento carcerário num período de 360 dias ininterruptos, a contar da publicação da Portaria para os presos já incluídos no SPF – como o agravante –, de modo que antes de cumprido o requisito objetivo previsto no art. 3° do ato normativo deve permanecer a suspensão de visitas no pátio do estabelecimento prisional, até porque permanece garantido o direito de visita social em parlatório e por videoconferência. 5. A alta criminalidade organizada não mede esforços para burlar regras de segurança e seguir perpetrando crimes, mesmo em Penitenciárias Federais de segurança máxima, em alguns casos, justamente, com o envolvimento de familiares no exercício do direito à visitação, expondo em risco todo o estabelecimento prisional, razão pela qual também sob esse viés se tem como justificadas medidas preventivas como a restrição temporária imposta pela Portaria Ministerial 157/2019, devendo ser compreendida, sob esse prisma, a prevalência do interesse coletivo sobre o interesse individual. 6. O benefício da visitação não se sobrepõe à manutenção e preservação da integridade física e psíquica de crianças e adolescentes, de modo que, ressalvadas peculiaridades de casos concretos, é inadequada a entrada de menores de idade em estabelecimento prisional, cujo ambiente é notoriamente inadequado a quem se encontra em fase de desenvolvimento." (TRF4, Agravo em Execução Penal 5011623-12.2019.4.04.7000, 7ª Turma, rel. Salise Monteiro Sanchotene, publicado em 07 de maio de 2019)

• TRF1: **Sobre a visita íntima, assim se manifestou o Tribunal Regional Federal da 1ª Região, baseado na Portaria 718/2017 do Min. da Justiça:**

"EXECUÇÃO PENAL. SISTEMA PENITENCIÁRIO FEDERAL. VISITA ÍNTIMA. ARTS. 40, 41, X E PARÁGRAFO ÚNICO, E 52, III, DA LEI N° 7.210/1984. INEXISTÊNCIA DE DIREITO ABSOLUTO NO ORDENAMENTO JURÍDICO BRASILEIRO. DIREITO COLETIVO DE SEGURANÇA. DIGNIDADE DA PESSOA HUMANA. LEI N° 11.671/2008. DECRETOS N°S 6.049/2007 E 6.877/2009. PORTARIA N° 718/2017 DO MINISTÉRIO DA JUSTIÇA. I – A Lei de Execução Penal dispõe que todas as autoridades devem respeitar a integridade física e moral dos condenados e dos presos provisórios (art. 40), constituindo-se direito do preso (art. 41) a visita do cônjuge, da companheira, de parentes e amigos em dias determinados (inciso X). No entanto, o parágrafo único do referido art. 41 autoriza a suspensão ou restrição do direito de visita previsto no inciso X, mediante ato motivado do diretor do estabelecimento. Assim, à luz da inexistência de direito absoluto no ordenamento jurídico brasileiro, os direitos legais e constitucionais assegurados aos segregados no Sistema Penitenciário Federal admitem mitigação ou suspensão com o fim de assegurar o direito coletivo a segurança pública, sem que isso implique em violação ao princípio da dignidade da pessoa humana ou a integralidade física e psíquica do reeducando. II – Os estabelecimentos federais de segurança máxima foram projetados com o objetivo de abrigar presos condenados ou provisórios no interesse da segurança pública ou do próprio preso (art. 3° da Lei n° 11.671/2008). Nestas penitenciárias, a **visita íntima é regulamentada pela Portaria n° 718/2017,** cujo art. 1° veda a concessão da visita aos custodiados que não sejam delatores ou colaboradores premiados, bem como em relação aqueles que a) tenham desempenhado função de liderança ou participado deforma relevante em organização criminosa; b) tenham praticado crime que coloque em risco a sua integridade física no ambiente prisional de origem; c) estejam submetidos ao Regime Disciplinar Diferenciado (RDD); d) sejam membros de quadrilha ou bando, envolvido na prática reiterada de crimes com violência ou grave ameaça; e, e) estejam envolvidos em incidentes de fuga, de violência ou de grave indisciplina no sistema prisional de origem. III – É irretocável a decisão que indeferiu o pedido de visita íntima do agravante, encarcerado no Presídio Federal de Porto Velho, tendo em vista a incidência dos incisos I e IV do art. 3° do Decreto n° 6.877/2009, bem como a vedação da Portaria n° 718/2017/MJ, dada sua ligação com organização criminosa na qual desenvolvia função de liderança e seu envolvimento em incidente de fuga, mediante violência e grave ameaça. IV – Agravo em execução a que se nega provimento." (TRF1, Agravo em Execução Penal n° 1000005-92.2019.4.01.4100, 4ª Turma, rel. Desembargador Federal Candido Artur Medeiros Ribeiro Filho, PJe de 05 de setembro de 2019)

• TRF1: **Visita social é direito protegido por lei**:

PROCESSO PENAL. MANDADO DE SEGURANÇA. DIREITO DE VISITA RECONHECIDO POR LEI. IMPOSSIBILIDADE DE RESTRIÇÃO POR NORMA DE MENOR HIERARQUIA. REGRAS DE MANDELA. POSTERIOR ARQUIVAMENTO DO INQUÉRITO POLICIAL QUE DEU ENSEJO À PROIBIÇÃO. ORDEM CONCEDIDA. 1. Cinge-se a controvérsia sobre a legalidade de ato praticado pelo Juízo Federal da 3ª Vara da Seção Judiciária do Estado de Rondônia que indeferiu o pedido de autorização de visita pessoal e social da impetrante ao seu esposo que está custodiado na Unidade Prisional Federal de Porto Velho/RO, por figurar como investigada em inquérito policial. 2. A Lei 7.210/84, em seu art. 41, assegura sem restrição o direito à visitação, o que se insere no propósito de conferir significado tanto ao direito do acusado de ressocializar-se mediante contato com o mundo externo, como também se insere no âmbito do direito constitucional de proteção à família (art. 226 da CF). 3. **Não se nega a possibilidade de restrição a direito, desde que a restrição revele-se proporcional, num sentido de mostrar-se adequada e necessária à proteção de outro bem ou direito de mesmo ou maior hierarquia.** De qualquer jeito, a restrição ao direito conferido por lei deveria vir disposta também em norma legal. 4. No caso presente, a restrição imposta não atende a nenhum destes pressupostos, isto é, não se mostra adequada ou necessária à proteção de qualquer outro direito, uma vez que o fato de existir ou não registros positivos de inquéritos ou processos judiciais dos parentes que pretendem a visita nada dizem com a possibilidade de violação das regras de segurança do estabelecimento prisional. **Por outro lado, sendo o direito à visita garantido por lei, evidentemente, não poderia sofrer restrição por ato normativo de menor hierarquia, no caso a Portaria DEPEN 54/2016 do Departamento Penitenciário Nacional.** 5. No Brasil, recentemente o Conselho Nacional de Justiça (CNJ) deu publicidade, em 2016, durante a 232ª Sessão Ordinária, à tradução oficial das chamadas Regras de Mandela, preceitos mínimos da Organização das Nações Unidas (ONU) para o tratamento de presos atualizadas no ano passado pela instituição internacional. O documento oferece balizas para a estruturação dos sistemas penais nos diferentes países e reveem as "Regras Mínimas para o Tratamento de Presos" aprovadas em 1955. 6. Como informado pelo juízo a quo, com o arquivamento do inquérito policial no qual a impetrante era investigada, o óbice que existia encontra-se superado, não se justificando, por mais esse motivo, a manutenção do indeferimento da visita social. 7. A Procuradoria Regional da República proferiu parecer pela concessão da segurança diante do arquivamento do aludido inquérito policial. 8. Segurança concedida. (TRF1, Mandado de Segurança n° 0022002-03.2017.4.01.0000, 2ª Seção, rel. Desembargador Federal Néviton Guedes, e-DJF1 26 de setembro de 2017).

APLICAÇÃO EM CONCURSO

QUESTÕES

1. (CESPE, 2015, DEPEN, prova de Agente Penitenciário – nível médio) Julgue o item seguinte, relativo ao Sistema Penitenciário Federal.

No sistema federal, a videoconferência é uma estratégia empregada para viabilizar o contato entre presos e seus familiares na tentativa de diminuir os empecilhos referentes a visitação e manutenção de vínculos familiares criados pelas grandes distâncias que muitas vezes separam os presídios e os locais de origem das pessoas privadas de liberdade.

( ) Certo ( ) Errado

2. (CESPE, 2021, DEPEN, prova de Especialista Federal em Assistência à Execução Penal e Agente Federal de Execução Penal) Considerando a Lei n° 13.675/2018, que trata do Sistema Único de Segurança Pública (SUSP), bem como as portarias do Ministério da Justiça relacionadas a esse assunto, julgue os itens que se seguem.

As visitas sociais em parlatório deverão ser previamente agendadas e realizadas semanalmente, em dias úteis, com duração máxima de até três horas, permitindo-se a cada preso o acesso de até dois visitantes, sem contar crianças.

[...]

3. (CESPE, 2021, DEPEN, prova de Especialista Federal em Assistência à Execução Penal e Agente Federal de Execução Penal) A respeito das regras vigentes quanto a visitas sociais em estabelecimentos penais federais de segurança máxima, julgue os itens subsequentes.

Em regra, é assegurado ao cônjuge ou companheiro de internos a visita em parlatório, mediante separação por vidros, garantindo-se a comunicação por meio de interfone.

[...]

4. (CESPE, 2021, DEPEN, prova de Especialista Federal em Assistência à Execução Penal e Agente Federal de Execução Penal) A respeito das regras vigentes quanto a visitas sociais em estabelecimentos penais federais de segurança máxima, julgue os itens subsequentes.

Considere que uma mãe deseje levar seu filho de dois anos para visitar o pai dele, que se encontra preso em um presídio federal. Nesse caso, a visita não será permitida, uma vez que é proibida a visitação de crianças em ambiente prisional.

[...]

5. (CESPE, 2021, DEPEN, prova de Especialista Federal em Assistência à Execução Penal e Agente Federal de Execução Penal) A respeito das regras vigentes quanto a visitas sociais em estabelecimentos penais federais de segurança máxima, julgue os itens subsequentes.

Se os presos de determinado presídio federal iniciarem uma rebelião, a suspensão das visitas de todos eles, caso assim imponha a situação, deverá ser determinada pelo juízo da execução, por meio de ato motivado.

GABARITO

1. Certo.
2. Esta alternativa está correta. Vide art. 3°, inc. II, Lei 11.671/08 e art. 92, §§ 1° e 2°, RPF.
3. Esta alternativa está correta. Previsão no art. 3°, § 1°, inc. II, Lei n.° 11.671/08.
4. Esta alternativa está errada. Está previsto no art. 3°, § 1°, inc. II, Lei n.° 11.671/08, que crianças podem visitar os pais, inclusive não contando no limite de 2 (dois) visitantes por vez.
5. Esta alternativa está errada. Art. 53 do RPF prevê que em caso de rebelião, no intuito de garantir a segurança das pessoas e coisas, o diretor do estabelecimento penal federal, em ato devidamente motivado, poderá suspender as visitas aos presos por até quinze dias, prorrogável uma única vez por até igual período.

III – banho de sol de até 2 (duas) horas diárias; (Incluído pela Lei n.° 13.964, de 2019)

O art. 3º, inc. III, da Lei n.º 11.671/08, indica que o banho de sol **será de até 2 (duas) horas diárias aos presos no RFSM.** Com efeito, a nova redação trazida pela Lei n.º 13.964/19 **sugere a possibilidade de restrição do banho de sol a tempo inferior a 2 (duas) horas diárias.** Contudo, entendemos que tal interpretação deve ser evitada.

Restringir o direito ao banho de sol é transformar a pena em tratamento cruel, desumano e degradante, situações vedadas constitucionalmente (art. 5º, incisos III e XLVII, alínea "e", CF), pois o período indicado de exposição ao sol atende, principalmente, à integridade física e moral do preso (art. 5º, inc. XLIX, CF), fortalecendo seu sistema imunológico, suas articulações e ossos, além de evitar doenças mentais, de pele, respiratórias, inflamatórias, cardíacas, entre outras.

Ademais, a regra 23 das Regras Mínimas para o Tratamento de Reclusos (Regras de Mandela) já previa que "todo preso que não desempenhe trabalho **externo** disporá, se as condições meteorológicas assim o permitirem, de pelo menos uma hora diária de exercício físico adequado ao ar livre". Da mesma forma, a Resolução n.º 14/94 do CNPCP, que trata das Regras Mínimas para Tratamento do Preso no Brasil, dispôs que "o preso que não se ocupar de tarefa ao ar livre deverá dispor de, pelo menos, uma hora ao dia para realização de exercícios físicos adequados ao banho de sol".

Portanto, **o banho de sol diário é prerrogativa inafastável de todas as pessoas privadas de liberdade, inclusive àqueles presos em RFSM ou submetidos ao RDD**. Nesta perspectiva, o período de 2 horas diárias de banho de sol é um período mínimo, um "mínimo existencial" inoponível pela cláusula da reserva do possível (STF, Medida Cautelar no HC 172.136/SP, rel. Min. Celso de Mello, julgado em 01.07.2019).

Adiciona-se, a isso, outro importante argumento. Mesmo **aos presos que estejam submetidos ao RDD, regime notadamente ainda mais rigoroso que o RFSM**, a legislação de regência – tanto em sua redação inicial (Lei n.º 10.792/03), quanto na reforma promovida pela Lei n.º 13.964/19 – manteve a previsão de saída da cela para o banho de sol por 2 (duas) horas diárias, conforme se depreende da inteligência do art. 52, inc. IV, da LEP. Portanto, **revelar-se-ia desproporcional sujeitar os presos reclusos no SPF a medida mais gravosa que aquela prevista em sanção disciplinar extrema.**

Tema ainda mais tormentoso, diz respeito **à saída da cela para o banho de sol dos internos no SPF.** Neste sentido, as considerações técnico-jurídicas da Defensoria Pública da União sobre o pacote de medidas anticrime do Poder Executivo Federal (PL 882/19), que deu corpo à Lei n.º 13.964/19, bem expuseram a problemática:

> Para além disso, ainda que aparente passar desapercebido, **a novel sugestão legislativa, versando de forma diversa daquela prevista na LEP no tocante ao cumprimento do Regime Disciplinar Diferenciado (RDD), legitima ao novo regime a prática já estabelecida em todas as unidades prisionais federais de determinar que o banho de sol se dê dentro das celas do setor de isolamento**.
>
> É dizer, para os presos recém-chegados (triagem) e aos presos em RDD (sanção disciplinar), cada unidade prisional dispõe de 12 celas de isolamento, **cujo banho de sol foi projetado para, em seu vão adjacente, garantir que o interno permaneça 24hs confinado e ali, ainda que de forma precária, tenha acesso ao banho de sol.**
>
> Com efeito, ainda que o **art.52, inc. IV da LEP disponha literalmente sobre o direito do preso em RDD à "saída"** para o banho de sol, **a novel proposta, no âmbito do SPF, toma o cuidado de promover a alteração no texto sem a inclusão da palavra "saída"**, legitimando a previsão infralegal inserta no Decreto 6.049/07 que, ao regulamentar o Sistema Penitenciário Federal, encontrava-se em manifesto confronto com a lei.
>
> **Tal medida, portanto, prima pela pena de caráter cruel e degradante, alicerçada no ideal de confinamento solitário prolongado como método puro e simples de inocuizar indivíduos privados de liberdade**. (DEFENSORIA PÚBLICA DA UNIÃO, 2019a, grifos do documento original)

Com efeito, a alteração legislativa propiciou **a legitimação da prática (ilegal) estabelecida para o banho de sol no SPF**. É dizer, o Decreto n.º 6.049/07, para fins de compatibilizar a realidade fática**, já versava em seu texto sobre o banho de sol aos presos em RDD,** com a sutil omissão da palavra "saída" para o banho de sol prevista na LEP (art. 52, inc. IV), com o que se permitia – ao largo da lei de regência – o confinamento solitário em setor de isolamento, local este que **abriga 12 (doze) celas individuais com o específico propósito de manter o preso confinado por 24hs diárias,** já que estes espaços celulares dispõem do que se convencionou chamar de solário para o banho de sol.

Não por outra razão que a Lei n.º 13.964/19, propondo-se a contornar o problema, incluiu idêntica previsão normativa em seu texto, agora com status de lei federal.

Sem embargo, pensamos que uma devida interpretação conforme à CF **indica que a previsão do direito ao banho de sol,** prevista na nova redação do art. 3º, inc. III, da Lei n.º 11.671/08, **deve ser lida como o direito de todo e qualquer interno à saída da cela para o pátio de banho de sol.** Em outras palavras, a **lei geral de regência (LEP)** segue orientando a lógica de cumprimento da pena aos presos submetidos ao RDD, pelo que - **nem mesmo ela,** após a nova reforma penal promovida pelo pacote anticrime - **sustentou a vedação da saída do preso para o banho de sol.** Com mais razão, entendemos não caber à lei especial dar tratamento diverso a instituto (RDD) que por ela não foi tratado no curso da mesma reforma legislativa.

Neste sentido, cabe à administração prisional do SPF gerir o deslocamento dos presos que estejam em setor de isolamento para o pátio de banho de sol, quer estejam em regime disciplinar ordinário (triagem) ou diferenciado de cumprimento da pena.

Quanto à possibilidade de **suspensão do banho de sol por ato administrativo,** o 3º Enunciado proposto e aprovado no Grupo I do X Workshop sobre o SPF do CJF determinou que a determinação da suspensão do banho de sol pelo Diretor do Sistema Penitenciário Federal ou pelo Diretor da Penitenciária, sob a justificativa de necessidade administrativa, não é sanção. Ainda, nesse mesmo Workshop, aprovou-se enunciado recomendando a redução de 3 (três) horas para 2 (duas) horas de banho de sol, sinalizando para o recrudescimento cada vez maior das características de cumprimento da pena no SPF.

No tocante às demais **diferenças e implicações** que envolvem **à saída para o banho de sol dos presos em RFSM e aqueles submetidos ao RDD,** convidamos o leitor à análise dos capítulos 3.3.9.2.3 e 3.3.9.2.12.

Enunciados e recomendações dos Workshops sobre o SPF do CJF

3° Enunciado proposto e aprovado no Grupo I do X Workshop – Suspensão do banho de sol pelo Diretor do Sistema Penitenciário Federal ou pelo Diretor da Penitenciária, sob a justificativa de necessidade administrativa (não é sanção).

JURISPRUDÊNCIA

SUPREMO TRIBUNAL FEDERAL

• **Banho de sol**:

"EMENTA: 1. **O caso em julgamento**: formulação de tutela cautelar. 2. **A questão do "habeas corpus" coletivo** como instrumento constitucional de defesa de direitos individuais homogêneos. 3. **O sistema penitenciário brasileiro**: expressão visível (e lamentável) **de um anômalo** "estado de coisas inconstitucional". 4. **Democracia constitucional**, **proteção** dos grupos vulneráveis (**integrados**, no caso, por pessoas **que compõem** o universo penitenciário) **e função contramajoritária** do Supremo Tribunal Federal no exercício de sua jurisdição constitucional. 5. Legitimidade do controle jurisdicional das políticas públicas, inclusive em matéria penitenciária, e a reserva do possível. 6. **Escassez de recursos e a questão das "escolhas trágicas"**: um dilema que se resolve pela preponderância do "**mínimo existencial**". 7. **O direito à saída da cela por 02 (duas) horas diárias para banho de sol como prerrogativa inafastável de todos aqueles que compõem o universo penitenciário brasileiro, mesmo em favor daqueles sujeitos ao regime disciplinar diferenciado (LEP, art. 52, IV).** 8. Conclusão: concessão de medida cautelar. – Há, lamentavelmente, no Brasil, no plano do sistema penitenciário nacional, um claro, indisfarçável e anômalo "estado de coisas inconstitucional" resultante da omissão do Poder Público em implementar medidas eficazes de ordem estrutural que neutralizem a situação de absurda patologia constitucional gerada, incompreensivelmente, pela inércia do Estado, que descumpre a Constituição Federal, que ofende a Lei de Execução Penal, que vulnera a essencial dignidade dos sentenciados e dos custodiados em geral, que fere o sentimento de decência dos cidadãos desta República e que desrespeita as convenções internacionais de direitos humanos (como o Pacto Internacional sobre Direitos Civis e Políticos, a Convenção contra a Tortura e outros Tratamentos ou Penas Cruéis, Desumanos ou Degradantes, a Convenção Americana de Direitos Humanos e as Regras Mínimas das Nações Unidas para o Tratamento de Reclusos – "Regras de Nelson Mandela", entre outros relevantes documentos internacionais). – O Estado brasileiro, agindo com absoluta indiferença em relação à gravidade da questão penitenciária, tem permitido, em razão de sua própria inércia, que se transgrida o direito básico do sentenciado de receber tratamento penitenciário justo e adequado, vale dizer, tratamento que não implique exposição do condenado (ou do preso provisório) a meios cruéis, lesivos ou moralmente degradantes (CF, art. 5°, incisos XLVII, "e", e XLIX), fazendo-se respeitar, desse modo, um dos mais expressivos fundamentos que dão suporte ao Estado democrático de direito: a dignidade da pessoa humana (CF, art. 1°, III). – **Constitui verdadeiro paradoxo reconhecer-se, de um lado, o "direito à saída da cela por 2 (duas) horas diárias para banho de sol" (LEP, art. 52, IV), em favor de quem se acha submetido, por razões de "subversão da ordem ou disciplina internas" no âmbito penitenciário, ao rigorosíssimo regime disciplinar diferenciado (RDD) instituído pela Lei n° 10.792/2003, e negar, de outro, o exercício de igual prerrogativa de ordem jurídica a quem se acha recolhido a pavilhões destinados à execução de medidas disciplinares ordinárias ("Pavilhão Disciplinar") e à proteção de detentos ameaçados ("Pavilhão de Seguro"), tal como ora denunciado, com apoio em consistentes alegações, pela douta Defensoria Pública do Estado de São Paulo.** – A cláusula da reserva do possível é ordinariamente invocável naquelas hipóteses em que se impõe ao Poder Público o exercício de verdadeiras "escolhas trágicas", em contexto revelador de situação de antagonismo entre direitos básicos e insuficiências estatais financeiras. **A decisão governamental, presente essa relação dilemática, há de conferir precedência à intangibilidade do "mínimo existencial", em ordem a atribuir real efetividade aos direitos positivados na própria Lei Fundamental da República e aos valores consagrados nas diversas convenções internacionais de direitos humanos.** A cláusula da reserva do possível, por isso mesmo, é inoponível à concretização do "mínimo existencial", em face da preponderância dos valores e direitos que nele encontram seu fundamento legitimador." (STF, Medida Cautelar no HC 172.136/SP, rel. Min. Celso de Mello, julgado em 01 de julho de 2019)

TRIBUNAIS REGIONAIS FEDERAIS

• TRF1: **não cabe Habeas Corpus contra decisão que limita o banho de sol do preso.**

"PROCESSUAL PENAL. RECURSO EM SENTIDO ESTRITO. HABEAS CORPUS. EXTINÇÃO SEM JULGAMENTO DO MÉRITO. AUSÊNCIA DE CONSTRANGIMENTO ILEGAL. IMPEDIMENTO

AO BANHO DE SOL. POTENCIAL RISCO À LIBERDADE DOS PACIENTES NÃO CONFIGURADO. RECURSO NÃO PROVIDO. 1. Não configurado o constrangimento ilegal aos pacientes, correta a extinção do processo de habeas corpus sem julgamento do mérito. 2. **A pretensão (afastar limitações ao banho de sol) não se subsume às hipóteses legais de cabimento do habeas corpus**, cabível sempre que alguém sofrer ou se achar ameaçado de sofrer violência ou coação em sua liberdade de locomoção, por ilegalidade ou abuso de poder 3. Tratando-se de impetração que impugna conduta adotada na Penitenciária Federal de Catanduvas-PR, não há que se falar em legitimidade passiva do Diretor do Sistema Penitenciário Federal, conforme inteligência do art. 54 da LC n° 7.210/84. 4. Recurso em sentido estrito não provido." (TRF1, Agravo em Execução Penal n° 0028955-65.2017.4.01.3400, 3ª Turma, rel. Juiz Federal Marcelo Velasco Nascimento Albernaz, e-DJF1 de 13 de julho de 2018)

IV – monitoramento de todos os meios de comunicação, inclusive de correspondência escrita. (Incluído pela Lei n.° 13.964, de 2019)

O art. 3º, inc. IV, da Lei n.º 11.671/08, com redação dada pela Lei n.º 13.964/19, indica que **o monitoramento de todos os meios de comunicação constitui-se em regra geral para o RFSM**, inclusive para a correspondência escrita. Em que pese tal previsão, o § 2º do art. 3º, por sua vez, veda o uso de monitorização nas celas e no atendimento advocatício, salvo expressa autorização judicial em contrário.

Para além disso, no tocante ao monitoramento da correspondência escrita, o STF, de longa data, **já se manifestou pela relativização do princípio da inviolabilidade epistolar**, sem, contudo, deixar de reconhecer que **tal medida revela-se excepcional**, em razão da segurança pública, da disciplina prisional ou para a preservação da ordem jurídica, devendo ainda, tal decisão ser fundamentada mediante ato motivado do diretor do estabelecimento penal, para fins de suspensão ou restrição do referido direito (STF, HC 70.814, rel. Ministro Celso de Mello, 1ª Turma, julgado em 01.03.1994).

Nesta perspectiva, entendemos inviável considerar que toda e qualquer correspondência escrita possa ser devassada sem que atenda a razões de segurança pública, devidamente fundamentadas pelo setor de inteligência e segurança do DEPEN ou da própria penitenciária federal, de modo a subsidiar a decisão da direção prisional, observando-se o devido processo disciplinar (art. 53, inc. III, c/c art. 59 e parágrafo único, da LEP).

Para saber mais acerca da **correspondência escrita dos presos**, convidamos o leitor à análise do cap. 3.3.12.

Enunciados e recomendações dos Workshops sobre o SPF do CJF

Enunciado n. 28 – Não é necessária autorização judicial para leitura de cartas enviadas e recebidas pelos presos custodiados no Sistema Penitenciário Federal. (Editado no II Workshop)

Enunciado n. 9 do XI Workshop – É legítima a fiscalização das correspondências enviadas e recebidas pelos presos custodiados nos estabelecimentos federais de segurança máxima, devendo, contudo, a autoridade pública garantir celeridade e eficiência na triagem das cartas, documentos e materiais submetidos à inspeção prévia. (Editado no XI Workshop)

Enunciado n. 10 do XI Workshop – Não viola o direito constitucional de petição (art. 5°, XXXIV e XXXV, da CF/88) a estipulação, pelo DEPEN ou pela Direção Geral do Sistema Penitenciário Federal, de número máximo de linhas e de leiaute padronizado para as cartas e requerimentos elaborados pelos presos, desde que mediante a edição de ato normativo aplicável indistintamente a todas as penitenciárias federais, observados os postulados da proporcionalidade e da razoabilidade. (Editado no XI Workshop)

4.3.2 § 2º – Monitoramento do parlatório e das áreas comuns

> § 2° Os estabelecimentos penais federais de segurança máxima deverão dispor de monitoramento de áudio e vídeo no parlatório e nas áreas comuns, para fins de preservação da ordem interna e da segurança pública, vedado seu uso nas celas e no atendimento advocatício, salvo expressa autorização judicial em contrário. (Incluído pela Lei n.° 13.964, de 2019)

Todos os estabelecimentos penais federais de segurança máxima já possuíam, desde suas construções, sistemas internos de monitoramento de áudio e vídeo, inclusive nos parlatórios. O parágrafo 2º, inserido pela Lei n.º 13.964/19, apenas consolida tal prática, reforçando a sua necessidade como instrumento de "preservação da ordem interna e da segurança pública". Neste sentido, o X Workshop sobre o SPF do CJF, deliberou – a fim de reafirmar sua utilidade – que o monitoramento ambiental "é essencial para a manutenção do Sistema Penitenciário Federal e suas funcionalidades" (enunciado 1 do Grupo III).

De ordem fática, Élcio Arruda esclarece a rotina de controle ambiental estabelecida para o SPF:

> O reeducando apenas sai da cela depois de estar algemado, escoltado por, pelo menos, dois agentes penitenciários. Diálogos travados entre os internos e os funcionários são registrados através de microfones de lapela, acoplados aos uniformes dos agentes penitenciários. Toda a área dos presídios federais, interna e externa, é monitorada por sistema de câmeras de ininterrupto funcionamento

> (24 horas). Somente não há registro de imagens do interior das celas, cujo acesso é vedado aos agentes penitenciários, dos locais destinados à visitação íntima e dos banheiros. As imagens são transmitidas em tempo real à administração penitenciária, na capital federal. (ARRUDA, 2010, p. 54)

Para além das justificativas legais, a monitoração ambiental, por áudio e vídeo, nas áreas permitidas, constitui-se em importante elemento de prova na averiguação e instauração de eventual procedimento disciplinar, quer seja para a comissão investigadora, quer seja para a defesa. A este respeito, o IV Workshop do CJF editou o enunciado n. 48:

> O comunicado de ocorrência para instauração de Procedimento Disciplinar (PDP/PDI), quando o fato tiver ocorrido em local sujeito à monitoração ambiental, deve estar acompanhado da cópia da respectiva gravação de vídeo e/ou áudio. (Editado no IV Workshop)

Por outro lado, a nova redação trazida pelo § 2º **vetou categoricamente o monitoramento nas celas e no atendimento advocatício, salvo por expressa autorização judicial em contrário.**

O **monitoramento interno da cela** revela prática inaceitável de violação à privacidade e intimidade (art. 5º, inc. X, CF), direitos estes fundamentais não atingidos pela perda da liberdade (art. 38, CP). Ademais, a cela constitui-se na residência do preso, pelo que, da mesma forma, deve ser protegida pela inviolabilidade domiciliar (art. 5º, inc. XI, CF), de modo que qualquer relativização deste direito depende de autorização judicial[37].

Quanto ao **monitoramento do atendimento advocatício**[38] **cabe referir que as Regras de Mandela, preveem expressamente o atendimento jurídico "sem interceptação ou censura, em total confidencialidade"** e o **"acesso a assistência jurídica efetiva"** (regra 61, 1 e 3), bem como preveem a possibilidade de **instruções confidenciais do preso para seu advogado ou defensor público** (regra 120, 2).

Nesse giro, o Estatuto da Ordem dos Advogados, em seu **artigo 7º, inciso III, prevê que** é direito do advogado "comunicar-se com seus clientes, **pessoal e reservadamente**, mesmo sem procuração, quando estes se acharem presos, detidos ou recolhidos em estabelecimentos civis ou militares, ainda que considerados incomunicáveis". Orientação que se repete em relação à Defensoria

37. Ainda sobre o tema, consultar cap. 3.3.14.
38. Recomenda-se a leitura do capítulo 3.3.13.

Pública da União, tendo a Lei Complementar 80/94, em seu artigo 44, disposto que "são prerrogativas dos membros da Defensoria Pública da União: [...] VII - **comunicar-se, pessoal e reservadamente**, com seus assistidos, ainda quando esses se acharem presos ou detidos, mesmo incomunicáveis, tendo livre ingresso em estabelecimentos policiais, prisionais e de internação coletiva, independentemente de prévio agendamento".

Ainda, o CNPCP havia editado a Resolução n.º 08/06 que resolve:

> Art. 1°. Recomendar, em obediência às garantias e princípios constitucionais, que a inviolabilidade da privacidade nas entrevistas do preso com seu advogado seja assegurada em todas as unidades prisionais.
>
> Parágrafo único. Para a efetivação desta recomendação, o parlatório ou ambiente equivalente onde se der a entrevista, não poderá ser monitorado por meio eletrônico de qualquer natureza.

Em sentido diverso, o Conselho de Justiça Federal, em razão do **I Workshop do SPF**, editou recomendação n. 09, permitindo, a pedido do Ministério Público ou da autoridade penitenciária, o monitoramento de sons e imagens das conversas entre advogado e o preso, no parlatório, desde que autorizada por decisão judicial fundamentada em sua essencialidade para a segurança pública e regular execução da pena no estabelecimento penal, mantido o absoluto sigilo em relação ao material produzido· Este entendimento, ademais, encontra-se em consonância com a nova redação dada ao § 2º do art. 3º da Lei n.º 11.671/08, a confirmar o caráter de excepcionalidade[39] do qual deve se revestir o monitoramento no atendimento advocatício.

Vale referir, ainda, que o enunciado 14 do I Workshop sobre o SPF indicava ser possível o monitoramento do som da visita social de todos presos **mediante autorização judicial,** à vista de elementos de convicção trazidos pela administração penitenciária. **Entretanto,** o enunciado 11 do XI Workshop, na esteira da nova inteligência dada ao § 2º do art. 3º pela lei n.º 13.964/09, **o revogou integralmente**, de modo a **dispensar a autorização judicial para o monitoramento de áudio e vídeo no momento da visita social** que, como vimos, passou a ser realizada, em regra, nos parlatórios das vivências.

39. Situação diversa é o caso do monitoramento tratado na Recomendação n.º 08, a qual previu que: "existindo procedimento policial investigatório para o qual tenham sido carreados indícios de envolvimento de profissional da advocacia em práticas delitivas imputadas a preso, as conversas entre advogado e o preso podem ser monitoradas ou interceptadas na forma da lei, desde que haja ordem fundamentada do juízo criminal competente" (Recomendação n. 08 editada no I Workshop).

Enunciados e recomendações dos Workshops sobre o SPF do CJF

Enunciado n. 48 – O comunicado de ocorrência para instauração de Procedimento Disciplinar (PDP/PDI), quando o fato tiver ocorrido em local sujeito à monitoração ambiental, deve estar acompanhado da cópia da respectiva gravação de vídeo e/ou áudio. (Editado no IV Workshop)

Recomendação n. 8 – Existindo procedimento policial investigatório para o qual tenham sido carreados indícios de envolvimento de profissional da advocacia em práticas delitivas imputadas a preso, as conversas entre advogado e o preso podem ser monitoradas ou interceptadas na forma da lei, desde que haja ordem fundamentada do juízo criminal competente. (Editado no I Workshop)

Recomendação n. 9 – A pedido do Ministério Público ou da autoridade penitenciária, por ordem fundamentada do Juízo Corregedor do Presídio Federal de Segurança Máxima, pode haver monitoramento de sons e imagens das conversas entre advogado e o preso, no parlatório, desde que a medida vise garantir a segurança pública e a regular execução da pena no estabelecimento penal, mantido o absoluto sigilo em relação ao material produzido (Editada no I workshop).

2° Enunciado proposto e aprovado do Grupo I do X Workshop – Gravação áudio e vídeo das conversas com visitantes no parlatório (sem autorização judicial, com decisão administrativa)[40].

4° Enunciado proposto e aprovado no Grupo I do X Workshop – As gravações de atendimentos de advogados não constituem interceptação telefônica na forma da Lei n.° 9.296/1996 quando autorizadas por decisão judicial fundamentada para a garantia da ordem e da segurança pública ou da regular execução da pena, mantido o absoluto sigilo em relação ao material produzido[41].

1° Enunciado proposto e aprovado no Grupo III do X Workshop – A monitoração ambiental por meio audiovisual da conversa/entrevista entre o preso e seus advogados, e da visita social é essencial para a manutenção do Sistema Penitenciário Federal e suas funcionalidades.

Enunciado n. 11 do XI Workshop – Revogação do Enunciado 14, por conflitar expressamente com dispositivos introduzidos pelo Pacote Anticrime.

Enunciado n. 16 do XI Workshop – Nos termos do artigo 3°, § 2°, da Lei 11.671/2008, é **admissível**, mediante autorização judicial, o **monitoramento do atendimento jurídico** realizado entre os internos incluídos no Sistema Penitenciário Federal e sua defesa técnica. (Editado no XI Workshop)

---

40. Trata-se de enunciado do X Workshop do Grupo I que atuou no sentido de "Alteração Normativa do Sistema Penitenciário Federal: Pacote Anticrime". Apresentou como Justificativa: Tendo em conta que no Sistema Penitenciário Federal vigora um regime fechado de cumprimento de pena ou de prisão processual sujeito a isolamento e monitoramento, o grupo entendeu, por maioria, que o disposto no § 3° do art. 3° do Pacote Anticrime deve ser mantido e que dispensa a necessidade de decisão judicial, podendo a autoridade administrativa do presídio federal instalar equipamentos de gravação de áudio e vídeo das conversas desenvolvidas no parlatório com visitantes.

41. Trata-se de enunciado do X Workshop do Grupo I que atuou no sentido de "Alteração Normativa do Sistema Penitenciário Federal: Pacote Anticrime". Apresenta o X Workshop como justificativa desse enunciado: "No tocante ao disposto no § 5° do art. 3° do Pacote Anticrime, o grupo, por maioria, sugere nova redação a fim de garantir maior segurança jurídica, bem como estabelecer critérios legais mínimos que sirvam de orientação às decisões dos juízes federais corregedores."

Enunciado n. 17 do XI Workshop – Havendo **decisão judicial que autorize o monitoramento de áudio e vídeo das conversas entre a defesa técnica e o preso**, nos termos da Lei n. 13.964/2019, o servidor responsável pelo acompanhamento poderá, no caso de o atendimento jurídico extrapolar o exercício da defesa e/ou assistência jurídica, intervir a fim de alertar o preso e a defesa. Em caso de reiteração da conduta, poderá ser interrompido o atendimento, devendo tal decisão ser fundamentada pelo diretor do estabelecimento e comunicada ao Juízo Corregedor. (Editado no XI Workshop)

JURISPRUDÊNCIA

SUPERIOR TRIBUNAL DE JUSTIÇA

(In)violabilidade das comunicações entre réu e Defensor Público:

"[...] No caso em apreço, o ato judicial questionado foi decretado em desfavor de presos que estariam se utilizando de encontros com os visitantes (familiares, amigos, cônjuges e namoradas), e com seus advogados, para enviar mensagens a outros membros de facções criminosas no mundo exterior.

Consta dos autos que, de acordo com interceptações ambientais já realizadas, os sentenciados, seus visitantes e advogados se comunicam em códigos para tal finalidade, havendo menção a diversos casos concretos em que tal prática foi verificada na citada unidade prisional de segurança máxima.

Impende salientar que o sigilo das comunicações entre o defensor e o seu cliente reveste-se da inviolabilidade constitucional, contudo, a hipótese retratada nos autos demonstra situação excepcional, considerando que os presos estariam, supostamente, utilizando-se de seus defensores para dar continuidade ao exercício de atividades criminosas, fomentada pelas ordens emitidas do cárcere aos comparsas no meio externo.

Por isso, em tais situações anormais, se faz necessária uma exegese que sopese os direitos dos sentenciados com os princípios, também constitucionais e fundamentais, da integridade estatal (art. 1° da Constituição Federal), da promoção do bem de todos (art. 3°, inciso IV, da Constituição Federal) e da segurança pública (art. 6° da Constituição Federal). [...]" (STJ, RMS 61.853/PE, decisão monocrática, rel. Min. Jorge Mussi, publicado em 31 de março de 2020)

4.3.3 § 3º – Gravações das visitas como meio de prova

§ 3° As gravações das visitas não poderão ser utilizadas como meio de prova de infrações penais pretéritas ao ingresso do preso no estabelecimento. (Incluído pela Lei n.° 13.964, de 2019)

Tendo o monitoramento e gravação das visitas um caráter preventivo, fundado no interesse da ordem interna, da segurança pública e do próprio preso, não há razão em utilizá-lo como meio de produção de prova de infrações penais pretéritas ao ingresso do preso no SPF, sob pena de desvirtuar sua finalidade.

Sobre o arquivo das gravações, no V Workshop sobre o SPF do CJF, a Diretora do Sistema Penitenciário Federal relatou, em seu painel, que as imagens e os áudios "ficam gravadas de 15 a 30 dias, dependendo do aparelho, mas se houver alguma ocorrência, as imagens são salvas".

APLICAÇÃO EM CONCURSO

QUESTÕES

1. **(CESPE, 2021, DEPEN, prova de Especialista Federal em Assistência à Execução Penal e Agente Federal de Execução Penal)** Ainda com relação a temas concernentes ao DEPEN, julgue os itens a seguir.

As visitas a pessoas presas em estabelecimento penal federal de segurança máxima podem ser gravadas, mas as gravações não podem ser utilizadas como meio de prova de fatos ocorridos antes do ingresso do preso no estabelecimento.

[...]

GABARITO

1. Esta alternativa está correta. Ver art. 3°, §3°, Lei n.° 11.671/08.

4.3.4 § 4º – Suspensão e restrição dos direitos de visita

> § 4° Os diretores dos estabelecimentos penais federais de segurança máxima ou o Diretor do Sistema Penitenciário Federal poderão suspender e restringir o direito de visitas previsto no inciso II do § 1° deste artigo por meio de ato fundamentado. (Incluído pela Lei n.° 13.964, de 2019)

As **restrições e suspensões** se revelam **excepcionais formas de limitação aos direitos dos presos**, pelo que sua abordagem se encontra presente no cap. 3.3.9.1.2. Neste sentido, relembramos ao leitor que a norma geral de regência (LEP), até então, estabelecia o regramento para a limitação de direitos. É dizer, **somente poderiam ser impostas restrições ou suspensões a direitos dos presos em razão do cometimento de falta disciplinar,** garantida a defesa em processo administrativo interno, conforme **se depreende da inteligência do art. 53, inc. III, da LEP.** Daí dizer que não se mostrava razoável o discricionário (ainda que motivado) ato do diretor do estabelecimento penal que importasse em limitação a direitos de forma coletiva, a caracterizar disfarçada forma de sanção coletiva (art. 45, § 3º, da LEP)[42].

42 Tratamos como exemplo, a Portaria n.° 718/17 do MJ/SP que regulamentara a visita íntima no interior das Penitenciárias Federais, em curso antes da nova política de visitação imposta pela Lei n.° 13.964/19.

Sucede que a **Lei n.º 13.964/19**, excepcionando a norma geral (LEP), **acrescentou específica hipótese de restrição e suspensão de direito a visitas na Lei n.º 11.671/08,** a viabilizar esta limitação sem condicioná-la a qualquer falta disciplinar cometida pelos internos no SPF. Portanto, **os direitos de visita,** segundo § 4º, **podem ser suspensos ou restringidos por meio de ato fundamentado do Diretor do Sistema Penitenciário Federal ou dos diretores dos estabelecimentos penais federais de segurança máxima.**

Neste sentido, percebe-se que a Lei n.º 11.671/08 amplia o rol de atribuições do Diretor do Sistema Penitenciário Federal e dos Diretores das Penitenciárias Federais previstas Regimento Interno do DEPEN (Portaria MSP n.º 199/2018).

APLICAÇÃO EM CONCURSO

QUESTÕES

1. (CESPE, 2021, DEPEN, prova de Especialista Federal em Assistência à Execução Penal e Agente Federal de Execução Penal) A respeito das regras vigentes quanto a visitas sociais em estabelecimentos penais federais de segurança máxima, julgue os itens subsequentes.

Considere que determinado gestor de um presídio federal de segurança máxima, temendo a propagação do coronavírus no ambiente carcerário, tenha criado condições para a realização de visitas sociais por meio de videoconferência. Nesse caso, essa forma de realização de visita social é permitida, sendo respaldada pelas normas aplicáveis ao caso. [...]

GABARITO

1. Esta alternativa está correta. Vide art. 3°, § 4°, Lei n.° 11.671/08.

4.3.5 § 5º – Crime de violação de sigilo funcional

> § 5° Configura o crime do art. 325 do Decreto-Lei n.° 2.848, de 7 de dezembro de 1940 (Código Penal), a violação ao disposto no § 2° deste artigo. (Incluído pela Lei n.° 13.964, de 2019)

O § 5º dispôs que a violação do § 2º do artigo 3º da Lei n.º 11.671/08 configura crime de Violação de Sigilo Funcional, previsto no rol de crimes praticados por funcionários públicos contra a Administração Pública em geral que, insculpido no artigo 325 do Código Penal, tem a seguinte previsão:

> Art. 325 – Revelar fato de que tem ciência em razão do cargo e que deva permanecer em segredo, ou facilitar-lhe a revelação:
>
> Pena – detenção, de seis meses a dois anos, ou multa, se o fato não constitui crime mais grave.
>
> § 1° Nas mesmas penas deste artigo incorre quem:

I – permite ou facilita, mediante atribuição, fornecimento e empréstimo de senha ou qualquer outra forma, o acesso de pessoas não autorizadas a sistemas de informações ou banco de dados da Administração Pública;

II – se utiliza, indevidamente, do acesso restrito.

§ 2° Se da ação ou omissão resulta dano à Administração Pública ou a outrem:

Pena – reclusão, de 2 (dois) a 6 (seis) anos, e multa.

Trata-se de tipo penal que visa **resguardar o sigilo das informações levantadas no monitoramento do parlatório e áreas comuns das Penitenciárias Federais, os quais serão monitorados por áudio e vídeo, para preservação da ordem interna e da segurança pública.**

O art. 325 do CP é crime próprio, praticado por funcionário público em sua concepção ampla do art. 327 do CP, uma vez que são os funcionários do Sistema Penitenciário Federal que possuem acesso aos dados protegidos. Trata-se de crime doloso, cuja ação penal é pública incondicionada e de competência da Justiça Federal para processo e julgamento.

Como o tipo penal do *caput se* trata de crime de menor potencial ofensivo, com pena máxima em abstrato de 2 anos, permite o cabimento do Acordo de Não Persecução Penal (art. 28-A do CPP), bem como da Transação Penal e Suspensão Condicional do Processo (artigos 76 e 89 da Lei n.º 9.099/95). Entretanto, se da ação ou omissão resultar dano à Administração Pública ou a outrem, sua pena máxima passa a ser de 6 (seis) anos, inadmitindo os benefícios da Lei n.º 9.099/95, mas permanecendo possível o acordo do art. 28-A do CPP, eis que possui pena mínima inferior à 4 (quatro) anos, desde que preenchido os requisitos legais.

4.4 ARTIGO 4º – JUÍZO DE ADMISSIBILIDADE E PERFIL DO PRESO FEDERAL

Art. 4° A admissão do preso, condenado ou provisório, dependerá de decisão prévia e fundamentada do juízo federal competente, após receber os autos de transferência enviados pelo juízo responsável pela execução penal ou pela prisão provisória.

O juízo de origem, responsável pela execução penal ou pela prisão provisória, admitindo ao final da instrução do procedimento a necessidade da inclusão ou da transferência do preso ao SPF, remeterá os autos ao juízo federal competente que, em decisão prévia e fundamentada, decidirá por sua admissão em um estabelecimento penal federal.

Trata-se, portanto, de **atividade jurisdicional complexa**[43]**, que envolve a atuação conjunta de órgãos jurisdicionais diversos** (juiz de origem e juiz federal corregedor), **cada qual com autonomia decisória**, a fim de perfectibilizar o procedimento de inclusão e transferência do preso para o SPF. Bem nesta perspectiva, se firmou entendimento no III Workshop do CJF no sentido de que "**a inclusão ou prorrogação da permanência no Sistema Penitenciário Federal depende de decisão fundamentada tanto do juiz de origem quanto do juiz federal corregedor do presídio sobre a imprescindibilidade da medida.** Desse modo, não é possível a análise do pleito pelo juiz federal corregedor quando o juiz de origem entender pelo indeferimento" (enunciado n. 35).

Nada obstante a complexidade do ato, o art. 4º vai ao encontro da novel redação trazida pelo parágrafo único do art. 2º desta lei, pelo que **confirma o protagonismo das decisões jurisdicionais emanadas do juiz federal.** Isto é, dota o juiz federal corregedor da última palavra no que tange à transferência do preso ao SPF (NASCIMENTO, 2018, p. 195). Neste sentido, **mais que desejável, sob o ponto de vista do controle jurisdicional dos atos que interferem criticamente na esfera de liberdade do indivíduo, parece-nos altamente necessária a revisão da jurisprudência dominante no STJ**[44]**, a fim de adequá-la à lei vigente (Lei n.º 13.964/19), devolvendo ao juiz corregedor federal a análise meritória do pedido de inclusão. Tal entendimento, ademais, restabelece a orientação firmada no Enunciado n.º 34 do III Workshop do SPF:**

> Nos termos dos arts. 4° e 5°, § 4°, da Lei n. 11.671/2008 e do art. 7° do Decreto n. 6.877/2009, compete ao juiz federal corregedor do presídio decidir sobre a necessidade, adequação e cabimento da inclusão, valorando o mérito do pedido, não se limitando sua jurisdição à análise de requisitos referentes às condições da unidade prisional.

Para além do exposto, o juízo que receber o pedido de inclusão se torna prevento para novos pedidos sob os mesmos fundamentos (Enunciado n. 17 dos Workshops sobre o SPF do CJF).

---

43. Segundo Fredie Didier Jr., o processo é inegavelmente um procedimento e, assim, se trata de um ato jurídico complexo de formação sucessiva (DIDIER JR., 2016, p. 33 e 376). O ato administrativo complexo, por sua vez, exige a conjugação de esforços e, como afirma Carvalho Filho, demanda a intervenção de órgãos diversos com certa autonomia (CARVALHO FILHO, 2007, p. 119).

44. STJ, Conflito de Competência n° 118.834-RJ, 3ª Turma, Rel. Min. Gilson Dipp. Julgado em 23/11/2011.

Quanto aos documentos que constarão nos autos do processo de transferência ou inclusão do preso no estabelecimento penal federal de segurança máxima, o art. 4º do Decreto n.º 6.877/09 elenca a **documentação mínima que deve acompanhar os autos do processo de transferência** do preso condenado e da prisão provisória.

Junto com os autos do processo de transferência, o juízo de origem deve enviar ao Juiz Corregedor do estabelecimento penal federal a **certidão para fins de controle de execução penal**, no intuito de facilitar a remessa e conferência da documentação prevista no art. 4º do Decreto n.º 6.877/09 **e as demais informações necessárias** ao juízo de admissão do preso[45].

Com efeito, **a assunção dos documentos e demais informações que instruem o processo de transferência pelo juiz federal**, revela-se em marco fundamental à garantia do processo de individualização da pena (art. 5º, inc. XLVI, CF). Isso porque, como é cediço, não raras vezes a **inclusão precipitada, pautada em questionáveis relatórios de inteligência local** (HARTMANN, 2019, p. 111), **produzem equivocadas decisões de inclusão do preso no SPF**, aptas a instrumentalizar o que se convencionou chamar de **superestigmatização** do preso com **status de "criminoso federal"**[46].

Dito de outra maneira: a consequência do enquadramento neste perfil criminal estimula um preconceito social e generalizado, cujos efeitos podem ser sentidos desde a formação de jurisprudências inquisitivas contra o preso federal, pelo simples fato de ter estado no sistema penitenciário federal e não necessariamente por ele ter cometido um crime de natureza grave (NASCIMENTO, 2018, p. 194).

Para além disso, a indevida avaliação do perfil criminal do preso propulsiona[47] reconhecidos processos de criminalização vigentes dentro do sistema prisional brasileiro. A superestigmatização estabelece padrões de condutas que ressignificam a ordem disciplinar informal dos grupos criminosos, decorrente do "novo" status de liderança ao qual é alçado o preso que passa pelo SPF.

45. Vale ressaltar que é possível, após admissão no SPF, que ocorra complementação dos fundamentos da inclusão (nesse sentido, enunciado n. 7 dos Workshops sobre o SPF do CJF).

46. Para o tema, ver Gabriel Cesar dos Santos (2016, p. 325).

47. O efeito de um indevido perfil criminal, que importará em uma indevida forma de penalização, propulsiona o efeito criminógeno que ressoa dos processos de desviação (primária e secundária), de estigmatização, de interação, de subculturas e de introspeção simpática (LOVATTO, 2020, p. 126-140).

Neste sentido, lembra Gabriel Cesar dos Santos:

> Alguns desses presos relatam que após retornar ao sistema penitenciário estadual, com o status de preso federal, são mais temidos e respeitados do que antes. Isso porque, durante a estadia no sistema federal, terá o preso a chance de se relacionar com o alto escalão de grandes organizações criminosas, o que lhe dará notoriedade e status no ambiente prisional. A passagem pelo sistema penitenciário federal representa, portanto, uma espécie de promoção na carreira criminal do preso, ainda que involuntária. Relatam, ainda, que qualquer acontecimento que ocorra na penitenciária após o seu retorno passa a ser imputado a eles, ocasião em que acabam voltando ao sistema federal (SANTOS, 2016, p. 324-325).

É de se ver, portanto, que o indevido enquadramento do perfil criminal do preso gera danos irreversíveis à vida da pessoa privada de liberdade, cuja submissão a este regime prisional extremo implica em fator de construção de um perfil sociopsicológico que potencializa os laços de criminalidade e consolida a identidade criminal desviante (SANTOS, 2016, p. 330).

Decreto 6.877/09 – Regulamento da Lei 11.671/08
Art. 4° Constarão dos autos do processo de inclusão ou de transferência, além da decisão do juízo de origem sobre as razões da excepcional necessidade da medida, os seguintes documentos: I – tratando-se de preso condenado: a) cópia das decisões nos incidentes do processo de execução que impliquem alteração da pena e regime a cumprir; b) prontuário, contendo, pelo menos, cópia da sentença ou do acórdão, da guia de recolhimento, do atestado de pena a cumprir, do documento de identificação pessoal e do comprovante de inscrição no Cadastro de Pessoas Físicas – CPF, ou, no caso desses dois últimos, seus respectivos números; e c) prontuário médico; e II – tratando-se de preso provisório: a) cópia do auto de prisão em flagrante ou do mandado de prisão e da decisão que motivou a prisão cautelar; b) cópia da denúncia, se houver; c) certidão do tempo cumprido em custódia cautelar; d) cópia da guia de recolhimento; e e) cópia do documento de identificação pessoal e do comprovante de inscrição no CPF, ou seus respectivos números.

Enunciados e recomendações dos Workshops sobre o SPF do CJF

Enunciado n. 3 – O preso para fim de extradição pode ser incluído no Sistema Penitenciário Federal, pelo prazo da lei, desde que observados os demais requisitos e os procedimentos legais. No caso, o juízo de origem e o Supremo Tribunal Federal, a quem compete decidir, na origem, o pedido de inclusão. (Editado no I Workshop)

Enunciado n. 7 – Pode haver complementação do fundamento da inclusão já deferida, durante o período de permanência no Sistema Penitenciário Federal. (Editado no I Workshop)

Enunciado n. 20 – O art. 4° do Decreto n. 6.877/09 arrola a **documentação mínima para instruir a solicitação** de inclusão e transferência para o Sistema Penitenciário Federal. (Editado no II *Workshop*)

Enunciado n. 32 – A **solicitação de documentos** ao juízo das execuções penais, em caso de presos condenados, ou ao juízo do processo, em caso de presos provisórios, após o Departamento Penitenciário Nacional disponibilizar as vagas no Sistema Penitenciário Federal, somente no caso de inclusão não emergencial, será de responsabilidade dos juízos corregedores das penitenciárias federais para as quais as vagas foram disponibilizadas. (Editado no III *Workshop*)

Enunciado n. 34 – Nos termos dos arts. 4° e 5°, § 4°, da Lei n. 11.671/2008 e do art. 7° do Decreto n. 6.877/2009, compete ao juiz federal corregedor do presídio decidir sobre a necessidade, adequação e cabimento da inclusão, valorando o mérito do pedido, não se limitando sua jurisdição à análise de requisitos referentes às condições da unidade prisional. (Editado no III *Workshop*)

Enunciado n. 35 – A inclusão ou prorrogação da permanência no Sistema Penitenciário Federal depende de decisão fundamentada tanto do juiz de origem quanto do juiz federal corregedor do presídio sobre a imprescindibilidade da medida. Desse modo, não é possível a análise do pleito pelo juiz federal corregedor quando o juiz de origem entender pelo indeferimento. (Editado no III *Workshop*)

Enunciado n. 39 – O juízo de origem que alegar ser o preso membro de facção criminosa deverá encaminhar, com o pedido, elementos que corroborem a afirmação. (Editado no III *Workshop*)

Enunciado n. 45 – Mesmo na inclusão emergencial, a admissibilidade do preso no sistema penitenciário federal exige **prévia decisão do juízo de origem**. (Editado no IV *Workshop*)

Enunciado n. 46 – Constitui documento imprescindível para a instrução do pedido de inclusão de preso em presídio federal, a emissão, pelo juízo de origem, de certidão nos termos do modelo aprovado no IV *Workshop* do Sistema Penitenciário Federal, que consta do Manual Prático de Rotinas. (Editado no IV *Workshop*)

Enunciado n. 51 – A inclusão do preso no Sistema Penitenciário Federal ainda que em caráter emergencial, exige, no mínimo, o envio do respectivo **prontuário**, no qual deve constar, dentre outros documentos previstos na lei, o prontuário médico e o atestado de pena a cumprir. (Editado pelo Fórum Permanente do Sistema Penitenciário Federal nas reuniões preparatórias do VIII *Workshop*)

Recomendação n. 21 – No momento da inclusão deve ser observado se o preso está na iminência de cumprir requisito objeto de benefício incompatível com o regime do Sistema Penitenciário Federal. (Editado no IV *Workshop*)

JURISPRUDÊNCIA

SUPREMO TRIBUNAL FEDERAL

• **Juízo de admissibilidade:**

"**HABEAS CORPUS. PRESÍDIOS FEDERAIS. TRANSFERÊNCIA E PERMANÊNCIA. EXCEPCIONALIDADE. CONTROLE COMPARTILHADO ENTRE O JUIZ DE ORIGEM E O JUIZ RESPONSÁVEL PELO PRESÍDIO. LIDERANÇA DE GRUPO CRIMINOSO ORGANIZADO.** 1. Os presídios federais são destinados a isolar presos de elevada periculosidade, especialmente aqueles extremamente violentos ou líderes de grupos criminosos. 2. Considerado o contexto no qual se insere o sistema carcerário brasileiro, com graves indisciplinas, fugas, rebeliões e prática de crimes por reclusos, o regime prisional em vigor nos presídios federais, embora rigoroso, constitui remédio amargo, mas necessário e válido. 3. Como a transferência e a permanência no presídio federal envolvem a imposição ao preso de um regime prisional mais gravoso, pela maior restrição da liberdade, são elas excepcionais e transitórias. Em caso de necessidade, é possível, em princípio, que a permanência no presídio federal, embora excepcional, se prolongue significativamente, quer por fato novo ou pela persistência das razões ensejadoras da transferência inicial. 4. **Cabe ao Poder Judiciário verificar se o preso tem ou não o perfil apropriado para a transferência ou a permanência nos presídios federais, em controle compartilhado entre o juízo de origem solicitante e o juízo responsável pelo presídio federal, prevista expressamente em lei forma hábil para a solução de eventual divergência, o conflito de competência** (art. 9° e art. 10, § 5°, da Lei n° 11.671/2008). 5. Não há falar, na espécie, em obstáculo ao exercício do poder jurisdicional conferido pela Lei Federal n° 11.671/2008 nem em supressão da competência da Justiça Federal, da mesma forma que inocorrente ofensa ao contraditório e à ampla defesa. Histórico de condenações e informações de inteligência da Secretaria de Segurança Pública que revelam profundo envolvimento do paciente no mundo do crime e posição de liderança em grupo criminoso organizado, a justificar a transferência e a permanência em presídio federal de segurança máxima. 6. Ordem denegada." (STF, HC 112.650/RJ, 1ª Turma, rel. Min. Rosa Weber, julgado em 11 de março de 2014, DJe de 19 de março de 2014, Informativo n° 738)

SUPERIOR TRIBUNAL DE JUSTIÇA

• **Inviabilidade de juízo de valor sobre as razões de fato emanadas pelo Juízo de origem**:

"[...] 2. A transferência e inclusão de presos em estabelecimento penal federal de segurança máxima, bem como a renovação de sua permanência, justifica-se (i) no interesse da segurança pública ou (ii) do próprio preso, nos termos do art. 3.° da Lei n.° 11.671/2008, sendo medida de caráter excepcional. 3. Hipótese em que o Juízo Suscitante, após requerimento da Secretaria de Estado de Segurança Pública do Rio de Janeiro e parecer favorável do Ministério Público estadual, assinalou que a alta periculosidade do Apenado denota justo receio de abalo à segurança pública, mormente porque ocuparia posição de liderança e influência no grupo criminoso conhecido por "Liga da Justiça", sendo certo que as atividades da organização criminosa permanecem inalteradas. 4. A jurisprudência desta Corte Superior considera que, em casos como o presente, **ao Juízo Federal não compete realizar juízo de valor sobre as razões de fato emanadas pelo Juízo solicitante**, sendo-lhe atribuído pelo art. 4.° da Lei n.° 11.671/2008, tão somente, o exame da regularidade formal da solicitação. [...] (STJ, CC 168.595/RJ, Rel. Min. Laurita Vaz, 3ª Seção, julgado em 11 de março de 2020, DJe de 23 de março de 2020.

TRIBUNAIS REGIONAIS FEDERAIS

• TRF3: **Competência no juízo de admissibilidade e competência do juízo de origem**:

"PENAL. PROCESSO PENAL. AGRAVO EM EXECUÇÃO PENAL. SISTEMA PENITENCIÁRIO FEDERAL. PRESÍDIO DE SEGURANÇA MÁXIMA. INCLUSÃO OU RENOVAÇÃO DO PRAZO DE

PERMANÊNCIA DO PRESO. COMPETÊNCIA PARA DECIDIR SOBRE ADMISSIBILIDADE DA INCLUSÃO/PRORROGAÇÃO. JUÍZO DE ORIGEM SOLICITANTE. COGNIÇÃO ESTREITA DO JUIZ FEDERAL SOLICITADO. RECURSO DESPROVIDO. 1. A inclusão ou a permanência de preso em presídio de segurança máxima constitui medida excepcional, que deve ser determinada por prazo determinado. A despeito disto, sucessivas renovações do prazo são admitidas, nos termos do artigo 10, §1°, da Lei n° 11.671/2008. 2. A verificação do mérito da inclusão/prorrogação compete ao juízo responsável pela execução penal do local da condenação; é ele quem realiza o juízo de admissibilidade da necessidade da transferência do preso para estabelecimento penal federal de segurança máxima ou da renovação do período de permanência. 3. Não compete ao Juiz Federal Corregedor do presídio de segurança máxima decidir sobre a necessidade, adequação e cabimento da inclusão de preso no sistema penitenciário federal. Cabe a ele, tão somente, examinar a regularidade formal da solicitação, em cognição estreita, ou seja, analisar os requisitos relativos às condições da unidade prisional. 4. Recurso desprovido." (TRF3, Agravo em Execução Penal 0000119-72.2019.4.03.0000, 5ª Turma, rel. Desembargador Mauricio Kato, e-DJF3 de 24 de janeiro de 2020)

• TRF3: **Necessidade ou não da inclusão no SPF cabe ao Juízo de Origem:**

"AGRAVO EM EXECUÇÃO. RENOVAÇÃO DO PRAZO DE PERMANÊNCIA DE PRESO EM ESTABELECIMENTO FEDERAL DE SEGURANÇA MÁXIMA. SOLICITAÇÃO DO JUÍZO ESTADUAL. DEFERIMENTO PELO JUÍZO FEDERAL. EXAME DE PRESSUPOSTOS E REQUISITOS. IMPOSSIBILIDADE DE ANÁLISE MERITÓRIA. DECISÃO DEVIDAMENTE FUNDAMENTADA. AGRAVO DESPROVIDO. 1. **A discussão acerca da necessidade ou não da inclusão do preso no sistema penitenciário federal não deve ser demandada no Juízo Federal, e sim no Juízo de origem. 2. Ao Juízo Federal não cabe exercer qualquer controle ou análise do mérito da solicitação realizada pelo Juízo Estadual**. Eventual rejeição do pleito deve lastrear-se na ausência do preenchimento dos requisitos formais do pedido, ou na hipótese de carência de vagas no presídio, em que se pretende a manutenção do apenado. Precedentes dos Tribunais Superiores. 3. Verificada a regularidade formal e a suficiência da fundamentação da decisão que deferiu a permanência do prazo de manutenção do apenado em presídio federal, deve ser mantida a decisão recorrida, ressaltando que o reexame dos fundamentos meritórios da decisão do Juízo da Unidade Regional de Departamento Estadual de Execução Criminal – DEECRIM – 1° RAJ da Comarca de São Paulo só caberia em recurso em face desta última e perante o Tribunal competente. 4. Agravo desprovido." (TRF3, Agravo em Execução Penal 0000118-87.2019.4.03.0000, 11ª Turma, rel. Desembargador José Lunardelli, e-DJF3 de 22 de outubro de 2019)

Idêntica decisão em TRF3, Agravo em Execução Penal n° 0000318-31.2018.4.03.0000, 11ª Turma, rel. Desembargador José Lunardelli, e-DJF3 de 03 d outubro de 2018.

APLICAÇÃO EM CONCURSO

QUESTÕES

1. (CESPE, 2011, TRF da 2ª região, prova para Juiz Federal) Com referência à execução penal, assinale a opção correta.

[...]

b) O ingresso regular de preso no sistema penitenciário federal depende de incidente próprio, escalonado em duas etapas distintas: a admissibilidade preliminar da transferência, exercida pelo juízo da vara de execução penal de origem, e a decisão final acerca da inclusão, pelo juízo federal. Havendo divergência entre os juízos, admite-se conflito de competência no tribunal competente, que resolverá o mérito da transferência, em caráter prioritário

[...]

2. (CESPE, 2021, DEPEN, prova de Especialista Federal em Assistência à Execução Penal e Agente Federal de Execução Penal) Considerando o Regulamento Penitenciário Nacional e outros normativos, julgue os itens seguintes.

Considere que determinado juiz de origem, após admitir a transferência de preso condenado para estabelecimento penal federal, tenha remetido carta precatória ao juízo federal competente. Nessa situação, por se tratar de preso condenado, o envio dessa carta é suficiente, estando dispensado o envio ao juízo federal competente dos autos da execução penal correspondente.

[...]

GABARITO

1. A alternativa "b" está correta. O incidente ou processo de transferência está escalonado em duas etapas: admissibilidade no juízo de origem e decisão de transferência no juízo federal competente.
2. Esta alternativa está errada. Segundo incisos I e II do art. 8° do Decreto 6.877/09, o juiz de origem encaminha os autos da execução penal, no caso de preso condenado, ou carta precatória, no caso de preso provisório.

4.4.1 § 1º – Execução penal durante a permanência do preso no Sistema Penitenciário Federal

§ 1° A execução penal da pena privativa de liberdade, no período em que durar a transferência, ficará a cargo do juízo federal competente.

Após emitir decisão prévia e fundamentada admitindo a transferência do preso, o juiz federal competente ficará responsável, pelo tempo em que durar a transferência, por todas questões que envolvem o cumprimento da pena privativa de liberdade, a confirmar a natureza jurisdicional da execução penal federal (art. 2º e parágrafo único da Lei n.º 11.671/08).

4.4.2 § 2º – Execução penal do preso provisório no Sistema Penitenciário Federal

§ 2° Apenas a fiscalização da prisão provisória será deprecada, mediante carta precatória, pelo juízo de origem ao juízo federal competente, mantendo aquele juízo a competência para o processo e para os respectivos incidentes.

O § 2º do art. 4º trata da fiscalização da prisão provisória por meio de carta precatória deprecada ao juiz corregedor federal (deprecado), mantendo o juízo de origem (deprecante) a competência para o processo e para os respectivos incidentes. Com efeito, o enunciado normativo revela duas situações diversas em relação ao preso provisório: a uma, referente à prisão cautelar (prisão sem pena); a duas, referente à prisão com sentença condenatória sem o trânsito em julgado (prisão com pena).

Em se tratando de prisão cautelar, o juízo de origem seguirá com competência para o seu processamento, quer seja no controle da fase de investigação preliminar[48], quer seja no bojo do processo de conhecimento. Ademais, cabe ao juízo de origem decidir sobre os respectivos incidentes desta prisão cautelar, tal qual a manutenção, revisão e revogação da prisão preventiva (art. 316, *caput* e parágrafo único, CPP).

Por outro lado, **em se tratando de prisão com sentença condenatória sem o trânsito em julgado**, cabe ao juiz corregedor federal dar início a execução provisória da pena, com a devida expedição de guia de recolhimento provisório da pena privativa de liberdade, devendo, nesse caso, definir o agendamento dos benefícios cabíveis[49]. Trata-se de medida acertada, que se compatibiliza com as súmulas 716 e 717 do STF[50].

Portanto, não há de se confundir a fiscalização da prisão provisória (prisão cautelar) - que será deprecada ao juiz federal por carta precatória, mantendo-se a competência do juízo da origem - com a prisão decorrente de sentença condenatória recorrível, cujos fatos ou incidentes relacionados à execução da pena atraem a competência do juiz federal corregedor (art. 2º, parágrafo único, e art. 4º, § 1º, Lei n.º 11.671/08).

---

48. Importante parêntese deve aqui ser aberto, pois o controle da investigação preliminar e do processo de conhecimento ainda permanece sob o apanágio do mesmo juiz. A fase de investigação preliminar, conforme alterações da lei n.° 13.964/19, ficaria a cargo do chamado "juiz de garantias", (artigos 3°-A a 3°-F do CPP). Contudo, a eficácia dessas normas restou suspensa em decisão liminar, deferida *ad referendum*, pelo relator Ministro Luiz Fux do STF na ADI 6298: " Ex positis, na condição de relator das ADIs 6.298, 6.299, 6.300 e 6305, com as vênias de praxe e pelos motivos expostos: (a) Revogo a decisão monocrática constante das ADIs 6.298, 6.299, 6.300 e suspendo sine die a eficácia, ad referendum do Plenário, (a1) da implantação do juiz das garantias e seus consectários (Artigos 3°-A, 3°-B, 3°-C, 3°-D, 3ª-E, 3°-F, do Código de Processo Penal); e (a2) da alteração do juiz sentenciante que conheceu de prova declarada inadmissível (157, §5°, do Código de Processo Penal). [...]" (STF, Medida Cautelar na ADI 6298/DF, rel. Min. Luiz Fux, julgado em 22.01.2020).
49. Esta é a previsão do art. 8° da Resolução n.° 113, de 20 de abril de 2010, do Conselho Nacional de Justiça, que dispõe sobre o procedimento relativo à execução de pena privativa de liberdade.
50. STF, Súmula 716: "Admite-se a progressão de regime de cumprimento da pena ou a aplicação imediata de regime menos severo nela determinada, antes do trânsito em julgado da sentença condenatória". Súmula 717: "Não impede a progressão de regime de execução de pena, fixada em sentença não transitada em julgado, o fato de o réu se encontrar em prisão especial".

JURISPRUDÊNCIA

SUPERIOR TRIBUNAL DE JUSTIÇA

• **Preso provisório e juízo solicitante.**

CONFLITO DE COMPETÊNCIA. EXECUÇÃO PENAL. TRANSFERÊNCIA DE PRESO. PRIMEIRA RENOVAÇÃO. EXCEPCIONALIDADE. LEI N° 11.671/2008. DURAÇÃO DO PROCESSO DE RENOVAÇÃO DA PERMANÊNCIA. RETROATIVIDADE DO TERMO INICIAL. ALTERAÇÃO DO REGIME DE EXECUÇÃO PENAL. EXCEÇÃO. CONFLITO TECNICAMENTE INEXISTENTE. JUSTIFICATIVAS DO JUÍZO FEDERAL. EXCESSO. JUÍZO MERAMENTE CIRCUNSTANCIAL DESTA CORTE. INTERMEDIAÇÃO DA SOLUÇÃO. CONFLITO CONHECIDO. RENOVAÇÃO AUTORIZADA. AÇÃO DE TRANSFERÊNCIA PREJUDICADA.

[...] IV – Não cabe ao Juízo Federal exercer qualquer juízo de valor sobre a gravidade ou não das razões do solicitante, mormente, como no caso, quando se trata de **preso provisório sem condenação**, situação em que, de resto, a lei encarrega o juízo solicitante de dirigir o controle da prisão, fazendo-o por carta precatória."

(STJ, 3ª Turma, Conflito de Competência n° 118.834-RJ, rel. Ministro Gilson Dipp, julgado em 23.11,2011, DJe 01.12.2011).

TRIBUNAIS DE JUSTIÇA

• TJRJ: **Processo e julgamento envolvendo preso provisório cabe ao Juízo responsável pela execução ou prisão**:

"[...] Competência do Juízo responsável pela execução penal ou pela prisão provisória para **processar e julgar as questões envolvendo o preso provisório**, nos termos do artigo 4°, §2°, da Lei 11.671/08 e artigo 6° do Decreto Federal n.° 6.877/09 c/c o artigo 86, §3° da Lei de Execução Penal.[...]" (TJRJ, Habeas Corpus 0026178-54.2018.8.19.0000, rel. Desembargador Joaquim domingos de Almeida Neto, julgado em 26.06.2018, 7ª Câmara Criminal).

APLICAÇÃO EM CONCURSO

QUESTÕES

1. (TRF da 4ª Região, 2014, TRF – 4ª REGIÃO, prova para Juiz Federal Substituto (Dadas as assertivas abaixo, assinale a alternativa correta. De acordo com a Lei n° 11.671/08, que dispõe sobre a transferência e a inclusão de presos em estabelecimento penal federal de segurança máxima, bem como com o decreto que a regulamenta, é correto afirmar:

I. Independentemente de ser preso definitivo ou provisório, a execução da pena privativa de liberdade, no período em que durar a transferência, ficará a cargo do juízo federal competente pela unidade prisional.

[...]

2. (PGR, 2012, MPF, prova de Procurador da República) Considerando a transferência de presos para estabelecimentos penais federais de segurança máxima, e tendo por lastro o entendimento mais recente do STJ a respeito da matéria, é **incorreto** afirmar:

[...]

b) Não cabe ao Juízo Federal da Seção Judiciária em que se localiza o estabelecimento penal federal exercer qualquer juízo de valor sobre a gravidade ou não das razões do Juízo solicitante, mormente quando se tratar de preso provisório sem condenação, situação em que, de resto, a Lei n. 11.671/08 encarrega o Juízo solicitante de dirigir o controle da prisão, fazendo-o por carta precatória;

[...]

GABARITO

1. Esta alternativa I é incorreta segundo gabarito do TRF4. Em relação ao preso definitivo, conforme artigo 2°, a alternativa está correta, mas não em relação ao preso cautelarmente, em que apenas a fiscalização da prisão no estabelecimento penal federal de segurança máxima será realizada pelo juízo federal corregedor.
2. A alternativa "b" não é a certa, pois está correta e a questão pedia a incorreta. Isso pois o artigo 4°, § 2°, prescreve que só será deprecada por carta do juízo de origem ao juízo federal competente a fiscalização da prisão provisória. Ainda, tal questão está inserta totalmente na decisão do STJ no CC n° 118834-RJ, terceira turma, julgado em 23/11/2011, "Não cabe ao Juízo Federal exercer qualquer juízo de valor sobre a gravidade ou não das razões do solicitante, mormente, como no caso, quando se trata de preso provisório sem condenação, situação em que, de resto, a lei encarrega o juízo solicitante de dirigir o controle da prisão, fazendo-o por carta precatória."

4.5 ARTIGO 5º – PEDIDO DE TRANSFERÊNCIA: LEGITIMADOS E ADMISSIBILIDADE NO JUÍZO DE ORIGEM

Art. 5° São legitimados para requerer o processo de transferência, cujo início se dá com a admissibilidade pelo juiz da origem da necessidade da transferência do preso para estabelecimento penal federal de segurança máxima, a autoridade administrativa, o Ministério Público e o próprio preso.

O artigo 5º elenca os **legitimados para requerer a abertura do processo** de inclusão ou transferência[51] para estabelecimento penal federal, a saber: 1) Autoridade Administrativa; 2) Ministério Público; 3) próprio Preso.

Ademais, depreende-se do presente rol que falece **legitimidade à autoridade judicial** para requer a transferência *ex officio* do preso ao SPF[52].

---

51. Em relação à transferência entre penitenciárias federais, cabe observar o art. 12 do Decreto n.° 6.877/09.
52. Sobre a **ilegitimidade da autoridade judicial** para a transferência *ex officio* dos presos e sua visualização na prática, Gabriel Cesar dos Santos afirma que "a autoridade judiciária não está elencada no taxativo rol do artigo, logo, por motivos óbvios, não poderia solicitar, de ofício, a inclusão ou transferência de presos. A despeito disso, é possível encontrar pedidos de

No tocante à **autoridade administrativa,** quer nos parecer que possuem legitimidade para o requerimento de transferência todos aqueles órgãos, por intermédio de seus representantes legais, **que disponham de pertinência temática com a pauta prisional**, tais quais os secretários de estados (de pastas afins), diretores de unidades prisionais, força-tarefa de intervenção penitenciária (FTIP), delegados de polícia e federais etc.

Neste particular, o Supremo Tribunal Federal entende que a **INTERPOL** (Organização Internacional de Polícia Criminal) também é considerada autoridade administrativa competente para o requerimento de transferência de presos para o Sistema Penitenciário Federal em processos de extradição, pois, através de sua atuação no país, lhe compete transmitir o pedido de prisão cautelar à autoridade competente para extradição, nos moldes do art. 84, §§ 2º e 3º, da Lei n.º 13.445/2017 – Lei de Migração (AgR na Prisão Preventiva para Extradição PPE 822/DF, julgado em 29.11.2019).

A **legitimidade do Ministério Público** para o requerimento do processo de transferência abrange o órgão com atribuições para atuação no Juízo de origem, podendo ser tanto membro do Ministério Público Federal, quanto do Ministério Público Estadual, a depender da jurisdição a que o preso esteja submetido.

Quanto ao **requerimento do preso**, o objetivo primordial, segundo o próprio art. 3º da Lei n.º 11.671/08, é a sua própria segurança. No que diz respeito à formalidade, poderá ser feito de próprio punho ou por seu advogado ou Defensor Público.

Por fim, **após o requerimento realizado por um dos legitimados,** caberá **ao juiz** de origem **a apreciação da admissibilidade do pedido**, oportunidade na qual deverá fundamentar a necessidade de inclusão ou transferência do preso para um estabelecimento penal federal de segurança máxima, dando início ao processo de transferência.

---

transferência/inclusão feitos pelo juiz de origem." (SANTOS, 2016, p. 317). Nesse sentido, grifa Filippe Nascimento que "logo se constata que a autoridade judiciária da origem não pode agir de ofício, solicitando a transferência de internos. Tal fato, que parece óbvio, na prática, tem sido ignorado. É bem comum encontrar, em processos judiciais de transferência entre estabelecimentos penitenciários, solicitações de transferência formuladas pela própria autoridade judiciária da origem." (NASCIMENTO, 2018, p. 198). Em sentido contrário, o Juiz Federal Élcio Arruda se posiciona pela legitimidade de o próprio juiz responsável pelo preso demandar a inserção de ofício (ARRUDA, 2010, p. 55).

Decreto 6.877/09 – Regulamento da Lei 11.671/08
Art. 2° O processo de inclusão e de transferência, de caráter excepcional e temporário, terá início mediante requerimento da autoridade administrativa, do Ministério Público ou do próprio preso. § 1° O requerimento deverá conter os motivos que justifiquem a necessidade da medida e estar acompanhado da documentação pertinente. § 2° O processo de inclusão ou de transferência **será autuado em apartado.** [...]

JURISPRUDÊNCIA

SUPREMO TRIBUNAL FEDERAL

• **INTERPOL como autoridade administrativa legitimada ao pedido.**

EXTRADIÇÃO – PRISÃO CAUTELAR – TRANSFERÊNCIA DO SÚDITO ESTRANGEIRO, A PEDIDO DA INTERPOL, PARA ESTABELECIMENTO PRISIONAL FEDERAL – LEGITIMIDADE (LEI N° 11.671/2008, ARTS. 3°, 4° E 5°) – AGRAVO INTERNO IMPROVIDO. [...] – A INTERPOL (Organização Internacional de Polícia Criminal), que dispõe de legitimidade para transmitir pedido de prisão cautelar para efeitos extradicionais dirigido ao Supremo Tribunal Federal (Lei de Migração, art. 84, § 2°), **possui qualidade para requerer à Suprema Corte a transferência do extraditando para estabelecimento penal federal de segurança pública máxima, pois essa Organização Internacional ajusta-se à noção de "autoridade administrativa" a que se refere o art. 5°, "caput", da Lei n° 11.671/2008**. – No contexto de pedidos extradicionais, compete, exclusivamente, ao Estado requerido (o Brasil, no caso) decidir, após requerimento dos legitimados previstos no art. 5°, "caput", da Lei n° 11.671/2008 – a autoridade administrativa (INTERPOL, inclusive), o Ministério Público ou o próprio preso –, sobre a transferência do súdito estrangeiro para estabelecimento penal federal. Precedente. (STF, 2ª Turma, AgR na Prisão Preventiva para Extradição PPE 822/DF, rel. Ministro Celso de Mello, julgado em 29 de novembro de 2019, DJe publicado em 10.12.2019).

APLICAÇÃO EM CONCURSO

QUESTÕES

1. (CESPE, 2015, DEPEN, prova de Agente Penitenciário Federal – nível médio) Com relação ao sistema penitenciário federal e ao processo de transferência de presos para esse sistema, julgue o item a seguir.

A transferência de um preso para um estabelecimento penal federal de segurança máxima pode ser requerida pela autoridade administrativa, pelo próprio preso ou pelo Ministério Público.

( ) Certo ( ) Errado

2. (CESPE, 2013, DEPEN, prova de Agente Penitenciário Federal) Julgue os itens seguintes, relativos à transferência e inclusão de presos em estabelecimentos penais federais de segurança máxima.

São legitimados para requerer o processo de transferência de um preso para um estabelecimento penal federal o Ministério Público, o preso, a autoridade administrativa competente e o DEPEN.

( ) Certo ( ) Errado

3. (CESPE, 2018, DPE-PE, prova de Defensor Público) À luz da Lei n.° 11.671/2008 e do Decreto n.° 6.877/2009 (Sistema Penitenciário Federal), assinale a opção correta, a respeito do cumprimento de pena em estabelecimento prisional federal de segurança máxima.

c) O detento possui legitimidade para requerer a própria transferência para estabelecimento prisional federal de segurança máxima.

GABARITO

1. Certo. Alternativa com previsão expressa no artigo 5° da presente lei.
2. Errado. A afirmativa está errada, uma vez que o DEPEN não é um dos legitimados para requerer o processo de transferência.
3. A alternativa C está correta. Alternativa com previsão expressa no artigo 5° desta lei.

4.5.1 § 1º – Assistência jurídica e Defensoria Pública da União

> § 1° Caberá à Defensoria Pública da União a assistência jurídica ao preso que estiver nos estabelecimentos penais federais de segurança máxima.

O § 1º prevê que caberá à Defensoria Pública da União, órgão da execução penal[53], a assistência jurídica ao preso que estiver nos estabelecimentos penais federais de segurança máxima. Contudo, tal leitura deve ser feita em consonância com o art. 8º, tópico 2, alínea "d", do Pacto de São José da Costa Rica, o qual prevê que "é **direito do acusado defender-se pessoalmente ou de ser assistido por um defensor de sua escolha** e de comunicar-se, livremente e em particular, com seu defensor", além de que deve ser informado imediatamente das razões de sua prisão e quaisquer acusações que pesem contra ele (regra 119.1 das Regras de Mandela). Isso pois, ao acusado lhe é permitido a defesa pessoal positiva[54], como constituir procurador de sua escolha, declarar, praticar atos e, inclusive, podendo fazer uso da ação constitucional do *Habeas Corpus*.

A atuação da Defensoria Pública da União[55] decorrerá de deferimento de assistência jurídica requerida – **função típica** –, onde deverá ser comprovada a ausência de condições financeiras de constituir advogado particular, ou por nomeação judicial – **função atípica** –, caso o preso não constitua advogado particular. Esta decorre do fato de que a defesa técnica é indisponível no

53. Conforme dispõe o art. 61, inc. VIII, da Lei de Execução Penal.
54. Conforme Aury Lopes Jr. (2020, p. 115-118), junto à defesa técnica existe a defesa pessoal, que pode ser positiva (autodefesa) ou negativa (*nemo tenetur se detegere*).
55. Enquanto a função típica implica em análise da hipossuficiência econômica (arts. 1° e 4°, I, da LC 8094), a função atípica implica a análise da hipossuficiência jurídica (no caso, fulcro no art. 263 do CPP).

processo penal, devendo seu exercício ser real e efetivo, por força dos princípios constitucionais da ampla defesa e do contraditório (artigos 261 e 263 do Código de Processo Penal; artigo 5º, inciso LV, da Constituição Federal; e artigo 8º, item 2.e, da Convenção Americana de Direitos Humanos).

Diga-se, ainda, em vista de sua inegável importância na atuação perante o Sistema Penitenciário Federal, que o Conselho de Justiça Federal, através da Recomendação n.º 16, editada no III Workshop sobre o SPF, recomenda às autoridades competentes o incremento do número de defensores com atuação nas Penitenciárias Federais.

Importante observar que a **Defensoria Pública da União** se organiza através da Lei Complementar n.º 80/94, tendo como objetivo a garantia dos princípios constitucionais da ampla defesa e do contraditório (art. 3º-A, IV) e, como função institucional, dentre outras, prestar orientação jurídica e exercer a defesa dos necessitados, em todos os graus (art. 4º, inc. I), e **atuar nos estabelecimentos penitenciários**, visando a assegurar aos presos, sob quaisquer circunstâncias, o exercício pleno de seus direitos e garantias fundamentais (art. 4º, inc. XVII).

Na eventualidade de não haver a Defensoria Pública da União instalada no local da sede do estabelecimento penal federal ou em localidades que possam vir a ser construídas novas penitenciárias federais, bem como não tendo o preso constituído procurador, haverá a necessidade da nomeação de **advogado dativo**, em garantia à ampla defesa (art. 5º, inc. LV, CF)[56].

Enunciados e recomendações dos Workshops sobre o SPF do CJF

Recomendação n. 16 – Recomenda-se às autoridades competentes o incremento do número de defensores com atuação em presídios federais. (Editado no III *Workshop*)

JURISPRUDÊNCIA

TRIBUNAIS REGIONAIS FEDERAIS

- **As prerrogativas da DPU da Lei Complementar n° 80/94 devem ser observadas nos procedimentos administrativos e judiciais envolvendo presos ingressos no sistema penitenciário federal.**

56. Relativo ao tema, as Regras de Mandela filiam-se a este mesmo entendimento: "se um preso não julgado não tiver advogado de sua escolha, ser-lhe-á designado um defensor pela autoridade judicial, ou outra autoridade, em todos os casos em que os interesses da justiça o requeiram e sem custos para o preso não julgado, caso não tenha os meios suficientes para pagar. A denegação de acesso a assistente jurídico deve ser objeto de uma revisão independente, sem demora" (Regra 119.2).

"ADMINISTRATIVO. MANDADO DE SEGURANÇA. PRERROGATIVAS DA DEFENSORIA PÚBLICA FEDERAL. PROCESSO ADMINISTRATIVO DISCIPLINAR. INFRAÇÃO AOS PRINCÍPIOS DA AMPLA DEFESA E CONTRADITÓRIO PELOS IMPETRADOS. 1. No presente caso, verifica-se que a conduta do Diretor do Sistema Penitenciário Federal – DEPEN/MJ está a violar tanto prerrogativa funcional da DPU, quanto o direito ao contraditório e à ampla defesa dos internos, previstos na Constituição. 2. Com efeito, a **vista pessoal dos processos na íntegra e fora dos cartórios e secretarias é direito do Defensor Público**, ressalvadas as hipóteses de vedação legal, o que não é a situação dos autos. 3. A **limitação de acesso aos vídeos das imagens do circuito interno, mediante imposição de utilização de sala específica no Presídio e sob observação de agentes penitenciários, poderia redundar em prejuízo à efetiva defesa e ao contraditório dos internos do estabelecimento prisional**, bem como violação às prerrogativas funcionais da Defensoria Pública previstas no artigo 44 da Lei Complementar n° 80/94, com a redação dada pela LC n° 132/09. 4. O **direito de defesa dos internos está sendo prejudicado com a negativa de fornecimento das mídias**, uma vez que o Defensor Público, ao analisar os autos administrativos, não detém em mãos todos os elementos para promover a defesa daqueles. É de se ressaltar que a Defensoria Pública da União é uma instituição essencial à função jurisdicional do Estado, responsável pela orientação jurídica e defesa, em todos os graus, dos necessitados, nos termos do artigo 134 da CF. 5. A alegação da apelante de que a proibição de saída das mídias da Unidade Prisional deu-se em razão do extremo rigor com relação ao controle e acesso de pessoas e bens não deve prosperar, visto que nada justifica a supressão de um direito garantido constitucionalmente. A observância aos procedimentos especiais de segurança da Unidade Prisional não pode ser maior do que o respeito conferido aos ditames constitucionais. 6. Apelo e remessa oficial desprovidos. (TRF3, 4ª Turma, Apelação/Remessa necessária 0010199-50.2013.4.03.6000, rel. Desembargador Marcelo Saraiva, julgado em 16 de maio de 2019)

APLICAÇÃO EM CONCURSO

QUESTÕES

1. (CESPE, 2018, DPE/PE, prova para Defensor Público) À luz da Lei n.° 11.671/2008 e do Decreto n.° 6.877/2009 (Sistema Penitenciário Federal), assinale a opção correta, a respeito do cumprimento de pena em estabelecimento prisional federal de segurança máxima.

a) Compete à Defensoria Pública estadual da região onde estiver localizado o estabelecimento prisional federal a assistência jurídica dos detentos que lá cumprem penas.

[...]

2. (CESPE, 2017, DPE-AL, prova para Defensor Público) No que se refere à inclusão ou à transferência de preso para o sistema penitenciário federal, assinale a opção correta.

a) De acordo com a lei de regência, a Defensoria Pública da União deve prestar assistência jurídica ao preso em ambas as etapas do incidente de inclusão ou de transferência para o sistema penitenciário federal.

[...]

3. (CESPE, 2011, TRF da 2ª região, prova para Juiz Federal) Com referência à execução penal, assinale a opção correta.

a) A norma que rege o sistema penitenciário federal estabelece de forma expressa a atribuição da Defensoria Pública da União, para atuar, com exclusividade, nos estabelecimentos prisionais federais, e veda, em qualquer hipótese, a transferência de presos entre as penitenciárias federais, sem novo incidente.

[...]

4. **(CESPE, 2013, DEPEN, prova de Agente Penitenciário Federal)** Julgue os itens seguintes, relativos à transferência e inclusão de presos em estabelecimentos penais federais de segurança máxima.

A assistência jurídica ao preso em cumprimento de pena privativa de liberdade em estabelecimentos federais de segurança máxima, de regra, é responsabilidade da respectiva defensoria pública estadual.

( ) Certo ( ) Errado

GABARITO

1. Está incorreta. Tratando-se de estabelecimento prisional federal, cabe à Defensoria Pública da União da região onde estiver localizado o estabelecimento.
2. Alternativa "a" está errada. A Defensoria Pública da União prestará assistência jurídica nos processos que tramitam na justiça federal, devendo atuar na etapa do incidente de inclusão perante o juízo estadual a Defensoria Pública Estadual ou procurador constituído.
3. Alternativa "a" está errada. Cabe à Defensoria Pública da União a assistência, mas não com exclusividade, pois ao réu é dado o direito de constituir seu próprio procurador. Ademais, não há previsão no sentido de proibir a transferência de presos entre penitenciárias federais, inclusive o Decreto 6.877/09 prevê no artigo 12 que mediante requerimento da autoridade administrativa, do Ministério Público ou do próprio preso, poderão ocorrer transferências de presos entre estabelecimentos penais federais. Sobre a segunda parte, ver comentários do *caput* do artigo 5°.
4. Errado. A assistência jurídica caberá à Defensoria Pública da União, conforme previsão expressa do §1° do artigo 5°.

4.5.2 § 2º – Oitiva dos envolvidos: autoridade administrativa, MP, Defesa e DEPEN

> § 2° Instruídos os autos do processo de transferência, serão ouvidos, no prazo de 5 (cinco) dias cada, quando não requerentes, a autoridade administrativa, o Ministério Público e a defesa, bem como o Departamento Penitenciário Nacional – DEPEN, a quem é facultado indicar o estabelecimento penal federal mais adequado.

Iniciado e instruído o processo de transferência perante o juízo de origem, devem ser ouvidos, no prazo de 5 (cinco) dias, quando não forem os responsáveis pelo requerimento inicial: a) Autoridade Administrativa; b) Ministério Público; c) Defesa; d) Departamento Penitenciário Nacional - DEPEN.

Ao DEPEN cabe, além de **indicar o estabelecimento penal federal mais adequado à execução da pena do preso, opinar sobre a pertinência da inclusão ou da transferência,** podendo, para tanto, solicitar diligências complementares, inclusive sobre o histórico criminal do preso (art. 5º do Decreto n.º 6.877/09). A este propósito, entendemos que a faculdade de indicar o estabelecimento penal federal - que, diga-se, é de todo desejada em razão da expertise do órgão - não implica em ato vinculante ao juízo da execução, que decidirá pautado nos princípios que regem a jurisdição criminal e em seu livre convencimento motivado[57].

Ao final da instrução do procedimento de inclusão e transferência - com as manifestações da autoridade administrativa, do Ministério Público, da defesa e do Departamento Penitenciário Nacional -, **o juiz de origem, admitindo a necessidade da inclusão ou da transferência do preso, remeterá os autos ao juízo federal competente** (art.6º do Decreto n.º 6.877/09).

JURISPRUDÊNCIA

TRIBUNAIS REGIONAIS FEDERAIS

• Quanto à oitiva do Departamento Penitenciário Nacional – DEPEN sobre a transferência para o SPF através de pedido do Secretário de Administração Penitenciária de São Paulo:

"HABEAS CORPUS. TRANSFERÊNCIA DE PRESO PARA PRESÍDIO FEDERAL DE SEGURANÇA MÁXIMA. POSSIBILIDADE. PEDIDO DO SECRETÁRIO DE ADMINISTRAÇÃO PENITENCIÁRIA DO ESTADO DE SÃO PAULO. DISCRICIONARIEDADE DA ADMINISTRAÇÃO. INOCORRÊNCIA DE ILEGALIDADE OU ABUSO DE PODER. ORDEM DENEGADA. 1. O paciente está sendo processado como incurso no art. 35, caput, e art. 33, caput, c/c art. 41, I todos da Lei 11.343/06 e art. 16, parágrafo único, III e IV e art. 18 c/c art. 19 da Lei 10.866/03. 2. Em decorrência do pedido do Secretário de Administração Penitenciária do Estado de São Paulo, foi solicitada a transferência do paciente para um Presídio Federal diante da sua alta periculosidade. 3. Fundou-se o pedido na notícia de que o paciente atuava no Paraguai como um "embaixador" da organização criminosa conhecida como Primeiro Comando da Capital (PCC), defendendo interesses da facção e protegendo seus membros quando foragidos no Paraguai. 4. Diante da urgência da medida, sem prejuízo de posterior manifestação da defesa, foi deferida transferência do paciente com fundamento no art. 3°, incisos I e IV do Decreto 6.811/2009 que regulamentou a Lei 11.671/2008 para o Presídio Federal de Catanduvas/PR. Na sequência, o **Departamento Penitenciário Nacional (DEPEN) manifestou-se pela transferência para a Penitenciária Federal de Porto Velho/RO**. 5. **A transferência entre presídios é ato discricionário da administração** e, no caso concreto, a sua necessidade se encontra devidamente fundamentada no ato impugnado, não merecendo prosperar a alegação de violação aos princípios constitucionais do contraditório e da ampla defesa, uma vez que há expresso permisso legal que faculta diferir o exercício do direito de defesa, em casos excepcionais, para após a sua efetivação, como o que se

57. Não é demais lembrar que a transferência de presos entre estabelecimentos penais circunscreve-se dentro das competências do juiz da execução. Neste sentido, reza o art. 86, § 3°, da LEP. "Caberá ao juiz competente, a requerimento da autoridade administrativa definir o estabelecimento prisional adequado para abrigar o preso provisório ou condenado, em atenção ao regime e aos requisitos estabelecidos". Ainda mais específica é a menção à remoção de presos para o SPF, pelo que o art. 66, inc. V, alínea "h", da LEP, é categórico em confirmar que compete ao juiz da execução determinar a transferência.

verifica no caso em tela. 7. Contraditório e ampla defesa assegurados. 8. Ordem denegada." (TRF3, Habeas Corpus 0003330-87.2017.4.03.0000, 5ª Turma, rel. Desembargador Paulo Fontes, e-DJF3 de 27 de fevereiro de 2018).

APLICAÇÃO EM CONCURSO

QUESTÕES

1. (CESPE, 2017, DPE-AL, prova de Defensor Público) No que se refere à inclusão ou à transferência de preso para o sistema penitenciário federal, assinale a opção correta.

[...]

e) O Departamento Penitenciário Nacional deverá ser ouvido no juízo de origem, federal ou estadual, na primeira etapa do incidente de inclusão ou da transferência do preso, bem como deverá opinar sobre a pertinência da medida, com a eventual indicação do estabelecimento penal federal adequado à custódia.

GABARITO

1. Está correta a letra "e".

4.5.3 § 3º – Instrução dos autos do processo de transferência

> § 3º A instrução dos autos do processo de transferência será disciplinada no regulamento para fiel execução desta Lei.

A **instrução dos autos do processo de transferência** para o estabelecimento penal federal de segurança máxima será disciplinada pelo Decreto n.º 6.877/09 que, por sua vez, regulamenta a Lei n.º 11.671/08.

O processo de inclusão ou transferência de preso ao SPF constitui-se em **ato jurídico complexo, que demanda duplo juízo de admissibilidade,** tanto por decisão do juízo de origem, quanto por decisão do juízo federal corregedor. Em suma, o processo de inclusão ou transferência, que depende da convergência dessas duas decisões, segue o seguinte *iter* procedimental.

A **instrução inicial, realizada no juízo de origem**, tem como etapas: (a) requerimento endereçado ao juízo de origem; (b) juntada da documentação do art. 4º do Decreto n.º 6.877/09; (c) análise de pedido liminar de inclusão emergencial e sua extrema necessidade; (d) possibilidade de diligências; (e) caso não sejam os requerentes, oitiva, em 5 (cinco) dias cada, da autoridade administrativa, do MP, da defesa e do DEPEN, a quem é atribuído a função de opinar pela pertinência da inclusão ou transferência e indicar o estabelecimento penal federal adequado à custódia (art. 5º, Decreto n.º 6.877/09).

Instruído, o **juízo de origem decide sobre a inclusão ou transferência**, com as razões da excepcional necessidade da medida (art. 4º, Decreto n.º 6.877/09), **encaminhando os autos** do processo de inclusão, caso haja juízo positivo de admissibilidade, ao juízo federal corregedor indicado pelo DEPEN (arts. 6º e 9º, § 2º, Decreto n.º 6.877/09).

Recebido os autos do processo de transferência, **o juízo federal corregedor irá** (art. 7º, Decreto n.º 6.877/09): (a) decidir sobre pedido liminar de inclusão emergencial e sua extrema necessidade (§ 6º do art. 5º da Lei n.º 11.671); (b) caso necessário à formação de seu convencimento, determinar diligências complementares, ouvidos o MPF e a defesa, no prazo de 5 (cinco) dias (art. 5º, § 4º, lei n.º 11.671/08); e (c) decidir sobre a inclusão ou transferência definitiva do preso no SPF.

Admitida a inclusão ou a transferência pelo juiz corregedor federal, o juízo de origem é notificado para enviar os autos do processo de execução ou carta precatória (arts. 6º e 7º, Lei n.º 11.671/08, e art. 8º, Decreto n.º 6.877/09).

Ainda, necessário referir que no caso de juízo negativo de admissibilidade pelo Juiz Federal Corregedor e discordância do Juízo de origem, alçado pelo entendimento de desnecessidade da medida, poderá ser instaurado, pelo Juízo de Origem, o Conflito de Competência negativo – regulado pelo art. 9º da lei n.º 11.671/08[58] –, ao que remetemos o leitor às considerações dispostas no capítulo 4.9.

Enunciados e recomendações dos Workshops sobre o SPF do CJF

Enunciado n. 47 – O Depen deverá, quando da indicação do presídio federal, encaminhar ao juízo de origem o modelo de certidão, constante do Manual Prático de Rotinas, a qual deverá instruir o pedido de inclusão. (Editado no IV *Workshop*)

JURISPRUDÊNCIA

TRIBUNAIS REGIONAIS FEDERAIS

• **Informações de relatórios de inteligência para fundamentar transferência ao SPF e excesso de prazo na análise da prorrogação de permanência**:

"[...] 5. Eventual excesso de prazo no processamento do pedido de prorrogação de permanência, pelo juízo solicitante, deve ser analisado sob a ótica da razoabilidade e das circunstâncias envolvidas no caso concreto. 6. Conforme já decidido pelo Superior Tribunal

58. Em caso de rejeição da renovação, será regulado pelo art. 10, § 5º, da lei n.º 11.671/08, o qual remetemos o leitor à leitura do capítulo 4.10.5.

de Justiça, **inexiste ilegalidade na utilização de informações oriundas de relatórios de inteligência como fundamento para a transferência de apenado para o sistema penitenciário federal**, servindo tais documentos para demonstrar a existência de dados concretos que apontam a necessidade da medida. 7. Desprovimento do agravo em execução penal. (TRF4, Agravo em Execução Penal nos autos n.° 5014149-15.2020.4.04.7000, 8ª Turma, Relator Carlos Eduardo Thompson Flores Lenz, julgado em 24/06/2020)

4.5.4 § 4º – Diligências complementares no juízo de admissibilidade

§ 4° Na hipótese de imprescindibilidade de diligências complementares, o juiz federal ouvirá, no prazo de 5 (cinco) dias, o Ministério Público Federal e a defesa e, em seguida, decidirá acerca da transferência no mesmo prazo.

Recebidos os autos do processo de transferência, caso o juiz federal corregedor entenda necessário para a formação de seu convencimento e tomada de decisão a realização de diligências complementares, deverá, no prazo de 5 (cinco) dias, ouvir o MPF e a defesa e, em seguida, decidirá acerca do incidente no mesmo prazo.

Em que pese o § 4º condicionar a oitiva do MPF e da defesa à imprescindibilidade de diligências complementares, **entendemos que a medida que melhor se coaduna com o devido processo legal, o contraditório e a ampla defesa, é a de que o juízo de admissibilidade** exercido pelo juiz corregedor federal **não prescinde da manifestação do MPF e da Defesa** (Defensoria Pública da União ou procurador constituído), **quer seja em diligências complementares, quer seja na apreciação da medida de inclusão cautelar ou definitiva**[59]. Entretanto, predomina posição diversa no STJ, considerando que a ausência de abertura de prazo para a defesa no juízo federal exige a demonstração de concreto prejuízo à defesa, de modo a considerar relativa a nulidade do ato (STJ, AgRg no REsp 1.710.931/RN, rel. Min. Sebastião Reis Júnior, 6ª Turma, julgado em 16.10.2018, Dje de 13.11.2018).

Enunciados e recomendações dos Workshops sobre o SPF do CJF

Enunciado n. 23 – Após o recebimento dos documentos do art. 4° do Decreto n. 6.877/09, e oitiva do MPF e da DPU, o juízo decidirá em 10 dias a inclusão definitiva do preso no

59. Nessa perspectiva situa-se o enunciado 23 Editado do II Workshop, com alteração de texto no IV Workshop: "após o recebimento dos documentos do art. 4° do Decreto n. 6.877/09, e oitiva do MPF e da DPU, o juízo decidirá em 10 dias a inclusão definitiva do preso no Sistema Penitenciário Federal".

Sistema Penitenciário Federal. (Editado no II Workshop com alteração de texto no IV Workshop)

Decreto 6.877/09 – Regulamento da Lei 11.671/08
Art. 7° Recebidos os autos, o juiz federal decidirá sobre a inclusão ou a transferência, podendo determinar diligências complementares necessárias à formação do seu convencimento.

4.5.5 § 5º – Indicação do período de permanência

> § 5° A decisão que admitir o preso no estabelecimento penal federal de segurança máxima indicará o período de permanência.

Trata-se de formalidade essencial do processo de transferência. A indicação do período de permanência no sistema penitenciário federal é **obrigatória**, devendo o prazo estipulado respeitar os limites estabelecidos no art. 10, § 1º, desta lei.

4.5.6 § 6º – Medida cautelar de transferência do preso para o SPF

> § 6° Havendo extrema necessidade, o juiz federal poderá autorizar a imediata transferência do preso e, após a instrução dos autos, na forma do § 2° deste artigo, decidir pela manutenção ou revogação da medida adotada.

O § 6º do art. 5º trata da transferência cautelar do preso para o SPF como medida de extrema necessidade, pelo que o juiz federal poderá decidir liminarmente autorizando o pedido. Trata-se de decisão *inaudita altera pars*, ou seja, que difere o contraditório ante a impossibilidade de instrução imediata do processo de inclusão ou transferência[60].

A esse respeito, o Superior Tribunal de Justiça editou a **súmula n.º 639,** com o seguinte teor:

60. Entendendo **pela postergação da intimação em situações emergenciais**, o STF decidiu que é possível, conforme teor do § 6° do art. 5°, a postergação da oitiva do recluso e dos agentes envolvidos no processo de transferência, oitiva prevista no § 2° do art. 5° da lei n.° 11.671/08, desde que caracterizada e fundamentada tal medida emergencial (STF, HC 115.539, 1ª Turma, rel. Ministro Luiz Fux, julgado em 03.09.2013, informativo 718).

> "Não fere o contraditório e o devido processo decisão que, sem ouvida prévia da defesa, determine transferência ou permanência de custodiado em estabelecimento penitenciário federal".

Nada obstante a decisão cautelar ser autorizada pelo juiz federal, **a inclusão ou a transferência deverá ser requerida diretamente ao juízo de origem, instruída com elementos que demonstrem a extrema necessidade da medida** (art. 9º, § 1º, Decreto n.º 6.877/09). Ou seja, mesmo na inclusão emergencial, a admissibilidade do preso no sistema penitenciário federal exige prévia decisão do juízo de origem, conforme a inteligência do enunciado n.º 45 do IV Workshop sobre o SPF do CJF.

Ainda, em homenagem ao modelo acusatório vigente, a inclusão cautelar deve ser postulada pelas partes legitimadas, **sendo vedada a decisão de ofício**, seja pelo juízo de origem, seja pelo juiz federal corregedor.

Concordando com a inclusão ou a transferência emergencial, o juízo de origem remeterá, imediatamente, o requerimento ao juízo federal competente (art. 9º, § 2º, Decreto n.º 6.877/09). O pedido, nada obstante, deve estar **instruído com elementos que justifiquem a situação de extrema necessidade**, presentes o *periculum in mora* e o *fumus boni iuris*. Neste sentido, o enunciado n.º 37 do III Workshop do SPF estabelece:

> "A inclusão de preso no Sistema Penitenciário Federal, sob o argumento de extrema necessidade, é medida cautelar excepcional que, para o seu deferimento, exige **indícios da situação de risco, atual ou iminente, que ameace a segurança da sociedade ou do próprio preso**".

Daí dizer que algumas situações, embora graves, não preenchem o requisito da "extrema necessidade". Bem por isso, o enunciado n.º 38, também do III Workshop do SPF, orienta que a **medida não se caracteriza como emergencial nos casos de ausência de gestão administrativa, de defeitos estruturais, de superlotação ou, ainda, de problemas do Sistema Penitenciário Estadual.**

Por outro lado, a jurisprudência dos **Tribunais Superiores vêm reconhecendo como situações de extrema necessidade,** as seguintes condutas do preso: a) histórico de rebeliões que provoquem mortes; b) periculosidade do paciente; c) liderança subversiva exercida pelo agente; d) descobertas de planos de resgate da liderança do bando; e) planos e atentados contra autoridades; f) consequente desestabilização do sistema prisional; g) consequente julgamento do Brasil pela Corte Interamericana de Direitos Humanos no caso ensejador da crise prisional; e h) consequente interdição do presídio (STF, HC 115.539/RO, 1ª Turma, rel. Min. Luiz Fux, julgado em 03.09.2013, e STJ, HC 519770/SP, rel. Min. Rogerio Schietti Cruz, julgado em 15.10.2019).

Ato contínuo, admitida a inclusão ou a transferência emergencial pelo juízo federal competente, caberá ao juízo de origem remeter àquele, imediatamente, os documentos previstos nos incisos I e II do art. 4º do Decreto regulamentar, conforme preceitua o § 3º do seu art. 9º. Na prática diária, o que se tem visto, entretanto, é que não raras vezes revela-se intempestiva e injustificada a demora[61] no encaminhamento desta documentação essencial para a avaliação definitiva do incidente de transferência do preso para o SPF (HARTMANN, 2019, p. 111).

Decreto 6.877/09 – Regulamento da Lei 11.671/08
Art. 9° A inclusão e a transferência do preso poderão ser realizadas sem a prévia instrução dos autos, desde que justificada a situação de extrema necessidade. § 1° A inclusão ou a transferência deverá ser requerida diretamente ao juízo de origem, instruída com elementos que demonstrem a extrema necessidade da medida. § 2° Concordando com a inclusão ou a transferência, o juízo de origem remeterá, imediatamente, o requerimento ao juízo federal competente. § 3° Admitida a inclusão ou a transferência emergencial pelo juízo federal competente, caberá ao juízo de origem remeter àquele, imediatamente, os documentos previstos nos incisos I e II do art. 4°.

Enunciados e recomendações dos Workshops sobre o SPF do CJF

Enunciado n. 37 – A inclusão de preso no Sistema Penitenciário Federal, sob o argumento de extrema necessidade, é medida cautelar excepcional que, para o seu deferimento, exige indícios da situação de risco, atual ou iminente, que ameace a segurança da sociedade ou do próprio preso. (Editado no III Workshop)

Enunciado n. 38 – A extrema necessidade, exigida no art. 5°, § 6°, da Lei n. 11.671/2008, não pode derivar exclusivamente da ausência de gestão administrativa, de defeitos estruturais, de superlotação ou ainda de problemas do Sistema Penitenciário Estadual. (Editado no III Workshop)

Enunciado n. 40 – O disposto no art. 10, §§ 3° e 6°, da Lei n. 11.671/2008, no que toca à manutenção automática do recluso no estabelecimento penitenciário federal, não se aplica quando se tratar de mera reapreciação da inclusão cautelar (art. 5°, § 6°, da Lei n. 11.671/2008. (Editado no III Workshop)

61. Trata-se de relevante situação, uma vez que o juiz federal corregedor pode, por exemplo, pela demora do envio dos documentos, revogar a medida cautelar antes deferida, embora na prática isso não ocorra ordinariamente. Merece referir que, segundo o enunciado n. 40 dos Workshops sobre o SPF do CJF, a reapreciação da medida cautelar de inclusão não obsta a devolução do preso, diferente das situações de pedidos de renovação, a teor do art. 10, § 3°, da lei n.° 10.671/08.

Enunciado n. 45 – Mesmo na inclusão emergencial, a admissibilidade do preso no sistema penitenciário federal exige prévia decisão do juízo de origem. (Editado no IV *Workshop*)

JURISPRUDÊNCIA

SUPREMO TRIBUNAL FEDERAL

• **Acerca das razões que legitimam a transferência liminar pelo caráter emergencial:**

"Execução penal. Transferência de preso para presídio federal de segurança máxima sem observância de formalidades legais. Afronta ao devido processo legal, à ampla defesa, à individualização da pena e à dignidade humana: Inocorrência: **Medida emergencial caracterizada** por: a) histórico de rebeliões que provocaram 40 mortes em Rondônia, a partir de 2003; b) julgamento do Brasil e do Estado de Rondônia pela Corte Interamericana de Direitos Humanos; c) interdição de presídio; d) periculosidade do paciente, condenado a 49 anos de reclusão; e e) liderança subversiva exercida pelo agente e consequente desestabilização do sistema prisional. Oitiva do recluso: postergação em caso de emergência – art. 5°, § 6°, da Lei n. 11.671/2008. 1. O § 6° do art. 5° da Lei n. 11.671/2008 estabelece que "Havendo extrema necessidade, o juiz federal poderá autorizar a imediata transferência do preso e, após a instrução dos autos, na forma do § 2° deste artigo, decidir pela manutenção ou revogação da medida adotada", evidenciando a possibilidade de postergação da oitiva dos agentes envolvidos no processo de transferência, formalidade prevista no § 2° do art. 5° da Lei n. 11.672/2008, verbis: Instruídos os autos do processo de transferência, serão ouvidos, no prazo de 5 (cinco) dias cada, quando não requerentes, a autoridade administrativa, o Ministério Público e a defesa, bem como o Departamento Penitenciário Nacional – DEPEN, a quem é facultado indicar o estabelecimento penal mais adequado. 2. In casu, os fatos caracterizadores da situação de emergência restaram demonstrados: (i) rebeliões ocorridas a partir de 2003, com 42 (quarenta e duas) mortes; (iii) julgamento do Brasil e do Estado de Rondônia pela Corte Interamericana de Direitos Humanos, interdição de presídio, etc., tudo isso aliado à particular periculosidade do recluso, devidamente demonstrada nas execuções penais as quais responde, por isso é mister que se acolha a justificativa judicial no sentido de "A prévia oitiva do agente, nesta altura, é insusceptível de efetivação. Tanto redundaria em rebeliões e motins, demonstra-o o passado. A adução das razões do reeducando é postergada para ao depois da inclusão emergencial, medida passível de confirmação ou revogação ulteriormente", tal como faculta o § 6° do art. 5° da Lei n. 11.671/2008. 3. "Assegurada a manutenção do mesmo regime prisional em que se encontrava o preso anteriormente, a opção do local para o cumprimento da pena é de responsabilidade das autoridades penais, eis que não há direito subjetivo do paciente de cumprir a pena em determinado e específico presídio" (parecer ministerial). 4. O quadro delineado revela – diversamente do sustentado nas razões da impetração – inexistência de violação dos direitos fundamentais atinentes ao devido processo legal, ao contraditório, à ampla defesa e à dignidade humana. 5. Ordem denegada." (STF, HC 115.539/RO, 1ª Turma, rel. Min. Luiz Fux, julgado em 03 de setembro de 2013, DJe de 17 de setembro de 2013)

"Habeas corpus. [...]4. Transferência de preso provisório a outra unidade da federação, sob alegação de "tratamento privilegiado" no sistema penitenciário estadual. Reação não fundada no direito. O direito do preso à assistência da família (art. 5°, LXIII, da CF) e ao recolhimento "em local próximo ao seu meio social e familiar" (art. 103 da LEP). Apenas razões excepcionalíssimas e devidamente fundamentadas autorizariam uma transferência para outra unidade da federação. 5. Transferência do preso provisório para unidade da federação na qual não responde a ação penal em fase de instrução.

Ausência de sentido processual. 6. **O CPP prevê que "ressalvados os casos de urgência ou de perigo de ineficácia da medida", o juiz deve estabelecer contraditório prévio em relação a requerimentos de medida cautelar pessoal (art. 282, § 3°, do CPP). Transferência não urgente, determinada sem estabelecimento de contraditório prévio.** Inexistência de procedimento disciplinar em razão do comportamento carcerário. [...]9. Concedida a ordem, para determinar que os Juízos de origem providenciem o retorno do paciente, com brevidade, a estabelecimento penal no Estado do Rio de Janeiro." (STF, Habeas Corpus 152.720/DF, 2ª Turma, rel. Ministro Gilmar Mendes, julgado em 10 de abril de 2018)

SUPERIOR TRIBUNAL DE JUSTIÇA

• **Súmula 639**

"Não fere o contraditório e o devido processo decisão que, sem ouvida prévia da defesa, determine transferência ou permanência de custodiado em estabelecimento penitenciário federal." (Súmula 639, TERCEIRA SEÇÃO, julgado em 27/11/2019, DJe 02/12/2019)

• **Dispensa de oitiva prévia da defesa pelo caráter emergencial da medida, situação em que o juiz poderá postergar a oitiva do preso, nos moldes do §6° do artigo 5° da Lei 11.671/08:**

"[...] PRORROGAÇÃO DE PRAZO DE PERMANÊNCIA DE PRESO EM ESTABELECIMENTO PENITENCIÁRIO FEDERAL. ALEGAÇÃO DE NULIDADE POR AUSÊNCIA DE PRÉVIA OITIVA DA DEFESA. DISPENSABILIDADE. INTIMAÇÃO PERANTE O JUÍZO FEDERAL. ILEGALIDADE NÃO VERIFICADA. [...] II – A jurisprudência do Superior Tribunal de Justiça consolidou-se no sentido de não haver malferimento ao contraditório ou ampla defesa, pela ausência de oitiva prévia da defesa acerca da decisão que determina tanto a transferência quanto a permanência do custodiado em estabelecimento penitenciário federal, quando se constatar o caráter urgente e emergencial da medida ou o prejuízo que a ouvida preliminar do preso poderia acarretar para a garantia da ordem pública. [...] III – O recolhimento em penitenciária federal se justifica no interesse da segurança pública ou do próprio preso, revestindo-se de caráter excepcional (art. 3°, da Lei n. 11.671/2008). [...]" (STJ, HC 455702 PR, Rel. Ministro FELIX FISCHER, QUINTA TURMA, julgado em 20/09/2018, DJe 27/09/2018)

Nesse sentido: AgRg no RHC 73261 SP, Rel. Ministro FELIX FISCHER, QUINTA TURMA, julgado em 18/04/2017, DJe 26/04/2017)

• **Quanto ao caráter liminar da medida**:

"HABEAS CORPUS. SISTEMA PENITENCIÁRIO FEDERAL. INCLUSÃO EMERGENCIAL. HABEAS CORPUS DENEGADO. 1. A inclusão emergencial no Sistema Penitenciário Federal é cabível desde que justificada, por meio de decisão motivada, a extrema **necessidade da medida, com lastro em indícios de risco, atual ou iminente, que ameace a segurança da sociedade ou do próprio preso** com o perfil assinalado no art. 3° do Decreto n. 6.877/2009. 2. O Juiz sob cuja jurisdição estava o paciente salientou que o preso, de elevada periculosidade, exerce função de liderança em organização criminosa, e que foram descobertos planos de resgate da liderança do bando e de atentados contra autoridades, situação extrema a justificar a medida cautelar, no interesse da segurança pública, ainda sujeita a juízo de admissibilidade definitivo. A iminência de fuga e de assassinatos se enquadra no conceito previsto no § 6° do art. 5° da Lei n. 11.671/2008. 3. Habeas corpus denegado" (STJ, HC 519770/SP, rel. Min. Rogerio Schietti Cruz, julgado em 15 de outubro de 2019, DJe de 21 de outubro de 2019).

• Quanto à transferência urgente, **desacompanhada de toda documentação necessária à transferência**:

"PRESO. TRANSFERÊNCIA. O paciente insurge-se contra sua remoção para o sistema penitenciário de outra unidade federativa ao argumento de que não foi precedida das necessárias manifestações da defesa e do Ministério Público, bem como da decisão fundamentada do juiz federal. Também aduziu que vários documentos imprescindíveis para o deslinde da transferência não a acompanharam, inviabilizando o exercício da garantia constitucional da ampla defesa por cinco meses, sendo certo que faz jus a manter-se custodiado em local próximo à sua família. Mas a Turma, ao prosseguir o julgamento, negou provimento ao recurso ao argumento de que **a transferência ocorreu com base no art. 6° da Lei n. 10.792/2003, isto é, em caráter de urgência, tendo em vista a existência de motim. Portanto, é razoável que toda a documentação necessária à transferência não tenha acompanhado o recorrente, situação que, todavia, vem sendo regularizada pelo juiz**. Contudo, essa irresignação encontra-se superada, porquanto o colegiado dos juízes da respectiva seção de execução penal já deliberou quanto à homologação da transferência do recorrente. Não bastasse isso, o período de sua permanência foi prorrogado por mais um ano, a contar de 28 de agosto de 2007. Dessa forma, inviável o acolhimento das razões defensivas, devendo o recorrente permanecer no presídio federal em questão, salvo se as razões que justificaram sua transferência não mais subsistirem." (STJ, RHC 21.855-PR, Rel. Min. Jane Silva – Desembargadora convocada do TJ-MG, julgado em 19 de agosto de 2008, decisão publicada no informativo 364).

TRIBUNAIS REGIONAIS FEDERAIS

• TRF1: **transferência independente de prévia manifestação da defesa:**

[...] Não se verifica violação ao contraditório e a ampla defesa, porquanto, segundo preceitua o parágrafo 6° do artigo 5° da Lei 11.671/2008, em razão da urgência da medida, a transferência de presos para presídio de segurança máxima poderá ocorrer independentemente de prévia manifestação da defesa [...] (TRF1, Habeas Corpus n° 10320953-72.2019.4.01.0000, 4ª Turma, rel. Des. Federal Néviton Guedes, e-DJF1 de 12 de dezembro de 2019).

• **Possibilidade de transferência liminar em Ação Civil Pública (Obs. ACP em segredo de justiça):**

PENAL E PROCESSUAL PENAL. HABEAS CORPUS. TRANSFERÊNCIA PARA PRESÍDIO FEDERAL. ATO COATOR INEXISTENTE. AUSÊNCIA DE CONSTRANGIMENTO ILEGAL OU DE AMEAÇA AO DIREITO DE IR E VIR. DENEGAÇÃO. I Como a **decisão que concedeu parcialmente a liminar no âmbito da ACP n° 13227-23-43.2015.4.01.3500, determinando a transferência dos detentos mais perigosos da Colônia Agrícola em Aparecida de Goiânia/GO para o sistema penitenciário federal**, não diz respeito a detentos da Penitenciária Odenir Guimarães, onde o paciente está recolhido, não se verifica constrangimento ilegal ou ameaça ao seu direito ambulatorial. II – Ordem denegada. (TRF1, HC 1000000-68.2018.4.01.9350, 4ª Turma, rel. Desembargador Cândido Ribeiro, PJe 06 de fevereiro de 2020).

4.5.6.1 Transferência coletiva e isolamento coletivo cautelar

Sobre as medidas cautelares de manutenção ou revogação da transferência de presos, merece referência a importante questão envolvendo a **transferência coletiva** (de grupo de presos) em caráter liminar.

A **transferência de presos deve ser individualizada**, conforme e nos moldes da Lei n.º 11.671/08 e de seu regulamento do Decreto n.º 6.877/09, e deve observar os enunciados dos Workshops do SPF do Conselho de Justiça Federal, os quais preveem que: (a) "uma rebelião, por si só, não autoriza a transferência de todos os detentos envolvidos que não possuam perfil para o presídio federal" (enunciado n.º 19); (b) que "a iminência de uma rebelião se enquadra no conceito de extrema necessidade, previsto no § 6º do art. 5º da Lei 11.671/08" (enunciado n.º 36); e (c) que, "em casos de transferências coletivas, em nome do Princípio da Individualização da Pena, a decisão de inclusão deve apresentar os motivos da aceitação de cada interno" (enunciado n.º 43).

Assim, **veda-se a transferência coletiva de presos sem decisão fundamentada sobre os motivos de inclusão de cada interno**, evitando-se, com isso, a inclusão de preso sem perfil para a penitenciária federal. Isso pois, segundo o STJ, enquanto a autoria coletiva delimitada e devidamente apurada, com aplicação de sanção individual a todos envolvidos, é permitida, a sanção coletiva é vedada pelo ordenamento jurídico (STJ, AgRg no HC 444.930/SP, Rel. Ministro Felix Fischer, 5ª turma, DJe 28.06.2018).

Importante observar, contudo, não se tratar a **transferência coletiva** para o SPF em situação análoga à da aplicação de medidas de **isolamento preventivo a grupo de presos**, já privados de liberdade em estabelecimento penal federal de segurança máxima. Nesse sentido, o STJ já se pronunciou pela possibilidade de quarentenas de 14 dias de isolamento para os sentenciados que estiveram em ambiente externo em face da pandemia do COVID-19 (STJ, 6ª Turma, HC 575.241/SP, rel. Ministra Laurita Vaz, julgado em 26.05.2020, DJe 03.06.2020), e o TRF da 4ª região já decidiu no sentido de que "tendo previsão legal e não ostentando natureza punitiva, a sua aplicação a um grupo de presos, ainda que sem individualização imediata e precisa da conduta de cada um não viola os princípios da ampla defesa e da legalidade, que serão necessariamente seguidos em caso de eventual e futura abertura de procedimento disciplinar para apuração de faltas" (TRF4, Remessa Ex-Officio Criminal 0000045-50.2013.4.04.7000, 7ª Turma, rel. José Baltazar Junior, publicado em 01 de agosto de 2013).

Enunciados e recomendações dos Workshops sobre o SPF do CJF

Enunciado n. 19 – Uma rebelião, por si só, não autoriza a transferência de todos os detentos envolvidos que não possuam perfil para o presídio federal. (Editado no II Workshop)

Enunciado n. 36 – A iminência de rebelião se enquadra no conceito de extrema necessidade previsto no § 6° do art. 5° da Lei n. 11.671/2008. (Editado no III Workshop)

Enunciado n. 43 – Em casos de transferências coletivas, em nome do Princípio da Individualização da Pena, a decisão de inclusão deve apresentar os motivos da aceitação de cada interno. (Editado no III Workshop)

JURISPRUDÊNCIA

SUPERIOR TRIBUNAL DE JUSTIÇA

• Possível isolamento de grupo de presos por medida cautelar em face da pandemia do COVID-19:

"[...] A legitimidade dessa conclusão é reforçada pelas informações prestadas pelo Juiz da Unidade Regional de Departamento Estadual de Execução Criminal – DEECRIM 6.ª RAJ para instruir o presente julgamento, que vieram acompanhadas de ofício do Diretor Técnico da Penitenciária de Ribeirão Preto/SP, datado de 05/05/2020, em que se esclarece que lá foram adotados protocolos ou concretizadas as seguintes medidas: a) efetiva orientação aos reeducandos e funcionários sobre medidas de distanciamento e higienização; b) constante monitoração dos sentenciados em grupo de risco; c) desinfecção dos calçados e verificação de temperatura das pessoas que adentram na instituição; d) **quarentenas de 14 dias de isolamento para os sentenciados que estiveram em ambiente externo**; e e) fornecimento de máscaras aos funcionários e aos reeducandos ao necessitarem de atendimento interno ou externo. O sucesso dessas políticas na Unidade Prisional em questão é confirmado pelo fato de que, em novo ofício, datado de 20/05/2020, a Administração Penitenciária esclareceu que, até essa data, não havia nenhum caso de reeducando ou funcionário suspeito ou diagnosticado com covid-19. 5. Outrossim, na hipótese, a despeito de a Defesa alegar maior vulnerabilidade do Paciente – que é idoso e acometido de hipertensão, surdez e depressão – não ocorre na hipótese a demonstração concomitante de "a) sua inequívoca adequação no chamado grupo de vulneráveis do COVID19; b) a impossibilidade de receber tratamento no estabelecimento prisional em que se encontra; e c) risco real de que o estabelecimento em que se encontra, e que o segrega do convívio social, causa mais risco do que o ambiente em que a sociedade está inserida" (STJ, AgRg no HC 566.322/SP, Rel. Ministro REYNALDO SOARES DA FONSECA, QUINTA TURMA, julgado em 28/04/2020, DJe 04/05/2020; sem grifos no original). Não há desconsideração, portanto, das recomendações da Resolução n.° 62/2020 do Conselho Nacional de Justiça, para que a situação de risco do Segregado seja analisada individualmente. 6. Mérito do parecer da Procuradoria-Geral da República acolhido. Ordem de habeas corpus denegada. (STJ, 6ª Turma, HC 575.241/SP, rel. Ministra Laurita Vaz, julgado em 26.05.2020, DJe 03.06.2020)

TRIBUNAIS REGIONAIS FEDERAIS

• É constitucional e legal a aplicação de medida de isolamento preventivo do artigo 86 da LEP a um grupo de presos, ainda que sem imediata e precisa individualização das condutas:

"HABEAS CORPUS. REEXAME NECESSÁRIO. PENITENCIÁRIA FEDERAL DE SEGURANÇA MÁXIMA. INDISCIPLINA. SUBVERSÃO DA ORDEM. ISOLAMENTO PREVENTIVO. MEDIDA CAUTELAR. AUTORIDADE. DIRETOR DO ESTABELECIMENTO PRISIONAL. LEGALIDADE. AMPLA DEFESA E CONTRADITÓRIO. VIOLAÇÃO. INEXISTÊNCIA. 1. Embora superada a doutrina das relações especiais de poder no sentido de ser a execução penal um espaço alheio à aplicação dos princípios da legalidade ou de reconhecimento de direitos fundamentais ao recluso, há uma situação que sujeita o preso a intervenções em seus direitos, de modo mais intenso que o cidadão em geral. 2. O sistema penitenciário federal foi concebido e instalado para funcionar com segurança máxima, a fim de garantir a segurança pública e dos próprios apenados. 3. O isolamento preventivo (LEP, art. 86) é medida cautelar que pode ser imposta pela administração penitenciária, de forma fundamentada, no interesse da disciplina e da averiguação do fato, estando sujeito a controle jurisdicional posterior. 4. Medida imposta diante de situação na qual os presos de determinado setor do estabelecimento, após queda de energia, "provocaram alvoroço e subversão da ordem e disciplina da unidade, promovendo forte 'bateção' de portas, com gritaria generalizada". Ao serem interpelados pelos Agentes Penitenciários Federais e informados sobre a razão da queda de energia os presos proferiram xingamentos e descumpriram as ordens de manter o silêncio e a ordem". Ordem justificada pelo administrador no risco de disseminação da atitude indisciplinada. 5. **Tendo previsão legal e não ostentando natureza punitiva, a sua aplicação a um grupo de presos, ainda que sem individualização imediata e precisa da conduta de cada um não viola os princípios da ampla defesa e da legalidade, que serão necessariamente seguidos em caso de eventual e futura abertura de procedimento disciplinar para apuração de faltas.** (TRF4, Remessa Ex-Officio Criminal 0000045-50.2013.4.04.7000, 7ª Turma, rel. José Baltazar Junior, publicado em 01 de agosto de 2013).

"EMENTA: EXECUÇÃO PENAL. DETERMINAÇÃO DE ISOLAMENTO DE PRESOS. AUSÊNCIA DE ILEGALIDADE. **A medida adotada pelo Diretor da Penitenciária Federal de Catanduvas, determinando o isolamento de trinta e seis apenados, por dez dias, está na seara de reação imediata da administração a situações de perigo e tem o contraditório e a ampla defesa postergados, afigurando-se, na hipótese, alternativa adequada e necessária ao interesse da disciplina e da boa ordem no estabelecimento.**" (TRF4, HC nos autos n.° 5029087-73.2014.4.04.0000, 8ª Turma, Relator Leandro Paulsen, julgado em 10.12.2014).

APLICAÇÃO EM CONCURSO

QUESTÕES

1. **(CESPE, 2011, TRF da 2ª Região, prova para Juiz Federal)** Com referência à execução penal, assinale a opção correta.

[...]

c) A lei veda, de forma expressa, em qualquer hipótese, a remoção excepcional de preso para o sistema penitenciário federal antes do início ou encerramento do incidente de transferência, de modo a não ultrapassar a lotação máxima do estabelecimento penal federal de segurança máxima.

[...]

GABARITO

1. A alternativa "c" está errada. Conforme § 6° do artigo 5°, o juiz pode autorizar a imediata transferência do preso, havendo extrema necessidade.

4.5.7 § 7º – Comunicação à autoridade policial responsável pelo inquérito policial

> § 7° A autoridade policial será comunicada sobre a transferência do preso provisório quando a autorização da transferência ocorrer antes da conclusão do inquérito policial que presidir.

Havendo inclusão ou transferência do preso provisório para uma Penitenciária Federal, a **autoridade policial deverá ser comunicada**, quando a autorização da transferência ocorrer antes da conclusão do inquérito policial que presidir. Trata-se de formalidade adequada, precisamente porque a **atribuição da presidência e acompanhamento do inquérito policial não se altera com o deslocamento do preso ao sistema penitenciário federal**, conforme se depreende do art. 4º do CPP. Tal medida visa garantir a higidez da investigação preliminar em curso, cujas atribuições possam demandar, por exemplo, o depoimento do investigado, o seu reconhecimento pessoal, acareação e a reprodução simulada dos fatos[62].

Em regra, trata-se de situação que diz respeito aos casos de inclusão ou transferência de presos provisórios ao Sistema Penitenciário Federal, mas que pode englobar outras situações, como a do preso definitivo que, por outro delito, possui contra si inquérito policial em aberto, ainda sem conclusão.

4.6 ARTIGO 6º – ENCAMINHAMENTO DOS AUTOS DA EXECUÇÃO PENAL – PÓS-ADMISSÃO

> Art. 6° Admitida a transferência do preso condenado, o juízo de origem deverá encaminhar ao juízo federal os autos da execução penal.

Uma vez admitida a transferência do preso condenado, o juízo de origem deverá encaminhar os autos da execução penal ao juiz federal corregedor do estabelecimento penal federal ao qual foi recolhido o preso. Trata-se de medida elementar, dada a alteração da competência para o exercício da atividade jurisdicional determinada pelo art. 2º desta lei.

Não há, contudo, que se confundir o envio do autos da execução penal do preso definitivo[63], realizado após o regular juízo de admissibilidade, **com o disposto no art. 4º** da Lei n.º 11.671/08, que trata do **envio dos autos do incidente de transferência**, em que se aprecia a admissão do preso no SPF pelo juiz federal corregedor.

62. A transferência do preso provisório para um estabelecimento penal federal implica, como regra, em afastamento do investigado do juízo de apreciação da culpa, bem como da circunscrição policial investigativa do fato criminoso, pelo que a conclusão dos atos do inquérito policial exigiria da autoridade policial a delegação de suas atribuições administrativas, por meio de precatórias e requisições, a excepcionar o art. 22 do CPP.

63. Vale lembrar que no caso de preso com prisão provisório é enviado uma carta precatória (art. 4°, § 2°, lei n.° 11.671/08), enquanto ao preso com sentença condenatória é encaminhado os autos do processo de execução criminal, nos moldes comentados no capítulo 4.4.2.

ATENÇÃO	
Artigo 4º da Lei 11.671/08	**Artigo 6º da Lei 11.671/08**
Envio dos autos do pedido de transferência antes da decisão da admissibilidade	Envio dos autos da execução penal após a admissão da transferência

Vale ressaltar, ainda, que não basta enviar somente a carta de guia, desacompanhada do processo. São os autos completos do processo de execução criminal que devem ser enviados (TRF4, Habeas Corpus 2009.04.00.030830-7, 8ª Turma, rel. Victor Luiz dos Santos Laus, jul. 30.09.2009).

No tocante **ao prazo de envio dos autos da execução penal,** tanto a lei n.º 11.671/08, quanto o seu regulamento, decreto n.º 6.877/09, **não tratam do tema**, pelo que, **diante do silêncio normativo**, deliberou-se no enunciado n.º 1 do I Workshop do CJF **pelo prazo peremptório de 30 (trinta) dias para remessa dos autos, sob pena de devolução do preso ao estabelecimento de origem, mesmo após a sua inclusão no SPF.** Entretanto, a **jurisprudência do TRF da 1ª região têm relativizado esse prazo, considerando mera irregularidade** a preclusão temporal recomendada no referido enunciado; **a uma,** por considerar não comprometer o direito à ampla defesa; **a duas**, por se tratar de prazo não peremptório, previsto em enunciado de grupo de trabalho de magistrados sem, portanto, natureza legal e caráter vinculante; **a três**, ainda que tivesse sido fixado por lei, dado sua natureza, não se revelaria prazo peremptório, a desafiar a análise das circunstâncias do caso concreto (TRF1, Agravo de Execução Penal n.º 1000295-44.2018.4.01.4100, 4ª Turma, rel. Des. Federal Néviton de Oliveira B. Guedes, DJe de 18 de outubro de 2019).

De outro lado, o TRF da 4ª região já se manifestou no sentido de que **o retardo na remessa completa dos autos da execução penal ao juiz federal corregedor constitui constrangimento ilegal,** sanável, em tese, pela via do *habeas corpus*, **precisamente por prejudicar a análise dos benefícios penais inerentes ao sistema progressivo da pena.** Nesta perspectiva, o Tribunal condicionou a manutenção do preso no SPF à remessa, pelo juízo de origem (Vara de Execuções Penais), dos autos da execução **no prazo de 15 (quinze) dias** (TRF4, Habeas Corpus 2009.04.00.030830-7, 8ª Turma, rel. Victor Luiz dos Santos Laus, j.30.09.2009).

Decreto 6.877/09 – Regulamento da Lei 11.671/08

Art. 6° Ao final da instrução do procedimento e após a manifestação prevista no art. 5°, o juiz de origem, **admitindo a necessidade da inclusão ou da transferência do preso, remeterá os autos ao juízo federal competente**.

Art. 8° Admitida a inclusão ou a transferência, o juízo de origem deverá encaminhar ao juízo federal competente:

I – os **autos da execução penal, no caso de preso condenado**; e

II – carta precatória instruída com os documentos previstos no inciso II do art. 4°, no caso de preso provisório.

Enunciados e recomendações dos Workshops sobre o SPF do CJF

Enunciado n. 1 – A ausência de remessa, no prazo de trinta dias, pelo juízo de origem, dos autos da execução penal, do prontuário, ou de qualquer outro documento necessário para a execução penal no presídio federal, ou para o procedimento de inclusão, autoriza a devolução do preso, mesmo após a decisão de inclusão. (Editado no I Workshop)

JURISPRUDÊNCIA

TRIBUNAIS REGIONAIS FEDERAIS

• TRF1: **Sobre o prazo de 30 dias dos Enunciados do Workshop do Sistema Penitenciário Federal não ser vinculativo**:

"3. Além disso, o atraso no envio do processo de execução do reeducando é mera irregularidade, que não compromete o direito à ampla defesa, tampouco macula o processo de transferência do preso para o Sistema Penitenciário Federal, pois, o prazo de 30 dias não é peremptório, por estar previsto em um enunciado de grupo de trabalho de magistrados (Workshop do Sistema Penitenciário Federal), o que, evidentemente, não constitui ato normativo que possa vincular os órgãos jurisdicionais ou administrativos. 4. Ainda que o prazo fosse fixado por lei, por sua própria natureza, pois visa enfrentar dificuldades emergenciais na execução de pena de condenados de alta periculosidade, obviamente, não seria prazo peremptório, devendo abrir-se à consideração das circunstâncias do caso concreto. Assim, rejeita-se a preliminar. [...]" (TRF1, Agravo de Execução Penal n° 1000295-44.2018.4.01.4100, 4ª Turma, rel. Des. Federal Néviton de Oliveira B. Guedes, DJe de 18 de outubro de 2019)

• TRF4: **Sobre a necessidade do envio completo dos autos do processo de execução**:

"HABEAS CORPUS. RÉU PRESO. TRANSFERÊNCIA PARA PENITENCIÁRIA FEDERAL. REMESSA DOS AUTOS DA EXECUÇÃO. INDISPENSABILIDADE. LEI N° 11.671/2008. PRAZO PARA ENVIO DO FEITO EXECUTÓRIO. 1. Nos termos do artigo 2° da Lei 11.671/2008, compete ao Juízo Federal a atividade jurisdicional de execução penal relativamente aos presos recolhidos em Penitenciária Federal, pelo que o retardo no envio dos autos da execução àquele Juízo constitui constrangimento ilegal. 2. Tal constrangimento é sanável, em tese, pela via do habeas corpus, uma vez que se mostra plausível o risco à situação jurídico-penal do reeducando, vazado no prejuízo que lhe poderá ser causado em face da impossibilidade de exame de eventual benefício a que faça jus e/ou requerimento que entenda por bem formular no exercício de seu regular direito de petição, decorrente da falta de informações em poder do juízo a quem cabe conhecer e decidir quanto a tais pedidos. 3. **A singela remessa da carta de guia, desacompanhada da cópia integral do processo para cumprimento da pena, constitui afronta ao que dispõe a norma contida no artigo 6° da Lei 11.671/2008, porquanto a expressão "autos da execução penal" deve ser compreendida como todos os documentos a que aludem os artigos 676 do CPP e 106 da LEP, e de tudo o mais que for, justificadamente, reputado como indispensável ao adequado tratamento penitenciário em relação à pessoa do paciente, sob pena de o juízo competente não ter as condições ao desenvolvimento do mister jurisdicional que lhe comete o §1° do artigo 4° da referida norma, segundo o qual a "execução penal da pena privativa de liberdade, no período em que durar a transferência, ficará a cargo do juízo federal competente"**. 4. Ordem parcialmente concedida para condicionar a manutenção do paciente no local para o qual foi transferido à remessa, pela Vara de Execuções Penais (VEP) do Rio de Janeiro, no prazo de 15 (quinze) dias, ao Juízo Federal da Seção de Execução Penal de Catanduvas, da documentação pertinente ao trato do cumprimento das penas a serem resgatadas perante aquele estabelecimento penal federal." (TRF4, Habeas Corpus 2009.04.00.030830-7, 8ª Turma, rel. Victor Luiz dos Santos Laus, publicado em 30 de setembro de 2009).

APLICAÇÃO EM CONCURSO

QUESTÕES

1. **(CESPE, 2011, TRF da 2ª Região, prova para Juiz Federal)** Com referência à execução penal, assinale a opção correta.

[...]

d) O preso incluído no sistema penitenciário federal, por prisão provisória ou definitiva, permanece com processo na vara de execução penal de origem, sendo esta competente para conhecer, processar e julgar os incidentes na execução penal, visto que a transferência provisória não altera o juízo natural da execução.

[...]

GABARITO

1. A alternativa "d" está errada. Conforme expressamente prevê o artigo 6°, uma vez admitida a transferência do preso condenado, o Juízo de origem deverá encaminhar ao Juízo federal os autos da execução penal. Em relação ao preso provisório, prevê o artigo 7° que os autos permanecem no Juízo de origem, ressaltando, porém, a diferença tratada no cap. 4.4.2.

4.7 ARTIGO 7º – PROCEDIMENTO DA CARTA PRECATÓRIA NA TRANSFERÊNCIA DE PRESO PROVISÓRIO

> Art. 7° Admitida a transferência do preso provisório, será suficiente a carta precatória remetida pelo juízo de origem, devidamente instruída, para que o juízo federal competente dê início à fiscalização da prisão no estabelecimento penal federal de segurança máxima.

O art. 7º reafirma a previsão trazida no art. 4º, § 2º, de modo a confirmar ser suficiente a remessa[64] da carta precatória para a **fiscalização da prisão provisória deprecada** ao juízo federal competente pelo estabelecimento penal federal em que estiver recolhido o preso.

Quanto à **carta precatória**, fundada na cooperação judiciária, embora prescinda de forma específica (art. 69, CPC), além dos documentos do art. 4º, inc. II, do Decreto n.º 6.877/09 e de outras peças que o Juízo entender necessárias, deverá preencher os requisitos do art. 260 do CPC[65].

Vale lembrar que o **meio cabível para impugnar a decisão de admissibilidade do preso provisório** no Sistema Penitenciário Federal, tratando-se de matéria relativa à liberdade do preso é o ***habeas corpus*.** Em se revelando matéria não relativa à liberdade do preso provisório, é oponível **mandado de segurança.** Em ambos os casos, carece de adequação a interposição de **agravo em execução penal,** cabível apenas para os casos de preso definitivo (TRF3, Mandado de Segurança Criminal 5023960-45.2018.4.03.0000, rel. Desembargador Nino Oliveira Toldo, julgado em 16.07.2019).

Para a análise aprofundada do tema, reportamos o leitor ao capítulo 4.4.

Decreto 6.877/09 – Regulamento da Lei 11.671/08
Art. 8° Admitida a inclusão ou a transferência, o juízo de origem deverá encaminhar ao juízo federal competente: I – os autos da execução penal, no caso de preso condenado; e II – **carta precatória instruída com os documentos previstos no inciso II do art. 4°, no caso de preso provisório.**

JURISPRUDÊNCIA

TRIBUNAIS REGIONAIS FEDERAIS

• TRF3: **em caso de preso provisório o meio cabível para impugnar decisão que trata de matéria não relativa à liberdade do preso (caberia Habeas Corpus) é o Mandado de Segurança e não o Agravo em Execução Penal**. Vide decisão a seguir, a qual discutiu a viabilidade de se realizar entrevista com o preso:

64. Em relação ao prazo de envio e análise da ausência ou atraso da remessa da carta precatória, remetemos à análise apontada no capítulo 4.6.
65. "I – a indicação dos juízes de origem e de cumprimento do ato; II – o inteiro teor da petição, do despacho judicial e do instrumento do mandato conferido ao advogado; III – a menção do ato processual que lhe constitui o objeto; e IV – o encerramento com a assinatura do juiz".

"PENAL E PROCESSO PENAL. MANDADO DE SEGURANÇA. PRESO PROVISÓRIO. PENITENCIÁRIA FEDERAL. ENTREVISTA À IMPRENSA. ACESSO À INFORMAÇÃO. PRESERVAÇÃO DE ELEMENTOS DE INVESTIGAÇÃO EM CURSO. IMPACTO DA ENTREVISTA NO CENÁRIO POLÍTICO-ELEITORAL. ORDEM CONCEDIDA. 1. Trata-se de caso que se reveste de peculiar singularidade porque, além de envolver a discussão de direitos e garantias fundamentais que, em certos pontos, aparentemente se contrapõem, como, por exemplo, as garantias do investigado/acusado em relação à liberdade de acesso à informação e a livre atuação da imprensa frente à necessidade de preservação de elementos de investigação ainda em curso, tem a importância de relacionar-se a fato que já ingressou para a História do Brasil, qual seja o atentado à vida do candidato à presidência da República que veio a vencer o pleito eleitoral. 2. Agravo regimental interposto em face da concessão da liminar prejudicado, tendo em vista o julgamento do mandado de segurança. Ademais, em nenhum momento houve ofensa ou descumprimento ao que foi decidido na ADPF 130, pois não houve censura de qualquer espécie à atividade da imprensa, uma vez que a revista que pleiteou a entrevista não foi impedida de publicar qualquer matéria jornalística, tampouco teve interrompida sua circulação. 3. **O mandado de segurança é a medida cabível no caso, pois se trata de preso provisório (donde não ser cabível agravo em execução) e, por isso, não há previsão legal de recurso específico dotado de efeito suspensivo para atacar a decisão proferida pelo juízo impetrado (Lei n° 12.016/2009, art. 5°, II).** 4. Não há até o presente momento uma regulamentação sobre pedidos de entrevistas com presos custodiados no sistema penitenciário federal. Dessa forma, o controle judicial prévio de eventuais pedidos deve ser feito pelos juízes corregedores das penitenciárias federais, valendo ressaltar que, o juiz corregedor autorizou a entrevista porque não vira oposição do juízo federal onde o preso responde a processo, tampouco do órgão do MPF que lá atua. 5. O juízo impetrado fundamentou sua decisão de autorizar a entrevista do preso. Essa fundamentação, aliás, não se limitou à não oposição por parte do juízo da causa para a entrevista, mas também ao fato de que o Diretor da Penitenciária Federal de Campo Grande, ao ter solicitado ao juízo a reconsideração daquela decisão, haver argumentado, dentre outros motivos, que a realização da entrevista autorizada implicaria riscos à segurança e às rotinas administrativas da unidade, o que o magistrado afastou ao fundamento de que outras entrevistas já haviam sido realizadas naquela unidade prisional sem que esse argumento tivesse sido utilizado pela direção da penitenciária. 6. Ao ser transferido para o sistema penitenciário federal, que é regido pela Lei n° 11.671, de 08.5.2008, o preso provisório passou para um sistema muito mais rigoroso do que aquele a que estaria sujeito num presídio comum (casa de detenção ou centro de detenção provisória). Isso, entretanto, foi feito no seu interesse, como permite o art. 3° dessa Lei. Por estar num sistema mais rigoroso, é evidente que passou a ter maiores restrições de acesso. Ademais, por se tratar de preso provisório ainda não denunciado, a concessão de entrevista poderia prejudicar a investigação então em curso ou, pelo menos, tumultuá-la por declarações do investigado fora dos autos e descontextualizadas. Além disso, quaisquer declarações suas poderiam, sim (e aí o MPF tem razão), interferir no curso da eleição presidencial, o que cabia ao juiz corregedor evitar. 7. A partir do momento em que foi preso, primeiro em flagrante e, depois, preventivamente, o custodiado passou a ter não só a sua liberdade de locomoção privada, mas também mitigada a sua liberdade de expressão, ainda mais considerando-se o específico contexto em que está envolvido, já que foi transferido para uma unidade de segurança máxima federal a pedido do MPF e da sua defesa para preservação da sua segurança e integridade física. 8. Não se pode desconsiderar, que as notícias veiculadas pelos principais jornais do País de que o custodiado seria doente mental e que a divergência entre os laudos apresentados é quanto ao grau dessa doença, tornando-o inimputável ou semi-imputável. Tal conclusão teria, inclusive, determinado a suspensão do processo judicial em que o custodiado foi acusado. 9. Quanto à alegação de que outras entrevistas já teriam sido realizadas em penitenciárias federais, referiam-se a presos condenados definitivamente, ou para extradição, casos que não se assemelham à situação tratada neste mandado de segurança e, por isso, tem razão o MPF ao falar que não há precedente para este caso. 10. Agiu com abuso de poder o juiz corregedor da PFCG ao, neste específico caso, autorizar a entrevista a órgãos da imprensa indicados pela defesa do custodiado, que é preso provisório e ainda não foi ouvido pelo juízo do processo, além do que foi submetido a exame de insanidade mental. 11. Segurança concedida." (TRF3, Mandado de Segurança Criminal 5023960-45.2018.4.03.0000, 11ª Turma, rel. Desembargador Nino Oliveira Toldo, julgado em 16 de julho de 2019)

4.8 ARTIGO 8º – VISITAS DO JUIZ RESPONSÁVEL E DO MINISTÉRIO PÚBLICO

Art. 8° As visitas feitas pelo juiz responsável ou por membro do Ministério Público, às quais se referem os arts. 66 e 68 da Lei n.° 7.210, de 11 de julho de 1984, serão registradas em livro próprio, mantido no respectivo estabelecimento.

O artigo 8º da Lei n.º 11.671/08 prevê expressamente a necessidade de realização de inspeções nas Penitenciárias Federais pelo Juiz responsável e pelo Ministério Público, em cumprimento ao determinado pela LEP que, em seu art. 66, determina que **compete ao Juiz da execução: zelar pelo correto cumprimento** da pena e da medida de segurança (inc. VI); **inspecionar, mensalmente, os estabelecimentos penais**, tomando providências para o adequado funcionamento e promovendo, quando for o caso, a apuração de responsabilidade (inc. VII)[66]; e interditar, no todo ou em parte, estabelecimento penal que estiver funcionando em condições inadequadas ou com infringência aos dispositivos da LEP (inc. VIII);

Ademais, a LEP determina que o Ministério Público irá **fiscalizar** a execução da pena, incumbindo-lhe, dentre outras funções, **visitar mensalmente os estabelecimentos penais, registrando a sua presença em livro próprio** (art. 68, parágrafo único).

Da mesma forma que os juízes responsáveis e membros do MP atuam mensalmente na inspeção dos estabelecimentos penais federais de segurança máxima, **é função típica da Defensoria Pública velar pela regular execução da pena e da medida de segurança** (art. 81-A, *caput*, LEP), de modo que a

66. Neste particular, o Conselho Nacional de Justiça editou **a resolução n.° 47, de 18 de dezembro de 2007**, que trata das inspeções pessoais realizadas pelos juízes da execução criminal, inclusive com envio de relatórios mensais as Corregedorias de Justiça do respectivo Tribunal.

seus membros, seja em inspeção ordinária, seja em extraordinária, impõem-se o dever de visitar os estabelecimentos penais, tomando providências para seu adequado funcionamento, e de requerer, quando for o caso, a apuração de responsabilidades (art. 81-B, inc. V, LEP).

Dito isso, **no âmbito da fiscalização dos estabelecimentos penais federais,** a visita será feita pelo **Juiz Federal Corregedor, pelo Ministério Público Federal e pela Defensoria Pública da União.**

Para além destas inspeções, importante lembrar que as **Regras de Mandela** preveem um "sistema duplo" de inspeções regulares nas unidades prisionais e nos serviços penais, as quais são realizadas pela administração prisional (inspeções internas) e por órgãos independentes (inspeções externas), as quais objetivam o gerenciamento das unidades em conformidade com o ordenamento legal, com os objetivos penais e com a proteção dos direitos do preso (regra 83).

4.9 ARTIGO 9º – REJEIÇÃO DA TRANSFERÊNCIA E CONFLITO DE COMPETÊNCIA

> Art. 9º Rejeitada a transferência, o juízo de origem poderá suscitar o conflito de competência perante o tribunal competente, que o apreciará em caráter prioritário.

Conforme analisado no cap. 4.4, **o processo de inclusão e transferência** do preso para uma penitenciária federal **desenvolve-se em duas etapas**, constituindo-se em **atividade jurisdicional complexa, que envolve a atuação conjunta de órgãos jurisdicionais diversos** (juiz de origem e juiz federal corregedor), **cada qual com autonomia decisória**, a fim de perfectibilizar o ato.

Daí dizer que o procedimento em exame não se encontra no plano da cooperação jurisdicional levada a efeito por atos concertados entre os juízes cooperantes, a teor do art. 69, inc. IV, do CPC, justo porque tais atos pressupõem prévio ajuste entre juízes, cuja delegação de atividades não possui caráter decisório, sob pena de violação do princípio do juiz natural (art.5º, XXXVII e LIII, CF) (MARINONI; ARENHART; MITIDIERO, 2019, p. 228).

Precisamente neste contexto, revelado pela independência funcional dos juízes, que o art. 9º indica que, **rejeitada a transferência pelo juiz federal**

corregedor, o juiz de origem poderá suscitar o conflito de competência perante o tribunal competente, que o apreciará em caráter prioritário.

Questão relevante, contudo, diz respeito à natureza desse conflito. Segundo art. 114 do CPP, nasce o conflito de competência quando duas ou mais autoridades se consideram competentes (conflito positivo) ou incompetentes (conflito negativo) para conhecer sobre o mesmo fato criminoso.

Embora no processo penal distingue-se o conflito de jurisdição - quando envolver conflito entre a justiça federal e a justiça estadual - do conflito de competência - quando o conflito ocorrer entre órgãos jurisdicionais vinculados ao mesmo Tribunal -[67], **no caso do art. 9º se está diante de um ato jurisdicional complexo, que demanda o compartilhamento de competências entre o juízo de origem e o juízo federal corregedor** em um mesmo processo, cada qual com análise autônoma do juízo de admissibilidade para o pedido de inclusão do preso no SPF. Portanto, o termo conflito de competência, está em **evidente erro terminológico, pois não se evidencia nenhuma hipótese de conflito positivo ou negativo de competência,** a teor da inteligência do art. 114 do CPP.

Nesse sentido, decidiu o STJ:

> "[...] **A divergência entre os juízes não constitui tecnicamente conflito de competência como conceitua a lei, pois na verdade há apenas discussão administrativa entre as autoridades judiciais com competência material própria**, cabendo a este Superior Tribunal apenas avaliar as justificativas de cada parte (que a outra não pode questionar) e intermediar a solução mais adequada. [...]" (STJ, 3ª Turma, Conflito de Competência n.º 118.834-RJ, julgado em 23/11/2011)

Em não se revelando tecnicamente um típico conflito de jurisdição ou competência – e sim um **conflito de decisões** judiciais[68] –, **andou mal o legislador ao estabelecer que a autoridade judiciária de origem**, que não possui legitimidade para iniciar o processo de transferência (art. 5º), **possa se**

67. Tratam-se de institutos diversos, como ensina Aury Lopes Junior (2020, p. 378).

68. Por ventura do **II Workshop do SPF,** assim deliberou-se sobre o tema: "[...] **a figura prevista no diploma legal não caracteriza propriamente um conflito de competência.** Conflito há quando dois juízes reputam-se competentes para decidir o mesmo caso ou quando ambos reputam-se incompetentes. No caso presente, porém, não há conflito, mas sim mera contradição entre a decisão do juízo de origem que entende necessária a transferência ou a sua renovação e a decisão do juiz federal competente, que considera qualquer das duas medidas desnecessárias. Entretanto, cada um atua na sua esfera de competência, um deferindo a solicitação de transferência ou de permanência dos legitimados na origem e outro decidindo sobre a admissão ou permanência, a partir da solicitação, do preso no estabelecimento prisional federal".

insurgir contra a decisão de rejeição proferida pelo juiz federal, ferindo, assim, o sistema acusatório vigente (art. 129, I, CF). Neste particular, nos parece que, em uma leitura conforme a CF, **a medida correta a ser adotada pelo juízo de origem,** rejeitado o pedido de inclusão pelo juiz federal corregedor, **seria de intimar as partes legitimadas para eventual impugnação da decisão**, nas vias recursais cabíveis à espécie[69].

Por outro lado, **reconhecendo que a divergência de decisões** entre o juízo Federal responsável pelo estabelecimento penal e o juízo de origem **possui natureza jurídica de conflito de competência, o STF** já decidiu que "cabe ao Poder Judiciário verificar se o preso tem ou não o perfil apropriado para a transferência ou a permanência nos presídios federais, em controle compartilhado entre o juízo de origem solicitante e o juízo responsável pelo presídio federal, **prevista expressamente em lei forma hábil para a solução de eventual divergência, o conflito de competência** (art. 9º e art. 10, § 5º, da Lei nº 11.671/2008)" (STF, HC 112650 / RJ, Primeira Turma, rel. Min. Rosa Weber, julgado em 11 de março de 2014).

Ademais, revelado o conflito de competência, emerge controvertido debate acerca do **espaço decisório do juiz federal corregedor**, tanto no incidente de inclusão como no de renovação da permanência do preso no SPF. Neste sentido, **a par da abordagem crítica lançada no cap. 4.2.1,** vem sendo **ponto dominante na jurisprudência do STJ que não cabe ao juízo federal exercer qualquer juízo de valor sobre a gravidade ou não das razões do juízo de origem**, sendo-lhe **vedada a revisão dos critérios de necessidade expendidos pelo juiz solicitante** do ingresso ou prorrogação da permanência do apenado em estabelecimento penal federal de segurança máxima, **cingindo-se, sua análise, às condições objetivas e aos requisitos formais de legalidade do ato** (STJ, 3ª Turma, Conflito de Competência n.º 118.834-RJ, julgado em 23.11.2011. Ainda: STJ, CC n. 139.087, relator Ministro Nefi Cordeiro, Terceira Seção, julgado em 23.09.2015, DJe de 02.10.2015).

---

69. Bem lembra Gabriel Cesar dos Santos que "O juiz de origem não se enquadra em nenhuma dessas hipóteses. Por esse motivo, recomendou-se, no II Workshop sobre o Sistema Penitenciário Federal, uma alteração legislativa ao art. 9° da Lei n° 11.671, na qual se extinguiria o malfadado conflito de competência, substituindo-o pela possibilidade de interposição de agravo de instrumento, do CPC, que seria mais célere do que o agravo em execução. A legitimidade para interposição do agravo seria daqueles previstos no art. 5° da Lei n° 11.671 (SANTOS, 2016, p. 319)

A par do exposto, **se ainda assim for mantida pelas instâncias superiores a rejeição do pedido** de inclusão ou transferência, imposta pelo Juiz Federal Corregedor da Penitenciária Federal, o **pedido não poderá ser renovado com os mesmos fundamentos para outro Juiz Federal** responsável por outro estabelecimento penal federal (enunciado n.º 16 dos Workshops sobre o SPF do CJF), **uma vez que o pedido de inclusão torna o juízo prevento para novos pedidos** (enunciado n.º 17 dos Workshops sobre o SPF do CJF).

Em relação à **competência para julgamento do conflito**, se o juízo de origem pertencer à justiça estadual ou à justiça federal de região diversa, deverá ser suscitado o conflito de competência perante o Superior Tribunal de Justiça, conforme artigo 105, inciso I, alínea "d", da Constituição Federal de 1988. Hipótese diversa, ocorre no caso de o juízo federal de origem pertencer à mesma região jurisdicional do juízo federal corregedor, situação em que o julgamento do conflito de competência caberá ao respectivo Tribunal Regional Federal.

Em resumo, veja o quadro e os casos práticos abaixo:

JUÍZO DE ORIGEM	TRIBUNAL COMPETENTE	CASOS PRÁTICOS
Juiz Estadual	STJ	Juiz Estadual de Jundiaí/SP (vinculado ao TJ/SP) envia o processo ao Juiz Federal Corregedor de Campo Grande/MS (vinculado ao TRF1). O conflito será suscitado perante o STJ.
Juiz Federal – vinculado à região diversa do Juiz Federal Corregedor	STJ	Juiz Federal de Maceió/AL (vinculado ao TRF5) envia o processo ao Juiz Federal Corregedor de Brasília/DF (vinculado ao TRF1). O conflito, da mesma forma, será suscitado no STJ.
Juiz Federal – vinculada ao mesmo TRF do Juiz Federal Corregedor	TRF respectivo	Juiz Federal de Porto Alegre/RS (vinculado ao TRF4) envia o processo de transferência ao Juiz Federal Corregedor de Catanduvas/PR (também vinculado ao TRF4) que rejeita o processo. O conflito será suscitado no TRF4.

Enunciados e recomendações dos Workshops sobre o SPF do CJF

Enunciado n. 16 – O mesmo fundamento invocado para inclusão pelo juízo de origem e rejeitado por um juiz federal responsável por presídio federal **não pode ser renovado perante outro juiz federal responsável por outro presídio federal**, razão pela qual o Depen, quando indicar a unidade prisional, deverá juntar ao seu requerimento de transferência a declaração de inexistência de rejeição anterior por outra corregedoria de presídio federal. (Editado no II *Workshop* com alteração de texto no III *Workshop*)

Enunciado n. 17 – O **pedido de inclusão torna prevento** para novos pedidos o juízo federal que o apreciou primeiramente. (Editado no II *Workshop*)

Recomendação n. 3 – Não é apropriado suscitar conflito de competência, conforme dispõe o art. 9° da Lei n. 11.671/08, em face das peculiaridades do Sistema Penitenciário Federal. Deliberou-se pelo encaminhamento de proposta de alteração legislativa, suprimindo a possibilidade de suscitação de conflito de competência e a provisão de recurso de agravo. (Editado no I Workshop)

JURISPRUDÊNCIA

SUPREMO TRIBUNAL FEDERAL

• Controle compartilhado entre juízo de origem solicitante e juízo responsável pelo estabelecimento penal:

HABEAS CORPUS. PRESÍDIOS FEDERAIS. TRANSFERÊNCIA E PERMANÊNCIA. EXCEPCIONALIDADE. CONTROLE COMPARTILHADO ENTRE O JUIZ DE ORIGEM E O JUIZ RESPONSÁVEL PELO PRESÍDIO. LIDERANÇA DE GRUPO CRIMINOSO ORGANIZADO. 1. Os presídios federais são destinados a isolar presos de elevada periculosidade, especialmente aqueles extremamente violentos ou líderes de grupos criminosos. 2. Considerado o contexto no qual se insere o sistema carcerário brasileiro, com graves indisciplinas, fugas, rebeliões e prática de crimes por reclusos, o regime prisional em vigor nos presídios federais, embora rigoroso, constitui remédio amargo, mas necessário e válido. 3. Como a transferência e a permanência no presídio federal envolvem a imposição ao preso de um regime prisional mais gravoso, pela maior restrição da liberdade, são elas excepcionais e transitórias. Em caso de necessidade, é possível, em princípio, que a permanência no presídio federal, embora excepcional, se prolongue significativamente, quer por fato novo ou pela persistência das razões ensejadoras da transferência inicial. 4. **Cabe ao Poder Judiciário verificar se o preso tem ou não o perfil apropriado para a transferência ou a permanência nos presídios federais, em controle compartilhado entre o juízo de origem solicitante e o juízo responsável pelo presídio federal, prevista expressamente em lei forma hábil para a solução de eventual divergência, o conflito de competência (art. 9° e art. 10, § 5°, da Lei n° 11.671/2008)**. 5. Não há falar, na espécie, em obstáculo ao exercício do poder jurisdicional conferido pela Lei Federal n° 11.671/2008 nem em supressão da competência da Justiça Federal, da mesma forma que inocorrente ofensa ao contraditório e à ampla defesa. Histórico de condenações e informações de inteligência da Secretaria de Segurança Pública que revelam profundo envolvimento do paciente no mundo do crime e posição de liderança em grupo criminoso organizado, a justificar a transferência e a permanência em presídio federal de segurança máxima. 6. Ordem denegada. (STF, HC 112650 / RJ, 1ª Turma, rel. Min. Rosa Weber, julgado em 11 de março de 2014)

SUPERIOR TRIBUNAL DE JUSTIÇA

• Em relação ao juízo de valor sobre o processo de transferência:

CONFLITO DE COMPETÊNCIA. EXECUÇÃO PENAL. TRANSFERÊNCIA DE PRESO. PRIMEIRA RENOVAÇÃO. EXCEPCIONALIDADE. LEI N° 11.671/2008. DURAÇÃO DO PROCESSO DE

RENOVAÇÃO DA PERMANÊNCIA. RETROATIVIDADE DO TERMO INICIAL. ALTERAÇÃO DO REGIME DE EXECUÇÃO PENAL. EXCEÇÃO. CONFLITO TECNICAMENTE INEXISTENTE. JUSTIFICATIVAS DO JUÍZO FEDERAL. EXCESSO. JUÍZO MERAMENTE CIRCUNSTANCIAL DESTA CORTE. INTERMEDIAÇÃO DA SOLUÇÃO. CONFLITO CONHECIDO. RENOVAÇÃO AUTORIZADA. AÇÃO DE TRANSFERÊNCIA PREJUDICADA. [...] IV – Não cabe ao Juízo Federal exercer qualquer juízo de valor sobre a gravidade ou não das razões do solicitante, mormente, como no caso, quando se trata de preso provisório sem condenação, situação em que, de resto, a lei encarrega o juízo solicitante de dirigir o controle da prisão, fazendo-o por carta precatória. V – **A divergência entre os juízes não constitui tecnicamente conflito de competência como conceitua a lei, pois na verdade há apenas discussão administrativa entre as autoridades judiciais com competência material própria, cabendo a este Superior Tribunal apenas avaliar as justificativas de cada parte (que a outra não pode questionar) e intermediar a solução mais adequada**. VI – Na presente hipótese as justificativas do Juízo Federal exorbitam dos limites que lhe tocaria considerar, em virtude do que a renovação solicitada pode ser atendida pois fundada em respeito aos argumentos objetivos do juízo solicitante. VII – Conflito de competência conhecido nos limites expostos para autorizar a renovação da permanência do preso provisório Nei da Conceição Cruz na Penitenciária Federal de Campo Grande/MS, por mais 360 dias, a partir do dia seguinte do encerramento do prazo anterior, ficando prejudicada a tramitação da Ação de Transferência entre Estabelecimentos Penais n° 0013008-52.2009.403.6000. (STJ, 3ª Turma, Conflito de Competência n° 118.834-RJ, julgado em 23/11/2011)

TRIBUNAIS REGIONAIS FEDERAIS

• TRF1: **inviável em sede de HC analisar todo conjunto probatório sobre a inclusão**:

PENAL E PROCESSUAL PENAL. HABEAS CORPUS. INCLUSÃO DE PRESO NO SISTEMA PENITENCIÁRIO FEDERAL. INCLUSÃO NO REGIME DISCIPLINAR DIFERENCIADO. DECISÃO FUNDAMENTADA NO INTERESSE DA SEGURANÇA PÚBLICA. CERCEAMENTO DE DEFESA. INOCORRÊNCIA. ORDEM DENEGADA. 1. Busca-se com o presente Habeas Corpus a revogação do ato judicial que decidiu pela inclusão do paciente em regime disciplinar diferenciado. 2. No caso, a autoridade impetrada deferiu, no que aqui interessa, a inclusão emergencial do paciente no Sistema Penitenciário Federal de Porto Velho/RO, levando em conta, principalmente, o fato de as investigações indicarem que o paciente indicarem a alta periculosidade do agente, que desempenharia função de liderança em organização criminosa dedicada à prática de crimes de roubos à instituições financeiras, mediante o uso de explosivos e forte poder bélico e econômico, respondendo a várias ações penais com imputações de crimes graves. 3. **É inviável, na via estreita ora eleita, analisar todo material probatório com base no qual as autoridades entenderam pela necessidade de inclusão do paciente em presídio federal para, concluir, tal como defende a impetração, que os fatos que justificariam a transferência não ocorreram. Aliás, de regra, a jurisprudência não consente com a hipótese de a Justiça Federal questionar os motivos da Justiça Estadual para determinar a transferência/permanência de presos estaduais para presídios federais**. Precedente. 4. Não se verifica violação ao contraditório e a ampla defesa, porquanto, segundo preceitua o parágrafo 6° do artigo 5° da Lei 11.671/2008, em razão da urgência da medida, a transferência de presos para presídio de segurança máxima poderá ocorrer independentemente de prévia manifestação da defesa. 5. Ordem de Habeas Corpus denegada, confirmando o que decidido em sede liminar. (TRF1, Habeas Corpus n° 1032095-37.2019.4.01.0000, 4ª Turma, rel. Desembargador Federal Neviton De Oliveira Batista Guedes, e-DJF1 de 12 de dezembro de 2019)

• TRF3: **Quanto à recusa na transferência por condições desfavoráveis ou inviáveis do respectivo estabelecimento penitenciário federal:**

"AGRAVO EM EXECUÇÃO PENAL. MANTIDA A RENOVAÇÃO DA PERMANÊNCIA DO PRESO NO SISTEMA PENITENCIÁRIO FEDERAL. RECURSO DESPROVIDO 1. O recurso não merece provimento. Por primeiro, anoto que o presente recurso é sede inadequada para a análise do inconformismo do recorrente, com o que restou decidido pela Terceira Seção do Superior Tribunal de Justiça. Conforme já se posicionou aquela E. Corte, **a recusa do Juízo federal em atender o pleito do Juízo estadual, relativamente à manutenção do preso em estabelecimento prisional federal, somente é factível se evidenciadas condições desfavoráveis ou inviáveis da respectiva unidade, tais como lotação ou incapacidade de receber novos presos ou apenados.** Precedentes. 2. Ainda, em consonância com o entendimento daquela Corte Superior, não caberia a esta Egrégia Corte Regional o reexame da decisão exarada pelo Juízo de Direito Solicitante, que deverá ser impugnada perante o Tribunal de Justiça competente. No mais, a Lei nº 11.671/2008 não dispõe sobre eventuais requisitos do pedido a serem examinados pelo Juízo Federal. 3. Agravo em execução penal desprovido." (TRF3, Agravo em Execução Penal 0003543-93.2017.4.03.0000, 5ª Turma, rel. Desembargador Paulo Fontes, e-DJF3 de 07 de novembro de 2017).

APLICAÇÃO EM CONCURSO

QUESTÕES

1. (TRF da 4ª Região, 2014, TRF – 4ª REGIÃO, prova para Juiz Federal Substituto

Dadas as assertivas abaixo, assinale a alternativa correta. De acordo com a Lei nº 11.671/08, que dispõe sobre a transferência e a inclusão de presos em estabelecimento penal federal de segurança máxima, bem como com o decreto que a regulamenta, é correto afirmar:

[...]

IV. Havendo recusa do juízo de origem em receber o preso, estará o juiz-corregedor legitimado a suscitar conflito de competência perante o Superior Tribunal de Justiça, permanecendo o preso, enquanto não for decidido o conflito, sob a jurisdição federal.

[...]

2. (CESPE, 2015, DEPEN, prova de Agente Penitenciário Federal – nível médio) Com relação ao sistema penitenciário federal e ao processo de transferência de presos para esse sistema, julgue o item a seguir.

Caso seja rejeitada a transferência de preso para estabelecimentos penais federais de segurança máxima, o juízo de origem pode suscitar o conflito de competência perante o tribunal competente, que o apreciará em caráter prioritário.

( ) Certo ( ) Errado

3. (PGR, 2012, MPF, prova de Procurador da República) Considerando a transferência de presos para estabelecimentos penais federais de segurança máxima, e tendo por lastro o entendimento mais recente do STJ a respeito da matéria, é **incorreto** afirmar:

[...]

d) O Juízo Federal da Seção Judiciária em que se localiza o estabelecimento penal federal somente pode justificar a recusa em recolher o preso se evidenciadas condições desfavoráveis ou inviáveis da unidade prisional, tais como lotação ou incapacidade de receber novos presos ou apenados.

[...]

GABARITO

1. Esta alternativa IV está incorreta. Tanto no caso de rejeição da transferência, quanto no caso de recusa da renovação, conforme artigos 9° e 10°, cabe ao juízo de origem suscitar o conflito de competência, que o tribunal competente apreciará em caráter prioritário.
2. Certo. Trata-se de previsão expressa do art. 9° da lei n.° 11.671/08.
3. A alternativa "d" não era a resposta, pois estava correta e a questão pedia a incorreta. O Juízo Federal Competente somente pode rejeitar a transferência por razões de ordem objetiva, como a ofensa ao artigo 11 que prevê que a lotação máxima do estabelecimento penal federal de segurança máxima não será ultrapassada.

4.10 ARTIGO 10 – INCLUSÃO: MEDIDA EXCEPCIONAL E PRAZO DETERMINADO

Art. 10. A inclusão de preso em estabelecimento penal federal de segurança máxima será excepcional e por prazo determinado.

O Regime Fechado de Segurança Máxima (RFSM) ao qual são submetidos os presos inclusos no Sistema Penitenciário Federal, caracteriza-se por seu rígido método de cumprimento da pena, cujas restrições de direitos restaram analisadas no decorrer do cap. 4.3.1. Bem por isso, trata-se de **medida excepcional e por prazo determinado**, "cujas hipóteses de inclusão e transferência ao sistema federal devem ser rigorosamente observadas e podem ser combatidas pela defesa" (STF, HC 149734/RJ, 2ª Turma, rel. Min. Gilmar Mendes, julgado em 10 de abril de 2018).

Findo o prazo de permanência e cumprido o alvará de soltura, estabelece o **III Workshop do SPF** que, caso o preso tenha interesse em retornar para o seu Estado de origem, com gastos custeados pelo Depen – situação esta corriqueira –, deverá ser alojado temporariamente em local a ser indicado pelo Conselho da Comunidade, até que seja possível a realização de compra de passagem terrestre ou aérea para o seu deslocamento. Caso o preso tenha interesse em retornar ao estado de origem por meios próprios, será disponibilizado transporte até a rodoviária ou o aeroporto (enunciado n.º 25).

Enunciados e recomendações dos Workshops sobre o SPF do CJF

Enunciado n. 25 – No Sistema Penitenciário Federal, o cumprimento de alvarás ocorrerá no período compreendido entre 9 e 17 horas, tendo em vista a necessidade de consultas nos sistemas disponíveis. Caso o preso tenha interesse em retornar ao Estado de origem, com gastos arcados pelo Depen, deverá ser alojado temporariamente em local a ser indicado pelo Conselho da Comunidade, até que seja possível a realização de compra de passagem terrestre ou aérea para o seu deslocamento. Caso o preso tenha interesse em retornar ao estado de origem por meios próprios, será disponibilizado transporte até a rodoviária ou o aeroporto. (Editado no II Workshop com alteração de texto no III Workshop)

JURISPRUDÊNCIA

SUPREMO TRIBUNAL FEDERAL

• **Medida excepcional**:

[...] A inclusão em estabelecimento penal federal de segurança máxima é medida excepcional (art. 10 da Lei 11.671/08), razão das "raras razões justificadoras da medida" e do "especial rigor a que estão, nela, sujeitos os detentos" – voto do Min. Edson Fachin, HC 129.509, Primeira Turma, julgado em 24.11.2015, Redator para acórdão Min. Roberto Barroso. A permanência no presídio federal envolve "a imposição ao preso de um regime prisional mais gravoso, pela maior restrição da liberdade" – HC 112.650, Rel. Min. Rosa Weber, Primeira Turma, julgado em 11.3.2014. As hipóteses de inclusão e transferência ao sistema federal devem ser rigorosamente observadas e podem ser combatidas pela defesa. [...] (STF, HC 149734/RJ, 2ª Turma, rel. Min. Gilmar Mendes, julgado em 10 de abril de 2018).

• **Quanto à inserção em local perto da residência dos familiares em âmbito geral dos estabelecimentos penais**.

Tanto quanto possível, incumbe ao Estado adotar medidas preparatórias ao retorno do condenado ao convívio social. Os valores humanos fulminam os enfoques segregacionistas. A ordem jurídica em vigor consagra o direito do preso de ser transferido para local em que possua raízes, visando à indispensável assistência pelos familiares. Os óbices ao acolhimento do pleito devem ser inafastáveis e exsurgir ao primeiro exame, consideradas as precárias condições do sistema carcerário pátrio. (STF, HC 71.179, rel. min. Marco Aurélio, j. 19-4-1994, 2ª T, DJ de 3-6-1994).

SUPERIOR TRIBUNAL DE JUSTIÇA

• **Quanto ao local de transferência:**

[...] Entretanto, o direito do preso de ter suas reprimendas executadas onde reside sua família não é absoluto, devendo o magistrado fundamentar devidamente a sua decisão, analisando a conveniência e real possibilidade e necessidade da transferência, o que, como visto, ocorreu na hipótese. Precedentes citados: HC 18.599-RS, DJ 4/11/2002; RHC 25.072-TO, DJe 8/2/2010; HC 100.111-SP, DJe 1°/9/2008; HC 92.714-RJ, DJe 10/3/2008, e REsp 249.903-PB, DJ 12/11/2001. (STJ, HC 166.837-MS, Rel. Min. Og Fernandes, julgado em 1°/9/2011. Informativo STJ n. 0482 – Período: 29 de agosto a 09 de setembro de 2011)

"É pacífico o entendimento jurisprudencial desta Corte no sentido de que o cumprimento da pena do sentenciado em unidade prisional próxima ao seu meio social e familiar não é direito absoluto deste, podendo o Juiz ou o Tribunal de origem indeferir o pleito, desde que de forma fundamentada" (STJ, 6ª Turma, AgRg no HC 497.965/MS, Rel. Ministro Nefi Cordeiro, julgado em 18/06/2019, DJe 28/06/2019)

TRIBUNAIS REGIONAIS FEDERAIS

• TRF3: **Quanto à transferência ser determinada para local longe dos familiares do preso:**

"HABEAS CORPUS – DETENTO TRANSFERIDO DE PRESÍDIO DO AMAZONAS PARA ESTABELECIMENTO FEDERAL DE SEGURANÇA MÁXIMA – LEI N° 11.671/2008 – CONSTRANGIMENTO

ILEGAL INEXISTENTE (EFETIVA OPEROSIDADE DO JUÍZO IMPETRADO NA DIREÇÃO DO PROCEDIMENTO DE TRANSFERÊNCIA) – ORDEM DENEGADA. 1. Habeas corpus impetrado com o objetivo de fazer cessar o suposto constrangimento ilegal decorrente do recolhimento do paciente em estabelecimento penal federal de segurança máxima (Sistema Penitenciário Federal de Campo Grande-MS), nos termos da Lei n° 11.671/2008. 2. O MM. Juiz a quo determinou diligências para a regularização do procedimento de transferência, inexistindo qualquer ato coator passível de correção na presente impetração. 3. O direito do apenado cumprir a pena em local próximo a seus familiares não é absoluto e deve ceder em prol da segurança pública, de interesse coletivo. 4. Ordem de habeas corpus denegada. Agravo regimental julgado prejudicado." (TRF 3ª Região, 1ª Turma, HC 0005946-45.2011.403.0000, Rel. Des. Fed. Johonsom di Salvo, j. 06/09/2011, DJe 16/09/2011)

• TRF1: **Perto da família – não seria direito subjetivo pois tratam-se de razões excepcionalíssimas que permitem a relativização do art. 103 da LEP (decisões do STJ nesse sentido):**

"[...]Não obstante seja assegurado ao réu permanecer preso em local próximo ao seu meio social e também familiar inteligência do art. 103 da Lei de Execução Penal, constata-se que não se trata de um direito subjetivo absoluto. O art. 86, caput, do mesmo diploma legal, impõe limites a este direito, consignando que as penas privativas de liberdade aplicadas pela Justiça de uma Unidade Federativa podem ser executadas em outra unidade, em estabelecimento local ou da União [...] (TRF1, Habeas Corpus n° 1029901-64.2019.4.01.0000, 3ª Turma, rel. Juiz Federal Marllon Souza, PJe de 29 de janeiro de 2020)

APLICAÇÃO EM CONCURSO

QUESTÕES

1. (CESPE, 2015, DEPEN, prova de Agente Penitenciário Federal – nível médio) Com relação ao sistema penitenciário federal e ao processo de transferência de presos para esse sistema, julgue o item a seguir.

A permanência de um preso em estabelecimento penal federal de segurança máxima persistirá enquanto durarem as razões que acarretarem seu recolhimento, sem prazo determinado.

( ) Certo ( ) Errado

GABARITO

1. Errado. A lei é expressa em exigir prazo determinado (art. 10)

4.10.1 § 1º – Período de permanência e renovação

§ 1° O período de permanência será de até 3 (três) anos, renovável por iguais períodos, quando solicitado motivadamente pelo juízo de origem, observados os requisitos da transferência, e se persistirem os motivos que a determinaram. (Redação dada pela Lei n.° 13.964, de 2019)

Tratando-se de prazo determinado, a inclusão ou transferência do preso ao SPF deve observar **o período de permanência de até 3 (três) anos,**

podendo ser renovado por iguais períodos, desde que solicitado pelo juízo de origem de forma fundamentada, observados os requisitos do art. 3º do Decreto n.º 6.877/09, bem como a persistência dos motivos que a determinaram.

Quanto ao prazo de 3 (três) anos, importante notar a alteração trazida pela Lei n.º 13.964/19 ao § 1º:

Antes da Lei 13.964/19	Depois da Lei 13.964/19
O período de permanência não poderá ser superior a **360 (trezentos e sessenta) dias**, renovável, excepcionalmente, quando solicitado motivadamente pelo juízo de origem, observados os requisitos da transferência.	O período de permanência será de até **3 (três) anos**, renovável **por iguais períodos**, quando solicitado motivadamente pelo juízo de origem, observados os requisitos da transferência, e **se persistirem os motivos que a determinaram**.

Com efeito, **a alteração introduzida pelo § 1º recrudesce sensivelmente o tempo de permanência do preso transferido para o SPF**, passando de 360 (trezentos e sessenta) dias, para até 3 (três) anos.

Ademais, embora a nova redação **retire de seu texto a excepcionalidade da renovação**, pelo que poderia se entender que somente se exigiria do juízo de origem a solicitação motivada – com o preenchimento dos requisitos da transferência e a permanência dos motivos que a determinaram –, tal conclusão não procede. Sucede que, como vimos**, a excepcionalidade da inclusão do preso no SPF permanece sendo regra de observância obrigatória,** nos termos do art. 10 desta lei, daí porque, da mesma forma, **não apenas o juiz solicitante de origem, como o juiz federal corregedor,** devem, **na análise do processo de renovação de permanência, ter como norte principiológico a excepcionalidade da medida.**

No tocante ao prazo de 3 (três) anos, preponderou, na lei, entendimento firmado no X Workshop do SPF que, ao fim e ao cabo, posicionou-se pela essencialidade da medida[70]**, sob o pretexto da insuficiência temporal do prazo de 1 (um) ano de permanência** em estabelecimento penal federal **como fator**

70. 6° Enunciado Proposto no X Workshop do SPF: "§ 1°. O período de permanência será de até três anos, renovável por iguais períodos, quando solicitado motivadamente pelo juízo de origem, observados os requisitos da transferência e se persistirem os motivos que a determinaram ou justificado por fatos supervenientes". Justificativa: O grupo, por maioria, entende que deve ser mantido integralmente o disposto no § 1°, do art. 10, do Pacote Anticrime para que o período de permanência seja de até três anos, prorrogáveis, excepcionalmente, por iguais períodos, tendo em vista que constitui prazo necessário para desarticular as comunicações das lideranças de

de ruptura dos vínculos do preso com o mundo do crime, ao que o prazo de 3 (três) anos se **constituiria como meio necessário para desarticular as comunicações das lideranças de organizações criminosas com seus subordinados**[71].

Trata-se, a propósito, de entendimento que já predominava entre grande parcela dos operadores do SPF, partindo do pressuposto de que estabelecendo um prazo maior de permanência no sistema, a medida se destinaria a cumprir duplo papel: permitir o esvaziamento do poder de liderança do preso neutralizado e, ao mesmo tempo, estabelecer um prazo limite, com o qual sabidamente o interno teria ciência do momento de seu retorno ao local de origem. Sucede que as renovações foram mantidas, na forma da Lei n.º 13.964/19, o que traz à realidade prática as mesmas discussões e os complexos desafios em face da indevida perenização do preso no SPF, desvirtuando o caráter excepcional do qual se reveste a medida de inclusão[72].

Precisamente neste contexto que o novo período de permanência não passa indene de críticas.

Nessa perspectiva, a nota técnica da Defensoria Pública da União ao pacote anticrime (PL 882/19), ao tratar do tema, foi categórica em identificar

---

organizações criminosas com seus subordinados, passando a ter a redação acima proposta. Votação: Total de 28 votos – Aprovado – 78,57% dos votos.

71. Precisamente neste contexto que o então Ministro da Justiça, Sergio Moro, levou suas razões de reforma legislativa à deliberação no X Workshop do SPF, realizado nos dias 11 e 12 de janeiro de 2019: "o propósito de três anos, incluído no projeto anticrime, refere-se, exatamente, a esse problema: um ano não é suficiente para o preso romper os seus vínculos com o mundo do crime; talvez três anos não sejam suficientes, mas um ano é absolutamente insuficiente para essa finalidade. Embora o regime de uma penitenciária federal seja extremamente rigoroso, quando o preso é transferido para lá ele tem convívio com outros presos e aquilo pode, eventualmente, servir como uma oportunidade para fazer vínculos criminais que transcendam a região ou o estado de atuação daquela liderança criminosa. Sendo assim, se for para mandar o preso para ficar um ano, normalmente eu digo: "não mande, porque não vai resolver e no final ainda vai piorar o seu problema. Tem que se pensar num período de permanência maior para manutenção, especialmente dessas lideranças criminosas dentro dos presídios federais".

72. Segundo relatado no X Workshop sobre o Sistema Penitenciário Federal do Conselho da Justiça Federal, a média de prazo de permanência ao final de 2019 é de 2 anos. Sendo que, dos 646 (seiscentos e quarenta e seis) presos no Sistema Penitenciário Federal, 08 (oito) deles estão há mais de dez anos, quando no início era muito difícil o preso ficar mais de um ano. (X Workshop, p. 34-35). Ainda, é possível observar números semelhantes no Anuário de 2017 do Sistema Penitenciário Federal (publicado em 2017) que, em 30 de junho de 2017, informava que, dos 570 internos dos estabelecimentos penais federais, estariam inseridos no SPF durante o seguinte período: Menos de 1 ano – 49,10%; De 1 a 2 anos – 17,22%; De 2 a 4 anos – 15,17%; Mais de 4 anos – 18,51%.

que muitos presos no SPF, cujas transferências ocorreram há muitos anos, passam sistematicamente pela renovação da permanência sem que haja a devida preocupação da autoridade solicitante em fundamentar a necessidade da renovação. Neste sentido, revela-se comum indicar que permanecem presentes os motivos ensejadores da transferência. Como resultado, observa-se que pouco é feito pelos Estados de origem, que não promovem concretas melhorias em seu sistema prisional, não investigam devidamente a prática de delitos dentro de seus complexos prisionais, "tampouco combatem de forma efetiva as facções criminosas, que continuam a operar e interferir na administração penitenciária" (DEFENSORIA PÚBLICA DA UNIÃO, 2019a).

Para Hélio Roberto Cabral de Oliveira,

> Ocorre que, diante das grandes falhas estruturais do aparato de controle prisional do sistema penitenciário dos Estados, do constante e desenfreado crescimento da população carcerária, da superlotação dos estabelecimentos prisionais estaduais, além da violação massiva e sistemática de direitos fundamentais dos presos (vide a decisão em medida cautelar proferida pelo STF no âmbito da ADPF 347), o SPF tem muitas vezes se prestado a auxiliar os Estados a dar uma resposta meramente simbólica ao problema prisional, já que a transferência de um preso, tido como perigoso, representa uma medida com ampla repercussão midiática e popular, mas que tem se mostrado com baixa efetividade prática. As autoridades estaduais têm tido grande dificuldade tanto em identificar os reais líderes das organizações criminosas como em evitar o surgimento de novas lideranças entre os presos que continuam no sistema estadual, de forma que a transferência para o SPF, por si só, tem apresentado baixa eficácia em colaborar para a resolução do problema prisional e proporcionar a desarticulação dos grupos, que têm mostrado sinais de que estão se tornando cada vez mais fortes (OLIVEIRA, 2020, p. 17).

Portanto, dentre vários fatores que depõem contra a indiscriminada renovação da permanência da preso no SPF – aptas a coarctar a garantia fundamental à individualização da pena –, está o fato de que os pedidos de transferência, em muitas ocasiões, carecem de um lastro probatório mínimo, pelo que são fundamentados em relatórios de inteligência prisional e de segurança pública, provenientes das Secretarias de Segurança Pública Estaduais e demais pastas afins, desacompanhados de outros elementos que corroborem a necessidade concreta da medida (OLIVEIRA, 2020, p. 17).

Nesse sentido, a transferência de diversos presos, de maneira açodada, provoca o desvirtuamento do perfil do preso concebido para o SPF, cujas consequências, além de não propiciar a desarticulação da organização criminosa, acaba, ao final, produzindo maiores problemas para o sistema prisional do Estado quando do retorno dos mesmos, visto que ganham status de liderança[73], em um verdadeiro fenômeno de "popularização do preso federal" que entra em contato com reais lideranças de organizações criminosas dentro do SPF[74].

Vale ressaltar, ainda, o voto-vista do Ministro Gilmar Mendes, nos autos do HC 131649/RJ, em que refere que a permanência no SPF é excepcional e por prazo determinado, **sendo indevida a relutância das autoridades locais em receber lideranças de organizações criminosas, mesmo após anos no SPF, baseadas exclusivamente em elementos indiciários**, ao que complementa:

> "É de capital importância que os Juízos responsáveis pela execução das penas e pela solução dos conflitos de competência sejam rigorosos com a análise dos fundamentos que embasam os pleitos de renovação, exigindo indícios fundados do envolvimento atual em ilícitos. Se assim não for, o apenado ficará marcado pela pertinência inicial à organização criminosa, sem nenhuma condição de demonstrar mérito para alcançar benefícios durante a execução da pena. Aí sim teríamos uma violação ao direito à individualização da pena em fase de execução – art. 5°, XLVI, da CF." (STF, HC 131.649/RJ, rel. Min. Cármen Lucia, 2ª Turma, DJe 02.08.2017)

A par do exposto, a Lei n.º 13.964/19, ao acrescentar ao § 1º do art. 10 **que a renovação fica condicionada à persistência dos motivos que a determinaram a transferência,** acaba por consolidar entendimento sedimentado no enunciado n.º 6 do III Workshop do SPF, bem como **dominante na jurisprudência do STJ,** o qual **descarta a necessidade de novos fundamentos de fato e de direito,** a balizar o pedido de permanência (STJ, AgRg no CC 158867/PE, Relator (a) Ministro Rogerio Schietti Cruz, julgado em 14.08.2019).

Enunciados e recomendações dos Workshops sobre o SPF do CJF

Enunciado n. 5 – Em relação à inclusão e transferência, os prazos são contados na forma do art. 10 do Código Penal e, em caso de renovação, o termo inicial é a data do vencimento do prazo encerrado. (Editado no I Workshop)

Enunciado n. 6 – Não há necessidade de fatos novos para a renovação do prazo de permanência dos presos no Sistema Penitenciário Federal, mas é indispensável a demonstração

73. Tal situação, que se preenche com a simples transferência do preso ao SPF, assemelha-se ao que explica a "Teoria da Vaidade" de José Ingenieros (2005, p. 8), ao evidenciar que os sujeitos cometem crimes dentro do próprio sistema prisional com intenção de ganhar lugar de destaque.

74. Neste sentido, Hélio Roberto C. de Oliveira (2020, p. 17)

da permanência dos motivos de fato que ensejaram a inclusão. (Editado no I Workshop, com redação alterada no III Workshop)

6° Enunciado proposto e aprovado no grupo III do X Workshop: § 1°. O período de permanência será de até três anos, renovável por iguais períodos, quando solicitado motivadamente pelo juízo de origem, observados os requisitos da transferência e se persistirem os motivos que a determinaram ou justificado por fatos supervenientes.

Obs.: O X Workshop previu o 6° Enunciado Proposto no grupo III com essa previsão (ressalta-se que a parte final "ou justificado por fatos supervenientes" não consta no texto legal aprovado pela lei n.° 13.964/19).

JURISPRUDÊNCIA

SUPREMO TRIBUNAL FEDERAL

• **Não cabe HC para discutir decisão de transferência de preso para estabelecimento penal federal:**

Segundo Supremo Tribunal Federal, o habeas corpus não é a via adequada para revisitar decisão que renova a permanência do preso em penitenciária federal de segurança máxima, a fim de se verificar seus fundamentos quanto à necessidade ou não da medida (HC n.° 119.061/RJ, Primeira Turma, rel Min. Dias Toffoli, DJe de 19/12/13, e HC 131.649/RJ, Segunda Turma, rel. Min. Cármen Lúcia, 06.09.2016).

No mesmo sentido: (STF, Ag. Reg. no HC 150890/RJ, 2ª Turma, rel. Ministro Dias Tóffoli, DJe publicado em 23.02.2018)

• **Possibilidade de sucessivas renovações, desde que cada uma observe o prazo máximo insculpido no artigo 10, § 1°.**

Ementa: AGRAVO REGIMENTAL EM HABEAS CORPUS. IMPETRAÇÃO EM FAVOR DE TODOS OS PACIENTES RECLUSOS EM PENITENCIÁRIA FEDERAL HÁ MAIS DE DOIS ANOS. INADMISSIBILIDADE. IMPOSSIBILIDADE DE UTILIZAÇÃO DO WRIT COMO SUCEDÂNEO DE AÇÕES TÍPICAS DE CONTROLE CONCENTRADO DE CONSTITUCIONALIDADE. AUSÊNCIA DE CONSTRANGIMENTO ILEGAL. LEGALIDADE GENÉRICA DA LEI QUE AUTORIZA SUCESSIVAS RENOVAÇÕES NA MANUTENÇÃO DE DETENTOS EM ESTABELECIMENTOS DE SEGURANÇA MÁXIMA SEMPRE QUE O INTERESSE PÚBLICO EXIGIR [...] 4. **Não há, portanto, qualquer ilegalidade genérica, pois a lei autoriza sucessivas renovações da manutenção dos detentos em estabelecimentos penais federais de segurança máxima sempre que o interesse da segurança pública de toda sociedade razoavelmente o exija, e desde que haja nova e fundamentada decisão pelo juiz competente, para cada uma das novas renovações por prazos não superiores a 360 (trezentos e sessenta) dias.** 5. Agravo Regimental a que se nega provimento. (STF, 1ª Turma, Ag. Reg. no HC 148459/DF, rel. Ministro Alexandre de Moraes, DJe publicado em 26.03.2019).

SUPERIOR TRIBUNAL DE JUSTIÇA

• **Em relação ao período de permanência:**

"[...] I – A inclusão do preso em estabelecimento prisional federal deve estender-se pelo prazo máximo de 360 (trezentos e sessenta) dias, e a renovação somente ocorrerá excepcionalmente. II – **Admite-se a retroatividade do termo inicial do prazo ao dia seguinte ao término do prazo anterior, aplicável tanto no caso de aceitação da renovação pelo magistrado federal, quanto, no caso de renovação da permanência decidida por meio de**

conflito de competência, até seu julgamento. III – A alteração do regime de execução penal estabelecido pela Lei n° 11.671/2008, permitindo a transferência e inclusão de preso oriundo de outro sistema penitenciário para o sistema penitenciário federal de segurança máxima constitui exceção e está inspirada em fatos e fundamentos a serem necessariamente considerados por ocasião do pedido e da admissão correspondente. [...]" (Superior Tribunal de Justiça, Terceira Turma, Conflito de Competência n° 118.834-RJ, julgado em 23/11/2011)

Cuidado: essa decisão do STJ foi tomada antes das alterações da lei 13.964/19, assim, no item I onde se lê "360 (trezentos e sessenta) dias", hoje se interpreta como "3 (três) anos"

• **Permanecendo os motivos da transferência, deve ser prorrogado o prazo de permanência**:

"AGRAVO REGIMENTAL NO CONFLITO DE COMPETÊNCIA. TRANSFERÊNCIA DE PRESO PARA PRESÍDIO FEDERAL. PRORROGAÇÃO DO PRAZO. POSSIBILIDADE. PREVALÊNCIA DA FUNDAMENTAÇÃO DO JUÍZO DE ORIGEM. RESSALVA DE ENTENDIMENTO. RECURSO A QUE SE NEGA PROVIMENTO. 1. **De acordo com o entendimento firmado pela Terceira Seção desta Corte, permanecendo os motivos que ensejaram a transferência do preso para o sistema federal, deve ser prorrogado o prazo nos termos do art.10, § 1°, da Lei n° 11.671/2008, não cabendo ao Juízo Federal discutir as razões do Juízo Estadual.** Ressalva do entendimento da relatora. 2. Agravo regimental a que se nega provimento." (AgRg no CC 149.962/RJ, Rel. Ministra MARIA THEREZA DE ASSIS MOURA, TERCEIRA SEÇÃO, julgado em 08/02/2017, DJe 13/02/2017)

Nesse sentido: STJ, REsp 1799658/RJ, rel. Min. Sebastião Reis Júnior, 6ª Turma, julgado em 14 de maio de 2019, DJe de 24 de maio de 2019; CC 122.042-RJ, Rel. originário Min. Gilson Dipp, Rel. para acórdão Min. Marco Aurélio Bellizze, julgado em 27/6/2012; CC 138.939/RJ, Rel. Ministro REYNALDO SOARES DA FONSECA, TERCEIRA SEÇÃO, julgado em 26/08/2015, DJe 04/09/2015;

• **Desnecessidade de ocorrência de fato novo para justificar a permanência do preso no SPF:**

"[...] 1. **Para a prorrogação do prazo de permanência no sistema federal de segurança máxima, não é imprescindível a ocorrência de fato novo.** Esta Corte Superior entende que, na hipótese de persistência dos motivos que ensejaram a transferência inicial do preso, é possível manter a providência excepcional em decisão fundamentada. 2. Explicitados os motivos pelos quais seria necessária a permanência do preso no Sistema Penitenciário Federal, os quais se lastrearam na sua alta periculosidade e na sua condição de liderança, com registro de práticas reiteradas de faltas disciplinares que culminaram com a fuga de quatro presídios, não é possível que seja determinada, unilateralmente, a devolução do condenado ao estado de origem. 3. A existência de falhas cartorárias na confecção da comunicação entre os órgãos judiciários responsáveis, que culminou com a remessa extemporânea do pedido de renovação de permanência – devidamente explicitada pelo suscitante ao Juízo suscitado –, não pode se sobrepor à necessidade de preservação da segurança pública. 4. Agravo regimental não provido. (STJ, AgRg no CC 158867 / PE, Relator(a) Ministro Rogerio Schietti Cruz, 3ª Seção, julgado em 14.08.2019, DJe 21.08.2019)

• **Quanto à inviabilidade do juízo federal competente alterar o prazo de prorrogação da transferência:**

CONFLITO DE COMPETÊNCIA PREVISTO NO § 5.°, DO ART. 10, DA LEI N.° 11.671/2008. EXECUÇÃO PENAL. CUMPRIMENTO DA PENA EM PRESÍDIO DE SEGURANÇA MÁXIMA. PRORROGAÇÃO DO PRAZO. INTELIGÊNCIA COMBINADA DOS ARTS. 3.° E 10, § 1.°, TAMBÉM DA LEI N.° 11.671/08. EXCEPCIONAL NECESSIDADE DEMONSTRADA NO CASO. DECISÃO CONCRETAMENTE MOTIVADA PELO JUÍZO DE ORIGEM. **IMPOSSIBILIDADE DE O**

MAGISTRADO FEDERAL QUE PROCESSA A EXECUÇÃO PENAL DIMINUIR O PRAZO DE PRORROGAÇÃO NELA PREVISTO, CONCEDENDO PROGRESSÃO DE REGIME PRISIONAL AO APENADO. AUSÊNCIA DE QUALQUER COMPETÊNCIA, HIERARQUIA OU JURISDIÇÃO PARA TANTO. CONFLITO CONHECIDO, DECLARANDO-SE A **COMPETÊNCIA DO JUÍZO SUSCITADO PARA PROCESSAR A EXECUÇÃO NO ESTABELECIMENTO PRISIONAL DE SEGURANÇA MÁXIMA. MANTIDA HÍGIDA A RENOVAÇÃO DO PRAZO PARA PERMANÊNCIA DO CONDENADO EM PENITENCIÁRIA FEDERAL, CONFORME DETERMINADO PELO JUÍZO DE ORIGEM, E CASSADA A DECISÃO QUE CONCEDEU A PROGRESSÃO DE REGIME PRISIONAL AO INTERESSADO**. 1. Segundo combinação de regras constantes de dispositivos da Lei n.° 11.671/2008, é possível a excepcional renovação do prazo para que Acusado permaneça em estabelecimento prisional de segurança máxima, desde que a "medida se justifique no interesse da segurança pública ou do próprio preso, condenado ou provisório" (art. 3.°), e tenha sido determinada "motivadamente pelo juízo de origem" (art. 10, § 1.°). 2. No caso, há elementos concretos que justificam a prorrogação da medida procedida Juiz Estadual, por ser o Interessado é um dos líderes da organização criminosa denominada "Milícia Liga de Justiça", tendo sido sobejamento esclarecido nos autos que a manutenção do Penitente no presídio de segurança máxima é necessária ao resguardo da política de segurança pública do Estado do Rio de Janeiro. 3. Já definiu a 3.ª Seção deste Superior Tribunal de Justiça competir apenas à Defesa, ou até mesmo ao Ministério Público, impugnar o encaminhamento ou renovação da permanência de Acusado em estabelecimento de segurança máxima. Não pode o Magistrado Federal que processa a execução penal avaliar de ofício a motivação do referido decisum, mormente invalidá-lo, pois não detém qualquer competência, hierarquia ou jurisdição para tanto. 4. Durante a vigência do período de cumprimento da pena em prisão de segurança máxima não pode haver progressão de regime prisional. 5. Apenas não se deixe de esclarecer, por um outro lado, que o cumprimento da pena em prisão de segurança máxima só pode ocorrer em hipóteses excepcionalíssimas, estritamente previstas na Lei n.° 11.671/2008. No caso, em razão da iminência do término do prazo de permanência do Apenado no referido estabelecimento, eventual renovação só poderá ocorrer se o Juiz do local do delito consignar razões atuais e concretas para tanto. 6. Conflito conhecido, nos moldes do § 5.°, do art. 10, da Lei n.° 11.671/2008 declarando-se a competência do Juízo Federal da 5.ª Vara de Execuções Penais da Seção Judiciária do Estado de Mato Grosso do Sul, ora Suscitado, para processar a execução de ALCEMIR SILVA durante o período em que se encontrar no estabelecimento prisional de segurança máxima. Mantida hígida a renovação do prazo para sua permanência na Penitenciária Federal de Campo Grande/MS, até o fim do prazo de 360 dias, conforme determinado pelo Juízo de Direito da Vara das Execuções Penais do Rio de Janeiro/RJ, em 12/09/2011. Cassada a decisão em que se concedeu progressão de regime prisional ao Interessado. Determinada expedição de ofício, entretanto, ao Juízo de Direito da Vara de Execuções Penais do Estado do Rio de Janeiro, advertindo-lhe que eventual renovação da permanência do Apenado na unidade prisional de segurança máxima só poderá ocorrer se forem consignadas razões atuais e concretas. Determinado o encaminhamento de peças do processo à Defensoria Pública do Estado do Rio de Janeiro, para avaliar se a hipótese necessita de que sejam tomadas providências judiciais contra a decisão do Juízo Suscitante, perante o Tribunal de Justiça do Estado do Rio de Janeiro. (STJ, CC 122.373/RJ, 3ª Seção, rel. Ministra Laurita Vaz, julgado em 14/11/2012, DJe 26/06/2013)

TRIBUNAIS REGIONAIS FEDERAIS

• TRF3: **Quanto ao juízo de admissibilidade do Juiz Federal Corregedor, o TRF3 tem o seguinte posicionamento (cuidar enunciado 34 dos Workshops do SPF do CJF).**

"PENAL. PROCESSO PENAL. AGRAVO EM EXECUÇÃO PENAL. SISTEMA PENITENCIÁRIO FEDERAL. PRESÍDIO DE SEGURANÇA MÁXIMA. INCLUSÃO OU RENOVAÇÃO DO PRAZO DE PERMANÊNCIA DO PRESO. COMPETÊNCIA PARA DECIDIR SOBRE ADMISSIBILIDADE DA PRORROGAÇÃO. JUÍZO DE ORIGEM SOLICITANTE. **COGNIÇÃO ESTREITA DO JUIZ FEDERAL SOLICITADO**. RECURSO DESPROVIDO. 1. A inclusão ou a permanência de preso em presídio de segurança máxima constitui medida excepcional, que deve ser determinada por prazo determinado. A despeito disto, sucessivas renovações do prazo são admitidas, nos termos do artigo 10, §1°, da Lei n° 11.671/2008. 2. A verificação do mérito da prorrogação compete ao juízo responsável pela execução penal do local da condenação; é ele quem realiza o juízo de admissibilidade da necessidade da transferência do preso para estabelecimento penal federal de segurança máxima ou da renovação do período de permanência. 3. **Não compete ao Juiz Federal Corregedor do presídio de segurança máxima decidir sobre a necessidade, adequação e cabimento da inclusão de preso no sistema penitenciário federal. Cabe a ele, tão somente, examinar a regularidade formal da solicitação, em cognição estreita, ou seja, analisar os requisitos relativos às condições da unidade prisional**. 4. Recurso desprovido." (TRF3, Agravo em Execução Penal 0000117-05.2019.4.03.0000, 5ª Turma, rel. Desembargador Mauricio Kato, e-DJF3 de 21 de outubro de 2019).

No mesmo sentido: TRF3, Habeas Corpus 5010364-57.2019.4.03.0000, 11ª Turma, rel. Desembargador Federal Fausto Martin de Sanctis, publicado em 09 de agosto de 2019; Agravo em Execução Penal 0000004-51.2019.4.03.0000, 5ª Turma, rel. Juíza convocada Raquel Silveira, e-DJF3 de 17 de junho de 2019; Agravo em Execução Penal 0000024-76.2018.4.03.0000, 11ª Turma, rel. Desembargador Federal Nino Toldo, e-DJF3 de 10 de maio de 2018.

• TRF3: **Quanto à desnecessidade de fatos novos para fundamentar a permanência no sistema penitenciário federal**:

"AGRAVO EM EXECUÇÃO PENAL. MANTIDA A RENOVAÇÃO DA PERMANÊNCIA DO PRESO NO SISTEMA PENITENCIÁRIO FEDERAL. RECURSO DESPROVIDO 1. A transferência do apenado para estabelecimentos penais comuns, desprovidos de meios eficazes de contenção dos detentos e de segurança contra eventuais tentativas de arrebatamento, representaria grave risco para a sociedade e para o sistema penitenciário. 2. Para fins de prorrogação de permanência do condenado em presídio federal, **a Lei n° 11.671/2008 não exige a ocorrência de fatos novos que autorizem a custódia excepcional**. Ademais, para a citada renovação da permanência basta persistirem as razões e os fundamentos que ensejaram a transferência do recluso para o presídio federal de segurança máxima. 2. Agravo em execução penal desprovido." (TRF3, Agravo em Execução Penal 0003953-54.2017.4.03.0000, 5ª Turma, rel. Desembargador Paulo Fontes, e-DJF3 de 23 de março de 2018).

Nesse sentido: TRF1, Agravo em Execução Penal n° 0004375-52.2018.4.01.3200, 3ª Turma, rel. Desembargador Federal Ney Bello, e-DJF1 de 14 de dezembro de 2018.

• TRF3: **Compete ao juízo solicitante analisar as impugnações de mérito do pedido de renovação**:

"AGRAVO EM EXECUÇÃO PENAL. MANUTENÇÃO DO APENADO EM SISTEMA PENITENCIÁRIO FEDERAL. RECURSO DESPROVIDO. 1. O Superior Tribunal de Justiça fixou o entendimento de que o Juízo Solicitado não é competente para apreciar alegações acerca do mérito da decisão de transferência de preso, incumbe ao Juízo Solicitante apreciar o pedido. 2. Portanto, **as alegações acerca do mérito do pedido de renovação do prazo deverão ser impugnadas perante o Juízo Solicitante, pois, conforme entendimento do STJ, não é competência do Juízo Solicitado analisar tais impugnações**. 3. Agravo em execução desprovido." (TRF3, Agravo em Execução Penal 0000065-09.2019.4.03.0000, 5ª Turma, rel. Juíza convocada Louise Filgueiras, e-DJF3 de 10 de outubro de 2019)

• TRF3: **Possibilidade de sucessivas prorrogações:**

"PENAL. PROCESSO PENAL. AGRAVO EM EXECUÇÃO PENAL. SISTEMA PENITENCIÁRIO FEDERAL. PRESÍDIO DE SEGURANÇA MÁXIMA. INCLUSÃO OU RENOVAÇÃO DO PRAZO DE PERMANÊNCIA DO PRESO. COMPETÊNCIA PARA DECIDIR SOBRE ADMISSIBILIDADE DA PRORROGAÇÃO. JUÍZO DE ORIGEM SOLICITANTE. COGNIÇÃO ESTREITA DO JUIZ FEDERAL SOLICITADO. RECURSO DESPROVIDO. 1. A inclusão ou a permanência de preso em presídio de segurança máxima constitui medida excepcional, que deve ser determinada por prazo determinado. **A despeito disto, sucessivas renovações do prazo são admitidas, nos termos do artigo 10, §1°, da Lei n° 11.671/2008**. 2. A verificação do mérito da prorrogação compete ao juízo responsável pela execução penal do local da condenação; é ele quem realiza o juízo de admissibilidade da necessidade da transferência do preso para estabelecimento penal federal de segurança máxima ou da renovação do período de permanência. 3. Não compete ao Juiz Federal Corregedor do presídio de segurança máxima decidir sobre a necessidade, adequação e cabimento da inclusão de preso no sistema penitenciário federal. Cabe a ele, tão somente, examinar a regularidade formal da solicitação, em cognição estreita, ou seja, analisar os requisitos relativos às condições da unidade prisional. 4. Recurso desprovido." (TRF3, Agravo em Execução Penal 0000369-42.2018.4.03.0000, 5ª Turma, rel. Desembargador Mauricio Kato, e-DJF3 de 30 de janeiro de 2019)

• TRF3 e TRF5: **A cessação da permanência no estabelecimento penitenciário federal de segurança máxima demanda que cessem as razões que colocaram o indivíduo no sistema federal, não havendo o que se falar em bom comportamento, uma vez que, segundo TRF3 e TRF5, a própria sistemática do local inviabiliza o mau comportamento.**

"[...] Na situação em apreço, há elementos concretos que justificam a prorrogação da permanência do paciente o Sistema Penitenciário Federal, como forma de garantir a "segurança e a ordem carcerária", haja vista a periculosidade do paciente, que estaria envolvido com organização criminosa de grande porte "PCC". – **Vale salientar que qualquer e eventual bom comportamento carcerário, de nada indica quanto a periculosidade do preso, tampouco quanto seu potencial de obras ilícitas. Indica tão somente que está obedecendo aos procedimentos do sistema penitenciário, obrigação de comportamento próprio dos habitantes daquele cárcere**. – O fato de o paciente apresentar acuidade visual, ao que tudo indica, não foi impeço à prática de condutas delitivas. Outrossim, não há comprovação da impossibilidade de tratamento de saúde do custodiado no estabelecimento prisional em que se encontra. – Há fundadas suspeitas de que o paciente, possível integrante de organização criminosa apresente alto risco tanto para a ordem e segurança do estabelecimento penal estadual como da sociedade, motivos que justificam a sua permanência, ao menos por ora, na Penitenciária Federal de Mossoró/RN. – Não se vislumbra, portanto, a existência de constrangimento ilegal passível de ser sanada pela concessão da ordem de Habeas Corpus. – Ordem denegada." (TRF3, Habeas Corpus 5032256-22.2019.4.03.0000, 11ª Turma, rel. Desembargador Federal Fausto Martin de Sanctis, publicado em 14 de fevereiro de 2020).

"[...] 1. O Atestado de Conduta Carcerária não pode ser expedido enquanto tramitar procedimento disciplinar em desfavor do paciente, o qual responde, atualmente, a Procedimentos Disciplinares de Interno em razão do cometimento de faltas disciplinares Graves, Médias e Leves. 2. A Lei n° 11.671/2008 prevê que a inclusão e a renovação do período de permanência do apenado em estabelecimento federal de segurança máxima é medida de caráter excepcional e temporária, requerida pelo Juízo Estadual mediante decisão fundamentada, justificada no interesse da segurança pública e do próprio preso. 3. **Eventual progressão de regime fica condicionada à ausência dos motivos que justificaram a remoção do paciente para o estabelecimento federal**. 4. Ordem denegada." (TRF3, Habeas Corpus 5026169-50.2019.4.03.0000, 5ª Turma, rel. Desembargador Federal Mauricio Yukikazu Kato, publicado em 06 de fevereiro de 2020).

Nesse sentido: TRF5, Habeas Corpus 0002165-19.2015.4.05.0000, 3ª Turma, rel. Desembargador Federal Cid Marconi, DJe de 17 de agosto de 2015.

TRIBUNAIS DE JUSTIÇA

• TJRJ: **Dispensa de fato novo para ensejar renovação da permanência, mas se essa situação persistir por muito tempo, poderá cessar a permanência em penitenciária federal de segurança máxima:**

EMENTA Agravo previsto na Lei de Execução Penal. Pretensão que visa a reforma da decisão que renovou o prazo de permanência do agravante no Sistema Penitenciário Federal. Parecer da Procuradora de Justiça no sentido do não provimento do agravo. 1. Segundo os autos, o agravante foi transferido em 26/08/2011 do sistema penitenciário deste Estado para o Presídio Federal de Segurança Máxima, pelo prazo de 360 (trezentos e sessenta) dias, o que vem sendo renovado, ao ver do agravante, ao arrepio da lei. 2. O cerne da questão refere-se à existência ou não de motivos de interesse de segurança pública na manutenção do apenado, ora agravante, em presídio federal de outra unidade da federação. 3. É cediço que a execução da pena é responsabilidade do Estado, na espécie, do Rio de Janeiro. Em casos excepcionais autoriza-se a transferência para cumprimento da pena em presídios federais. Igualmente, nos termos do art. 10, § 1°, da Lei 11.671/08, frise-se, é medida excepcional a renovação do prazo de permanência do condenado em estabelecimentos federais. Para isso, imprescindível que a decisão seja alicerçada em motivação concreta e com dados em elementos recentes, sendo insuficiente a reprodução de justificativas pretéritas que ensejaram a concessão da medida extraordinária. 3. Ocorre que a última renovação fundou-se em reafirmar fatos pretéritos. No extrato de inteligência da secretaria de estado de segurança, que instruiu a solicitação e o decisum, há somente dados passados referentes ao agravante. No mais, há somente suposições, deduções, sem qualquer conteúdo novo, não restando comprovado de forma peremptória que o seu retorno ao estado de origem possa afetar o interesse da segurança pública. 4. Tanto o **relatório do Secretário de Segurança, quanto o extrato de inteligência não apontaram notícias concretas e novas referentes ao agravante. Ademais, o recorrente possui boa conduta carcerária, no mínimo desde 14/04/2016. Friso que não há nova ação penal, novo inquérito ou mesmo uma novel investigação acerca do agravante, desde a sua transferência. Portanto, penso não ser necessária sua permanência em presídio federal de segurança máxima federal. 5. Recurso conhecido e provido, para anular o decisum, determinando o recambiamento do agravante para Unidade Prisional do Estado do Rio de Janeiro.** (TJRJ, Agravo de Execução Penal 0055234-69.2017.8.19.0000, rel. Des(a). Cairo Ítalo França David – Julgamento: 09/08/2018 – Quinta Câmara Criminal)

APLICAÇÃO EM CONCURSO

QUESTÕES

1. (TRF da 4ª Região, 2014, TRF – 4ª REGIÃO, prova para Juiz Federal Substituto) Dadas as assertivas abaixo, assinale a alternativa correta. De acordo com a Lei n° 11.671/08, que dispõe sobre a transferência e a inclusão de presos em estabelecimento penal federal de segurança máxima, bem como com o decreto que a regulamenta, é correto afirmar:

[...]

III. Não obstante o prazo previsto na lei para a permanência do preso em estabelecimento prisional federal, situações excepcionais, objetivamente demonstradas, poderão justificar a prorrogação do prazo, observado, porém, o contraditório.

[...]

2. (CESPE, 2017, DPE-AL, prova de Defensor Público) No que se refere à inclusão ou à transferência de preso para o sistema penitenciário federal, assinale a opção correta.

[...]

d) Embora a inclusão de preso no sistema penitenciário federal seja medida de natureza excepcional e temporária, são expressamente admitidas, nesses casos, renovações sucessivas, até o limite de cumprimento da pena.

[...]

3. (CESPE, 2018, DPE-PE, prova de Defensor Público) À luz da Lei n.º 11.671/2008 e do Decreto n.º 6.877/2009 (Sistema Penitenciário Federal), assinale a opção correta, a respeito do cumprimento de pena em estabelecimento prisional federal de segurança máxima.

[...]

e) O prazo de permanência do preso em estabelecimento prisional federal de segurança máxima é de trezentos e sessenta dias, improrrogável.

4. (CESPE, 2011, TRF da 2ª região, prova para Juiz Federal) Com referência à execução penal, assinale a opção correta.

[...]

e) A inclusão de presos no sistema penitenciário federal dar-se-á de forma excepcional, temporária e provisória, com prazo máximo de 360 dias, autorizando a lei uma única e extraordinária renovação, a ser decidida pelo juízo federal, desde que requerida antes do encerramento do prazo da inclusão.

5. (PGR, 2012, MPF, prova de Procurador da República) Considerando a transferência de presos para estabelecimentos penais federais de segurança máxima, e tendo por lastro o entendimento mais recente do STJ a respeito da matéria, é **incorreto** afirmar:

[...]

c) O período de permanência do preso em estabelecimento penal federal de segurança máxima não poderá exceder a 360 (trezentos e sessenta) dias, admitindo-se, excepcionalmente, a renovação do prazo de permanência, que dar-se-á apenas uma única vez;

[...]

GABARITO

1. A alternativa III está correta. A transferência por si já exige uma situação excepcional, o que persiste em caso de pedido de renovação, uma vez que para esta, segundo § 1º do art. 10, são exigidos os requisitos da transferência e a persistência dos motivos.
2. A alternativa "d" está errada, pois não são expressamente admitidas renovações sucessivas até o limite de cumprimento de pena. Mesmo com a alteração do texto pela lei n.º 13.964/19, ainda não existe tal previsão.
3. A alternativa "e" está errada. Na época da aplicação da prova, estava em vigor o texto anterior à lei n.º 13.964/19. Assim, estava errado na alternativa a parte que falava "improrrogável", pois era à época "renovável". Hoje, com o texto modificado pela lei

n.º 13.964/19, a alternativa está errada tanto no "improrrogável", pois o novo texto permite renovações por igual período, quanto em relação ao prazo, pois agora o prazo de permanência é até **3 (três) anos**, e não mais 360 (trezentos e sessenta) dias.

4. A alternativa "e" está errada. Antes da alteração da lei n.º 13.964/19 já estava errada por dizer que era autorizada uma só renovação. Hoje ela está totalmente errada, pois o § 1º do artigo 10 previu que o período de permanência será de até 3 (três) anos, renovável por iguais períodos, quando solicitado motivadamente pelo juízo de origem, observados os requisitos da transferência, e se persistirem os motivos que a determinaram.

5. A alternativa "c" era a resposta, pois a questão pedia para marcar o enunciado incorreto. Isso pois o artigo 10, § 1º, prescreve que o período de permanência será renovável por iguais períodos, quando solicitado motivadamente pelo juízo de origem, observados os requisitos da transferência, e se persistirem os motivos que a determinaram. Ainda, na época da prova estaria correto o prazo de 360 (trezentos e sessenta) dias, mas com a alteração trazida pela lei n.º 13.964/19, o prazo agora é de 3 (três) anos.

   Ainda, tal questão está inserta totalmente na decisão do Superior Tribunal de Justiça no Conflito de Competência n.º 118.834-RJ, terceira turma, julgado em 23/11/2011: "A inclusão do preso em estabelecimento prisional federal deve estender-se pelo prazo máximo de 360 (trezentos e sessenta) dias, e a renovação somente ocorrerá excepcionalmente.". Mais uma vez cuidado com a alteração do prazo de 360 dias para 3 anos como referido acima.

4.10.2 § 2º – Devolução do preso

> § 2º Decorrido o prazo, sem que seja feito, imediatamente após seu decurso, pedido de renovação da permanência do preso em estabelecimento penal federal de segurança máxima, ficará o juízo de origem obrigado a receber o preso no estabelecimento penal sob sua jurisdição.

Conforme artigo 10º do Decreto n.º 6.877/09, restando 60 dias para o encerramento do prazo de permanência do preso no estabelecimento penal federal, o DEPEN irá comunicar ao requerente da inclusão para que se manifeste sobre a necessidade de renovação. Passado o prazo estipulado de permanência, sem manifestação quanto à renovação, ficará o juízo de origem obrigado a receber o preso na unidade prisional sob sua jurisdição.

Ademais, cabe referir que o prazo para o pedido de renovação, segundo o STJ, não é terminativo, **sendo relativizado quando a intempestividade do pedido de prorrogação possui pequeno prazo de atraso,** hipótese na qual não caracteriza constrangimento ilegal (STJ, CC 160.144/PR, rel. Min. Antonio Saldanha Palheiro, publicado em 11.02.2019).

No tocante ao prazo de tolerância para o pedido de renovação, o Enunciado n.º 8 do III Workshop sugere que, "decorrido o prazo de dez dias sem pedido de renovação de permanência, o preso pode ser devolvido, independentemente de qualquer outra providência tomada pelo juízo".

Uma vez estabelecida a devolução do preso ao seu Estado de origem, a recomendação n.º 22 do VI Workshop do SPF orienta que a decisão judicial deverá ser cumprida em até 30 dias, salvo motivação em contrário, devidamente comunicada pela autoridade administrativa ao juiz corregedor.

Decreto 6.877/09 – Regulamento da Lei 11.671/08
Art. 10. Restando sessenta dias para o encerramento do prazo de permanência do preso no estabelecimento penal federal, o Departamento Penitenciário Nacional comunicará tal circunstância ao requerente da inclusão ou da transferência, solicitando manifestação acerca da necessidade de renovação. Parágrafo único. Decorrido o prazo estabelecido no § 1° do art. 10 da Lei n° 11.671, de 2008, e não havendo manifestação acerca da renovação da permanência, o preso retornará ao sistema prisional ou penitenciário de origem.

Enunciados e recomendações dos Workshops sobre o SPF do CJF

Enunciado n. 8 – Decorrido o prazo de dez dias sem pedido de renovação de permanência, o preso pode ser devolvido, independentemente de qualquer outra providência tomada pelo juízo. (Editado no I Workshop, com redação alterada no III Workshop)

Enunciado n. 18 – Restando 60 dias para o encerramento do prazo de permanência do preso no estabelecimento penal federal, o Depen notificará todos os juízos em que haja ordem de prisão em vigor contra o preso, sobre o término do prazo de permanência, cientificando o juízo federal. (Editado no II com alteração de texto no IV Workshop).

Enunciado n. 21 – Quando da devolução do preso, o Depen notificará o órgão de administração prisional estadual. (Editado no II Workshop)

Enunciado n. 41 – Ao estado que se recusar a receber de volta preso egresso do Sistema Penitenciário Federal, enquanto pendente o cumprimento da decisão de retorno do preso, não serão concedidas novas inclusões. (Editado no III Workshop)

Recomendação n. 22 – A decisão judicial de inclusão, transferência ou devolução ao estado de origem de preso recolhido em penitenciária federal deverá ser cumprida em até 30 (trinta) dias, salvo motivação em contrário, devidamente comunicada pela autoridade administrativa ao juiz corregedor. (Editado no IV, com alteração de texto no VI Workshop)

JURISPRUDÊNCIA

SUPERIOR TRIBUNAL DE JUSTIÇA

• **Ausência de constrangimento pela intempestividade do pedido de 6 dias:**

"[...] Quanto à **intempestividade do pedido de prorrogação**, verifica-se que o Juízo deixou transcorrer apenas 6 dias após o vencimento do prazo, o que não caracteriza demora apta a causar qualquer constrangimento ao preso, sobretudo porque os motivos ensejadores da transferência se mantiveram hígidos.

Nesse sentido, bem se manifestou o órgão ministerial, a saber (e-STJ fl. 2.794/2.795):

In casu, embora o § 2° da Lei 11.671/2008 exponha que Decorrido o prazo, sem que seja feito, imediatamente após seu decurso, pedido de renovação da permanência do preso em estabelecimento penal federal de segurança máxima, ficará o juízo de origem obrigado a receber o preso no estabelecimento penal sob sua jurisdição, consta nos autos que desde 02/05/2018 (ev. 363) o Juízo Suscitante passou a impulsionar o processo a fim de providenciar a sua instrução e oportunizar a análise acerca da necessidade ou não de permanência dos custodiados no Sistema Penitenciário Federal, caindo por terra a pertinência de qualquer argumento relacionado a uma suposta conduta omissiva desta unidade judiciária de origem (e-STJ fl. 2692).

Anote-se, an passant, que no presente caso, o pedido de renovação do prazo de permanência do custodiado, no presídio federal de segurança máxima, foi feito, em apenas 6 (seis) dias após o seu decurso, atendendo, portanto, à exigência legal, de que tal pedido deva ser feito imediatamente após seu decurso.

Ante o exposto, conheço do conflito e declaro competente o Juízo suscitado (JUÍZO FEDERAL CORREGEDOR DA PENITENCIÁRIA FEDERAL EM MOSSORÓ/RN), determinando a permanência do apenado no Sistema Penitenciário Federal[...]" (STJ, CC N° 160.144/PR, rel. Min. Antonio Saldanha Palheiro, publicado em 11.02.2019)

TRIBUNAIS REGIONAIS FEDERAIS

• TRF1: **findo o prazo de transferência haverá retorno do preso à origem ou nova decisão de prorrogação**:

"PENAL. PROCESSO PENAL. AGRAVO EM EXECUÇÃO. PRORROGAÇÃO DO PRAZO DE MANUTENÇÃO DO PRESO EM PENITENCIÁRIA FEDERAL DE SEGURANÇA MÁXIMA. DECURSO DO PRAZO. FALTA DE INTERESSE. 1. Agravo em execução interposto em face de decisão proferida pelo Juiz Federal Corregedor da Penitenciária Federal de Porto Velho que prorrogou a inclusão do agravante no Sistema Penitenciário Federal, por mais 360 (trezentos e sessenta) dias, a contar do dia do vencimento do prazo de permanência anterior (09/03/2017). 2. A decisão agravada que prorrogou o prazo de manutenção do agravante no Sistema Penitenciário Federal, por mais 360 dias, nos termos da Lei 11.671/2008 (art. 10, § 1°), a contar do dia do vencimento do prazo de permanência anterior (09/03/2017) produziu seus efeitos até dia 04/03/2018. 3. **Tendo transcorrido o prazo da prorrogação 360 (trezentos e sessenta) dias a contar do dia do vencimento do prazo de permanência anterior, é forçoso reconhecer a superveniente perda de objeto do presente processo, uma vez que, findo esse prazo, haverá o retorno do preso ao Sistema Penitenciário de origem, ou mesmo nova decisão judicial sobre eventual prorrogação**. 4. Não remanesce, pois, interesse processual para julgamento deste recurso. 5. Agravo prejudicado." (TRF1, Agravo em Execução Penal n° 1000271-16.2018.4.01.4100, 4ª Turma, rel Desembargador Federal Neviton de Oliveira Batista Guedes, PJe de 11 de outubro de 2018)

4.10.3 § 3º – Manutenção do preso no SPF no aguardo da decisão do pedido de renovação

§ 3° Tendo havido pedido de renovação, o preso, recolhido no estabelecimento federal em que estiver, aguardará que o juízo federal profira decisão.

Diz o § 3º que, tendo havido pedido de renovação, deve o preso ser mantido na Penitenciária Federal **enquanto permanecer pendente a decisão do juízo federal.**

Previsão, esta, diversa daquela trazida pelo § 2º em que, **não tendo havido pedido de renovação**, o juízo federal deverá enviar o preso de volta ao estabelecimento de origem.

Importante dizer, que o enunciado n.º 40 do III Workshop do SPF sustenta que **não se aplica a manutenção automática do preso na penitenciária federal enquanto pendente pedido de reapreciação da inclusão cautelar por extrema necessidade**, prevista no art. 5º, § 6º, desta lei.

Ainda, a teor da recomendação n.º 20 do IV Workshop sobre o SPF, o pedido de prorrogação poderá ser formulado por juízo diverso do que solicitou a inclusão, quando neste também tramite processo relativo ao preso e haja mandado de prisão em vigor.

Enunciados e recomendações dos Workshops sobre o SPF do CJF

Enunciado n. 40 – O disposto no art. 10, §§ 3° e 6°, da Lei n. 11.671/2008, no que toca à manutenção automática do recluso no estabelecimento penitenciário federal, não se aplica quando se tratar de mera reapreciação da inclusão cautelar (art. 5°, § 6°, da Lei n. 11.671/2008. (Editado no III Workshop)

Recomendação n. 20 – O pedido de prorrogação poderá ser formulado por juízo diverso do que solicitou a inclusão, quando neste também tramite processo relativo ao preso e haja mandado de prisão em vigor. (Editado no IV Workshop)

4.10.4 § 4º – Renovação e retroatividade do termo inicial

> § 4° Aceita a renovação, o preso permanecerá no estabelecimento federal de segurança máxima em que estiver, retroagindo o termo inicial do prazo ao dia seguinte ao término do prazo anterior.

Conforme inteligência do § 4º, aceita a renovação de permanência, o preso permanecerá custodiado na Penitenciária Federal em que estiver, bem como a contagem do novo prazo retroagirá ao dia seguinte ao término do prazo anterior.

Portanto, a medida **implica em uma espécie de detração do tempo cumprido antecipadamente à confirmação da renovação,** cujo prazo de permanência anterior, não raras vezes, já se encontra esgotado quando da decisão do juiz federal corregedor. **Daí a lógica da contagem do prazo da renovação**, corretamente adotada pelo legislador, **em retroagir o seu termo inicial ao dia seguinte à cessação do prazo anterior, e não data do deferimento do novo prazo.** O mesmo entendimento se aplica quando pendente o julgamento do conflito de competência do pedido de renovação, situação em que, nos termos do § 6º deste artigo, o preso permanecerá no estabelecimento penal federal até o julgamento.

Enunciados e recomendações dos Workshops sobre o SPF do CJF

Enunciado n. 5 – Em relação à inclusão e transferência, os prazos são contados na forma do art. 10 do Código Penal e, em caso de renovação, o termo inicial é a data do vencimento do prazo encerrado. (Editado no I Workshop)

APLICAÇÃO EM CONCURSO

QUESTÕES

1. **(CESPE/CEBRASPE, 2015, DEPEN, Prova de Agente Penitenciário Federal de nível Médio)** Carlos e Marcos foram transferidos para um presídio federal de segurança máxima em decorrência de suposto plano para tomada do presídio estadual onde cumpriam pena privativa de liberdade. Carlos foi transferido imediatamente, no dia 3/1/2014, e Marcos, no dia 20/2/2014. Nos requerimentos que ensejaram a transferência, o secretário de Estado de Administração Penitenciária fundamentou a necessidade da medida em razão da comprovada periculosidade de Carlos, reincidente na prática de crimes com violência ou grave ameaça à pessoa e um dos principais líderes de uma violenta organização criminosa, sendo, ainda, o responsável direto pelo planejamento de um incidente de fuga. O pedido de transferência de Marcos teve fundamentação na condenação do apenado pelo crime de furto de automóvel, muito embora não tenha sido comprovado o seu envolvimento no plano para tomada do presídio. Foi alegado, ainda, nos requerimentos, o interesse da segurança pública. No dia 29/12/2014, o juízo de origem solicitou que fosse renovada, excepcionalmente, a permanência de Carlos. Da mesma maneira, no dia 20/1/2015, solicitou a permanência de Marcos, alegando que a renovação da permanência visava, de forma excepcional, resguardar a ordem pública. O pedido foi acatado em relação a Carlos e rejeitado em relação a Marcos.

Com referência à situação hipotética apresentada, julgue os itens subsequentes.

Aceita a renovação da permanência de Carlos, o termo inicial do prazo irá retroagir ao dia seguinte ao término do prazo anterior.

( ) Certo ( ) Errado

GABARITO

1. Certo. Aceita a renovação, seu termo inicial retroagirá ao dia seguinte ao término do prazo anterior, conforme expressa previsão no artigo 10, §4° da lei n.° 11.671/19.

4.10.5 § 5º – Rejeição da renovação e conflito de competência

§ 5° Rejeitada a renovação, o juízo de origem poderá suscitar o conflito de competência, que o tribunal apreciará em caráter prioritário.

Assim como no caso de rejeição de transferência, **a rejeição da renovação de permanência do preso no SPF também permite que seja suscitado**

conflito de competência entre o juízo de origem e o juízo federal corregedor do estabelecimento penal federal de segurança máxima.

Isso pois, como já decidiu o STJ, "havendo discordância do Juízo Federal com a renovação da permanência do segregado em estabelecimento penal federal, determinada pelo Juízo de Origem, deverá ser suscitado o conflito de competência (art. 10, § 5º, da Lei n. 11.671/08)" (STJ, AgRg no CC 163.321/RJ, DJe 18.03.2019).

É preciso referir que o conflito de competência por divergência da rejeição da renovação irá ser julgado em caráter prioritário, o que significa dizer que tramitará com prioridade sobre os processos comuns, observando as especificidades dos regimentos internos dos Tribunais respectivos (STJ ou TRF).

Ademais, pela proximidade com o artigo 9º desta lei, remetemos o leitor aos comentários do capítulo 4.9.

JURISPRUDÊNCIA

SUPERIOR TRIBUNAL DE JUSTIÇA

• **Conflito de Competência e renovação de permanência**:

EXECUÇÃO PENAL. AGRAVO REGIMENTAL NO CONFLITO DE COMPETÊNCIA. PERMANÊNCIA DE APENADO NO SISTEMA PENITENCIÁRIO FEDERAL. SOLICITAÇÃO DEVIDAMENTE MOTIVADA PELO JUÍZO DE ORIGEM. AGRAVO REGIMENTAL DESPROVIDO. I – **Havendo discordância do Juízo Federal com a renovação da permanência do segregado em estabelecimento penal federal, determinada pelo Juízo de Origem, deverá ser suscitado o conflito de competência (art. 10, § 5°, da Lei n. 11.671/08)**. II – Ao Juízo Federal cabe exclusivamente a competência para avaliar a legalidade e a existência dos requisitos para a implantação ou renovação de preso no sistema penitenciário federal, não lhe competindo revisar as razões do Juízo de origem, ou valorar os fundamentos concretos da decisão. III – Verificando a persistência dos motivos para a permanência do apenado no sistema penitenciário federal, indevida sua devolução como ocorre no presente caso, em que, segundo extrato de inteligência da Secretaria de Segurança Pública do Rio de Janeiro, o agravante faria parte da alta cúpula de organização criminosa. Agravo Regimental desprovido. (STJ, AgRg no CC 163.321/RJ, 3ª Seção, rel. Ministro Feliz Fischer, julgado em 13.03.2019, DJe 18.03.2019)

• **Preso provisório, juízo solicitante e conflito de competência**:

CONFLITO DE COMPETÊNCIA. EXECUÇÃO PENAL. TRANSFERÊNCIA DE PRESO. PRIMEIRA RENOVAÇÃO. EXCEPCIONALIDADE. LEI N° 11.671/2008. DURAÇÃO DO PROCESSO DE RENOVAÇÃO DA PERMANÊNCIA. RETROATIVIDADE DO TERMO INICIAL. ALTERAÇÃO DO REGIME DE EXECUÇÃO PENAL. EXCEÇÃO. CONFLITO TECNICAMENTE INEXISTENTE. JUSTIFICATIVAS DO JUÍZO FEDERAL. EXCESSO. JUÍZO MERAMENTE CIRCUNSTANCIAL DESTA CORTE. INTERMEDIAÇÃO DA SOLUÇÃO. CONFLITO CONHECIDO. RENOVAÇÃO AUTORIZADA. AÇÃO DE TRANSFERÊNCIA PREJUDICADA. [...] IV – Não cabe ao Juízo Federal exercer qualquer juízo de valor sobre a gravidade ou não das razões do solicitante, mormente, como no caso, quando se trata de **preso provisório sem condenação**, situação em que, de resto, a lei encarrega o juízo solicitante de dirigir o controle da prisão, fazendo-o por carta precatória. V – A divergência entre os juízes não constitui tecnicamente conflito de competência como conceitua a lei, pois na verdade há apenas discussão administrativa entre as autoridades judiciais com competência material própria, cabendo a este Superior Tribunal apenas avaliar as justificativas de cada parte (que a outra não pode questionar) e intermediar a solução mais adequada. VI – Na presente hipótese as justificativas do Juízo Federal exorbitam dos limites que lhe tocaria considerar, em virtude do que a renovação solicitada pode ser atendida pois fundada em respeito aos argumentos objetivos do juízo solicitante. VII – Conflito de competência conhecido nos limites expostos para autorizar a renovação da permanência do preso provisório Nei da Conceição Cruz na Penitenciária Federal de Campo Grande/MS, por mais 360 dias, a partir do dia seguinte do encerramento do prazo anterior, ficando prejudicada a tramitação da Ação de Transferência entre Estabelecimentos Penais n° 0013008-52.2009.403.6000." (STJ, 3ª Turma, Conflito de Competência n° 118.834-RJ, rel. Ministro Gilson Dipp, julgado em 23.11,2011, DJe 01.12.2011)

4.10.6 § 6º – Aguardo do julgamento do conflito de competência

§ 6° Enquanto não decidido o conflito de competência em caso de renovação, o preso permanecerá no estabelecimento penal federal.

Assim como o preso, por questões preventivas à segurança pública ou a sua própria segurança (art. 3º, Lei n.º 11.671/08), fica recolhido no estabelecimento penal federal de segurança máxima enquanto pendente o julgamento do pedido de renovação, **o mesmo acontece enquanto pendente decisão acerca do Conflito de Competência instaurado para dirimir a divergência sobre a permanência do preso no SPF.**

Neste sentido, as regras estabelecidas no § 4º deste artigo se aplicam igualmente ao § 6º, de modo que, julgado o Conflito de Competência, solucionando a divergência pela manutenção do preso no SPF, deve o termo inicial do novo prazo retroagir ao dia seguinte ao término do prazo anterior.

4.11 ARTIGO 11 – LOTAÇÃO MÁXIMA DO ESTABELECIMENTO PENAL FEDERAL

Art. 11. A lotação máxima do estabelecimento penal federal de segurança máxima não será ultrapassada.

O artigo 11 é expresso em afirmar que a lotação máxima do estabelecimento penal federal de segurança máxima deve obrigatoriamente ser observada.

Segundo a **LEP**, art. 85, "o estabelecimento penal **deverá ter lotação compatível com a sua estrutura e finalidade**". Seu parágrafo único determina, ainda, que "o Conselho Nacional de Política Criminal e Penitenciária determinará o limite máximo de capacidade do estabelecimento, atendendo a sua natureza e peculiaridades".

Neste sentido, **a Lei n.º 11.671/08** encontra-se em consonância com a **Lei de Execução Penal (LEP)** e com as diretrizes básicas para arquitetura penal estabelecidas nos anexos à **Resolução n.º 09**, de 18 de novembro de 2011, do **Conselho Nacional de Política Criminal e Penitenciária** (CNPCP), que limita a capacidade máxima das Penitenciárias de segurança máxima a **300 presos**, sendo cada módulo com no máximo 200 (anexo IV, item 3). O mesmo órgão editou a **Resolução n.º 05**, de 25 de novembro de 2016, para dispor sobre os indicadores para fixação de lotação máxima nos estabelecimentos penais, notadamente reconhecida como ***numerus clausus***.

Nada obstante, **o Regulamento Penitenciário Federal,** previsto no Decreto n.º 6.049/07, adotou para os estabelecimentos penais federais de segurança máxima, em seu artigo 6º, inc. II, **uma capacidade máxima inferior à estipulada pelo CNPCP**, limitando a **capacidade de cada penitenciária federal para até 208 (duzentos e oito) presos**, afora as 12 (doze) celas do setor de isolamento.

Cabe referir, com base nos dados do DEPEN de dezembro de 2019 (BRASIL, 2020), que, enquanto no Sistema Penitenciário Nacional os números de vagas em regime fechado são de 442.349 para uma superlotação de 755.274 presos em unidades prisionais e outras carceragens, **o Sistema Penitenciário Federal comporta atualmente 1.040 presos, divididas as vagas em 208 para cada um dos 5 estabelecimentos penais federais**, cuja lotação atual é de 673 internos.

Para além do exposto, é atribuição do DEPEN, segundo art. 72, VI, da LEP, "estabelecer, mediante convênios com as unidades federativas, o **cadastro nacional das vagas** existentes em estabelecimentos locais destinadas ao cumprimento de penas privativas de liberdade aplicadas pela justiça de outra unidade federativa, em especial para presos sujeitos a regime disciplinar".

Em caso de **necessidade de aumento do número de vagas**, cabe à Coordenação-Geral de Modernização da Diretoria de Políticas Penitenciárias, conforme art. 37, inciso I, do Regimento Interno do DEPEN – Anexo I da Portaria n.º 199/2018/MSP, "orientar, coordenar e promover estratégias, planos e pesquisas visando à modernização do aparelhamento e melhorias estruturais do sistema prisional, **garantindo o aumento de vagas em estabelecimentos**

penais, com melhores condições para o tratamento penal e humanização da pena", e à sua Coordenação de Engenharia e Arquitetura, segundo art. 40, III, do mesmo Regimento, "articular-se, em nível técnico, com órgãos e entidades governamentais, inclusive em nível de cooperação técnica, para elaboração de estudos e projetos que tenham **foco na geração e qualificação de vagas** dos estabelecimentos prisionais".

APLICAÇÃO EM CONCURSO

QUESTÕES

1. **(CESPE, 2015, DEPEN, prova de Agente Penitenciário Federal – nível médio)** Julgue o item seguinte, relativo ao Sistema Penitenciário Federal.

Devido ao grande número de indivíduos condenados a penas privativas de liberdade no Brasil, a legislação referente aos estabelecimentos prisionais federais permite que a lotação máxima nesses presídios seja ultrapassada em alguns casos, por exemplo, quando há necessidade de transferência de presos de estabelecimentos estaduais.

( ) Certo ( ) Errado

GABARITO

1. Errado. O art. 11. É categórico em afirmar que a lotação máxima do estabelecimento penal federal de segurança máxima não será ultrapassada.

4.11.1 § 1º – Número de internos e vagas emergenciais

> § 1º O número de presos, sempre que possível, será mantido aquém do limite de vagas, para que delas o juízo federal competente possa dispor em casos emergenciais.

O § 1º determina que o **limite de 208 vagas dos estabelecimentos penais federais**, se possível, não seja preenchido em sua totalidade. Dessa forma, os juízes corregedores das penitenciárias federais, na admissibilidade de inclusão ou transferência, não irão observar o número limite de vagas, mas um número aquém das 208 vagas, no intuito de possibilitar a inclusão de casos emergenciais.

Nesse sentido, o juiz federal corregedor do estabelecimento penal federal, em análise da admissibilidade dos requisitos formais da solicitação, caso o número de internos se aproxime do limite da capacidade de vagas, pode, inclusive, negar a inclusão ou transferência, fundamentando a decisão na violação do § 1º do art. 11 da Lei n.º 11.671/08.

4.11.2 § 2º – Limites de vagas e julgamento

> § 2º No julgamento dos conflitos de competência, o tribunal competente observará a vedação estabelecida no caput deste artigo.

A lotação máxima nos estabelecimentos é um verdadeiro requisito objetivo para inclusão ou transferência do preso ao SPF. Nesse sentido, até para o julgamento dos conflitos de competência pelo Tribunal competente, deve ser considerado se a decisão de inclusão observa o limite máximo de internos por Penitenciária Federal.

4.12 ARTIGO 11-A – DECISÕES POR ÓRGÃO COLEGIADO DE JUÍZES

> **Art. 11-A.** As decisões relativas à transferência ou à prorrogação da permanência do preso em estabelecimento penal federal de segurança máxima, à concessão ou à denegação de benefícios prisionais ou à imposição de sanções ao preso federal poderão ser tomadas por órgão colegiado de juízes, na forma das normas de organização interna dos tribunais. (Incluído pela Lei n.º 13.964, de 2019)

Trata-se de dispositivo incluído pela Lei n.º 13.964/2019, com o intuito de assegurar a integridade física dos membros do poder judiciário, seguidamente ameaçados por organizações criminosas. Para tanto, o art. 11-A permite a formação de órgão colegiado para a tomada de decisões no âmbito do SPF[75].

Em regra, as decisões referentes à transferência ou à prorrogação da permanência do preso em estabelecimento penal federal de segurança máxima, bem como à concessão ou à denegação de benefícios prisionais ou à imposição de sanções ao preso federal, não precisam ser tomadas por órgão colegiado, bastando decisão do juiz responsável pela execução. Contudo, passa-se a existir tal possibilidade em razão de receio à integridade do julgador.

75 O PL 882 trouxe como razão de tal previsão que "[...] para evitar o risco de vida dos magistrados, permite-se que as decisões sejam tomadas por um colegiado, assim se retirando o caráter pessoal da medida."

A previsão normativa trazida pelo art. 11-A, contudo, não é novidade no ordenamento jurídico brasileiro. O julgamento colegiado em casos de maior risco à segurança do juiz competente nasceu com a Lei n.º 12.694/12, em resposta ao assassinato de Patrícia Acioli, juíza de São Gonçalo/RJ, assassinada em Niterói/RJ, em agosto de 2011.

Bem por isso, a Lei n.º 12.694/12, em seu artigo 1º, previu a possibilidade de o juiz decidir pela formação de colegiado, conforme regulamento do Tribunal respectivo, para a prática de qualquer ato processual em processos ou procedimentos que tenham por objeto crimes praticados por organizações criminosas. Ainda, a Lei n.º 13.964/19 acrescentou à Lei n.º 12.694/12 o art. 1º-A, prevendo a **possibilidade de criação de Varas Criminais Colegiadas** com competência para processo e julgamento de crimes – e os conexos – **de pertinência a organizações criminosas armadas ou que tenham armas à disposição e do art. 288-A do Código Penal.**

Em relação à Lei n.º 11.671/08, **o artigo 11-A foi além das hipóteses previstas no art. 1º e 1-A da Lei n.º 12.694/12, não limitando a introdução do instituto à natureza do delito praticado,** de sorte que a formação de órgão colegiado de juízes, independente da conduta criminosa praticada pelo preso incluso no SPF, permite sua atuação em decisões relativas: **1)** à transferência ou à prorrogação da permanência do preso em estabelecimento penal federal de segurança máxima; **2)** à concessão ou à denegação de benefícios prisionais ou; **3)** à imposição de sanções.

A criação de Varas Especializadas, divisão de competências e formação de colegiados serão previstos através de normativa nos moldes do previsto no Regimento Interno do respectivo Tribunal Regional Federal. No caso, por exemplo, do estabelecimento penal federal de segurança máxima de Catanduvas/PR, o Tribunal Regional Federal da 4ª Região publicou três resoluções importantes:

A primeira é a **Resolução n.º 56**, de 11 de abril de 2013 , que implantou o Processo eletrônico no âmbito da Seção de Execuções Penais de Catanduvas/PR, onde se previu:

> Art. 3° Os pedidos de inclusão serão distribuídos livremente a um dos juízes atuantes no **Colegiado de Execução Penal**.
>
> § 1° Havendo requerimento de inclusão emergencial (art. 5°, § 6°, da Lei 11.671/08), os autos serão remetidos ao juiz-corregedor para decisão.

§ 2° Na hipótese do parágrafo anterior, a instrução integral do pedido, com os documentos mencionados no artigo 2°, pode ser realizada em até 15 (quinze) dias, contados da decisão de admissão emergencial, sob pena de imediata devolução do incluído.

§ 3° Devem, todavia, acompanhar o pedido de inclusão emergencial os documentos mencionados nas alíneas 'a' e 'b', dos parágrafos 1° e 2°, do artigo 2°.

§ 4° Após o exame cautelar, o feito retornará ao juiz para o qual originalmente distribuído.

A segunda é a **Resolução n.º 96**, de 10 de setembro de 2015, que dispôs sobre **alteração de competência de varas da Subseção Judiciária de Curitiba.**

E por fim, a **Resolução n.º 3**, de 19 de janeiro de 2016, que dispôs sobre a competência das Varas Federais Criminais da Subseção Judiciária de Curitiba quanto aos processos de execução penal da Penitenciária Federal de Catanduvas/PR e processos de competência criminal federal a eles relacionados, a qual **trata diretamente sobre as possibilidades de decisões de forma conjunta por colegiado de Juízes**, no intuito de dar maior agilidade e segurança às decisões e evitar pessoalização e situações de risco hoje vivenciadas por diversos membros da Magistratura e do Ministério Público.

Enunciados e recomendações dos Workshops sobre o SPF do CJF

Enunciado n.° 4 do XI Workshop – O disposto no artigo 11-A da Lei n. 11.671, de 2008, acrescentado pela Lei n. 13.964, de 2019, **não impede o juiz competente de decidir monocraticamente pedidos e providências urgentes**, na forma da resolução do respectivo Tribunal. (Aprovado no XI Workshop).

JURISPRUDÊNCIA

SUPREMO TRIBUNAL FEDERAL

• **Possível lei instituir órgão jurisdicional colegiado em 1° grau**:

"No que respeita ao art. 2°, primeira parte ("A 17ª Vara Criminal da Capital terá titularidade coletiva, sendo composta por cinco Juízes de Direito"), decidiu-se, por maioria, pela sua constitucionalidade. **Articulou-se possível que lei estadual instituísse órgão jurisdicional colegiado em 1° grau**. Rememoraram-se exemplos equivalentes, como Tribunal do Júri, Junta Eleitoral e Turma Recursal. **Analisou-se que a composição de órgão jurisdicional inserir-se-ia na competência legislativa concorrente para versar sobre procedimentos em matéria processual (CF, art. 24, XI)**. Assim, quando a norma criasse órgão jurisdicional colegiado, isso significaria que determinados atos processuais seriam praticados mediante a chancela de mais de um magistrado, questão meramente procedimental. Avaliou-se que a lei estadual teria atuado em face de omissão de lei federal, relativamente ao dever de preservar a independência do juiz na persecução penal de crimes a envolver organizações criminosas. Observou-se que o capítulo do CPP referente à figura do magistrado não seria suficiente para cumprir, em sua inteireza, o mandamento constitucional do juiz natural (CF, art. 5°, XXXVII e LIII), porque as organizações criminosas representariam empecilho à independência judicial, na forma de ameaças e outros tipos de molestamentos voltados a obstaculizar e desmoralizar a justiça. A corroborar essa tese, citou-se o II Pacto Republicano de Estado, assinado em 2009, a estabelecer como diretriz a criação de colegiado para julgamento em 1° grau de crimes perpetrados por organizações criminosas, para trazer garantias adicionais aos magistrados, em razão da periculosidade das organizações e de seus membros. O Min. Celso de Mello, a reforçar essa assertiva, invocou o § 3° do art. 24 da CF, ao ponderar sobre as peculiaridades do estado-membro. O Min. Cezar Peluso certificou que as normas não tratariam de procedimento, mas de estruturação de órgão judiciário, matéria de iniciativa reservada aos tribunais de justiça. Vencido o Min. Marco Aurélio, que julgava inconstitucional o dispositivo. Deduzia que a organização da justiça, pelos estados-membros, seria limitada pelo art. 125 da CF. Discorria que a única situação jurídica constitucional a viabilizar órgão colegiado em 1ª instância seria a da justiça militar, conforme o § 3° da aludida norma. Afirmava que a matéria em questão não disciplinaria procedimento, mas organizaria o Poder Judiciário.

[...] Ao analisar o art. 4°, caput e parágrafo único ["Art. 4° Os cinco (05) Juízes da 17ª Vara Criminal da Capital, após deliberação prévia da maioria, decidirão em conjunto todos os atos judiciais de competência da Vara. Parágrafo único. Os atos processuais urgentes, quer anteriores ou concomitantes à instrução prévia, quer os da instrução processual, poderão ser assinados por qualquer um dos juízes, e, os demais, por pelo menos três deles"], o Plenário, por maioria, assentou sua constitucionalidade. Salientou-se que a Corte entendera possível a composição colegiada da 17ª Vara. Esclareceu-se que procedimento abrangeria forma e estrutura de pronunciamentos judiciais. Explicitou-se que a colegialidade funcionaria como reforço à independência dos julgadores. Ocorre que o conteúdo da decisão tomada no colegiado, por definição, não poderia ser imputado a um único juiz, e tornaria difusa a responsabilidade de seus membros, a mitigar alguns riscos. Invocou-se, ainda, o art. 24, § 3°, da CF. Vencido o Min. Marco Aurélio ao fundamento de que a norma, no ponto, seria inconstitucional." (STF, Plenário, ADI 4414/AL, rel. Min. Luiz Fux, 30 e 31.5.2012, informativo 668 de 2012)

4.13 ARTIGO 11-B – CONSTRUÇÃO OU ADAPTAÇÃO DE ESTABELECIMENTOS PENAIS DE SEGURANÇA MÁXIMA POR ESTADOS OU DISTRITO FEDERAL

Art. 11-B. Os Estados e o Distrito Federal poderão construir estabelecimentos penais de segurança máxima, ou adaptar os já existentes, aos quais será aplicável, no que couber, o disposto nesta Lei. (Incluído pela Lei n.° 13.964, de 2019)

O artigo 11-B, incluído pela Lei n.º 13.964/19, dispõe sobre a possibilidade dos Estados e do Distrito Federal **construírem estabelecimentos penais de segurança máxima ou adaptarem os já existentes**, a fim de aplicar, no que couber, **as normas materiais e processuais previstas nesta lei**. Em síntese, os Estados e o Distrito Federal, no campo de sua autonomia político-criminal, **poderão instituir – em um movimento de "federalização das penitenciárias estaduais"** – regras prisionais próprias **do regime fechado de segurança**

máxima (RFSM), bem como dispor sobre procedimentos de inclusão e transferência de presos nos moldes da Lei n.º 11.671/08, quando a medida se justifique no interesse da segurança pública ou do próprio preso. Nada obstante, tais circunstâncias não retiram o dever destes entes federados **em tratar** tão rigoroso regime de cumprimento da pena **de forma excepcional e por prazo determinado.**

A par da novel alteração legislativa, previsão semelhante, desde a Lei n.º 10.792/2003, já dotava os Estados, Distrito Federal e Territórios da possibilidade de construir Penitenciárias destinadas, exclusivamente, aos presos provisórios e condenados que estejam em regime fechado, **sujeitos ao regime disciplinar diferenciado,** conforme a inteligência do art. 87, parágrafo único, da LEP.

Sem prejuízo do atual quadro normativo exposto, a competência concorrente dos Estados e do Distrito Federal com a União para legislar sobre direito penitenciário, a teor do art. 24, inc. I, da CF, já revelava – **obedecida a norma geral sobre o tema (LEP),** que delega ao **Conselho Nacional de Política Criminal e Penitenciária (CNPCP)** a atribuição de **estabelecer as regras sobre a arquitetura e construção de estabelecimentos penais** (art. 64, VI) – sua forte propensão a seguir práticas prisionais emanadas do Poder Executivo Federal, que, de algum tempo, vêm flexibilizando as diretrizes básicas da arquitetura prisional[76].

76. Desde 2011 vige o manual de Diretrizes Básicas para Arquitetura Penal, editado pela Resolução n.º 9, de 28 de novembro de 2011, do Conselho Nacional de Política Criminal e Penitenciária – CNPCP, com nove anexos (BRASIL, 2011). Em 12 de abril de 2018, o CNPCP editou a Resolução n.º 02 (BRASIL, 2018), que dispôs sobre alterações e a flexibilização das Diretrizes Básicas para Arquitetura Penal da Resolução n.º 09/2011. Isso se deu em razão de inúmeras manifestações de autoridades da área penitenciária, carências de vagas se tornarem insustentáveis e necessidade de estar sempre revisando e atualizando as diretrizes. O parágrafo único do artigo 2º da Resolução n.º 09/2011 referiu que as Diretrizes Básicas "são referências para o gestor estadual ou distrital, os quais podem apresentar projetos arquitetônicos próprios, com soluções arquitetônicas diferenciadas, considerando os aspectos intrínsecos à realidade prisional local, desde que assegurados os direitos da pessoa privada de liberdade e do servidor penitenciário". Corroborando as "recomendações", o CNPCP editou a resolução n.º 06 em 13 de dezembro de 2018, que previu que as e Diretrizes Básicas para Arquitetura Penal no caso de reformas e ampliações de estabelecimentos, determinando que "nas demandas relativas à reforma ou ampliação de estabelecimentos penais construídos antes da vigência da Resolução 9/2011 – CNPCP ou que, por justificativa técnica ou econômica, não puderem atender às diretrizes básicas para arquitetura penal estabelecidas na referida resolução, as Unidades da Federação poderão apresentar projetos arquitetônicos para análise do Departamento Penitenciário Nacional, sem caráter vinculante" (art. 1º) e que "as desconformidades de arquitetura deverão ser justificadas pelo ente demandante, de forma técnica e econômica, conforme o caso" (art. 2º).

4.14 ARTIGO 12 – VIGÊNCIA DA LEI

Art. 12. Esta Lei entra em vigor na data de sua publicação.

Segundo art. 1º da Lei de Introdução às normas do Direito Brasileiro – Decreto-Lei n.º 4.657, de 4 de setembro de 1942, com nova redação dada pela Lei n.º 12.376/2010, "salvo disposição contrária, a lei começa a vigorar em todo o país quarenta e cinco dias depois de oficialmente publicada". Nesse sentido, a Lei 11.671/08, de 08 de maio de 2008, conforme seu artigo 12, entrou em vigor em 09.05.2008, data de sua publicação oficial no Diário Oficial da União.

REFERÊNCIAS

ALMEIDA, Bruno Rotta. **Contradição e violência em torno da política criminal e penitenciária brasileira**: uma análise a partir da fundação jurídico-normativa e da execução da pena. Tese (Doutorado em Ciências Criminais) – Faculdade de Direito, Pontifícia Universidade Católica do Rio Grande do Sul, Porto Alegre, 2016.

ANITUA, Gabriel Inacio. **História dos pensamentos criminológicos**. Tradução de Sérgio Laramão. Coleção Pensamento Criminológico, n. 15. Rio de Janeiro: Revan, Instituto Carioca de Criminologia, 2008.

ARRUDA, Élcio. **Prisões Federais**. Revista CEJ, Brasília, Ano XIV, n. 50, p. 52-61, jul/set 2010. Disponível em: http://www.corteidh.or.cr/tablas/r25820.pdf. Acesso em: 30 jul. 2020.

BARATTA, Alessandro. **Criminología crítica y crítica del derecho penal**: Introducción a la sociología jurídico-penal. Mexico: Siglo Veintiuno Editores, 2011.

BERGALLI, Roberto. Las funciones del sistema penal en el estado constitucional de derecho, social y democrático: perspectivas socio-jurídicas. In: BERGALLI, Roberto (Coord.). **Sistema penal y problemas sociales**, p. 25-82. Valencia: Tirant lo Blanch, 2003.

BERNARDES, Juliano Taveira; FERREIRA, Olavo Augusto Vianna Alves. **Direito Constitucional** – Tomo II. Salvador: Editora Juspodivm, 2012.

BITENCOURT, Cézar Roberto. **Tratado de direito penal**: parte geral. Vol. 1. São Paulo: Saraiva, 2010.

BRASIL. Conselho da Justiça Federal. **Workshops sobre Sistema Penitenciário Federal: Enunciados e Recomendações produzidos**. Brasília: CNJ, 2018. Disponível em: https://www.cjf.jus.br/cjf/corregedoria-da-justica-federal/centro-de-estudos-judiciarios-1/publicacoes-1/sistema-penitenciario-federal. Acesso em: 14 abr. 2020.

BRASIL. IPEA – Instituto de Pesquisa Econômica Aplicada. Fórum Brasileiro de Segurança Pública. **Atlas da Violência 2019**. Rio De Janeiro: IPEA, 2019. Disponível em:

http://www.ipea.gov.br/atlasviolencia/download/19/atlas-daviolencia-2019. Acesso em: 1.º ago. 2019.

BRASIL. Ministério da Justiça. **Anuário do Sistema Penitenciário Federal 2016**. Brasília: DEPEN, 2016. Disponível em: http://depen.gov.br/DEPEN/dispf/spf_anuario/anuario-spf-2016.pdf. Acesso em 11 jun. 2020.

BRASIL. Ministério da Justiça e Segurança Pública. **Assistências nos Presídios Federais:** compêndio anual de dados de 2017. Brasília: Departamento Penitenciário Nacional, 2017a. Disponível em: http://depen.gov.br/DEPEN/dispf/cgtp/compendio.pdf. Acesso em: 10 ago. 2020.

BRASIL. Ministério da Justiça e Segurança Pública. **Levantamento nacional de informações penitenciárias**: INFOPEN. Brasília: Departamento Penitenciário Nacional, jun. 2020. Disponível em: http://depen.gov.br/DEPEN/depen/sisdepen/infopen. Acesso em: 10 ago. 2020.

BRASIL. Ministério da Justiça e Segurança Pública. **Levantamento nacional de informações penitenciárias**: INFOPEN, jun. 2017b. Brasília: Departamento Penitenciário Nacional, 2017. Disponível em: http://depen.gov.br/DEPEN/depen/sisdepen/infopen. Acesso em: 10 ago. 2020.

BRASIL. Ministério da Justiça. **Manual de Tratamento Penitenciário Integrado para o Sistema Penitenciário Federal**: Gestão Compartilhada e Individualização da Pena. Projeto BRA 05/38 – Modernização do Sistema Penitenciário Nacional (Consultoras: Maria Emília Accioli N. Bretan e Maria Cláudia C. Villar). Brasília: PNUD e DEPEN/MJ, 2011.

CANOTILHO, José Joaquim Gomes. **Direito constitucional e teoria da Constituição**. Coimbra: Almedina, 2003.

CARVALHO FILHO, José do Santos. **Manual de Direito Administrativo**. 17ª Ed. Rio de Janeiro: Lumen Juris, 2007.

CARVALHO, Salo de. **Antimanual de criminologia**. 6. ed. São Paulo: Saraiva, 2015a.

CARVALHO, Salo de; FREIRE, Christiane Russomano. O regime disciplinar diferenciado: notas críticas à reforma do sistema punitivo brasileiro. In: CARVALHO, Salo de. (Coord.) **Crítica à execução penal**. 2ª ed. Rio de Janeiro: Lumen Juris, 2007.

CARVALHO, Salo de. **Pena e Garantias**. 3. ed. Rio de Janeiro: Lumen Juris, 2008.

CARVALHO Salo de. **Penas e Garantias**: Uma Leitura do Garantismo de Luigi Ferrajoli no Brasil. Rio de Janeiro: Lumen Juris, 2001.

CARVALHO, Salo de. **Penas e medidas de segurança no direito penal**. 2. ed. São Paulo: Saraiva, 2015b.

CARVALHO, Salo de. **Tântalo no divã**: novas críticas às reformas no sistema punitivo brasileiro. Revista Brasileira de Ciências Criminais, v. 50, São Paulo, set. 2004.

CASTRO, Karolina Alves Pereira de. **Sistema Penitenciário Federal**: Estudo sobre regimes disciplinares e confinamento solitário. Dissertação apresentada como requisito para a obtenção do título de mestra do Programa de Pós-graduação em Direitos Humanos e Cidadania da UNB, Brasília, 2019.

CESTARI, Daniel Pheula. **A função constitucional da pena de prisão**: do vértice punitivo ao hermenêutico. Rio de Janeiro: Lumen Juris, 2018.

COYLE, Andrew. **Administração Penitenciária**: Uma Abordagem de Direitos Humanos. Manual para servidores penitenciários. Traduzido por Paulo Liégio. Londres: International Centre for Prison Studies - ICPS, 2002. Disponível em: https://www.prisonstudies.org/sites/default/files/resources/downloads/portugese_handbook.pdf. Acesso em: 20 abr. 2020.

DEFENSORIA PÚBLICA DA UNIÃO. **Nota técnica da Defensoria Pública da União em face do Pacote de sugestões legislativas apresentadas em 04 de fevereiro de 2019 pelo Ministério da Justiça e Segurança Pública - PL882/19**. Publicado em 13 de maio de 2019a. Disponível em https://www.dpu.def.br/noticias-institucional/233-slideshow/50504-nota-tecnica-sobre-projeto-anticrime-do-ministerio-da-justica. Acesso em 30.06.2020.

DEFENSORIA PÚBLICA DA UNIÃO. **Relatório de inspeção em Estabelecimentos Penais Federais de Segurança Máxima**: Penitenciária Federal de Campo Grande (inspeção realizada no dia 15 de junho de 2015). Brasília, 2015a.

DEFENSORIA PÚBLICA DA UNIÃO. **Relatório de inspeção em Estabelecimentos Penais Federais de Segurança Máxima**: Penitenciária Federal de Campo Grande (inspeção realizada nos dias 17 a 20 de abril de 2019). Brasília, 2019b.

DEFENSORIA PÚBLICA DA UNIÃO. **Relatório de inspeção em Estabelecimentos Penais Federais de Segurança Máxima**: Penitenciária Federal em Catanduvas (inspeção realizada nos dias 17 a 19 de setembro de2019). Brasília, 2019c.

DEFENSORIA PÚBLICA DA UNIÃO. **Relatório de inspeção em Estabelecimentos Penais Federais de Segurança Máxima**: Penitenciária Federal em Catanduvas (inspeção realizada nos dias 28 a 31 de agosto de 2018). Brasília, 2018a.

DEFENSORIA PÚBLICA DA UNIÃO. **Relatório de inspeção em Estabelecimentos Penais Federais de Segurança Máxima**: Penitenciária Federal de Catanduvas (inspeção realizada em 4 de outubro de 2017). Brasília, 2017a.

DEFENSORIA PÚBLICA DA UNIÃO. **Relatório de inspeção em Estabelecimentos Penais Federais de Segurança Máxima**: Penitenciária Federal em Mossoró (inspeção realizada no dia 28 de abril de 2015). Brasília, 2015b.

DEFENSORIA PÚBLICA DA UNIÃO. **Relatório de inspeção em Estabelecimentos Penais Federais de Segurança Máxima**: Penitenciária Federal em Mossoró (inspeção realizada nos dias 03 a 07 de dezembro de 2018). Brasília, 2018b.

DEFENSORIA PÚBLICA DA UNIÃO. **Relatório de inspeção em Estabelecimentos Penais Federais de Segurança Máxima**: Penitenciária Federal de Porto Velho (inspeção realizada no dia 15 de junho de 2015). Brasília, 2015c.

DEFENSORIA PÚBLICA DA UNIÃO. **Relatório de inspeção em Estabelecimentos Penais Federais de Segurança Máxima**: Penitenciária Federal de Porto Velho (inspeção realizada nos dias 12 e 20 de outubro de 2017). Brasília, 2017b.

DEFENSORIA PÚBLICA DA UNIÃO. **Relatório de inspeção em Estabelecimentos Penais Federais de Segurança Máxima**: Penitenciária Federal de Porto Velho (inspeção realizada no dia 06 de dezembro de 2018). Brasília, 2018c.

DEFENSORIA PÚBLICA DA UNIÃO. **Relatório de inspeção em Estabelecimentos Penais Federais de Segurança Máxima**: Penitenciária Federal de Porto Velho (inspeção realizada nos dias 12 e 13 de novembro de 2019). Brasília, 2019d.

DIAS, Camila Caldeira Nunes. **Da pulverização ao monopólio da violência**: expansão e consolidação do Primeiro Comando da Capital (PCC) no sistema carcerário paulista. Tese (Doutorado em Sociologia) – Faculdade de Filosofia, Letras e Ciências Humanas da Universidade de São Paulo, São Paulo, 2011.

DIAS, Jorge de Figueiredo. **Direito penal**. Parte geral. Questões fundamentais. A doutrina geral do crime. Tomo I. Coimbra: Coimbra, 2012.

DIAS, Jorge de Figueiredo. **Temas Básicos da Doutrina Penal**: sobre os fundamentos da doutrina penal sobre a doutrina geral do crime. Coimbra: Coimbra Editora, 2001.

DIDIER JR., Fredie. **Curso de direito processual civil**: introdução ao direito Processual civil, parte geral e processo de conhecimento. Vol. 1. 18ª edição. Salvador: Editora Juspodivm, 2016.

DIETER, Maurício Stegemann. **Política criminal atuarial**: a criminologia do fim da história. Tese (Doutorado em Direito) – Faculdade de Direito, Universidade Federal do Paraná, Curitiba, 2012.

FOUCAULT, Michel. **Vigiar e punir**. 26. ed. Rio de Janeiro: Vozes, 1997.

FRANCO, Alberto Silva et al. **Código Penal e sua interpretação jurisprudencial**. São Paulo: Revista dos Tribunais, 1997.

FRANCO, Alberto Silva. **Crimes hediondos**. 4. ed. rev., atual. e ampl. São Paulo: Revista dos Tribunais, 2000.

GARLAND, David. **A Cultura do Controle**: crime e ordem social na sociedade contemporânea. Rio de Janeiro: Revan, 2008.

GRINOVER, Ada Pellegrini. **A natureza jurídica da execução penal**. São Paulo: Max Limonad, 1987.

HARTMANN, Érica de Oliveira. O Sistema Penitenciário Federal: a materialização da neutralização seletiva - cárcere e guerra. p. 87-119. *In*: GIAMBERARDINO, André; ROIG, Rodrigo Duque Estrada; CARVALHO, Salo de (org.). **Cárcere sem Fábrica**: escritos em homenagem a Massimo Pavarini. 1ª ed. Rio de Janeiro: Revan, 2019.

INGENIEROS, José. **A Vaidade Criminal e a Piedade Homicida**. Tradução de Ricardo Rodrigues Gama. Campinas: Editora LZN, 2005.

ISHIDA, Válter Kenji. **Estatuto da Criança e do Adolescente**: Doutrina e Jurisprudência. 20ª ed. Salvador: Juspodivm, 2019.

KARAN, Maria Lúcia. **Regimes de cumprimento da pena privativa de liberdade**. In: ESCRITOS em homenagem a Alberto Silva Franco. São Paulo: Revista dos Tribunais, 2003.

LIMA, Renato Brasileiro de. **Pacote Anticrime**: Comentários à Lei 13.964/2019 artigo por artigo. Salvador: Editora Juspodivm, 2020.

LOPES JÚNIOR, Aury. **Direito Processual Penal**. 17ª edição. São Paulo: Saraiva Educação, 2020.

LÓPEZ, Axel Gustavo; MACHADO, Ricardo Luis. Análises del régimen de ejecución penal. Buenos Aires: Fabián J. Di Plácido, 2004.

LOVATTO, Daniel Correa. **Tempo como Vértice de Apenamento**: uma visão dromológica da pena. Rio de Janeiro: Editora Lumen Juris, 2020.

LOVATTO, Daniel Correa. Trabalho Prisional: Ocupação Positiva e (In)Disponibilizacão. *In*: SANTORO, Antonio *et al* (org.). **Crimes e segurança pública em perspectiva**. Rio de Janeiro: FGB/ Pembroke Collin, 2019, p. 71-88.

MARCÃO, Renato. **Curso de execução penal**. 7. ed. rev. e atual. São Paulo: Saraiva, 2009.

MARINONI, Luiz Guilherme; ARENHART, Sérgio Cruz; MITIDIERO, Daniel. **Código de Processo Civil Comentado**. 5ª ed. rev., atual. e ampl. São Paulo: Revista dos Tribunais, 2019.

MATTE, Ursula. Bioética e genética. *In*: CLOTET, Joaquim; FEIJÓ, Anamaria; OLIVEIRA, Marília Gerhardt de (coord.). **Bioética**: uma visão panorâmica. Porto Alegre: ediPUCRS, 2011, p. 247-264.

MATTHEWS, Roger. **Pagando tiempo**: una introducción a la sociología del encarcelamiento. Tradução de Alejandro Piombo. Barcelona: Edicions Bellaterra, 2003.

MAZZUOLI, Valério de Oliveira. **Curso de direito internacional público**. 9. ed. rev., atual. e ampl. São Paulo: Revista dos Tribunais, 201.

MEARS, Daniel P.; WATSON, Jamie. **Towards a Fair and Balanced Assessment of Supermax Prisons**. Academy of Criminal Justice Sciences, v. 23, n. 2, junho de 2006.

MELLO, Celso Antonio Bandeira de. **Curso de Direito Administrativo**. 17ed. São Paulo: Malheiros, 2004.

MENDES, Gilmar Ferreira; COELHO, Inocêncio Mártires e BRANCO, Paulo Gustavo Gonet. **Curso de direito constitucional**. 2ª ed. São Paulo: Saraiva, 2008.

MIR PUIG, Santiago. Función fundamentadora y función limitadora de la prevención general positiva. In: RAMIREZ, Juan Bústos (Org.). **Prevención y teoria de la pena**. Santiago do Chile: Editorial Jurídica Cono Sur Ltda, 1995, p. 49-58.

MIRABETTE, Julio Fabbrini. **Execução penal**. 11. ed. São Paulo: Atlas, 2004.

MIRANDA, Rafael de Souza. **Manual de Execução Penal**: teoria e prática. 2ª edição. Salvador: Editora Juspodivm, 2020.

NASCIMENTO, Filippe Augusto dos Santos. **Dos Aspectos (In)Constitucionais do Regime Penitenciário Federal.** Revista da Defensoria Pública da União, Brasília, Escola Superior, n.º 11, p. 181-205, jan-dez de 2018.

NUCCI, Guilherme de Souza. **Curso de Direito Processual Penal**. 17ª ed. Rio de Janeiro: Editora Forense, 2020.

NUCCI, Guilherme de Souza. **Curso de Execução Penal**. 1ª ed. Rio de Janeiro: Editora Forense, 1998.

NUCCI, Guilherme de Souza. **Individualização da pena**. 6. ed. Rio de Janeiro: Forense, 2014.

NUCCI, Guilherme de Souza. **Leis penais e processuais penais comentadas**. 2. ed. rev., atual. e ampl. São Paulo: Revista dos Tribunais, 2007.

OLIVEIRA, Hélio Roberto Cabral de. **O recrudescimento do Sistema Penitenciário Federal com a reforma da Lei "Anticrime" (Lei 13.964/19)**. 20º Fórum da Defensoria Pública da União. Escola Nacional da Defensoria Pública da União. V. 6, n.º 20, 2020.

PACHECO, Alcides Marques Porto. **Considerações sobre a competência nos julgados de execução penal dos incidentes originados nas penitenciárias federais de segurança máxima especial**. Revistas dos Tribunais, v. 891, p. 495-510, São Paulo, janeiro de 2010.

PAIVA, Caio Cezar; HEEMANN, Thimotie Aragon. **Jurisprudência Internacional de Direitos humanos**. 2ªed. Belo Horizonte: Editora CEI, 2017.

PAVARINI, Massimo. Fora dos muros do cárcere: o deslocamento da obsessão correctional. *In*: BÚSTOS RAMIREZ, Juan (Org.). **Prevención y teoria de la pena**. Santiago do Chile: Editorial Jurídica Cono Sur Ltda., 1995, p. 155-174.

PAVARINI, Massimo. **Los Confines de la Cárcel**. Montevidéu: Carlos Álvarez Editor, 1995.

PIOVESAN, Flávia. **Direitos humanos e direito constitucional internacional**. 7. ed. São Paulo: Saraiva, 2007.

PIOVESAN, Flávia Cristina; PEREIRA, Carmem Letícia da Maia. A Tortura em Foco - A Contribuição do Caso Grego para o Direito Internacional. **Revista Direitos Humanos e Democracia**. Editora Unijuí, Ano 4, n. 8, jul./dez. 2016.

QUEIROZ, Paulo. **Curso de direito penal**. 8. ed. Salvador: Juspodivm, 2012.

RAUTER, Cristina. **Criminologia e subjetividade no Brasil**. Rio de Janeiro: Revan, 2003.

RIVERA BEIRAS, Iñaki. **Desencarceramento**: por uma política de redução da prisão a partir de um garantismo radical; tradução Bruno Rotta Almeida e Maria Palma Wolff. 1. ed. Florianópolis/SC: Tirant lo Blanch, 2019.

RIVERA BEIRAS, Iñaki. **La cuestión carcelaria**: historia, epistemología, derecho y política penitenciaria. 2. ed. Buenos Aires: Del Puerto, 2009.

RODRIGUES, Anabela de Miranda. **A posição jurídica do recluso na execução da pena privativa de liberdade**: seu fundamento e âmbito. São Paulo: IBCCRIM, 1999.

ROIG, Rodrigo Duque Estrada. **Direito e prática histórica da execução penal no Brasil**. Rio de Janeiro: Revan, 2005.

ROIG, Rodrigo Duque Estrada. **Execução penal**: teoria crítica. 3. ed. São Paulo: Saraiva, 2017.

ROSS, Jeffrey Ian. The inventation of the American Supermax Prison. p. 10-24 *In*: ROSS, Jeffery Ian (editor). **The Globalization of *Supermax* Prisons**. Nova Brunswick, Nova Jersey e Londres: Rutgers University Press, 2013.

ROXIN, Claus. **Derecho Penal. Parte General**. Fundamentos. La Estrutura de La Teoria Del Delito. Tomo 1. Tradução e notas da 2. edição de Diego-Manuel Luzón Peña, Miguel Díaz y Garcia Conlledo e Javier de Vicente Ramesal. Madrid: Civitas Edicions, 2003.

ROXIN, Claus. La determinacion de la pena a la luz de la teoria de los fines de la pena. In: ROXIN, Claus. **Culpabilidad y prevencion en derecho penal**. Traductor: Muñoz Conde. Madrid: Instituto Editorial Reus, 1981, p. 93-113.

SANTOS, Gabriel Cesar dos. **Sistema Penitenciário Federal e a Violação dos Direitos Individuais do Preso**: uma reflexão crítica sobre os critérios de seleção dos inimigos do Estado Brasileiro. Revista da Defensoria Pública da União. Escola Superior. n.º 9, janeiro/dezembro de 2016.

SARLET, Ingo Wolfgang. **A eficácia dos direitos fundamentais**: uma teoria geral dos direitos fundamentais na perspectiva constitucional. 10ª edição ver. Atual. e ampl.. Porto Alegre: Livraria do Advogado Editora, 2011.

SARLET, Ingo Wolfgang. **Dignidade da pessoa humana e direitos fundamentais na Constituição Federal de 1988**. 10. ed. Porto Alegre: Livraria do advogado, 2015.

SCHMIDT, Andrei Zenkner. A crise de legalidade na execução penal. In: CARVALHO, Salo de (Org.). **Crítica à execução penal**. Rio de Janeiro: Lumen Juris, 2002a, p. 45-100.

SCHMIDT, Andrei Zenkner. Direitos, deveres e disciplina na execução penal. In: CARVALHO, Salo de (Org.). **Crítica à execução penal**. Rio de Janeiro: Lumen Juris, 2002b, p. 249-316.

SHALEV, Sharon. **A Sourcebook on Solitary Confinement**. London: Mannheim Centre for Criminology, London School of Economics, 2008. Disponível em: http://www.solitaryconfinement.org/sourcebook. Acesso em: 13 junho de 2020.

SHALEV, Sharon. **Supermax**: Controlling risk through solitary confinement. London and New York: Routledge - Taylor and Francis, 2011.

SILVA, Fabio Lobosco. **Sobre um novo conceito de prisionização**: o fenômeno da assimilação prisional de acordo com a realidade brasileira. Tese (Doutorado em Direito Político e Econômico) -Universidade Presbiteriana Mackenzie, São Paulo, 2017.

SOUZA NETO, Cláudio Pereira de; SARMENTO, Daniel. **Direito constitucional**: teoria, história e métodos de trabalho. 2. ed. 3. reimpr. Belo Horizonte: Fórum, 2017.

STEINMETZ, Wilson Antônio. **Colisão de direitos fundamentais e princípio da proporcionalidade.** Porto Alegre: Livraria do Advogado, 2001.

STRECK, Lenio Luiz. **Hermenêutica jurídica e(m) crise**: uma exploração hermenêutica da construção do direito. 11. ed. Porto Alegre: Livraria do Advogado, 2014.

WOLFF, Cristina Scheibe; SALDANHA, Rafael Araújo. Gênero, sexo, sexualidade: categorias do debate contemporâneo. In: BUENO, André da Silva; ESTACHESKI, Dulceni Tonet; CREMA, Everton Carlos (org.). **Gênero, educação e sexualidades**: reconhecendo diferenças para superar [pré]conceitos. Uberlândia: Editora dos Autores, 2016, p. 14-41.

ZAFFARONI, Eugenio Raúl; PIERANGELI, José Henrique. **Manual de direito penal brasileiro**: parte geral. São Paulo: Revista dos Tribunais, 1997.

EDITORA
JusPODIVM
www.editorajuspodivm.com.br